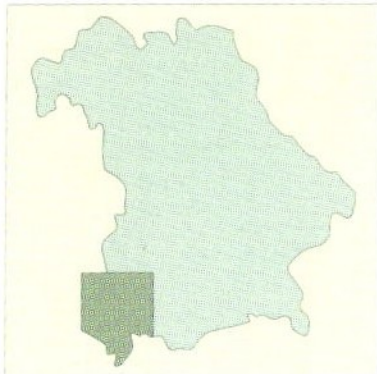

Das Allgäu entdecken
Geschichte
Reisepraktisches

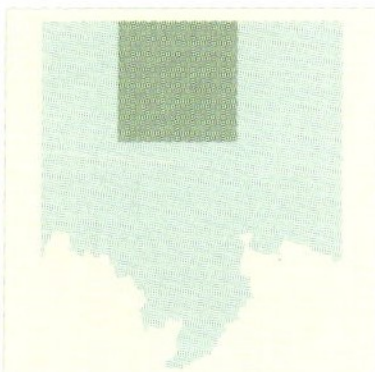

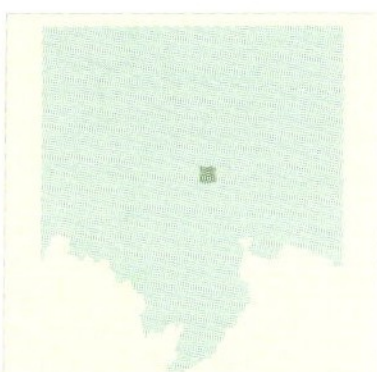

Kempten

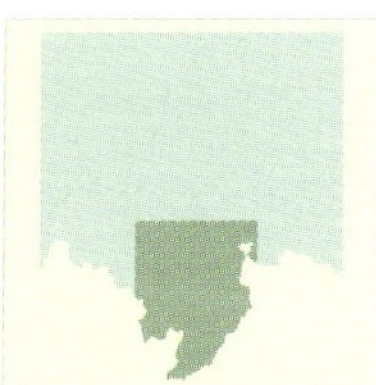

Der Süden

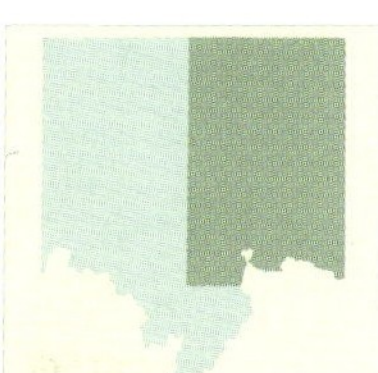

Der Osten

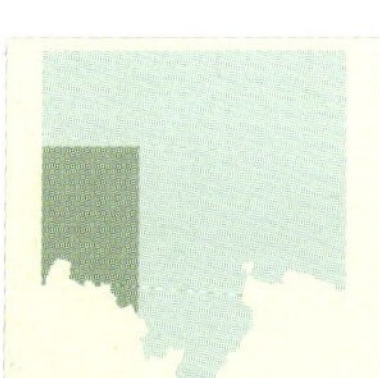

Der Westen

Text und Recherche: Katrin Lindner und Jens Willhardt
Überarbeitung: Heinz Kytzia, Walter Lindner und Jens Wilhardt (Kapitel Wangen)
Lektorat: Claudia Martins, Peter Ritter
Redaktion und Layout: Dirk Thomsen
Cover: Karl Serwotka
Fotos: Siehe Fotonachweis auf S. 5.
Titelfotos: Wanderszene (oben), Pfarrkirche St. Ulrich in Seeg (unten)
Karten: Günther Grill, Gábor Sztrecska, Hana Budka

Für ihre Gesprächsbereitschaft und zahlreiche Informationen danken wir den Allgäuer Fremdenverkehrsämtern und neben all den freundlichen Auskunftgebern, insbesondere H. Steinhauser (Wangen), Familie Schanbacher (Isny), N. Aufdermauer, Familie Linder/Einsiedler, Th. Schick (Kaufbeuren), T. Thalheimer (Peiting), A. Trageiser (Isny) sowie Dr. S. Ewig (Memmingen).

Die Wanderbeschreibungen im Ostallgäu und das Kapitel "Flora und Fauna der Allgäuer Berge" stammen von M. Schneider, weitere Textbeiträge von U. Weierich, K. Stepancich und M. Armann.

ISBN 3-89953-111-6

Aktuelle Infos im Internet unter www.michael-mueller-verlag.de

2. überarbeitete und aktualisierte Auflage 2003

ALLGÄU

Katrin Lindner
Jens Willhardt

INHALT

Fotonachweis: Für die Fotos auf den Seiten 1 und 198 danken wir der Touristeninformation Wertach, für 12 und 235 dem Kuramt Scheidegg, für 15, 121, 125, 126, 129 dem Verkehrsamt Oberstdorf, für 20, 114, 116 der Kurverwaltung Bad Hindelang, für 23, 38, 108 dem Verkehrsamt Sonthofen, für 31 dem Verkehrsamt Altusried, für 42, 47, 48, 52 der Stadtinformation Memmingen, für 135, 137, 138 dem Verkehrsamt Mindelheim, für 140 und 142 der Kurverwaltung Bad Wörishofen, für 151 dem Verkehrsamt Kaufbeuren, für 176 dem Verkehrsamt Roßhaupten, für 195 der Touristeninformation Nesselwang, für 202 dem Verkehrsamt Wurzach, für 205 dem Verkehrsamt Leutkirch, für 209 der Wolfegg Information, für 217 dem Verkehrsamt Kißlegg, für 239 der Kurverwaltung Oberstaufen, für 249 dem Kuramt Weiler und für das untere Titelfoto dem Verkehrsamt Seeg. Von Heinz Kytzia stammen folgende Fotos: 9, 10, 11, 13, 16, 28, 37, 58, 77, 85, 90, 101, 103, 132, 157, 165, 182, 184, 198, 207, 211, 247, 251 und 252. Von Walter Lindner: 21, 26, 57, 60, 65, 74, 79, 92, 224, 233, 245 und 250. Von Markus Schneider: 22, 29, 162, 169, 185, 189, 192, 196 sowie das obere Titelfoto. Von Udo Weierich: 155, 159 und 180. Die übrigen Fotos stammen von den Autoren.

Wanderungen

Radtouren

Kartenverzeichnis

W = Wanderkarten

Zeichenerklärung für die Karten und Pläne

Landkarten

- Autobahn
- Bundesstraße
- Hauptverkehrsstraße
- Nebenstraße
- Piste

Höhenstufung

- 750-1000 m
- 1000-1250 m
- 1250-1500 m
- 1500-1750 m
- 1750-2000 m
- 2000-2250 m
- 2250-2500 m

- Wanderweg
- Fahrradtour
- Gasthaus
- Hütte
- Berggipfel
- Aussicht
- Höhle

Stadtpläne

- Hauptstraße
- Nebenstraße
- Stadtrundgang
- Fußgängerzone
- bebaute Fläche
- Grünanlage
- Gewässerfläche

- Kirche
- Schloss/Festung
- Brunnen
- Information
- Post
- Museum
- Parkplatz
- Krankenhaus
- Campingplatz
- öffentliches WC
- Supermarkt

Alles im Kasten

Was haben Sie entdeckt?

Haben Sie eine gemütliche Gaststätte gefunden, ein freundliches Hotel mit Atmosphäre, einen schönen Wander- oder Radweg?

Wenn Sie Ergänzungen, Verbesserungen oder neue Tipps zum Buch haben, lassen Sie es uns bitte wissen.

Katrin Lindner & Jens Willhardt
Stichwort "Allgäu"
Michael Müller Verlag GmbH
Gerberei 19
91054 Erlangen
E-Mail:
Jens.Willhardt@michael-mueller-verlag

Blick von der Alpe Beichelstein auf Breitenberg und Aggenstein

Das Allgäu entdecken

Eine endlose Hügellandschaft vor einem grandiosen Alpenpanorama, grasende Kühe, kleine, verstreute Bauernsiedlungen, einsame Sennalpen hoch oben in den Bergen – all dies hat dem Allgäu den Ruf eines ländlichen Idylls eingebracht. Das Bild stimmt auch heute noch, doch ist es in den letzten Jahren um einige Facetten bereichert worden.

Insbesondere in den kleinen Städten der Region hat man in jüngster Vergangenheit kräftig am Erscheinungsbild gefeilt. So haben umfangreiche städtebauliche Sanierungsmaßnahmen dafür gesorgt, dass viele historische Stadtkerne in neuem Glanz erstrahlen. Gleichzeitig wurde eifrig am "kulturellen Outfit" gearbeitet, sodass das Allgäu mittlerweile eine Vielzahl von Veranstaltungen und Festivals zu bieten hat, die den Reiz der Region deutlich steigern. Hinzu kommt, dass sich der Alpenrand in den letzten Jahren immer mehr zum Event- und Actionsportgebiet gemausert hat: Drachenfliegen, Rafting, Mountainbiking und Ähnliches mehr machen das Gebiet zunehmend auch für ein jüngeres Publikum attraktiv.

Die traditionellen Reize des Allgäus sind bei alldem natürlich nicht verloren gegangen. Noch immer präsentiert sich die südlichste Ferienregion der Republik als ideales Reiseziel für Familien mit Kindern, noch immer ist sie ein Eldorado für Wanderer und Radfahrer, und noch immer locken barocke Kirchen und Klöster, trutzige Burgen und prächtige Schlösser wie Neuschwanstein Kunstliebhaber aus ganz Deutschland an.

Die Bezeichnung "Allgäu"

Den alemannischen Siedlern, die aus Schwaben nach Südosten wanderten, erschien das Land offenbar relativ bergig im Vergleich zu den ebenen Schotterfluren des heutigen Oberschwaben. So benannten die "Ur-Allgäuer" die Region nicht nach einem Fluss, wie es z. B. am Rhein mit dem *Rheingau* geschah, und auch nicht nach einem Herrschergeschlecht, wie dies die Brisiger mit dem Namen *Breisgau* taten, sondern schlicht nach dem Landschaftsprofil: *Albigauge,* erstmals 817 in einer St. Gallener Urkunde erwähnt, entspricht *Alpengau* – das Wort *Alp/Alb* bedeutet Berg, *Gau/Gäu* steht für Gebiet.

Familienurlaub

Bei Familien ist das Allgäu sehr beliebt, zumal sich viele einsame Weiler finden lassen, wo Kinder noch herumspringen können, ohne dass die Eltern Angst vor Autounfällen haben müssen. Abwechslung vom Streichelzoo auf dem Bauernhof bieten zahlreiche Attraktionen, angefangen von Erlebnisschwimmbädern bis hin zu Sommerrodelbahnen. Wer den kommerziellen Rummel scheut, findet viele Burgruinen zum Herumstöbern, vielfältige Klettermöglichkeiten (etwa im Eistobel bei Isny) und ein breites Angebot an Badeseen. In den meisten Städten bestehen Angebote für Kinder, z. B. sehr umfangreiche Ferienprogramme oder organisierte Kinderfeste (einiges finden Sie im Reiseteil dieses Buches, ansonsten hilft die jeweilige Touristeninformation weiter). Auch kinderfreundliche Unterkünfte muss man im Allgäu nicht wie die sprichwörtliche Stecknadel im Heuhaufen suchen – "Ferien auf dem Bauernhof" gehören zum Standardangebot an Übernachtungsmöglichkeiten. Im Folgenden ein kurzer Überblick über das, was Sie mit Ihren Kindern unternehmen können:

Mit dem Rad ins Oytal

- *Erlebnisbäder* **Aquaria** in Oberstaufen (Familientageskarte 43 €); **Kristall-Therme** in Oberstdorf (Familientageskarte 30 €); **Alpspitz-Bade-Center** in Nesselwang (Familientageskarte ab 14,50 €); **Wonnemar** in Sonthofen (Familientageskarte 27,50 €); **Erlebnis- und Familienbad Fischen** (4,80 €/Erw., 2 € Ki.).

Bauernhofidylle

• *Eislauf* **Eissportzentrum Füssen** (im Mai geschlossen); **Eisstadion Kaufbeuren** (Oktober–April); **Eisstadion Kempten** (September–März); **Eissportzentrum Oberstdorf** (nach Ostern für einige Wochen geschlossen); **Eissporthalle Pfronten** (Oktober–April); **Eisstadion Sonthofen** (September–März). Eintritt jeweils ca. 2,60 €.

• *Rodelbahnen* Balderschwang, Burgberg bei Sonthofen, Hindelang, Immenstadt, Kempten, Nesselwang, Oberstdorf, Pfronten, Schwangau, Weissensee, Wertach. Leihschlitten jeweils ca. 4 €.

• *Bei Regenwetter* **Miniland Modelleisenbahn** in Wengen (zwischen Isny und Kempten). Familienkarte 15 €. 383 qm große HO-Anlage. März–November täglich 10–18 Uhr, sonst nur am Wochenende. ✆ 08375/8622.

Freizeitpark Weitnau, überdachte Anlage westlich von Weitnau in Kleinweiler. Miniaturschlösser, Kletterzimmer, Puppenstube u. v. m. Ostern–November 10–18 Uhr. Familienkarte 25 €. ✆ 08375/1607.

Sportpark Fischen, ✆ 08326/8282. Kart-Bahn (Einzelfahrt 7 €) u. v. m.

Obermühle in Fischen, Freitagnachmittag Schausägen, ✆ 08326/1815.

Modelleisenbahnschau in Sonthofen, ✆ 083121/22180. Eintritt 4 €. Täglich 10–18 Uhr.

Puppentheater Kaufbeuren, ✆ 08341/2555. Oktober–April Vorführungen jeden Sonntag um 16 Uhr. Eintritt 4 €.

Reptilienzoo Scheidegg, April–Oktober täglich 9–18, im Winter So–Do 10–17 Uhr. Eintritt 3,70 €/Erw., 2,30 €/Ki.

Automuseum Wolfegg, 15.3.–15.11. durchgehend geöffnet von 9 bis 18 Uhr, im Winter nur So 10–17 Uhr. Eintritt 6 €.

• *Kinderfeste* Viele Orte im Allgäu veranstalten Kinderfeste, i. d. R. in der Ferienzeit des jeweiligen Bundeslandes: Altusried, Bad Wörishofen, Hindelang (Kindererlebnistage), Isny (Bogenspringen), Kaufbeuren (Tänzelfest), Kempten (Ende September), Kißlegg, Lechbruck, Lindenberg, Memmingen, Oberstdorf (Kinderbadefest), Ottobeuren, Pfronten (Spielfest), Scheidegg, Wangen. Daneben ist – obwohl nicht mehr im Allgäu, aber noch in Schwaben – Augsburg erwähnenswert: Hier wird im August ein Kinderfest im Zoo und botanischen Garten veranstaltet. Außerdem findet hier im November das berühmte **Augsburger Kinderfilmfest** statt (Infos unter ✆ 0821/502070).

Allgäu-Walser-Card

Bei den Gästeinformationen erhalten Sie beim "Einchecken" die Allgäu-Walser-Card in Form einer Chipkarte oder Sie bekommen auf Ihre Gästekarte einen Stempel, der diese als Allgäu-Walser-Card kennzeichnet. Bei Vorlage der Karte erhalten Sie einen Bonuspreis bei den Partnern des Allgäu-Walser-Card-Verbundes. Lassen Sie sich eine Broschüre geben, in der alle Partner und Sonderpreise aufgeführt sind. Info- und Buchungs-hotline: 01805/987800 (tägl. 8-21 Uhr).

Von der Kneipp- bis zur Schwefelkur

Im Allgäu können einige Kurorte aufgesucht werden, jeder hat seine eigene Spezialität. Die Kneipp-Kur ist sehr verbreitet, daneben werden Heukuren, Schrothkuren, Moorbäder, Schwefelkuren und vieles mehr angeboten. Reine Kurorte, die von kaum etwas anderem leben als den Kurgästen, sind Bad Wörishofen im Osten und

Schützen in Heiligkreuz beim Maibaumaufstellen

Bad Wurzach im Westen. Daneben bieten Bad Grönenbach, Fischen, Füssen, Bad Hindelang, Isny, Oberstaufen, Oberstdorf, Ottobeuren, Scheidegg und Schwangau Kuren an.

Alltagskultur und Brauchtum

Weltberühmte Schlösser, trutzige Burgen, alte Reichsstädte und prächtig ausgestattete Klosteranlagen, barocke Kirchen und Kapellen selbst in abgelegenen Dörfern – für Kunstfreude ist das Allgäu ein wahrer Genuss (siehe dazu "Vom Barock zum Rokoko" auf Seite 32). Es hat aber auch seinen ganz eigenen Reiz, der Alltagskultur im Allgäu nachzuspüren, entweder in einem der liebevoll hergerichteten Heimatmuseen, die oft allerlei kuriose Gegenstände aus früheren Zeiten beherbergen, oder bei einem der Feste. Denn damit geizt das Allgäu beileibe nicht.

Beliebt sind die weithin sichtbaren Funkenfeuer am Abend des ersten Fastensonntags. Hier wird vielerorts eine den Winter symbolisierende Hexe an einer hohen Stange in einem Holzstoß verbrannt.

Die Walpurgisnacht (Nacht vom 30. April zum 1. Mai), in der bekanntlich Hexen und Druiden ihr Unwesen treiben, heißt heute auch "Freinacht". Entsprechend nutzen vor allem die Jüngeren diese Nacht, um allerlei leicht anarchisch-chaotische Spielchen zu zelebrieren: Gartentüren werden ausgehängt, Blumenkästen abgenommen und Mülltonnen ein paar Häuser weiter abgestellt. Und so manches Mädle findet am Morgen des 1. Mai vor seiner Wohnung eine weiß gemalte Spur auf der Straße, die zum Hause des Herzallerliebsten führt ...

Seit dem Mittelalter werden Georgi-Ritte und Pferdesegnungen durchgeführt. Farbenprächtige Umzüge mit vielen Pferden und Kutschen werden alljährlich am letzten Sonntag im April veranstaltet, z. B. am Auerberg bei Marktoberdorf. Am Fest des Hl. Leonhard, des Schutzheiligen des Viehs (besonders der Pferde), finden vielerorts feierliche Pferdeumritte statt, z. B. in Börwang bei Kempten.

In nahezu allen Gemeinden wird am 1. Mai der Maibaum aufgestellt. Meist wuchtet ihn die Dorfjugend ohne Maschinenkraft in die Höhe. Die Blaskapelle spielt, und die örtlichen Trachtler tanzen dazu.

Im Sommer finden viele Trachten-, Feuerwehr-, Musik-, Schützen- und Volksfeste mit farbenfrohen Umzügen statt. Historische Feste werden landauf, landab in Szene gesetzt, z. B. das Tänzelfest in Kaufbeuren oder das Frundsbergfest in Mindelheim, bei denen das Mittelalter für einige Tage wieder auflebt.

Berühmt sind die vielen "Viehscheiden" am Ende des Alpsommers. Nach altem Brauch werden die Kühe "aufgekranzt" und mit festlichem Kopfschmuck ins Tal geführt. Bierzelte mit zünftiger Blasmusik gehören selbstverständlich dazu (z. B. in Pfronten, Oberstdorf, Hindelang).

Im Dezember kommt der Klos (Nikolaus). In furchteinflößenden Masken und mit Schellen und Glocken behangen, treiben die "Rumpelklose" ihr Unwesen.

Allgäuer Dialekt: "hinterfür" und "g'schert"

Grob ist er, "hinterfür" (von hinten), "g'schert" (unverschämt), direkt, er trifft den Aussagekern genau. Grobheit wird schmunzelnd und lächelnd akzeptiert. Der Dialekt setzt sich zusammen aus Schwäbisch, Bairisch, ein wenig Schweizerdeutsch und bildet so den Rahmen für den alemannischen Humor. Von Dorf zu Dorf, von Tal zu Tal verändern sich nuancenreich seine Aussagen und erreichen, sich selbst auf den Arm nehmend, in kurzen, witzigen Spruchweisheiten ihren unnachahmlichen Höhepunkt. Hier einige Beispiele:

"It g'schimpft, isch g'lobt g'nue!" (Nicht geschimpft werden, ist genug Lob.)

"A bissle dumm isch a jeder, aber a so dumm, wie mancher, isch doch kuiner!" (Ein bisschen dumm ist jeder, aber so dumm, wie mancher, ist doch keiner.)

"'s Heire, 's Schlittle und 's Sterbe sott g'schwind gau!" (Das Heiraten, Schlittenfahren und Sterben sollten schnell gehen.)

"Bua, hot d'r Baur g'sait, du muasch d'Leit schwätze lau, no merksch, wie blöd se send!" (Bub, hat der Bauer gesagt, du musst die Leute reden lassen, dann merkst du, wie dumm sie sind.)

Von Kässpätzle bis Nonnenfürzle: Allgäuer Küche

Allgäuer Küche bedeutet gutbürgerliche, herzhafte Küche. Der kulinarische Klassiker sind Kässpätzle (auch Kässpatzen), die man in fast jedem Gasthof bekommt. Typisch für die Region sind außerdem Maultaschen und Knöpfle – was nicht heißt, dass es nicht in jedem Städtchen einen Italiener, Griechen und Chinesen gäbe.

Zum Allgäuer Standardangebot gehören ferner Schupfnudeln mit Kraut, ein herzhaftes Pfannengericht aus angerösteten, fingerdicken Nudeln aus einem Mehlteig ohne Eier sowie Sauerkraut und Zwiebeln. Sind die "Nudeln" aus Spatzenteig (siehe Rezept auf S. 16), nennt sich das Gericht *Krutspätzle*. In Suppen findet man Leberspätzle, Knödel in allerlei Varianten und *Flädle*, das sind schmale Streifen aus dünnen, geschnittenen Pfannkuchen.

Woher kommen noch mal die Löcher?

Not macht erfinderisch: Aus vergangenen Tagen, in denen die Allgäuer immer wieder ums Überleben kämpfen mussten, stammen die Rezepte, in denen alte Semmeln verarbeitet werden wie bei *Arme Ritter* oder *Moschtküchle:* Semmeln werden scheibenweise in einen Teig aus Mehl, Eiern, Milch und Zucker getaucht, in Fett herausgebacken und mit süßem Most übergossen. Mit Vanillezucker im Teig und nach dem Backen in Zimtzucker gewendet, firmieren die gebackenen Semmeln unter der Bezeichnung *Kartäuserklöß*. Eine weitere Spezialität sind in Schmalz gebackene *Apfelküchle*.

Schließlich seien noch einige Gerichte erwähnt, die trotz ihrer seltsam klingenden Namen unbedingt einen Versuch wert sind: *Baunzen* (in Butterschmalz geröstete Nudeln aus einem Kartoffel-Mehl-Teig), *Nonnenfürzle* (aus Brandteig gefertigte kleine Knödel, die im schwimmenden Fett goldgelb gebacken werden), *Versoffene Jungfern* (kleine, mit einem Löffel abgestochene Stückchen aus einem Teig aus Mehl, Zucker und Eiern werden im schwimmenden Fett gebacken und mit heißem Most oder Wein übergossen), *Katzeng'schrei* (in Stückchen geschnittenes gekochtes, kaltes Rindfleisch, mit Zwiebeln und verquirlten Eiern herausgebacken).

Im Vergleich zum Bodenseegebiet ist das Allgäu bei den Getränken stark im Hintertreffen. Es wächst kein Wein. Brauerein gibt es dafür genug. In einigen Orten können Bierfreunde in Brauereigasthöfen ihr liebstes Getränk sogar in Form einer Soße zu diversen Braten zu sich nehmen (etwa in Bad Wörishofen oder Nesselwang). Auf den Alpen darf natürlich ein Schlückchen selbst gebrannter Schnaps nicht ausgelassen werden!

Brotzeiten ab 4 € sind in allen Gasthöfen zu haben: Angemachter Käse (mit Essig und Zwiebeln) oder einfach Wurst- und Käseplatten gehören zum Standardprogramm. Ein besonderes Schmankerl ist der heiße Leberkäs aus dem Ofen mit Röstzwiebeln und einer Bretze in der Wangener Traditionsbäckerei Fidelisbäck. Hier werden auch "Heiße Seelen" angeboten. Was eine Seele ist? Fragen Sie einfach nach.

Fleisch und Fisch: Schweinebraten, Rinderbraten, Gänsebraten und Wild gehören fest zur Allgäuer Küche. Doch das Image der Region täuscht: Das Voralpenland ist reich an Fischweihern und damit auch an Gasthöfen, die Fischgerichte anbieten.

Preise: Viele Gasthöfe werben mit Sonderaktionen an bestimmten Tagen. Das Preisniveau ist selten ausgesprochen niedrig, insbesondere im touristisch dichteren Süden werden oft stolze Preise verlangt. Im Allgemeinen bewegen sich die Preise für ein Gericht zwischen 8 und 15 €.

Käse: In jedem deutschen Supermarkt ist er zu haben, der Allgäuer Käse. Im Allgäu selbst lässt sich der Käse in winzigen Käsereien erstehen. Diese Käsereien haben es auf dem Markt meist jedoch schwer, sie sind klein und können gegen die Vermarktung der Großen kaum etwas ausrichten. Nischen müssen gesucht werden, etwa mit der Produktion von Biokäse. Deswegen: Gehen sie auf eine Käserei-Reise, beispielsweise auf die im Kapitel Westen beschriebene (ab S. 237).

Käsesorten gibt es unzählige, ebenso Geschmacksnoten innerhalb der Sorten. Die Kuhrasse, die Lage der Weide und die Regenmenge haben Einfluss auf das Aroma.

Literaturtipps: Brigitte Haag: Allgäuer Küche. So kocht man bei uns im Allgäu. Ava Agrar Verlag, Kempten 1986. 12,80 €.

Eine besondere Empfehlung ist das kleine Buch "Allgäuer Sennalpen". Es beschreibt Erlebnis-Wanderwege mit versteckten Reizen, führt Sie zu urigen, liebenswürdigen Menschen in einer intakten Bergwelt, wo Sie in 31 Sennalpen die Käseherstellung um Balderschwang, Gunzesried, Hindelang, Immenstadt, Oberstaufen und Oberstdorf erleben können. Sie bekommen aufschlussreiche Charakterisierungen der einzelnen Alpen, genaue Wegbeschreibungen mit Karten und viele praktische Tipps. Besorgen Sie sich das Büchlein in einem der im Reiseteil angeführten Touristenbüros.

Zum Selbstkochen – Allgäuer Kässpatzen: 500 g Mehl, 6–8 Eier, etwas Wasser, zwei TL Salz bilden den Teig. Diese zähe Masse wird mit einem Spatzenhobel (in jedem Allgäuer Haushaltswarengeschäft zu haben) in kochendes Wasser gehobelt. Beim ersten Aufwallen sind die Spätzle gegart und werden mit einem Schaumlöffel schichtweise mit einer Käsemischung (200 g geriebener Emmentaler oder Bergkäse, 50 g Limburger und etwas Weißlacker, jeweils klein geschnitten) in eine vorgewärmte Schüssel gegeben. Feinschmecker streuen dazwischen noch klein gehackte Zwiebeln. Damit der Käse besser zerfließen kann und sich beim Essen die typischen Käsfäden bilden, lässt man die abgedeckte Schüssel einige Minuten im Wärmefach stehen. Vor dem Servieren angebräunte Zwiebelringe und Schnittlauch auf die Spatzen geben. Dazu schmeckt grüner Salat am besten. Das Bier darf natürlich nicht fehlen.

Wenn die Kässpatzen besonders gut mundeten und der Allgäuer reichlich zugelangt hat, pflegt er zu sagen: *"I hau so viel gesse, dass ma auf meim Ranze dengle ka!"* (Ich habe so viel gegessen, dass man auf meinem Bauch die Sense dengeln kann.)

Eine zünftige Brotzeit auf dem Weiherkopf

Wie entsteht ein traditioneller Emmentaler?

Früher brachten Mägde und Knechte Milchkannen in die Sennerei. Die Bauern wurden dafür im Wirtshaus einmal in der Woche ausbezahlt. Der fertige Käse, der aus etwa 1.000 Litern Milch entsteht (das ist die Tagesleistung von 70 glücklichen Kühen), wiegt schließlich 75 Kilo. Die Herstellung ist keineswegs eine Sache von wenigen Stunden; viele Produktionsschritte dauert es, bis ein Laib fertig ist:

- In flachen Holzschalen, den "Stotzen", wird die Milch über Nacht gelagert.
- Der Rahm wird abgeschöpft und kommt ins Butterfass (ab 1900 mit Zentrifugen).
- Die entrahmte Milch wird mit frischer Milch gemischt und auf 31 °C erwärmt.
- Kälbermägen (Lab) und Bakterien werden zugefügt, dadurch gerinnt die Milch.
- Mit einer "Käseharfe" wird die geronnene Milch in kleine Würfel geschnitten. Nun trennt sich der Käse von der Molke. Das Käsewürfel-Molke-Gemisch heißt "Bruch".
- Der Bruch wird auf 55 °C erwärmt und gerührt, bis eine bestimmte Festigkeit der Käsewürfel erreicht ist. Der Bruch wird dann in eine runde Käseform eingesetzt.
- Der Käse wird in der Form gepresst und mehrfach gewendet, dabei fließt die Molke ab.
- Vier Tage ruht der Käse dann in einem Salzbad, nimmt Salz auf und bildet eine Rinde.
- Für einige Tage kommt der Käse in einen kühlen Keller.
- Bei 21 °C wird der Käse dann in einem Gärkeller ein- bis zweimal wöchentlich gewendet und mit einer Salzlösung abgewaschen. Der Milchzucker vergärt durch die Bakterien. Das dabei entstehende Kohlendioxidgas verursacht die Löcher im Käse.
- Im Lagerkeller reift der Käse bei 10–15 °C mindestens drei Monate lang.

Wandern

Das Allgäu bietet für jeden Geschmack etwas: von leichten Wanderungen im Voralpenland und kleineren Touren für Familien mit Kindern über ein- und mehrtägige Bergwanderungen bis hin zu Klettersteigen. Dieses Buch bemüht sich mit einer Fülle von Vorschlägen, den verschiedenen Ansprüchen gerecht zu werden. Über das Panorama braucht man sich im Allgäu keine Sorgen zu machen, nach grandiosen Ausblicken muss man nicht lange suchen. Ein besonderer Augenschmaus sind die Wanderungen mit Blick auf Neuschwanstein im Osten des Allgäus. Einige Berge können mit der Seilbahn bezwungen werden – aber die Bergstationen können durchaus nicht nur als Ausgangspunkt für eine Wanderung ins Tal zurück, sondern auch für weitere Erkundungen in die Alpenwelt hinein genutzt werden! Wer Mehrtagestouren unternehmen möchte, kann einige der im Reiseteil dieses Buches vorgeschlagenen Routen kombinieren.

Ausrüstung: An erster Stelle steht natürlich der Schuh – quasi das Handwerkszeug des Bergsteigers. Knöchelhohe Wanderschuhe mit gutem Profil sind ein absolutes Muss, da der Fels an einigen Stellen (z. B. Quellaustritten, Nordseiten) nass und extrem rutschig sein kann. Fast genauso wichtig ist es – auch bei strahlendem Sonnenschein –, einen leichten Pullover (z. B. ein Fleece) und einen Regenschutz dabeizuhaben, denn zum einen kann am Gipfel ein ganz schöner Wind pfeifen und zum anderen muss in den Bergen immer mit einem plötzlichen Wettereinbruch gerechnet werden. Auch eine Trinkflasche und etwas Proviant sollten ebenso wenig fehlen wie eine kleine Notfallapotheke mit Pflastern für unleidliche Blasen.

Planung: Für die Planung ist aktuelles Kartenmaterial notwendig (siehe Reisepraktisches auf S. 37). Bei den in diesem Buch vorgeschlagenen Routen sind (wenn nicht anders vermerkt) reine Gehzeiten angegeben. Planen Sie deshalb unbedingt rund ein Fünftel bis ein Viertel mehr Zeit ein, um Pausen für eine Rast oder zum Fotografieren zur haben. Denn auch die schönste Strecke wird unter Zeitdruck zur Tortur. Wenn Sie auf eigene Faust neue Touren testen wollen, vergessen Sie bitte nicht, einen sehr intensiven Blick auf die Höhenlinien in Ihrer Karte zu werfen, denn in den Bergen sind es die Höhenmeter und nicht die Streckenkilometer, die Schweiß treiben und Zeit rauben.

Und zu guter Letzt: Scheuen Sie sich nicht, vor Ihrem Aufbruch in der Rezeption Ihrer Unterkunft Bescheid zu sagen, welchen Gipfel Sie erklimmen wollen und wann Sie in etwa wieder zurück sein werden. Denn falls doch etwas passiert, erleichtert das der Rettungsmannschaft die Suche ungemein!

Radfahren

Radfahren im Allgäu ist so eine Sache: Landschaftlich lohnt es auf jeden Fall, denn mit kaum einem anderen Transportmittel lernt man die Region ähnlich gut kennen. Aber das hat auch seinen Preis, der teuer in Schweißperlen bezahlt werden muss! Ein Trekkingrad oder Mountainbike mit einem leichten Berggang zu verwenden ist empfehlenswert, denn auf einem schlechten Rad können Begeisterungsrufe schnell in Flüche umschlagen. Um das und Schlimmeres zu vermeiden, ist es sinnvoll, vor Beginn der Tour nicht nur einen Blick auf die Kilometer, sondern auch auf die Höhenmeter zu werfen. Leihräder gibt es fast in jedem Ort für rund 10 € pro Tag.

Iller-Radwanderweg: Eine echter Gewinn für die Allgäuer Radler-Szene. Von Oberstdorf bis Ulm (ca. 150 km) kann man nun durchgängig mal rechts, mal links der Iller auf gut ausgeschilderten autofreien Wegen das Allgäu durchqueren. Allerdings: Wenn man immer nur am Fluss entlangfährt, ohne einen Abstecher ins "Hinterland" zu machen, kann das Radeln auf Dauer etwas eintönig sein. Ein heißer Tipp ist es deshalb, den Radwanderweg in Rundtouren zu integrieren: auf abwechslungsreichen, hügeligen Nebensträßchen hin und auf dem ebenen, gemütlichen Illerweg zurück!

Radwanderweg Allgäu: Der rund 100 km lange Rundkurs beginnt in Kempten und endet in Kempten. Die größeren Etappenziele sind Weitnau, Isny, Beuren, Leutkirch und Altusried.

Actionsport

Ballonfahren/Drachenfliegen: Beides ist sicherlich überall ein grandioses Erlebnis – aber im Allgäu vielleicht noch ein bisschen grandioser. Dementsprechend gibt es auch zig Anbieter, die allesamt strengen Sicherheitskontrollen unterliegen. Kosten: Ballonfahrt rund 180 € pro Person, Drachentandemflug zwischen 40 und 100 € (je nach Höhe).

Kajak: Wildwasserfahrten sind ein Stück Abenteuer und Herausforderung. Die Paddelphilosophie hat sich in den letzten Jahren etwas geändert, der Trend geht

Sommer, Sonne, Badespaß

weg vom Bezwingen und Grenzenaustesten hin zum Spaßhaben. Auch vergleichsweise ruhige Gewässer können befahren werden, etwa der Große Alpsee, die Ostrach oder die Iller.

Wildwasserschule Oberstdorf, Postfach 1146, ✆ 08322/98262, 📠 08322/98263. Von Anfang April bis Ende Oktober werden Kurse angeboten (ab 110 €). Spezielle Wildwasserwochen zur Zeit der Schneeschmelze im Mai.

Rafting: Ein nasses Erlebnis im Schlauchboot – nur geeignet für diejenigen, die einen Schwall Wasser ins Gesicht nicht scheuen. Mit bis zu zehn Leuten sitzt man im Boot – ohne Teamgeist geht gar nichts. Die Wildwasserschule Oberstdorf (s. o.) bietet Ganz- und Halbtagestouren an (ab 35 €).

Segeln

Gut geeignet sind der Forggensee und der Wörishofer Stausee im Westen sowie der Alpsee bei Immenstadt im Süden. Der Tourismusverband Allgäu/Bayerisch-Schwaben in Augsburg gibt eine Broschüre mit dem Titel "Wassersport" heraus. Adresse: Fuggerstraße 9, 86150 Augsburg, ✆ 0821/33335, 📠 0821/38351, www.allgaeu-schwaben.com.

Schwimmen und Faulenzen

Jeder größere Ort im Allgäu hat ein Freibad. Einige davon sind renoviert und haben hohen Spaß- und Freizeitwert. Wer lieber in natürlichem oder gar moorigem Wasser schwimmen und sich danach in der Sonne braten lassen will, der ist im Allgäu richtig. Es gibt nämlich unzählige Seen und Weiher zu entdecken, teils "unberührt", teils mit Liegewiese und Kiosk. Für manche muss man etwa 2–3 € Eintritt zahlen. Besonders beliebt sind im Osten der Elbsee, der Hopfensee, der Schwaltenweiher, der Ettwieser Weiher, der Weissensee und der Forggensee. Im Westen stehen der Eschacher Weiher zwischen Isny und Kempten und der Waldsee bei Lindenberg hoch im Kurs, im Süden der Alpsee. Darüber hinaus kann man noch zahlreiche kleine Seen erkunden, die meist nicht so überlaufen sind. Nähere Information liefern die einzelnen Kapitel im Reiseteil dieses Buches.

Wintersport

Wenn anderswo die Welt im Matsch versinkt, erblüht im Allgäu eine weiße Märchenlandschaft: An den Straßen türmen sich meterhohe Schneewände, Äste hängen schwer bepackt zu Boden, und von so mancher Alp spitzt gerade noch der Giebel in die klare, kalte Winterluft – ein Bild, das auch die letzten Stubenhocker vor die Türe treibt!

Skifahrer finden im südlichen Allgäu ein breites Angebot an gemütlichen Familienpisten und alpinen Rennstrecken. Je nach Höhe der Gipfelstation, Größe des Liftverbundes und Länge der Abfahrtsstrecken kosten die Tageskarten für Erwachsene ab 15 €, Kinder zahlen rund 25 % weniger. Im Osten bietet v. a. der Breitenberg (1.838 m, Talstation Pfronten) mit 12 km präparierter Piste mehrere Abfahrtsvarianten, von denen einige auch für "Greenhorns" bestens geeignet sind.

Alpine Höhensprünge

Ob Tiefschneefan, Genuss- oder Rennfahrer, am Nordhang des Grünten (1.738 m, Talstation Kranzegg) findet auf den insgesamt 40 km Pistenlänge sicherlich jede und jeder genug Möglichkeiten, sich nach Lust und Laune auszutoben.

Viel Abwechslung bietet auch das Skigebiet am Iseler (1.600 m, Talstation Oberjoch): Neun Lifte garantieren, dass hier sowohl Anfänger wie auch Könner auf ihre Kosten kommen.

Wer allerdings so richtig hoch hinauswill, der muss nach Oberstdorf fahren – dem Austragungsort der Vierschanzentournee, der Skiflugwochen, der Nordischen Skiweltmeisterschaft u. v. m. Die Highlights heißen Nebelhorn (2.224 m, längste Skiabfahrt Deutschlands), Fellhorn (2.037 m) und Kanzelwand (2.059 m, Rennstrecke).

Auch **Langläufer** kommen im Allgäu nicht zu kurz. Ein dichtes Netz gespurter Loipen durchzieht im Winter die weißen Hänge: Allein im Ostallgäu sind es über 250 km. Landschaftlich besonders reizvoll sind das Gebiet um Knottenried-Diepolz (beim Niedersonthofener See) und die Runde um den Grüntensee. Ein großes, weit verzweigtes Terrain für sportliche, aber auch gemütliche Läufer bietet die Gegend um Pfronten.

Skater finden Loipen nach ihrem Geschmack in Nesselwang, Knottenried-Diepolz, Hindelang, Oberjoch, Fischen, Balderschwang und Oberstdorf.

Rottach-Speicher-See mit Grünten

Streifzüge durch die Naturlandschaft

Hinter den weich geschwungenen Weidehügeln des Voralpenlandes ragen neben schroffen, kantigen und kargen Felsmassiven auch steile, glatte und begrünte Grate und Kämme auf. Verstehbar wird dies alles erst durch einen Blick auf weit in der Erdgeschichte zurückliegende Prozesse.

Geologisch gesehen, besteht das Allgäu aus vielen einzelnen Teilstücken, die eigentlich gar nicht zusammengehören. Erst durch tektonische Verschiebungen gelangten diese unterschiedlichen Schichten und Gesteine in unmittelbare Nachbarschaft und wurden dabei teilweise heftig gekippt, gestaucht und zerbrochen. Diese Entwicklung vollzog sich in mehreren Phasen.

Am Anfang war ein Meer ...

Gehen wir rund 280 Millionen Jahre zurück – ins Zeitalter des **Perms.** Bereits damals erhoben sich hier mächtige Berge. Wind und Wasser machten den exponierten **Gneisen** und **Graniten** stark zu schaffen und trugen sie ab. So bedeckte am Ende dieser Epoche eine riesige Sandwüste das heutige Gebiet der Alpen. Diese Ablagerungen am Übergang zur Trias, der sog. **Buntsandstein,** tritt als älteste Schicht allerdings nur sehr selten zu Tage, z. B. am Nordwesthang des Iseler bei Oberjoch.

Vor 250 bis 200 Millionen Jahren, im Zeitalter der **Trias,** erstreckte sich im heutigen Alpenraum ein riesiges Meer, die Tethys, die Eurasien im Norden vom späteren Afrika und Australien trennte. Die Wassermassen bedeckten nicht nur den Tiefseebereich, sondern auch die Schelfe, d. h. die Ränder der angrenzenden Festländer. Genau wie heute in den Weltmeeren lagerten sich Schlamm, Sand, abgestorbene

Einsamer Badeweiher

Meerestierchen und Pflanzen am Grund der Tethys ab und wurden unter dem mächtigen Druck allmählich verfestigt und zu Gestein.

Häufig findet man den aus Riffen aufgebauten hellen **Wettersteinkalk** (v. a. im Ostallgäu). Die nächste Schicht der Trias ist zugleich die auffälligste. Denn der mächtige **Hauptdolomit** bildet die markantesten und berühmtesten Gipfel des Allgäus, z. B. das Nebelhorn, den Hochvogel und den Daumen. Diese zerklüfteten Kalkmassive entstanden durch viele Jahrmillionen dauernde Verwitterungsprozesse, die das Gestein stark zerbröckelten.

Der Vegetation bieten Formationen wie Felszacken und Türme keinen günstigen Boden, sodass sie meist unbegrünt sind. Ganz anders wirken sich die jüngsten Ablagerungen der Trias aus. Die leicht verwitterbaren Mergel, genannt **Kössener Schichten** (von Kössen bei Reit am Winkel), bilden sanfte, üppig bewachsene Hänge mit quellreichen, lehmigen Böden, die als gute Weidegebiete gelten. Interessant ist diese Schicht v. a. auch durch ihren Reichtum an gut erhaltenen Tier- und Pflanzenfossilien.

An der Wende von der Trias zum **Jura** (vor rund 200 Millionen Jahren) kam Bewegung in den Untergrund: Teile des Meeresbodens sanken entlang von Verwerfungslinien ab, andere stiegen auf. So wurden ganz verschiedene Schichten nebeneinander abgelagert. In den Becken waren es mächtige dunkle Schlickmengen, die als **Allgäu-Schicht** oder **Fleckenmergel** bezeichnet werden. Aus ihnen bestehen die charakteristischen Allgäuer Grasberge, zu denen beispielsweise der Schneck und das Rauh-Eck östlich bzw. südlich von Oberstdorf zählen. Glatt, steil und messerscharf bilden diese Grate und Kämme krasse Gegensätze zu den zerklüfteten Dolomitbergen. Da die Allgäu-Schicht leicht verwittert, trägt sie reiche Vegetation und bildet oft gute Weidegründe. Wo Wasser sich in Rinnen sammeln konnte, schnitt es tiefe Schluchten in das Gestein. Der Sperrbachtobel und das Bacher Loch südlich von Oberstdorf sind typische Zeugen dieses fluvialen Erosionsprozesses.

Hell gefärbte, oft mit roten und grünen Einlagerungen durchzogene Kalke folgen auf die Allgäu-Schicht. Diese an mikroskopisch kleinen Urtierchen (Radiolarien) reichen **Radiolarite** sind extrem feinkörnig, splittrig und kieselsäurehaltig, weshalb hier nur selten Pflanzen wachsen. Bedeutung hatte dieser Hornstein, der v. a. zwischen Hindelang und Pfronten vorkommt, primär in der Steinzeit als Rohmaterial für die Herstellung von Werkzeugen. Aber auch heute noch wird er als "Allgäujaspis" zu farbigem Schmuckstein verarbeitet.

In den Schwellenbereichen mit geringer Wassertiefe sammelten sich fossilreiche, oft bunte **Jurakalke,** die härter und deshalb auch widerstandsfähiger sind als die

Abenteuerliche Klammwanderung

mergelige Allgäu-Schicht. Das prächtige, in der Regel von weißen Kalkspatadern durchzogene Gestein erinnert an Marmor, ist aber geologisch nicht mit ihm verwandt. Als Baumaterial verwendet wurde dieser sog. Farbmarmor, den man v. a. bei Hindelang und Unterjoch findet, beispielsweise in Neuschwanstein. Wegen seiner faserigen Struktur ist er allerdings schwer zu verarbeiten und zerfällt leicht, weshalb er primär zu innenarchitektonischen Zwecken genutzt wird. Aber auch Gedenktafeln sind häufig aus diesem regionstypischen Kalkgestein hergestellt.

Bisher war immer nur von Sedimentationsprozessen die Rede: Abgestorbene Meerestierchen, Pflanzen, Schlamm etc. lagerten sich über Millionen von Jahren auf dem Grund der Tethys ab. Doch wie kommt es, dass diese Sedimentationsgesteine heute die mächtigen Gipfel des Allgäus bilden? Dafür sind großräumige tektonische Bewegungen während der **Kreidezeit** verantwortlich. Vor etwa hundert Millionen Jahren begann sich die afrikanische Kontinentalplatte verstärkt nach Norden auf die eurasische Platte hin zu bewegen. Die Sedimente der Tethys wurden dabei in mehreren Phasen angehoben und gefaltet. Es entstanden Berge, die wie Inselketten aus dem Meer ragten. Diese frisch geborenen Gipfel begannen unter dem Einfluss von Wind und Wasser zu erodieren, sodass in den umliegenden Gebieten Schutthalden und Geröllfelder entstanden. In Verbindung mit diesen Ablagerungen kann man im Allgäu vereinzelt auch vulkanische Gesteine finden, beispielsweise bei Hindelang.

In Zusammenhang mit der Hebung im südlichen Teil entstand weiter nördlich eine neue Senke, die mit Mergel, Kalk und Sandstein gefüllt wurde. Daraus entwickelte sich der **Flysch.** Seinen Namen (abgleitet von "fließen") verdankt das tonreiche Gestein seiner Konsistenz: Denn so wie er großräumig als "Schmiermittel" für die gewaltigen kalkalpinen Decken, die sich langsam übereinander schoben, diente, führte er kleinräumig zu Hangrutschungen und prägte somit weiche Landschaftsformen aus. Die Fellhornkette, der Höhenzug vom Sonnenkopf zum Imberger Horn sowie das Wertacher Horn und der Edelsberg bei Nesselwang gehören zur Flysch-Zone.

Am Nordrand der Tethys, in der sog. **helvetische Zone,** kam es zu einer Sonderentwicklung. Hier setzten sich fossilführende Kalke ab, die sich im Laufe der Jahrmillionen verfestigten. Das wichtigste Gestein des Allgäuer Helvetikums ist der helle, sehr harte **Schrattenkalk.** Im Zuge der Auffaltung der Sedimente entstanden die oft eigenartig wirkenden Schrattenkalkberge wie der Hohe Ifen, das Gottesackerplateau und der Grünten. Dort, wo sich zusätzlich Wasser mit seiner erodierenden Kraft sammelte, schnitt es langsam, aber stetig tiefe Täler, sog. Klamme, in den Fels. Die schönste und wohl bekannteste ist die Breitachklamm bei Oberstdorf. Aber auch am Sturmannsloch bei Obermaiselstein, der einzigen für die Öffentlichkeit zugänglichen Höhle der Allgäuer Alpen, kann man die mechanische und chemische Wirkung des Wassers beobachten.

Eine weitere bedeutende Sedimentation bilden die **Nummulitenschichten.** Der Name ist auf die am häufigsten vorkommenden Versteinerungen zurückzuführen, die wegen ihrer Ähnlichkeit mit einer kleinen Münze (lat. *nummulus*) Nummuliten genannt werden. Bereits im 15. Jh. erkannte die Bevölkerung die Eisenhaltigkeit dieser Sedimente, und so begann man in zahlreichen Gruben am Grünten und im Ostrachtal mit dem Abbau. Für vier Jahrhunderte bildeten diese Erzkalke eine wichtige Grundlage für das Handwerk der Region.

Mitte des **Tertiärs** kam erneut Bewegung in den Untergrund. Die afrikanische Kontinentalplatte machte abermals einen Vorstoß nach Norden. Das noch existierende Becken wurde dabei endgültig geschlossen, und die alpinen Decken rutschten auf dem "schmierigen" Flysch ebenfalls nach Norden. Alles, was sich diesen Massen entgegenstellte, wurde mit einer unvorstellbaren Gewalt abgeschmirgelt, gequetscht und mitgeschliffen. Unter der immensen Last der Gesteinsmassen brach der Untergrund an dieser Stelle ein, und das **Molassebecken** (franz. *molle* = weich) entstand, das sich in einem 120 km breiten Streifen vom heutigen Genfer See bis nach Wien erstreckt. In der Folgezeit diente diese Senke als "Schutthalde" für die Schlamm- und Geröllmassen, die die Flüsse aus dem Bergland nach Norden schwemmten. Aber selbst hier fanden die Gesteinsmassen keine Ruhe, sondern wurden v. a. im Süden noch weitertransportiert und zu Falten und Mulden zusammengeschoben. Nur die Vorlandmolasse nördlich von Kempten blieb unberührt.

... und dann ein Eispanzer

Die Eiszeit hat im Allgäu allerorts ihre Spuren hinterlassen, etwa in Form kleiner Seen oder Moränenwälle. Bodenabtragung und Seenverlandung verwischten zwar im Laufe der Jahrtausende das Bild immer mehr, aber es ist nicht zu übersehen, dass die Landschaft durch die Eiszeit geprägt wurde. Auch Moore wie das Wurzacher Ried gehören zu den eiszeitlichen Relikten. Sie wurden über Jahrhunderte hinweg vom Menschen zum Torfabbau genutzt.

Zur Zeit des Gletscherhöchststandes vor 20.000 Jahren lag das halbe Allgäu unter Eis. Über 700 m mächtig war der Illergletscher am Alpenrand. Manche Berge ragten indes aus dem Eispanzer heraus, beispielsweise der Pfänder bei Bregenz oder der Grünten. Nördlich dieses Bereichs, dort, wo heute Memmingen und Leutkirch

Relikt der Eiszeit: bewaldeter Moränenzug

liegen, flossen zahlreiche verzweigte Gletscherbäche zur "Ur-Donau" zusammen (deren "Nachfolger" sind die Flüsse Iller, Günz, Mindel und Wertach). Vor 12.000 Jahren schließlich ging die letzte Eiszeit, die **Würmeiszeit,** ihrem Ende entgegen. Die Gletscher zogen sich in die Alpen zurück. Kies, Geröll und Steinblöcke blieben zurück.

Wie entstanden die Gletscher?

Im Laufe der Erdgeschichte kam es immer wieder zu globalen Vereisungsperioden. Das **Quartär,** die jüngste erdgeschichtliche Epoche, ist gekennzeichnet durch einen häufigen und raschen Wechsel von Kalt- und Warmzeiten. Während dieser geologischen Epoche wurde die Gestalt der Landschaft in Bayern wesentlich geprägt. Unterteilt wird das Quartär in zwei geologische Serien: Die Epoche des **Pleistozäns** begann vor 1,6 Millionen Jahren und endete mit Beginn der Nacheiszeit, des **Holozäns,** das gerade mal 10.000 Jahre zählt und bis in die Gegenwart andauert. In den Kaltzeiten des Pleistozäns kam es wiederholt zu ausgedehnten Vergletscherungen mit entsprechenden Ablagerungen. Die in den Alpen gebildeten Gletscher drangen während der (mindestens) sieben Eiszeiten mehrere Kilometer ins Alpenvorland vor.

Das bayerische Vorland war dabei von fünf größeren Gletschermassen überdeckt (benannt nach den Flusstälern, die sie ausschürften bzw. über die das Gletscherwasser nach Norden abtransportiert wurde): Im Westen befand sich der große Rheingletscher, nach Osten hin folgte der Iller-Wertach-Lech-Gletscher, dann der Isar-Loisach-Gletscher und der Inn-Chiemsee-Gletscher, den Abschluss bildete der Saalach-Salzach-Gletscher.

Gletscher entstehen vorwiegend in den kalten Höhenlagen der Gebirge. In bereits vorhandenen Tälern oder auch Hangnischen reichert sich der Schnee an und bleibt liegen, wenn die Sonne ihn nicht wegschmelzen kann. Im Winter wird der alte Schnee von neuem überdeckt, sodass es zu einer zunehmenden Komprimierung der Schneekristalle kommt. Es entsteht das weiße Firneis und schließlich das feste Gletschereis.

Der Gletscher bewegt sich nun durch eine langsame Fließbewegung fort: Durch das eigene Gewicht an der Unterseite steht er unter starkem Druck, sodass das Eis an der Sohle zu schmelzen beginnt, auch wenn die Temperaturen weit unter dem Gefrierpunkt liegen. Es bildet sich eine Schicht aus Wasser, auf der das darüber liegende Eis zu gleiten beginnt.

Was sind die Hinterlassenschaften der Gletscher?

Die von Gletschern verlassenen Gebiete sind übersät mit speziellen Geländeformen, die für ungeübte Augen freilich nicht immer leicht zu identifizieren sind. Zunächst handelt es sich dabei um die unterschiedlichsten Hügelformen, die durch die Gletscherbewegungen und das Schmelzwasser entstanden sind. Auch für den Laien leicht zu erkennen sind die an den Seiten und am Ende des Eisstromes abgelagerten Sedimente: die Moränen. Man unterscheidet mehrere Arten. An der Gletscherstirn kommt es zur Ausbildung der Endmoräne. Deren Relief ist durch lang gestreckte, kräftig ausgebildete Wälle charakterisiert. Im Norden des Allgäus sind die Endmoränen des Gletscherhöchststandes gut zu erkennen. Seitenmoränen werden dadurch gebildet, dass der Gletscher Gesteine und unverfestigtes Material von den Talseiten erodiert (u. a. bei Bad Wörishofen ist ein entsprechender Moränenzug gut zu sehen). Fließen zwei Gletscher zusammen, so vereinen sich die jeweiligen Seitenmoränen zu einer Mittelmoräne. Nach ihrem Abschmelzen hinterlassen die Gletscher unter sich die meist kuppigen Grundmoränen.

Blick auf die Alpe Beichelstein

In Moränengebieten kann man immer wieder ortsfremde Steinblöcke entdecken. Diese **Findlinge** wurden von den Gletschern über weite Strecken hinweg an ihren heutigen Fundort gebracht. Gut zu beobachten sind auch **Schliffspuren** von Gesteinstrümmern, die mit dem Eis transportiert wurden und wie Schmirgelpapier wirkten.

Viele der kleinen Seen im Alpenvorland entstanden auf besondere Art und Weise: Beim Zurückschmelzen der Gletscher wurden an einigen Stellen riesige Eisblöcke aus dem Eisverband gerissen, die dann von Schmelzwassersedimenten, die sich auch in der Umgebung aufhäuften, rasch überdeckt wurden. Nachdem diese Blöcke abgeschmolzen waren, blieben Vertiefungen unterschiedlicher Größe übrig, sog. **Toteislöcher.** Zum Teil sind sie heute Badeseen (etwa der Hopfensee).

Eine weitere Hinterlassenschaft der Gletscher sind die **Moore.** Es handelt sich dabei um verlandete Seen, die sich in von Gletschern ausgeschürften Senken bildeten und dann langsam von der Vegetation erobert wurden. Wenn nun die natürlichen Bedingungen dazu führen, dass sich der See mit großen Mengen abgestorbener Pflanzen anreichert, "wächst" allmählich ein Moor heran. Je nach Grundwasserferne und Aufbau unterscheidet man verschiedene Moortypen, insbesondere Hoch- und Niedermoore, die beide im Allgäu zu finden sind. Die Niedermoore stehen im Gegensatz zu Hochmooren unter Grundwassereinfluss und sind sehr artenreich. Das Wurzacher Ried im Westen des Allgäus ist das größte intakte Hochmoor in Mitteleuropa. Es umfasst 1.812 Hektar.

Die Tränen der Versunkenen

Moore haben immer auch die Phantasie der Bevölkerung angeregt. In Süddeutschland sind es freilich weniger die Erzählungen von Moorleichen, die tradiert wurden, als vielmehr die oft mit biblischen Versatzstücken angereicherten Geschichten von Gespenstern, Irrlichtern und wunderlichem Getier. Ängste vor dem Fremden und Strafe für Sünden flossen in die Volkssagen mit ein. So berichtet eine dieser Geschichten von einer unterlassenen Hilfeleistung, die schwerwiegende Folgen nach sich zog: Eines Abends begehrte ein altes Weib Nachtquartier in Wurzach. Sie wurde brüsk abgewiesen und fand ihr Nachtlager in einem Bauernhof am Rand des Moors. Die Alte verfluchte die Wurzacher, als sie Wasser mit einem großen Holzlöffel aus dem Brunnen am Haus schöpfte: "So gewiss ich diesen Löffel voll Wasser ausgieße, so gewiss wird bis zum Morgen Wurzach versunken sein." Und tatsächlich war die Stadt am nächsten Tag verschwunden. Das rote Wasser im Moor aber stammte, so die Sage, von den Tränen der untergegangenen Einwohner ...

Flora und Fauna der Allgäuer Berge

Wer mit offenen Augen durch die Berge des Allgäus streift, wird schnell bemerken, dass der Reiz der Landschaft oft im Detail liegt: das frische Grün der Alpen im Frühjahr, die Schönheit einer blühenden Pflanze, das Krächzen eines Kolkrabens, das leuchtende Rot der Heidelbeersträucher im September. Denn so vielfältig die verschiedenen Lebensräume des Allgäus sind, so abwechslungsreich sind auch die Tier- und Pflanzenwelt.

Pflanzenwelt

Wer sich die Mühe macht und zu Fuß vom Tal aus auf einen der höheren Allgäuer Berge steigt, wird durch fast alle Höhenstufen eines Gebirges kommen und den Wandel der Formen miterleben können. In den Tälern der tief gelegenen **collinen Stufe** dominieren landwirtschaftlich genutzte Wiesen und artenreiche Laubmischwälder mit Buchen, Fichten, Eiben, Lärchen, Ahorn und vielen kleinwüchsigeren Baum- und Straucharten. Mit zunehmender Höhe nimmt die Artenzahl ab. In der heute von der Fichte geprägten **montanen Bergwaldstufe** sorgen nur noch vereinzelt Lärchen und Bergahorn für Abwechslung. Auch wenn der Bergwald manchmal einen monotonen Eindruck erweckt, verbirgt er oft viel Leben: Neben dem duftenden Seidelbast und dem giftigen Eisenhut stößt man manches Mal auf recht stolze

Blühende Aurikeln

Bestände von Frauenschuh, Türkenbund und diversen Orchideen, um nur wenige Beispiele zu nennen.

In der sich anschließenden **subalpinen Stufe** wird die Baumgrenze erreicht: Die Waldbestände lichten sich allmählich und werden von Krummholz- und Zwergstrauchgesellschaften abgelöst. Häufiger Vertreter im Allgäu ist die Alpenanemone. Eine vielfältige Fauna hat sich auch in der natürlichen **Mattenzone** der alpinen Stufe erhalten können: Frühjahrsblumen wie Krokusse und Soldanellen werden später von diversen Enzianarten, Hahnenfußgewächsen und anderen Pflanzen abgelöst. Insgesamt findet man im Allgäu je nach geologischem Untergrund sowohl typische Kalkzeiger als auch kalkmeidende Arten. Nicht zuletzt ist in den Allgäuer Bergen an geeigneten Standorten auch **Edelweiß** anzutreffen.

Tierwelt

Ein Zeugnis königlicher Jagd-Vergangenheit sind die sehr hohen Wildbestände im Ostallgäu und den Ammergauer Bergen. So wird beispielsweise der Gesamtbestand an **Rotwild** in den Allgäuer Bergen auf etwa 3.800 Stück geschätzt; im Hochwinter kommen allein zu der Wildfütterungsstelle bei Buching im Ammergau täglich 150 bis 200 Hirsche. Ähnlich dicht ist auch der Bestand an **Gämsen,** die bis hinauf in die alpine Stufe häufig vorkommen und oft so gut an Wanderer gewöhnt sind, dass sie auch in unmittelbarer Nähe eines Weges äsen. Dass eine so extrem hohe Wild- und Schalenwilddichte ökologisch nicht unbedenklich ist, liegt auf der Hand.

Wo Wanderer vespern, sind meist auch einige **Alpendohlen** nicht weit. Bereitwillig führen diese Flugkünstler das Kunststück vor, einen Käsehappen aus der Luft zu fangen. Seltener kann man **Steinböcke** beobachten. Sie haben allerdings im Bereich des Allgäuer Hauptkammes inzwischen wieder eine stabile Population erreicht. Zu den klassischen Hochgebirgsarten zählen der **Alpenschneehase,** der zierliche, v. a. bei Feuchtigkeit auftauchende **Alpensalamander** und das im Sommerkleid unscheinbare **Alpenschneehuhn.** Das in Österreich so häufig anzutreffende **Murmeltier** hingegen kommt im Allgäu recht selten vor. Doch die Allgäuer Tierwelt hat auch noch viele weitere Arten zu bieten: **Kreuzotter, Birkhuhn** und der in Bayern vom Aussterben bedrohte **Hochalpenapollo** sollen hierfür als Beispiele genügen.

Burgruine Falkenstein

Streifzüge durch die Geschichte

"Das Allgöw ist in Schwaben eine Gegend; sie wird eingeschlossen von Orient mit dem Lech, gegen Mittnacht mit der Thonaw, gegen Occident reicht es an den Bodensee und gegen Mittag streckt es sich gegen dem Schneegebirg. Es ist ein rauh, wintriges Land, in dem es allda vil Vich, Küw und Roß, Tannwald, Vögel und Fisch gibt."

(aus Sebastian Münsters "Cosmographia" von 1544)

Das Allgäu ist immer ein ländlicher Raum gewesen. So sind die größten Städte auch heute noch weit von der 100.000-Einwohner-Marke entfernt. Jahrhundertelang dominierte der Flachsanbau die Landwirtschaft. Erst im 19. Jh. wurde auf die heute so berühmte Milchwirtschaft umgestellt, die das Bild der Region noch immer prägt.

Frühe Besiedlung und Christianisierung

Die ersten Spuren menschlicher Besiedlung lassen sich bis zur mittleren Steinzeit (etwa 7000 v. Chr.) zurückverfolgen. Ab 500 v. Chr. drangen die Kelten in das Gebiet vor und gründeten erste feste Ansiedlungen. Um die Zeitwende wurde das Allgäu von den Römern erobert, die eine Reihe wichtiger Handelsstraßen anlegten und das Gebiet damit infrastrukturell erschlossen. So entstand unter Kaiser Claudius 46 n. Chr. eine "Schnellstraße", die von Norditalien nach Augsburg führte. Und als die Alemannen im 3. Jh. von Norden in das Gebiet der Römer vorzustoßen drohten, ließ der damalige Kaiser Decius schnell eine weitere Straße durch das Allgäu bauen, um die gefährdete Grenze des Reiches zu sichern – die Via Decia, die ebenfalls zu einer wichtigen Handelsstraße wurde. Kempten (Cambodunum) wurde im 1. Jh. n. Chr. zur Hauptstadt der römischen Provinz Raetien.

Im 3. Jh. gelang es alemannischen Stämmen, den römischen Schutzwall Limes zu stürmen, nach Süden vorzudringen und das Gebiet beiderseits der Alpen zu besetzen. Ihre Herrschaft währte etwa bis zur Mitte des 6. Jh., dann wurden sie in das Reich der Merowinger und Karolinger eingegliedert. Christianisiert wurde das Allgäu im 7. Jh. vor allem vom Kloster St. Gallen aus, in dessen Urkunden sich auch die erste schriftliche Erwähnung findet. Allerdings war mit *Albigauge* damals nur ein kleines Gebiet im Bereich von Sonthofen und Fischen gemeint.

Nach dem Zerfall des Fränkischen Reiches wurden die einzelnen Territorialherren wieder mächtiger. Auch die Klöster wie Ottobeuren und Kempten bauten ihre Machtposition aus. In der Stauferzeit im 12. Jh. erhielten Isny, Kempten, Leutkirch, Memmingen und Wangen das Stadtrecht; im Verlauf des 13. Jh. wurden sie zu freien Reichsstädten. Im 14 Jh. schlossen sich die Städte und Stifte Schwabens zum *Schwäbischen Bund* zusammen, um ein Gegengewicht zu Kaiser und Fürsten zu schaffen. Diese sollten sich aber als mächtiger erweisen: Nach kriegerischen Auseinandersetzungen wurde der Bund auf Befehl des Kaisers für einige Zeit aufgelöst. Nach seiner Neugründung sollte er dann eine entscheidende Rolle bei der Niederwerfung des Bauernaufstandes von 1524/25 spielen.

Der Bauernkrieg

Die eigentlichen Träger des Bauernkrieges waren nicht, wie man vielleicht annehmen könnte, die untersten bäuerlichen Schichten, sondern Vertreter der dörflichen Oberschicht (Schultheißen, Ackerbürger und Dorfhandwerker), die die Kleinbauern und landwirtschaftlichen Tagelöhner vielfach für ihre Zwecke einspannten. Eine der Hauptursachen der Auseinandersetzungen war die Ausdehnung der landesherrschaftlichen Gerichtsbarkeit, die die verbürgten "alten Rechte" des "gemeinen Mannes" erheblich einschränkte. Nach diesem "alten Recht" waren z. B. die Wälder Allgemeingut und konnten von den Bauern für eigene Zwecke ausgebeutet werden. Adel und Klerus hatten dieses Recht im Laufe der Zeit immer weiter ausgehöhlt, sodass die traditionellen bäuerlichen Nutzungsrechte an den natürlichen Ressourcen der Waldgebiete faktisch keinen Bestand mehr hatten. Kam es zu Rechtsstreitigkeiten, waren damit nicht mehr wie ehedem die örtlichen Gerichte befasst, die ihre Entscheidungen nach dem überlieferten allgemeinen Rechtsempfinden getroffen hatten, sondern studierte Juristen, die sich in der Regel für die Sache der Obrigkeit einspannen ließen. Zu dieser Aufweichung der Rechtssicherheit kamen erhebliche Verschärfungen im Bereich der Grund- und Leibherrschaft (Frondienste und Abgaben), mit denen sich die ohnehin schon angespannte wirtschaftliche Situation der Bauern und ihrer Familien weiter verschlechterte und sie zu Leibeigenen degradiert wurden. Beim Kampf gegen die Landesherren und der Forderung nach Wiederherstellung des "alten Rechts" setzte man die Hoffnung auf den Kaiser und erwartete gleichzeitig Unterstützung durch die Reformationsbewegung (tatsächlich hatte sich Luther anfänglich um Vermittlung bemüht, sich aber später gegen den Bauernaufstand gewandt).

Die Bauern, die in sog. "Haufen" organisiert waren, gaben 1525 in Memmingen einen Forderungskatalog ab. Diese "Zwölf Artikel" – eine Art Manifest der Bauernbewegung – waren folgendermaßen betitelt: *"Dye grundtlichen vnd rechten haupt artickel aller baurschafft und hyndersessen der gaistlichen vnnd weltlichen oberkayten von wolchen sy sich beschwert vermainen."* Die einzelnen Artikel betrafen religiöse, rechtliche, wirtschaftliche und soziale Belange, so etwa das Recht zur Wahl des

Der Bauernkrieg auf der Freilichtbühne in Altusried

Pfarrers, die Aufhebung der Leibeigenschaft, die Freigabe der Jagd, gerechtere Behandlung bei Frondiensten und Veränderungen bei der Strafbemessung. Ein Beispiel (in der Übertragung von H. und S. Ewig):

"[...] Zum Zehnten sind wir damit beschwert, dass etliche Herren sich Wiesen angeeignet haben, desgleichen Äcker, die der Gemeinde gehören. Diese werden wir wieder in unseren gemeinschaftlichen Besitz nehmen, es sei denn, dass man sie redlich gekauft hätte. Wenn man sie aber nicht rechtmäßig erworben hat, soll man sich gütlich und brüderlich miteinander vergleichen nach Lage der Dinge."

Anfänglich konnten die Bauern eine Reihe von militärischen Erfolgen erzielen. So wurde im April 1525 das Kloster Ottobeuren geplündert und verwüstet. Auch gegen Kempten rückten die Bauern vor, zerstörten das Kloster und besetzten die fürstäbtlichen Burgen der Umgebung. Memmingen wurde ebenfalls belagert. Der neu gegründete *Schwäbische Bund* mit den Anführern Georg Truchsess von Waldburg, dem "Bauernjörg", und Georg von Frundsberg, dem "Vater der Landsknechte", wurde mit der Niederwerfung des Aufstandes betraut. Der entscheidende Schlag gegen die Bauern gelang den Bündischen im Allgäu in der Schlacht von Leubas bei Kempten. Als Ende 1525 auch der letzte Widerstand der Bauern gebrochen war, hatten Schätzungen zufolge mehr als 100.000 Menschen ihr Leben verloren.

Trotz der militärischen Niederlage führte der Bauernkrieg nicht zur vollständigen politischen und rechtlichen Entmündigung der aufständischen Bauern. In einigen Gebieten wurden sogar vertragliche Lösungen getroffen, die auf die Forderungen der Bauern reagierten. So handelten die Untertanen des Stiftes Kempten und ihre Obrigkeit, der Abt und Konvent des Klosters, den sog. "Memminger Vertrag" aus, der u. a. die den Bauern auferlegten Abgaben rechtsverbindlich regelte und damit den schlimmsten Auswüchsen der Willkürherrschaft den Boden entzog. Parallel zum Memminger Vertrag wurden die klösterlichen Rechte gegenüber der Reichsstadt Kempten gegen eine Zahlung von 30.000 Gulden abgelöst. Dieser sog. "Große Kauf" wurde von Kaiser und Papst bestätigt.

In der Folgezeit breitete sich die Lehre Luthers auch in Schwaben rasch aus. Viele Gläubige gingen in Augsburg statt in den Dom in die Kirche St. Anna, wo im Geiste Luthers gepredigt wurde. Memmingen folgte der neuen Lehre, in Kaufbeuren kam es zu Aufständen gegen den Klerus, in der St.-Mang-Kirche der Reichsstadt Kempten wurden 1533 die gotischen Altäre und Bildwerke entfernt und vernichtet, die Fresken übertüncht. Erst auf dem 2. Reichstag in Augsburg wurde 1555 der "Religionsfriede von Augsburg" geschlossen. In ihm wird das Prinzip *"cuius regio – eius religio"* festgelegt: Die Untertanen mussten das Bekenntnis des Landesherren annehmen, durften aber, wenn sie dies nicht wollen, auswandern. In den Reichsstädten konnten beide Religionen ausgeübt werden.

Vom Dreißigjährige Krieg bis zur Säkularisation

Ein blutiges Kapitel schrieb auch das 17. Jh. Dreißig Jahre Mord, Brandschatzung und Plünderungen fügten dem Allgäu schweren Schaden zu. Burgen, Klöster und ganze Städte wurden zerstört, sodass die Bevölkerung in dieser Zeit erheblich dezimiert wurde. Und wer von den Kriegswirren verschont blieb, musste beständig in der Gefahr leben, von einer anderen Plage dahingerafft zu werden: von der Pest. Zeugnisse der großen Epidemien dieser Zeit sind die vielen Pestkapellen und Pestfriedhöfe, die über das gesamte Allgäu verstreut sind.

Vom Barock zum Rokoko

Nach den Zerstörungen des Dreißigjährigen Krieges galt es, wieder Fuß zu fassen. Die Prunkfreude der Fürsten und Fürstäbte, der tragende Katholizismus, Anregungen aus Italien, die Atmosphäre des eigenen Landes und der europäischen Zeit: alles wirkte zum Entstehen der barocken Kunst in Süddeutschland mit.

Besonders der Kirchenbau des Barock (und des folgenden Rokoko) hat seine reichsten und reifsten Leistungen in den katholisch verbliebenen Landschaften Süddeutschlands vollbracht. Das Hauptanliegen der Baumeister war, den zwischen Eingang und Chor ausgespannten Kirchenraum zu einer unruhig belebten, wogenden Phantasie aus einer Vielzahl sich durchdringender und miteinander verfließender Raumteile zu machen. Die geschwungenen Wände, die gebrochenen Gesimse und die ovalen Kuppeln zwingen dem Auge immer neue Blickerlebnisse auf. Umso mehr, als über diese komplizierte Architektur durch Malerei, Plastik und Stuckatur ein wahrer Rausch an Farben und Formen ausgeschüttet wird, die im hellen Sonnenlicht ihre volle Pracht entfalten können. Goldglänzende Kapitelle, marmorprunkende Säulen, wuchernde Blumengehänge, das Getümmel der Putten, verzückt sich verrenkende Gestalten der Heiligen an Altären und Kanzeln und die volkreichen heiligen Scharen der Deckengemälde sollten dem schauenden Auge einen Vorgeschmack himmlischer Seligkeit vermitteln. Den Gläubigen der Barockzeit wurde mit diesen bildkünstlerischen Mitteln der Eindruck einer "Pforte des Himmels" anschaulich nahe gebracht. Der große Sakralraum galt als Thronsaal Gottes, erst recht dann, wenn er mit liturgischem Zeremoniell und einer großen Orchestermesse zum Klingen gebracht wurde. Regelmäßig werden auch heute noch an den großen Kirchenfesten wie Weihnachten, Ostern, Pfingsten und Kirchweih vielerorts musikalische Meisterwerke zur Aufführung gebracht.

Solch jubelnde, überwältigende, theatralische Pracht hat auch im Allgäu Eingang gefunden. Der glänzende Wiederaufstieg des Benediktinerklosters Kempten aus den Ruinen führte zur Entstehung der ersten großen Barockanlage nördlich der Alpen. Der 1651 begonnene Neubau des Stifts in Kempten kam im Wesentlichen 1670 zum Abschluss. Begonnen hatten die Arbeiten unter der Leitung des Vorarlberger Baumeisters Michael Beer. Johann Serro aus Graubünden setzte sie fort, und auch Dominikus Zimmermann hat höchstwahrscheinlich mitgewirkt. Die Leitung über die Gestaltung der Raumdekorationen hatte der Kemptener Hofmaler Franz Georg Hermann inne, der nach seinem acht Jahre dauernden Studienaufenthalt an der *Academia di San Luco* in Rom ins Allgäu zurückgekehrt war. Die Wessobrunner Stuckateure Johann Schütz und Johann Georg Üblher standen ihm zur Seite.

Der Entwicklungsabschnitt nach dem Barock wird als Rokoko bezeichnet (ab etwa 1780). Die Bezeichnung wird abgeleitet vom französischen "rocaille" (Grotten- und Muschelwerk), ein Ornament, das in abgewandelter Form immer wieder auftritt. Rokoko ist im Wesentlichen ein Dekorationsstil. Die Bauwerke zeigen in ihrer Gliederung und Gestaltung einen Verzicht auf Pathos, Strenge und barocke Feierlichkeit. Das Schwere, Üppige, Volltönende des Barock schwingt über in Leichtigkeit, Zierlichkeit und Anmut. Die Farben hellen sich in den lichtdurchfluteten Innenräumen auf.

Zu den berühmtesten Barock- und Rokoko-Baumeistern im Allgäu zählen *Dominikus Zimmermann* aus Wessobrunn (Kartause in Buxheim, Residenz in Kempten, wahrscheinlich Maria Steinbach), *Simpert Kramer (Kraemer)* aus Edelstetten bei Ottobeuren (Kloster und Kirche in Ottobeuren), *Johann Jakob Herkomer* aus Sameister bei Roßhaupten (St. Nikolaus/Füssen, Kirche und Kloster St. Mang in Füssen, Heiligkreuz bei Kempten, St. Lorenz/Kempten), *Johann Georg Fischer* aus Marktoberdorf (St. Martin/Marktoberdorf, Basilika in Ottobeuren, Stiftskirche/Wolfegg).

Großartige Freskenmaler waren neben *Franz Georg Hermann* aus Kempten (Kloster Schussenried, Klosterkirche in Ottobeuren, St. Gordian und Epimachus in Stöttwang bei Kaufbeuren, Heiligkreuz bei Kempten, St. Lorenz und Residenz in Kempten, St. Mang in Füssen), *Johann Baptist Zimmermann* aus Wessobrunn (Dominikanerinnenkirche in Bad Wörishofen, Kartause in Buxheim), *Johann Martin Zick,* geboren nahe Ottobeuren (St. Blasius und Alexander in Altusried, Residenz in Kempten, Wallfahrtskirche Heiligkreuz bei Kempten), *Franz Joseph Spiegler* aus Wangen (Kloster in Ottobeuren).

Doch was wären all die herrlichen Kirchen ohne die "Wessobrunner Stuckatorenschule"? Wenn auch Wessobrunn bei Weilheim, die Heimat der Stuckateure und Maler *Johann Baptist Zimmermann, Johann Schmuzer, die Gebrüder Feichtmayr* und *Johann Georg Üblher,* zu Oberbayern gehört, so muss es doch im Zusammenhang mit der Schwäbisch-Allgäuer Barockkultur genannt werden. Selbst in den kleinsten Dorfkirchen finden sich mehr oder weniger ausgeprägt Spuren der Wessobrunner Künstler.

Das nächste einschneidende Ereignis für die Geschichte der Region war die im Gefolge der Französischen Revolution einsetzende Säkularisation, d. h. die Enteignung kirchlichen Eigentums. Für viele Klöster und Kirchen bedeutete sie das Ende: Die Bibliotheken wurden verkauft, Pretiosen versteigert, die Gebäude zu Gefängnissen umfunktioniert oder als normale Wohnungen genutzt.

Die Zeiten waren für die Städte kaum angenehmer. Mit dem Reichsdeputationshauptschluss von 1803 wurde der Kurfürst von Bayern König und beherrschte nun das Gebiet bis zum Bodensee. Das neue Zentrum war München. Und das schonte das Allgäu nicht. Die freien Reichsstädte verloren ihre Privilegien. Wirtschaftlich ging es in der Folgezeit trotzdem nicht bergab – die Allgäuer lernten, wie man Käse herstellt.

Vom "Blauen" zum "Grünen Allgäu"

Vor der Umstellung auf die Milchwirtschaft spielte der Flachsanbau im Allgäu eine große Rolle. Nach einer Klimaverschlechterung, die den vorher betriebenen Ackerbau unrentabel machte, stellten der Anbau und die Verarbeitung des robusten Flachses zu Leinwand für die meisten Bauernfamilien einen wichtigen Nebenverdienst dar. Die Bedeutung des blau blühenden Leinengewächses war zeitweise so groß, dass man im Volksmund vom "Blauen Allgäu" sprach. Umso härter traf es viele der am Existenzminimum lebenden Familien, als die Konkurrenz der englischen Baumwollverarbeitung das traditionelle Gewerbe Mitte des 19. Jh. verdrängte.

Neben dem Feldbau wurde der Viehhandel zu einer wichtigen Einkommensquelle. Durch die Verbesserung der Düngemethoden und die Verwendung neuer Futterpflanzen im 18./19. Jh. wurde die Grundlage für eine systematische Viehzucht gelegt, die dem Allgäu zu einem ungeahnten wirtschaftlichen Erfolg verhalf: Bis nach Oberitalien, Südfrankreich und Ungarn wurden die Allgäuer Rinder geliefert. Voraussetzung für diesen florierenden Viehhandel war die Alpwirtschaft, die schon immer ein wichtiger Wirtschaftszweig im Allgäu war: Da es im Tal meist nur wenige geeignete Futterflächen gab, begannen die Bauern, nach alternativen Weidegebieten für ihre Rinder zu suchen. Sehr bald wichen sie während der Sommermonate auf Flächen hoch oben im Gebirge aus. Das Vieh hatte dort genug Platz, und die Bergkräuter schienen zusätzlich das Immunsystem der Tiere zu stabilisieren. Natürlich wäre es völlig unrentabel gewesen, hätte jeder Hof für die gesamte Sömmerung eine Arbeitskraft freistellen müssen. Deshalb schlossen sich die Bauern eines Dorfes zusammen und vereidigten einen Alpmeister, dem sie für die drei Sommermonate ihr Vieh anvertrauten. Der lebte dann etwa von Juni bis September mit den Tieren mitten in den Bergen. Die meisten Alpen waren sog. Galtalpen, auf denen Jungvieh geälpt wurde. Nur auf den wenigen Sennalpen, auf denen die Milchkühe weideten, wurde etwas Käse hergestellt, der gerade für den Eigenbedarf reichte. Die Alpwirtschaft war kein ungefährliches Unterfangen: Wenn ein Tier sich verletzte oder sogar abstürzte, gab es kaum Hilfe. Die Rückkehr des Alpmeisters und des Viehs ins Tal wurde deshalb jedes Jahr mit großer Spannung erwartet. War der Sommer unfallfrei verlaufen, wurde beim Abtrieb das schönste Rind mit einem Kranz festlich geschmückt. Alle Tiere bekamen dröhnende Glocken umgehängt, die den Zug schon von weitem ankündigten. In einigen Gemeinden ist dieser "Viehscheid" auch heute noch ein wichtiges Dorffest.

Mitte des 19. Jh. änderte sich alles – und das war bitter nötig. Denn wegen der wachsenden Probleme im Ackerbau und der Leinenverarbeitung war die wirtschaftliche Situation zu dieser Zeit ziemlich schlecht. Da brachten der Schweizer

Mäharbeiten auf der Alp

Senner Johann Althaus und der Händler Carl Hirnbein aus Wilhams bei Isny mit ihren revolutionären Neuerungen in der Landwirtschaft den ersehnten wirtschaftlichen Aufschwung. Aufbauend auf ihren Erfahrungen aus der Schweiz und aus Holland hatten sie die Idee, aus der Allgäuer Milch haltbaren Käse zu produzieren. Denn der, der bisher in den privaten Hauskäsereien hergestellt wurde, ließ sich kaum konservieren und eignete sich deswegen nicht für den Verkauf. Zwar mussten die beiden Männer, die unabhängig voneinander mit unterschiedlichen Methoden experimentierten, anfangs einige Rückschläge einstecken, aber ihre Ausdauer zahlte sich aus: Schließlich hatten sie doch Erfolg, und das Allgäu wurde zur Käseküche Deutschlands! Damit war natürlich auch eine radikale Umstellung der Landwirtschaft verbunden. Der Ackerbau trat völlig in den Hintergrund, und die Grünlandwirtschaft erlebte einen enormen Boom. Denn die Bauern erkannten die Gunst der Stunde schnell und sattelten auf die nun lukrative Milchwirtschaft um. Aus dem ehemals "Blauen Allgäu" wurde das "Grüne Allgäu", das wir heute kennen.

Die industrielle Entwicklung

Parallel zum Aufbau der Grünlandwirtschaft schossen im Allgäu Mitte des 19. Jh. die ersten Spinnerei- und Webereifabriken aus dem Boden, die die traditionelle Flachsverarbeitung ablösten. Damit konnte wenigstens ein Teil des Marktes gesichert werden, der durch die englischen Billigprodukte gänzlich wegzubrechen drohte. Die Wasserkraft als billige Energiequelle begünstigte diese Entwicklung.

Die industrielle Revolution machte auch vor dem traditionellen Erzabbau und der Eisenverarbeitung nicht Halt. Mehr als 400 Jahre lang waren der Abbau von Eisenerz und seine Verhüttung ein nicht unbedeutender Erwerbszweig im Allgäu. Begonnen hatte alles Ende des 14. Jh., als die Herren von Montfort-Rotenfels im Ostrachtal nach Eisenerz graben ließen und tatsächlich fündig wurden. Neben Bad

Oberdorf entstand bald auch in Blaichach ein Schmelzwerk. Von viel größerer Bedeutung war aber der Eisenerzbergbau am Grünten. Allerdings schluckte die Verarbeitung des Rohstoffs Unmengen an Holz. Die großflächigen Rodungen wurden zur Gefahr für Mensch und Tier. Einzelne Werke mussten deshalb bereits Ende des 16. Jh. wieder schließen. Das staatliche Hüttenwerk Sonthofen florierte aber weiter und versorgte bis Mitte des 19. Jh. die gesamte Großregion mit Eisenwaren. Der Eisenbahnbau veränderte die Situation allerdings auch auf diesem Sektor von Grund auf: Das qualitativ hochwertigere Roheisen aus der Oberpfalz, dem Ruhrgebiet und sogar aus England konnte nun schnell und billig transportiert werden und verdrängte den Allgäuer Erzabbau. Die Hüttenwerke aber blühten trotzdem weiter auf, was abermals der billigen Wasserkraft zu verdanken war. Während man hier zu Friedenszeiten die unterschiedlichsten landwirtschaftlichen und bautechnischen Maschinen herstellte, wurde die Produktion in den beiden Weltkriegen in den Dienst der Rüstungsindustrie gestellt. Heute noch ist die Metall verarbeitende Industrie ein wichtiger Arbeitgeber im Allgäu.

Kühe statt Karibik: Der Tourismus

Mitte des 19. Jh. kamen die ersten Sommerfrischler. Anfangs waren es nur einige wenige, die für drei, vier Wochen Luft und Landschaft genießen wollten. Schaut man in alte Gästebücher, so stellt man erstaunt fest, dass die Besucher schon damals aus allen Städten Deutschlands, einige sogar aus Moskau, Chicago und Alexandria angereist kamen. Von Jahr zu Jahr stieg die Besucherzahl, und allmählich stellten sich die Allgäuer darauf ein, bauten Pensionen und boten den Sommergästen ein Unterhaltungsprogramm an. So wurde das Allgäu bereits Ende des 19. Jh. ein beliebtes Fremdenverkehrsgebiet. Aber erst die systematische Einrichtung von Wanderwegen, Seilbahnen und Unterkünften auf den Bergen während der 20er und 30er Jahre des 20. Jh. machten den Tourismus zu dem, was er heute ist: der dominierende Wirtschaftsfaktor. So gibt es heute kaum eine Bauernfamilie, die nicht nebenher Zimmer an Gäste vermietet.

Die Zukunft: Vom Landwirt zum Landschaftspfleger?

Egal ob sich ein landwirtschaftlicher Betrieb in der touristisch dichten Region oder weiter im Norden befindet, egal ob mit dem Tourismus Einnahmen erwirtschaftet werden können oder nicht – die Frage nach dem Weiterbestehen der Landwirtschaft spielt überall eine Rolle. Bei der Mehrzahl der Betriebe ist die Lage freilich alles andere als ideal; wenn ein Jungbauer einen Betrieb übernimmt, steht er oft vor gravierenden Problemen. Meist ist nicht viel Geld von elterlicher Seite da, der Betrieb ist abgewirtschaftet, die Gebäude sind alt. Neu bauen bedeutet, sich zu verschulden. Und so entschließen sich viele für ein beherztes "Durchwursteln" mit viel Arbeitseinsatz, um den Betrieb zu erhalten. Als Alternative zum viehwirtschaftlichen Betrieb ist in letzter Zeit immer wieder die professionelle Landschaftspflege im Gespräch. Der Bauer als Dienstleister, der nur noch für die ökologische Stabilität der Landschaft zuständig ist? Mit diesem Selbstverständnis tun sich manche Bauern zwar noch schwer, aber unterschiedliche staatliche Förderprogramme haben in den letzten Jahren bei vielen Landwirten einen Umdenkungsprozess in Gang gesetzt: So geht der aktuelle Trend eindeutig dahin, die Produktionsmengen zurückzuschrauben und sich mehr auf die Herstellung hochwertiger Milchprodukte (z. B. Alpkräuter-Käse) und die Pflege der sensiblen Berghänge zu verlegen.

Müde nach der Tour zur Landsberger Hütte

Reisepraktisches

Informationen/Notruf

Alpine Auskunftsstelle: Auskunft über Öffnungszeiten von Bergbahnen etc. bekommen Sie unter ✆ 08322/700200.

Alpine Not- und Verständigungssignale: Der Hilfesuchende gibt sechsmal hintereinander im Abstand von zehn Sekunden ein hörbares oder sichtbares Signal ab und wiederholt diesen Vorgang mit jeweils einer Minute Pause, bis er Antwort erhält. Die Rettungsmannschaft antwortet mit dreimaliger Zeichengebung innerhalb einer Minute. Sobald Sichtverbindung hergestellt ist, können konkrete Fragen mit Hilfe der internationalen Verständigungssignale beantwortet werden: Beide Arme v-förmig nach oben ausgestreckt bedeutet "ja", der linke Arm schräg nach oben, der rechte schräg nach unten bedeutet "nein".

Alpiner Rettungsdienst: ✆ 19222

Bergwetterdienst: Ansage vom Band unter ✆ 089/295070 oder ✆ 0190/116011.

Deutscher Alpenverein: Von-Kahr-Str. 2–4, 80997 München, ✆ 089/140030, 📠 089/1400312, www.alpenverein.de.

Internet

Folgende Portaladressen führen Sie zu allen wichtigen Orten des Allgäus:

www.allgaeu.de
www.allgaeu.org
www.all-in.de/news
www.allgaeu-schwaben.com
www.dein-allgaeu.de
www.ferienregion-allgaeu.de
www.oberallgaeu.de
www.ostallgaeu.de
www.suedliches-allgaeu.de
www.unterallgaeu.de
www.westallgaeu.de

Karten und Literatur

Eine topographische Karte ist Wanderern dringend anzuraten. Ausgezeichnet sind die im Buchhandel erhältlichen Karten des Bayerischen Landesvermessungsamtes (Maßstab 1:50.000). Als Radler besorgt man sich am besten auch diese Karten, denn die Orientierung auf speziellen Radkarten fällt oft wesentlich schwerer.

Manchmal muss der Gaul noch gesattelt werden ...

Südbayern: *Generalkarte Blatt 25*, 1:200.000, brauchbar für Autofahrer.

Kempten: Bayerisches Landesvermessungsamt (BLVA), Blatt Kempten, 1:50.000 (UK L 17).

Kaufbeuren: *BLVA*, 1:50.000 (UK L 19).

Ostallgäu: *Zumstein Wanderkarte*, 1:30.000, AVA-Verlag, Allgäu/Kempten, ✆ 0831/571420. *BLVA, Blatt Füssen*, 1:50.000 (UK L 10).

Südallgäu/Oberstdorf: *Karte Allgäuer Alpen*, Maßstab 1:30.000, Zumstein Verlag. *BLVA, Blatt Allg. Alpen*, 1:50.000 (UK L 8). *Radtouren-Freizeitkarte Oberallgäu*, 1:75.000, Zumstein Verlag.

Westallgäu/Wangen: *Kompass-Wanderkarte Blatt 187*, Maßstab 1:50.000, oder nur rund um Wangen, Maßstab 1:25.000. *BLVA, Blatt Westallgäu*, 1:50.000 (UK L 11).

Sennalpen-Wanderungen: Siehe unter Literaturtipps auf S. 16.

Wandern: Mayr, *Wanderbuch Allgäu/Oberallgäu*, Kompass-Verlag.

Radwandern: Moser, Elmar, Bike Guide Allgäuer Alpen Nr. 6. Mayr, Allgäuer Radlspaß mit Kindern.

Infos zu Hütten und Gipfeln: Klaus Schlösser ist Autor/Herausgeber dreier informativer Bücher über das Allgäu: *a) Allgäuer Hüttenführer, b) Hüttenwirte erzählen, c) Allgäuer Gipfelbuch* (fast komplett auf der CD-ROM "Allgäuer Trilogie").

Öffentliche Verkehrsmittel

Wer nicht nur den eigenen Geldbeutel, sondern zugleich auch Nerven und Umwelt schonen will, für den lohnt es sich, im Allgäu auf Bus und Bahn umzusteigen. Denn um die Blechlawinen von den zu Stoßzeiten oft überlasteten Landstraßen zu bekommen, hat man sich v. a. in der Region Oberallgäu wirklich interessante Angebote einfallen lassen. Die wichtigsten Endbahnhöfe sind Füssen, Pfronten und Oberstdorf. Das heißt aber nicht, dass hier Endstation ist, denn das Hinterland ist in der Regel über getaktete Busverbindungen gut an die Bahnlinien angeschlossen, und das auch zu späterer Stunde. Denn dann machen die **Anruf-Sammel-Taxis (AST)** ihre Runden und lesen die Nachtschwärmer auf (telefonische Information und Taxibestellung im Raum Kempten unter ✆ 08331/12555, im südlichen Oberallgäu unter ✆ 08321/4000).

Busse: Mit Bussen kommt man im Allgäu durchaus herum. Von allen größeren Orten erreicht man relativ problemlos die umliegenden Dörfer und Städte, in der Regel mehrmals täglich. Da nicht eine Gesellschaft das ganze Allgäu exklusiv bedient, gibt es auch kein übergreifendes Fahrplanheft. So muss man sich in den einzelnen Orten nach genauen Verbindungen erkundigen. An einige Ausgangspunkte für Wanderungen kommt man allerdings nur schlecht oder gar nicht mit dem Bus. Hier ist man auf Auto, Fahrrad oder einen Trampversuch angewiesen.

Zugverbindungen: Der *Allgäu-Schwaben-Takt* sichert mindestens eine Verbindung stündlich von den Hauptbahnhöfen Ulm, Augsburg und München zu fast allen Zielbahnhöfen im Allgäu und umgekehrt.

Preise: Für einen Tagestrip am Wochenende lohnt sich eventuell ein *Schönes-Wochenend-Ticket*.

Wer v. a. im Oberallgäu unterwegs ist, sollte sich unbedingt über die zahlreichen Spartarife der Region informieren. Dazu zählen u. a.:

Tageskarte gesamtes Oberallgäu für 8,70 €/Erw. (BahnCard-Besitzer 7,20 €).

Tageskarte südliches Oberallgäu für 6 €/Erw. (BahnCard-Besitzer 4,50 €).

Urlaubskarte südliches Oberallgäu, 7 Tage für 9,50 €, 14 Tage für 14,50 € (Verkauf nur an Feriengäste in den Verkehrsämtern).

Kinder unter 15 J. in Begleitung eines Elternteils fahren bei allen Spartarifen frei.

Fahrradtransport: Die Fahrradmitnahme ist in den meisten Zügen des Nahverkehrs (RB, SE, RE) kostenlos.

Information: *DB-Reise-Service*, ✆ 01805/996633, www.bahn.de.

Übernachten

Blickt man auf die immense Zahl an Hotels, Gästehäusern und Ferienwohnungen, so scheint es, man müsste sich um eine Unterkunft im Allgäu keine Sorgen machen. An den touristischen Brennpunkten, also am Alpenrand zwischen Schloss Neuschwanstein und Oberstdorf, ist dies freilich anders: Im Sommer ist es hier oft schwer, ein Zimmer zu finden. Aber auch in manch abgelegenem Ort hat man in Spitzenzeiten oft keine Chance, weil die Unterkünfte von Stammgästen belegt sind. Vorbuchen ist also sinnvoll (zunehmend auch via Internet möglich). Für die Kurtaxe sind durchschnittlich 2 € pro Tag einzukalkulieren.

Hotels: Kurhotels kosten oftmals über 100 € pro Doppelzimmer (Hallenbad und Sauna inklusive).

Gasthöfe: Die Preise bewegen sich i. d. R. zwischen 30 und 80 €. Ganz einfache Gasthofzimmer sind manchmal auch ab 15 € zu haben.

Ferienwohnungen: Teilweise mit Gemeinschaftsraum, oft werden geführte Wanderungen angeboten. In Schwangau beispielsweise kosten die Wohnungen 25–70 €/Tag.

Ferien auf dem Bauernhof: Diese Art zu übernachten (ab 10 € pro Person) nutzen gerne junge Familien. Im Allgäu bieten

Folkloristische Masken

unzählige Bauern Unterkünfte an. Einige werden im Reiseteil empfohlen.

Privatzimmer: Nicht so allgegenwärtig wie Ferienwohnungen. Es gibt aber trotzdem eine Reihe von Anbietern, die ein oder zwei Zimmer in ihrem Haus vermieten. Fürs Doppelzimmer muss man mit 25–50 € rechnen.

Jugendherbergen: Es gibt sie in Isny, Lindau, Günzburg, Ottobeuren, Kempten, Füssen, Oberstaufen und Oberstdorf. Genauere Infos im Reiseteil (im Internet unter www.djh.de).

Camping: Von einem einfachen Zeltplatz auf einer Wiese neben einem Bauernhof bis zum Nobelstellplatz mit integrierter Hundedusche ist alles zu haben. Die Preise bewegen sich zwischen 13 und 26 € für zwei Personen mit Stellplatz. Einige Campingplätze sind von Dauercampern in Beschlag genommen. Auch Camper sollten unbedingt reservieren!

Wetter/Reisezeit

Das Wetter im Allgäu – wenn es da feste Regeln gäbe! Auch im Sommer ist es oft launisch wie Aprilwetter. Eines allerdings ist sicher: Wenn Islandtiefs über Europa hinwegziehen, regnet es üblicherweise am Alpenrand, sobald sich die Wolken aufstauen. Das alpine Allgäu ist besonders ein Herbstreiseziel, es regnet dann weniger als im Sommer, und es ist nicht so überlaufen. Die Monate Juni und Juli sind generell mit vielen Regentagen gesegnet – was nicht heißt, dass es nicht Tage gibt, an denen man vor Hitze nur noch an den Weiher fliehen kann. Ab September wird es im Allgäu schon recht kühl, und die hohen Gipfel sind bereits schneebedeckt. Die Klimadaten von Kempten können Sie der folgenden Tabelle entnehmen.

Monat	Minimal-temperatur	Maximal-temperatur	Sonnenstunden	Tage mit Niederschlag
Januar	–3	4	3	19
Februar	–3	5	4	20
März	0	8	4	22
April	3	13	5	20
Mai	8	20	7	21
Juni	10	21	7	23
Juli	12	21	6	25
August	12	22	6	19
September	10	19	5	22
Oktober	4	12	3	23
November	–2	4	2	23
Dezember	–3	4	2	26

Rauschender Wasserfall am Tobelweg zum Rubihorn

Der Norden

Sanfte Moränenhügel, grüne Wiesen und viele kleine Ortschaften, das sind die Merkmale des nördlichen Allgäus. Doch trotz des abwechslungsreichen landschaftlichen Profils, guter (Rad-)Wandermöglichkeiten, einer Reihe sehenswerter historischer Baudenkmäler und einer reichen Geschichte ist die nördliche Region für die meisten Reisenden nur ein Durchgangsgebiet. Zu Unrecht!

Bis wenige Kilometer südlich von Memmingen haben die Gletscher während der Eiszeit ihre Schuttmassen geschoben. Heute sind diese Geröllhaufen mit Wiesen und Weiden überzogen und bilden so die charakteristischen Hügel des Allgäuer Nordens. Dass diese Landschaft nicht nur optisch reizvoll ist, sondern auch der Landwirtschaft gute Bedingungen für eine intensive Grünlandnutzung bietet, beweisen die zahlreichen modernen Höfe und die vielen kleinen Ortschaften, die sich ihre bäuerliche Struktur erhalten haben.

Schwalbenschwanzturm in Memmingen

Das nördliche Allgäu präsentiert sich darüber hinaus als ideales Terrain für Radfahrer und Wanderer: wenig befahrene Nebenstraßen und viele schöne Wege für gemütliche Touren, z. B. entlang der Iller, die sich mal weite Auen geschaffen, mal steile Wände in das Eiszeitgeschiebe gegraben hat. Schließlich hat der Norden auch kulturell einiges aufzuweisen, etwa die historische Altstadt von Memmingen, die Kartause in Buxheim und natürlich die Basilika in Ottobeuren.

Memmingen

41.000 Einwohner • 600 Meter ü. NN

Memmingen ist das "Tor zum Allgäu". Schon wenige Kilometer südlich beginnt die für das Voralpenland so charakteristische sanfte, feingliedrige Hügellandschaft mit den so typischen Streusiedlungen. Die Stadt selbst liegt behäbig in dem noch recht flachen Umland. Vor allem die lebendige und gut erhaltene Altstadt lohnt einen Besuch.

Lassen Sie sich von den neuen Gewerbegebieten, die Memmingen heute umgeben, nicht irritieren. Im Herzen der Stadt entdecken Sie einen sehenswerten historischen Kern, der in den letzten

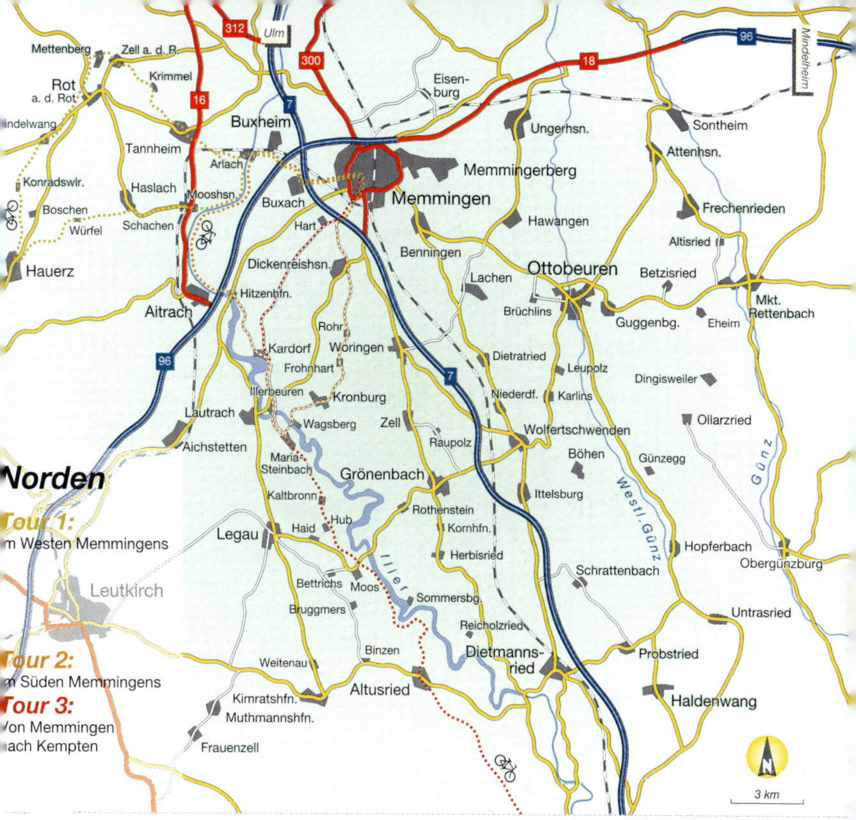

Jahren hübsch herausgeputzt wurde. Auf Schritt und Tritt trifft der Besucher auf stattliche Patrizierhäuser und sakrale Bauten, die an den Glanz der ehemaligen freien Reichsstadt erinnern. Umgeben wird die zum Bummeln und Entdecken einladende Altstadt von einer zwischen dem 13. und 15. Jh. erbauten Stadtmauer, die auf einer Länge von 2,5 km erhalten ist (ursprünglich waren es 4 km). Ebenfalls erhalten sind noch jeweils fünf der ehemals insgesamt 37 Türme und Stadttore.

Idyllische Ecken findet man v. a. am Stadtbach, der sich quer durch das Städtchen schlängelt: Zahlreiche Stege und Brückchen überqueren den Bach, kleine Geschäfte, Kneipen und Wohnhäuser drängen sich dicht an sein Ufer – eine ideale Kulisse für die traditionellen Stadtfeste "Fischertag" und "Wallenstein" (siehe S. 47).

Trotz des Eifers, mit dem die Memminger ihre historischen Feste feiern, sind sie alles andere als nostalgische Beschwörer ihrer Vergangenheit. Stolz verweist die Stadt auf ihre modernen Industriebetriebe mit einem beachtlichen Wirtschaftsaufkommen, auf das innovative Konzept der Landesgartenschau, die Memmingen im Jahr 2000 "zum Blühen" und die Kassen zum Klingeln brachte, oder das ZAM (Zentrum für angewandte Messtechnik) mit seiner praxisorientierten Forschungsarbeit. Beachtlich aber auch, dass die Stadt nicht nur ein schmuckes Theatergebäude unterhält, sondern sich sogar ein eigenes Ensemble, das "Landestheater Schwaben", leistet.

Geschichte: Memmingens Keimzelle war ein strategisch bedeutender Straßenposten, den die Römer dort errichteten, wo heute die Martinskirche steht. Denn hier

Memminger Großzunft

kreuzten sich zwei wichtige Handelsstraßen: die Salzstraße von Ost nach West und die Fernpassstrecke von Ulm nach Oberitalien. Ein Dorf namens "Mammingin" entstand allerdings erst um 500 n. Chr., als sich eine alemannische Sippe ganz in der Nähe niederließ. Benannt wurde es – wie damals üblich – nach dem Sippenoberhaupt (Mammo).

Mitte des 12. Jh. erhielt der Ort unter Welf VI. das Stadtrecht und kam 1191 nach dem Tod des Stadtgründers in staufischen Besitz. Mit dem Tod des letzten Staufers Herzog Konradin von Schwaben im Jahr 1268 wurde Memmingen Reichsstadt. Diplomatisch und geschäftstüchtig gelang es der Stadt, ihre Privilegien auszubauen, die Gunst der Verkehrslage zu nutzen und durch eine Modernisierung des Zunftwesens eine florierende Handwerkstradition zu etablieren. So schwang sich Memmingen schon bald zu einer der führenden Städte Oberdeutschlands auf. Während es wirtschaftlich v. a. die Kaufmannsgeschlechter der Welser und Vöhlin waren, die die Entwicklung der Stadt vorantrieben, waren es im künstlerischen Bereich die Strigel, durch die Memmingen schon damals weit über die Stadtgrenze hinaus von sich reden machte (siehe "Künstlerfamilie Strigel" auf S. 55).

Im frühen 16. Jh. standen Memminger Prediger in engem Kontakt mit Luther und Zwingli und wirkten an der Verbreitung reformatorischer Gedanken im Allgäu mit. Gleichzeitig wurde die blühende Reichsstadt zum organisatorischen Zentrum des Bauernkrieges, denn hier schlossen sich 1525 die sog. "Allgäuer Haufen" zusammen und einigten sich auf einen gemeinsamen Forderungskatalog: die berühmt gewordenen "Zwölf Artikel der Bauern", die man auch die erste Menschenrechtserklärung Europas nennen könnte. In dieser politischen, wirtschaftlichen und künstlerischen Blütezeit entstand auch die Grundstruktur der Stadt, die heute noch durch ein abwechslungsreiches Mosaik aus Straßen, Plätzen, Giebelhäusern und Kirchen fasziniert.

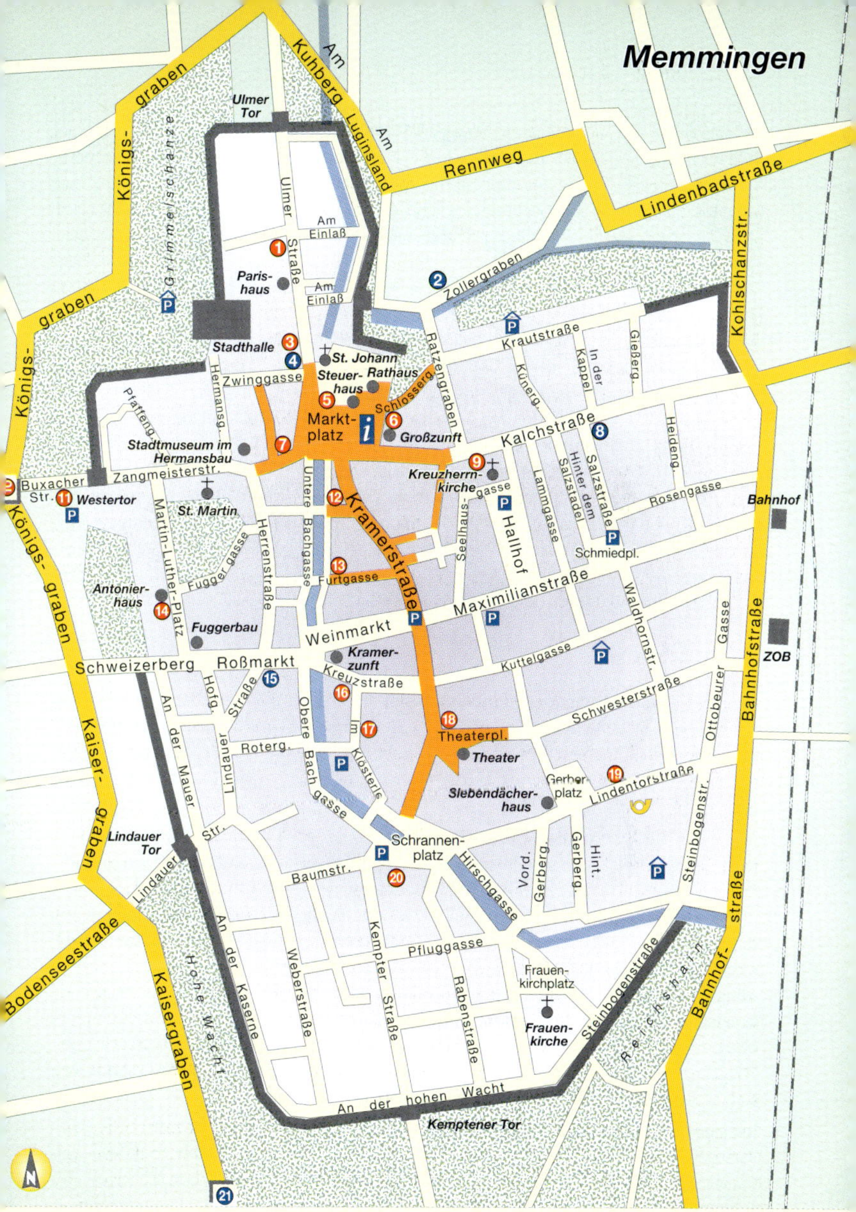

Essen und Trinken

1 Zum Straußen
3 Schwarzer Ochsen
5 Piazza Café
6 Kleines Stehcafé
7 Café Rau
9 Kreuzherrncafé
10 Engelkeller
11 Korfu
12 Zur blauen Traube
13 Weber am Bach
14 Café Kunz im Antonierhaus
16 Stadtcafé
17 Klösterle
18 Pedro Eis
19 Grünes Haus
20 Zum Goldenen Löwen

Übernachten

2 Pension Erb
4 Park-Hotel
8 Weisses Ross
15 Hotel Falken Garni
21 Garni am Südring

Der Dreißigjährige Krieg bereitete dieser Blütezeit ein jähes Ende: Die Stadt wurde belagert und von Seuchen und Hungersnöten heimgesucht. In diese Zeit fiel auch der Aufenthalt Wallensteins, der 1630 für vier Monate in der Stadt sein Hauptquartier aufschlug, um sich von hier auf internationalem Parkett zu profilieren. Aber es kam für ihn anders. Statt Ruhm und Ehre erfuhr er Schmach und Schande: Wallenstein wurde von den Reichsfürsten abgesetzt. "Solang der Herzog in der Stadt gelegen, ist Glück und Heil gewest", beurteilt ein Chronist diese Zeit. Es bleibt allerdings zu bezweifeln, ob damals alle Bürger und Bürgerinnen so dachten. Jedenfalls verlor Memmingen danach politisch und ökonomisch zunehmend an Einfluss und Macht. 1803 war Memmingens Zeit als privilegierte freie Reichsstadt endgültig abgelaufen, und die Stadt wurde bayerisch. Trotzdem verfiel Memmingen nicht in einen Dornröschenschlaf, sondern machte weiterhin von sich reden, jetzt v. a. auf künstlerischem Gebiet: Aus der Tradition der Memminger Meistersinger, die bis 1872 öffentlich auftraten (der letzte Meistersinger starb 1922), entstanden Musikvereine und eine Theater spielende "Dramaturgische Gesellschaft". Von künstlerischer Bedeutung waren auch Keramikwaren, die sog. "Künersberger Fayencen", die seit Ende des 18 Jh. bis in das 19. Jh. in unmittelbarer Nähe Memmingens produziert und weithin exportiert wurden (eine Dokumentation finden Sie im Stadtmuseum).

Touristeninformation/Stadtführungen

- *Postleitzahl* 87700
- *Vorwahl* 08331
- *Touristeninformation* Marktplatz 3. Mo–Fr 9–17, Sa 9.30–12.30 Uhr. ✆ 850172/-173, 📠 850178, www.memmingen.de.
- *Stadtführungen* **Offene Rundgänge durch die Altstadt** zu unterschiedlichen Themenschwerpunkten von Mai bis Oktober; meist finden sie freitags und samstags um 11 oder 19 Uhr statt (genauere Auskünfte bei der Touristeninformation). Dauer etwa 1,5 Std., 1,50 €/Person. Nach Absprache werden für 33–53 € auch individuelle Führungen angeboten.

Einen interessanten Überblick über Memmingen bekommt man auch durch eine geführte **Besteigung des Martinsturms** (66 m). Treffpunkt von Mai bis Oktober tägl. um 15 Uhr an der Kirche, Dauer ca. 1 Std., 1,50 €. Info: Pfarramt St. Martin, ✆ 856920.

Sonderführung "Hexen, Henker und Gespenster": Tragisches und Komisches der Memminger Kriminalgeschichte wird hier unterhaltsam präsentiert. Ein Nachtwächter führt Sie dazu abends an die gruseligsten Plätze der Stadt. Die außergewöhnliche Stadtführung findet von September bis Mai immer am letzten Freitag im Monat (nicht Karfreitag!) von 20 bis 22 Uhr statt. Treffpunkt: Marktplatz am Brunnen. Mindestens 10, höchstens 35 furchtlose Personen können an der Führung teilnehmen. Der Gruselpreis beträgt pro Person 5 €. Anmeldung bis spätestens Donnerstag vor der Führung bei der Touristeninformation Memmingen.

Markierte Rundwege

Seit 2002 erleichtern zwei markierte Rundwege dem Besucher der Stadt die selbständige Erkundung. Der **Rote Weg** führt zu herausragenden Sehenswürdigkeiten und architektonischen Kostbarkeiten, der **Grüne Weg** erschließt idyllische Winkel und versteckte Schätze in den Parkanlagen rund um das Stadtzentrum. Beide Routen können von der gemeinsamen Tafel auf dem Marktplatz aus begonnen werden. Bei gemütlicher Gehweise dauert der Spaziergang jeweils eine gute Stunde. Schautafeln und Orientierungspläne ermöglichen ein "familiengerechtes Durchwandern".

Freizeitangebot

- *Angeln* **Binzer,** Zellerbachstr. 2, ✆ 12238. Rund 11 € pro Tag.
- *Baden* **Hallenbad,** Dr.-Berndl-Platz 3, ✆ 64304. Sehr unterschiedliche Öffnungs-

zeiten, Kernzeit Di–Sa 10.30–15 Uhr, Einzelkarte 2,50 €/Erw. 25-Meter-Becken, 3-Meter-Sprungturm.

Freibad, Stadtbadallee 3, ✆ 494029. Mitte Mai bis Mitte September tägl. 9–20 Uhr. 20-Meter-Rutsche. Einzelkarte 1,60 €/Erw.

Buxheimer Weiher, kleiner Badesee, ca. 3 km westlich von Memmingen gelegen. Auch Tretbootverleih. Siehe auch S. 62.

Haslacher Weiher, abseits gelegener, aber nicht gerade "geheimer" Badesee westlich von Memmingen (mit dem Auto knapp 20 km, mit dem Fahrrad ca. 15 km).

Naturfreibad Clevers, Bad Grönenbach, ca. 12 km südlich von Memmingen. Einzelkarte 2 €/Erw., Familienjahreskarte 33 €.

• *Eissport* Es gibt eine moderne Halle mit wechselndem Programm in der Hühnerbergstr. 19, ✆ 62430. September–März Mo–Fr (außer Do) 14–16 Uhr und 19.30–21.30 Uhr, Sa 14–16 Uhr, So 9.30–11.30 Uhr. Am Donnerstagabend Diskolauf. Eintritt 3 €/Erw.

• *Fahrradverleih* **Fickler,** Lindentorstr. 12, ✆ 2258. Ab 5 €/Tag.

• *Golf* Siehe Buxheim, S. 62.

• *Kegeln* **Kegel-Casino,** Schlachthofstr. 61, ✆ 3729. 4 Bahnen.

• *Sportcenter* Wasserwerkstr. 59, ✆ 3722. Tägl. 9–23 Uhr. Eintritt je nach Sportart. Allround-Austobmöglichkeit: Badminton-, Tennis- und Squashplätze, Kletterwand sowie Sauna-Oase.

Feste und Veranstaltungen

"Schmootz, Schmootz, Dreck auf Dreck, Schella-Kenig, wiaschte Sau!" Wenn diese Rufe quer durch die ganze Stadt hallen, ziehen nicht etwa Randalierer durch Memmingen, sondern es ist **Fischertag!** Seit über 400 Jahren wird einmal im Jahr der Stadtbach abgelassen und gereinigt. Vorher müssen natürlich – damals wie heute – die darin schwimmenden Forellen herausgefischt werden. Waren es früher die Gesellen, so sind es heute eingefleischte Memminger, die an einem Samstagmorgen Ende Juli Punkt 8 Uhr, wenn der "Böller" ertönt, unter viel Getöse und Geplärr in den Stadtbach "jucken" und wild mit ihrem "Bären" (Holzgabelnetz) fuchteln, um einen möglichst dicken Fang zu machen. Denn der, dem die schwerste Forelle ins Netz gegangen ist, wird noch am selben Vormittag zum neuen König gekrönt und von seinem jubelnden Volk gefeiert. Dem abgesetzten Fischerkönig geht's allerdings weniger gut: Mit Fußtritten, Hohn und Spott wird er durch die Stadt getrieben! Die alljährliche Fischertagszeremonie beginnt aber nicht erst mit dem Böllerschuss, sondern bereits am Vorabend, wenn Büttel und Garde durch die Straßen ziehen und den Fischertag ankündigen. Ganz Memmingen öffnet dann seine Türen und Tore und stimmt sich bei einem Glas Wein auf das große Ereignis ein. Viele Alt-Memminger zieht es zu diesem Ereignis aus der Fremde in ihre Stadt zurück.

Ebenso traditionsreich ist das **Memminger Kinderfest,** das jedes Jahr am Donnerstag vor dem Fischertag stattfindet. Alle Memminger Kinder der Grundschulen treffen sich an diesem Tag zu Gesang und Vorführungen auf dem Marktplatz, um dann verkleidet in einem langen Festzug durch die Stadt zu marschieren. Zur Belohnung gibt's Bretzen, Würste und Limo – frei für alle Kinder!

Wesentlich jünger, aber dafür umso aufwendiger ist das **Wallenstein-Fest,** das an den Einzug des großen Feldherrn in die

Beim Kinderfest auf dem Marktplatz

Fischertag

Stadt Memmingen im Jahr 1630 erinnert und alle vier Jahre zum Mitfeiern animiert (zuletzt im Jahr 2000). Fast die gesamte Altstadt wird dabei eine Woche lang (Ende Juli) einer Zeitreise unterzogen: Soldaten schlagen jenseits der alten Mauer ein mittelalterliches Lager auf, Weber gehen auf dem Marktplatz ihrem Handwerk nach, Pferdehufe klackern über das Kopfsteinpflaster, Gaukler und Bettler ziehen durch die Stadt ...

Übernachten (siehe Karte S. 45)

Sehr viele Übernachtungsmöglichkeiten gibt es nicht. Da die Stadt aber keine Touristenhochburg ist, bekommt man auch im Sommer meist noch kurzfristig ein Bett. Dank der neuen "Hotelroute", die an allen größeren Zufahrtsstraßen ausgeschildert ist, findet man die gesuchte Unterkunft relativ problemlos.

• *Hotels/Gasthöfe* **Parkhotel (4),** Ulmer Str. 7, ✆ 9320, ✆ 48439. DZ ab 76 €. Das 1984 erbaute 4-Sterne-Hotel ist sicherlich die erste Adresse am Platz. Es liegt zentral und dennoch sehr ruhig. Die Zimmer sind modern und geschmackvoll eingerichtet. Über ein ganz besonderes Ambiente verfügt die neue zweistöckige Mooshammer-Suite "Paradiseroom" für 154 €. Zum Hotelkomplex gehören auch ein Café für gehobene Ansprüche und ein schattiger Biergarten.

Hotel Falken Garni (15), Roßmarkt 3–5, ✆ 94510, ✆ 9451500. DZ ab 100 €. Das Frühstückshotel (vor 20 Jahren erbaut) befindet sich ebenfalls direkt im Zentrum. Die 40 Zimmer sind im rustikalen Stil eingerichtet (komfortabel, aber teilweise etwas düster). Wer sehr empfindlich gegen Straßenlärm ist, sollte ein Zimmer zum Hof verlangen.

Hotel Weisses Ross (8), Salzstr. 12, ✆ 9360, ✆ 936150. DZ ab 79 €. Seit 130 Jahren wird das zwischen Bahnhof und Marktplatz gelegene 3-Sterne-Superior-Hotel in Familientradition geführt. Untergebracht ist es in einem denkmalgeschützten Gebäude aus dem 15. Jh. Die 52 meist sehr geräumigen Zimmer sind neu renoviert. Im angeschlossenen Restaurant werden v. a. bayerisch-schwäbische Spezialitäten serviert. Terrasse in der Fußgängerzone.

Hotel Garni am Südring (21), Pulvermühlstr. 1, ✆ 944550, ✆ 9445533. DZ ab 57 €. Außerhalb der Altstadt, aber nur 10 Gehminuten vom Zentrum an einer großen Kreuzung gelegen (es gibt auch Zimmer zum Garten). Zum Zeitpunkt der Recherche wurden die Zimmer in einem rustikalen Stil renoviert. Sauna vorhanden.

Pension Erb (2), Zollergraben 5, ✆ 84868. DZ ab 44 €. Mitten im Zentrum und dennoch ruhig gelegen, größtenteils renovierte, helle Nichtraucherzimmer mit netter Atmosphäre. Teilweise Parkett und Balkon.

Hotel Hiemer, Obere Straße 24, Ortsteil Amendingen, ✆ 87951, ℻ 87954. DZ ab 80 €.

Brauereigaststätte Laupheimer, 87784 Günz a. d. Günz, Dorfstr. 19 (14 km östl. von Memmingen), ✆ 08336/7663. 14 Betten, DZ ab 40 €. Das Haus ist bekannt für seine hervorragende Küche.

Gästehaus Schloss Kronburg, Burgstraße 1, 87758 Kronburg. Schöne, große (50–75 qm) und mit exklusiven Stilmöbeln voll ausgestattete Ferienapartments für bis zu fünf Personen zum Preis von 50 bis 98 € pro Tag. In absolut ruhiger Lage am Fuß des Schlosses Kronburg (rd. 12 km südlich von Memmingen; siehe auch S. 55). ✆ 08394/9210 u. 08394/271, ℻ 08394/1671.

Haus Honold, Memmingen-Steinheim, Anwandweg 10, ✆ 84778. Ferienwohnung (60 qm), Zustellbett möglich, Bad/WC, Küche, Stellplatz, keine Tiere, Gartenbenutzung, Waschmaschine. Preis auf Anfrage.

Haus Toussaint, 87779 Trunkelsberg (3 km Richtung München), Am Geisberg 6, ✆ 08331/494445. Ferienwohnung für 6 Pers., Du/WC, TV, Garten. Preis auf Anfrage.

• *Camping* **Campingplatz Aitrach,** 14 km südwestlich von Memmingen. Kleiner, sehr ruhiger Platz an der Iller. 2 Erw., PKW und Caravan 13 € . Weitere Campingmöglichkeit siehe auch Buxheim, S. 63.

Der Norden
Karte S. 43

Essen und Trinken (siehe Karte S. 45)

An die 70 gastronomische Betriebe haben Sie in Memmingen zur Auswahl, auch solche, die italienische, griechische, türkische, chinesische, kroatische, orientalische und mexikanisch-texanische Spezialitäten anbieten, sowie eine Sushi-Bar. Hier nur eine kleine Auswahl:

• *Restaurants* **Weber am Bach (13),** Untere Bachgasse 2, ✆ 2414. Di–So 11–14 und 17.30–24 Uhr. Traditionsreiches Haus. Gute Küche mit hausgemachten schwäbischen Spezialitäten, sorgfältig zubereitet. Gehobene Preise.

Klösterle (17), Im Klösterle 1, ✆ 497600. Di–So 11.30–14 und 17.30–1 Uhr. Sehr freundliche Bedienung. Hier bekommt man saisonal wechselnde Spezialitäten aus der Region und darüber hinaus, immer frisch und mit Pfiff und Experimentierfreude zubereitet. Im Sommer schmeckt's auf der begrünten Dachterrasse besonders gut!

Schwarzer Ochsen (3), im Parterre des Parkhotels, Ulmer Str. 7, ✆ 932190. Tägl. 10–24 Uhr. Feinbürgerliche regionale und überregionale Küche. Schattiger Biergarten.

Grünes Haus (19), Lindentorstr. 11, ✆ 2008. Di–So 11–14.30 und 17–1 Uhr. Gutes Restaurant im Stil der Nouvelle Cuisine, in dem auch Vegetarier mal etwas anderes als einen notdürftig zusammengestellten Beilagenteller bekommen.

Engelkeller (10), Königsgraben 9, ✆ 65261. Do–Di 10–24 Uhr. Schlicht, aber okay. Hier gibt es gutbürgerliche Küche und große Portionen zu humanen Preisen.

Restaurant Korfu (11), Buxacherstr. 1, ✆ 80430. Tägl. 11.30–0.30 Uhr. Gute griechische Küche im Keller einer alten Villa. Der Stilmix aus Amphoren und Kronleuchtern ist allerdings Geschmackssache.

Zur Blauen Traube (12), Kramerstr. 8, ✆ 3326. Mo–Sa 11–1 Uhr Restaurant und Bistro, immer noch ein heißer Tipp in Memmingen. Die phantasievolle Einrichtung sorgt im Bistro für eine gemütliche Atmosphäre. Beachtlich vor allem die große Salatauswahl, aber auch anderes! Hier speisen Sie kalorienbewusst, ohne zu hungern. Im rückwärtigen, sehr gemütlichen Restaurant bekommen Sie dieselbe Speisekarte. An kalten Winterabenden wird der offene Kamin angeschürt, an warmen Tagen sitzt man im Freien in der Fußgängerzone.

Zum Straußen (1), Ulmer Str. 13, ✆ 4482. Tägl. 11–14 und 17–1 Uhr. Treff für die "Happy Twenties" (und knapp darüber). Angeboten werden diverse kleinere, v. a. vegetarische Gerichte. Ein Hauch von Altberliner Kneipe. Angenehmer, ruhiger Biergarten.

Costa Smeralda, in Volkratshofen (7 km in Richtung Lindau), ✆ 963455. Schon seit einiger Zeit hält sich der gute Ruf dieses italienischen Lokals. Nicht nur die Pizzen schmecken hier hervorragend.

• *Weinstuben* **Zum goldenen Löwen (20),** Schrannenplatz 2, ✆ 5290. Außer Mo tägl. 18–1 Uhr. Schon seit Generationen pilgern die Memminger in dieses traditionsreiche

Marktplatz

Weinlokal, um sich mit sorgfältig zusammengestellten Weinen verwöhnen zu lassen. Zur Tradition des Hauses gehören fränkische Bratwürste.

Gepflegte Weine bekommen Sie auch im **Straußen (1)** und in der **Blauen Traube (12).**

• *Cafés/Eisdielen* **Café Rau (7),** Zangmeisterstr. 4. Tägl. 8–18 Uhr. Nichts für Entscheidungsschwache! Die riesige Auswahl an Pralinés, Gebäck, Kuchen und Torten beschert dem Gast die Qual der Wahl. Das zentral gelegene, größte und nobelste Café Memmingens, das sich über zwei Etagen erstreckt, erinnert an Wiener Kaffeehausatmosphäre: Lüster, Stühle im Biedermeierstil etc. – kontrastreich in moderne Architektur integriert.

Café Piazza (5), Marktplatz 16. Tägl. 9–18 Uhr. Eine kleine Filiale des Cafés Rau, das sich im Laubengang des alten Steuerhauses versteckt. Im Sommer zaubert es eine mediterrane Atmosphäre auf den historischen Marktplatz.

Das kleine Stehcafé (6), Marktplatz 2. Mo–Sa 8–20 Uhr. Insbesondere bei Jüngeren hat das kleine Café an einer Ecke zum Rathaus mit seinen nur fünf Tischchen eine lange Tradition. Generationen von Kollegiaten haben hier schon die persönliche, ruhige Atmosphäre, die zum Zeitunglesen einlädt, genossen. Im Sommer Tische und Stühle auf dem Marktplatz.

Stadtcafé (16), Kreuzstr. 9. Mo–Sa 9–18, So 14–18 Uhr. Das Stadtcafé, das sich seit Mitte der 80er Jahre in Memmingen etabliert hat, liegt etwas versteckt im ersten Stock eines Hauses am Rand der Fußgängerzone. Neben Kuchen und Torten gibt's hier auch einen preiswerten wechselnden Mittagstisch.

Café Kunz (14), Martin-Luther-Platz 1. Di–Sa 10.30–20 Uhr. Das kleine Café im Antonierhaus ist v. a. im Sommer schön, wenn man im Innenhof sitzend (etwas abseits vom Rummel der Fußgängerzone) die Atmosphäre des ehemaligen Ordenshauses genießen kann. Bei den leckeren hausgemachten Kuchen gelingt das garantiert.

Kreuzherrn-Café (9), Hallhof 5. Di–Sa 7.30–18, So 9–17 Uhr. In den gotischen Gewölben der ehemaligen "Dürftigenstuben" der Stadt entstand 2001 dieses Café mit solidem Standard. Kleine Terrasse.

Pedro-Eis (18), Kramerstr. 39. Tägl. 10–23 Uhr. Beliebter Treff am Theaterplatz.

Abends

• *Diskos* **Grünes Haus** (im Keller des gleichnamigen Restaurants), Lindentorstr. 11, Di–So 19–1 Uhr (siehe auch Kneipen); **Viva,** Obere Bachgasse 12, Di–So 20–3 Uhr; **Subway,** Allgäuer Str. 4, tägl. 20–3 Uhr; **Rock Opera,** Hinter den Gärten 4, Bad Grönenbach (ca. 10 km südlich von Memmingen), ✆ 08334/986310.

• *Kinos* **Rex-Palast,** Bahnhofstr. 16, ✆ 945510; **Union 1–3,** Maximilianstr. 23, ✆ 945510.

• *Kneipen* **Alte Villa,** Buxacher Str. 1. Terrasse und schattiger Biergarten beim Westertor über dem Restaurant Korfu.

Grünes Haus, Lindentorstr. 11. Di–So 19–1 Uhr. Musikkneipe und Disko im Keller des gleichnamigen Restaurants.

Münchner Kindl, Lindentorstr. 5. Tägl. 10–1 Uhr. Als Mix aus Café und Musikkneipe ist das Lokal seit einigen Jahren fester Treffpunkt der jungen Generation.

Schmotzer's Green Tree, Baumstr. 3. Traditionslokal der Bachfischer, kleiner Freisitz im Innenhof.

• *Theater* **Landestheater Schwaben,** Theaterplatz 2, ✆ 94590. Festes Ensemble, gemischtes Programm von Klassik bis Moderne.

Theater am Schweizerberg, Schweizerberg 8, ✆ 94590. Kleine, von Memminger Theatergängern und -kennern sehr geschätzte Studiobühne, auf der v. a. moderne Stücke inszeniert werden.

Künerhaus (PIK), Künergasse, ✆ 08334/6120. Die Kleinkunstbühne hat schon lange einen festen Platz in der Memminger Theaterwelt. Von Jazz über Kabarett bis zu Weinproben wird hier alles geboten.

Dampfsäg, Westerheimer Str. 8, 87776 Sontheim, ✆ 08336/226. Kunterbunt gemischtes Programm in einer umgebauten Sägehalle – von Modelleisenbahnbörsen über Bauernmarkt, von Kabarett bis zu Jazz.

Die Sage vom Basilisken
Oder: Die Sage "um da Dracha henterm Engel"

Zur Blütezeit Memmingens brüstete sich so gut wie jeder Handwerker, der etwas auf sich hielt, die bedeutende Reichsstadt wie seine Westentasche zu kennen. Bald stellte sich jedoch heraus, dass es manch einer, der von sich behauptete, in dem Städtchen gelebt und gelernt zu haben, mit der Wahrheit nicht ganz so genau nahm. Wie also konnte man echte von "Möchtegern-Memmingern" unterscheiden? Beweismaterial musste her! Wer von nun an glaubhaft behaupten wollte, sich hier auszukennen, der musste über die sieben Wahrzeichen Memmingens Bescheid wissen, z. B. über den Basilisken:

Der Basilisk, ein mittelalterliches Fabelwesen – halb Drache, halb Vogel –, das allein durch seinen Blick alles tötete, was ihm in die Quere kam, trieb in einem Memminger Keller lange Zeit sein Unwesen. Generationen von tapferen Helden wurden auf den Basilisken angesetzt, um ihn zu töten. Doch alle wurden niedergestreckt, bis eines Tages ein zum Tode Verurteilter sein Glück versuchen durfte. Man versprach ihm, im Falle eines Erfolgs sein Leben zu schonen. Also griff er mutig zu einer List: Einen riesigen Spiegel vor sich hertragend, stieg er in das Kellergewölbe in der Vorderen Gerbergasse 11 hinab, wo der Basilisk hauste. In der Tiefe rumorte und zischte es schrecklich. Doch unbeirrt wagte sich der wackere Held weiter hinunter, und sobald das Fabelwesen in Sichtweite war, strecke er ihm den Spiegel entgegen. Als der Basilisk sein Ebenbild sah, fiel er sofort tot um – getötet durch seinen eigenen bösen Blick! Ein "Porträt" des sagenumwobenen Ungeheuers ist heute im Stadtmuseum zu bewundern.

Stadtspaziergang

Schlendert man durch die Altstadt, so wird man allerorten an die Blütezeit der ehemaligen freien Reichsstadt erinnert: Eine gut zur Hälfte erhaltene Stadtmauer mit Türmen und Toren, gotische Kirchen und mittelalterliche Zunfthäuser erwecken 850 Jahre Stadtgeschichte zum Leben. Mittelpunkt der Stadt ist seit jeher der **Marktplatz,** von wo aus alle Sehenswürdigkeiten in einem etwa eineinhalbstündigen Rundgang erkundet werden können.

Das **Rathaus,** ein viergeschossiger Renaissancebau, ist mit seinen zwei Erkertürmchen und dem Erkervorbau aus dem 16. Jh. auch heute noch eines der Prunkstücke Memmingens. Besonders beeindruckend ist die Fassade mit dem Rokoko-Stuckdekor aus dem 18. Jh., von der vom Mai bis in den Herbst hinein ein üppiger Blumenschmuck auf den Marktplatz herableuchtet.

Gleich neben dem Rathaus erstreckt sich ein Längsbau aus dem ausgehenden 15. Jh.: das **Steuerhaus.** Allerdings stammt nur das Erdgeschoss des Gebäudes aus

Antonierhaus/Innenhof

dieser Zeit. Die zwei Obergeschosse wurden Anfang des 18. Jh. hinzugefügt, seine im Rokokostil gehaltene Fassade erhielt das Haus sogar erst Anfang des 20. Jh. Ursprünglich wurde der Bau als Schuhhaus errichtet, der die vorher hier postierten Verkaufsstände ersetzte. Im schön geschwungenen Laubengang sind heute ein Café und kleinere Geschäfte untergebracht.

Als drittes prägendes Gebäude erhebt sich an der Ostseite des Marktplatzes die **Großzunft.** Das ehemalige Gesellschaftshaus der Patrizier aus dem Jahr 1719 mit seiner auffällig roten Fassade, den drei Volutengiebeln und dem filigran geschmiedeten Balkongitter erinnert an die große Bedeutung, die die Zünfte einst in Memmingen hatten: Schon Mitte des 14. Jh. war auf Betreiben der Handwerker eine Zunftverfassung verabschiedet worden, die die Patrizier zur Bildung einer eigenen Zunft, der Großzunft, verpflichtete. Außerdem sah die Verfassung vor, dass der Rat der Stadt paritätisch aus Mitgliedern der Handwerkszünfte und der Patrizierzunft gebildet werden musste. Heute sind Teile der Stadtverwaltung in dem Gebäude untergebracht.

Ebenfalls aus dem 18. Jh. stammt das **Parishaus** (Betonung auf dem "a"). Der Name des stattlichen rosafarbenen Rokokopalais in der Ulmer Straße 9 geht auf die Erbauer, die Herren von Paris und Ehrhart, zurück. Heute beherbergt es eine ständige Bilderausstellung des Memminger Malers Max Unold (siehe Museen, S. 55).

Am Ende der Straße sieht man das **Ulmer Tor** aus dem 15. Jh., den Nordausgang aus der Altstadt.

Ganz in der Nähe des Ulmer Tores dann ein architektonischer Zeitsprung: die 1984 eröffnete **Stadthalle.** Der am Altstadtrand gelegene giebelreiche Holz-Glas-Bau setzt sich durch seine moderne Architektur zwar deutlich vom historischen Kern ab, wirkt aber dennoch nicht wie ein Fremdkörper. Vor der Halle baut sich die

"Große Stehende" auf, eine 3,5 m hohe Bronzeplastik des überregional bekannten Ottobeurer Künstlers Diether Kunerth, die in den 80er Jahren heftige Kontoversen unter den Memmingern auslöste. Inzwischen ist es aber schon lange still geworden um die Plastik.

Blickfang in der Zangmeisterstraße ist der gedrungene Turm der evangelischen **Stadtpfarrkirche St. Martin,** der – zusammen mit der Tuffsteinapsis der Kirche – den Marktplatz nach Westen hin optisch abschließt. Das heute schmucklos wirkende Langhaus aus dem 12. Jh. wurde immer wieder erweitert und der Chor im Jahr 1500 nach Plänen des berühmten Ulmer Münsterbaumeisters Matthias Böblinger hinzugefügt. Im Inneren faszinieren gut restaurierte Fresken aus dem 15. und 16. Jh. Die Hauptattraktion ist jedoch das prachtvolle gotische Chorgestühl der Memminger Schnitzerschule, das zu den bedeutendsten seiner Art im schwäbischen Raum zählt. Im oberen Rundbogen der Stühle sind Szenen aus dem Alten und Neuen Testament im Halbrelief herausgearbeitet, und an den Wangen des Gestühls können Sie die sehr lebendig und natürlich wirkenden geschnitzten Porträts Memminger Bürgerinnen und Bürger aus damaliger Zeit bewundern. Drehen Sie sich zur Empore zurück, so werden Sie von einem eleganten, modernen Orgelprospekt überrascht. Der komplette Neubau des klangstarken Instruments aus dem Jahr 2000 fügt sich hervorragend in die gotische Architektur des Raums ein. (Bestimmte Stadtführungen beziehen ein kleines Orgelkonzert mit ein.)

Der untere Baukörper des **Westertors** aus dem 12. Jh. gehört zu den ältesten Bauwerken, die der Stadt erhalten geblieben sind. Der obere Teil wurde im Dreißigjährigen Krieg zerstört. Schon wenige Jahre nach der Zerstörung erhielt das Tor einen neuen Achteckaufsatz.

Ganz frisch und sehr gelungen restauriert präsentiert sich das alte **Antonierhaus** am Martin-Luther-Platz. Die Vierflügelanlage wurde in der zweiten Hälfte des 15. Jh. vom Orden der Antonier errichtet und zählt damit zu den ältesten noch erhaltenen Klosteranlagen der Brudergemeinschaft. Neben den Wohnräumen gab es hier ursprünglich noch ein Hospital, in dem man sich ausschließlich um Patienten kümmerte, die am "Heiligen Fieber" (Mutterkornbrand) erkrankt waren. Heute sind in der Anlage zwei Museen (siehe S. 54), die Stadtbücherei und ein Café untergebracht.

Am Schweizerberg ließen Ende des 16. Jh. die Fugger ein Stadtschloss errichten, den sog. **Fuggerbau.** Die Ausmaße der Anlage lassen erahnen, welch großen Stellenwert der Handel einst in Memmingen hatte. Aber nicht nur deswegen ist die ehemalige Faktorei historisch bedeutsam. Hier war es auch, wo Wallenstein die Nachricht von seiner Entlassung erhielt und sein Kontrahent König Gustav Adolf von Schweden zwei Jahre später Quartier bezog.

Ähnlich bedeutende Geschichte wurde Anfang des 16 Jh. im Haus der **Kramerzunft** am Weinmarkt geschrieben, dem heute roten Gebäude direkt am Bach. Hier trafen sich während des Bauernkrieges die verschiedenen "Allgäuer Haufen" (Gruppen von Aufständischen), um einen gemeinsamen Forderungskatalog zu erarbeiten, die berühmten "Zwölf Artikel" (siehe Streifzüge durch die Geschichte, S. 30).

Vom ehemaligen Zeughaus (bis Anfang des 19. Jh.) sieht man heute durch den Umbau zum **Stadttheater** (Sitz des Landestheaters Schwaben) nur noch wenig. Bei dem modernen Foyer-Anbau wurde auf eine architektonische Angleichung an die bauliche Umgebung mutig verzichtet.

Das Westertor aus dem 12. Jh.

Die heute pittoresk wirkende Architektur des gut erhaltenen **Siebendächerhauses** am Gerberplatz hatte ursprünglich einen ganz praktischen Zweck: Die abgestuften Dächer sorgten für eine gute Belüftung des Hauses, in dem die Gerber ihre Felle zum Trocknen aufhängten. 1945 wurde das Unikum stark zerstört, aber sofort nach Kriegsende fast originalgetreu wieder aufgebaut.

Ein Besuch der **Frauenkirche** am gleichnamigen Platz lohnt sich v. a. wegen der gut erhaltenen Wand- und Deckenmalereien, die zu den bedeutendsten Werken spätgotischer Freskenkunst in Süddeutschland gehören. Zu sehen sind u. a. Szenen aus dem Leben Marias sowie ein Weihnachts- und ein Kreuzigungszyklus. Wegen ihrer guten Akustik ist sie auch ein beliebter Konzertsaal.

Von der **Kreuzherrnkirche** am Hallhof, einer alten Spitalkirche des Kreuzherrnordens (im 19. Jh. säkularisiert), ist heute der Kreuzherrnsaal das kostbarste Zeugnis. Matthias Stiller, ein Meister des Wessobrunner Stucks, schuf hier an Decke und Wänden reich verzierte Gemälde, die biblische Szenen darstellen. Nach der Restaurierung des Saales und der gesamten Klosteranlage im Jahr 2002 wird der prächtige Raum als Konzert- und Festsaal genutzt; darüber hinaus finden hier wechselnde Ausstellungen statt.

Einen Blick ist auch das **Lindauer Tor** wert, in dessen Außenmauer noch heute eine Kanonenkugel aus der Zeit der Belagerung von 1637 steckt.

Museen und Ausstellungen

Stadtmuseum: Vor-, Früh- und Stadtgeschichte (Buchkunst, international berühmte Künersberger Fayencen, Gemälde und Zeichnungen von J. F. Sichelbein, E. F. Küchlin, J. Heiß, Mobiliar und Porträts des Patriziats). Integriert ist das **Freudenthaler Heimatmuseum.** Es präsentiert die Geschichte der sudetendeutschen Partnerstadt Memmingens. Beide Sammlungen im Hermannsbau, Zangmeisterstr. 8, ✆ 850134. Mai–Oktober Di–Fr, So und Feiertage 10–12 und 14–16 Uhr. Eintritt 2 € für beide Sammlungen.

Museen im Antonierhaus: Das *Antonier-Museum* zeigt eine interessante Dokumentation über die gesundheitlichen Auswirkungen des Mutterkorns und die Beschäftigung des Antonierordens mit dieser Krankheit. Im *Strigel-Museum* finden Sie Dokumente der Memminger Künstlerfamilie Strigel mit einzigartigen Werken der Mal- und Bildhauerkunst aus der Zeit der Spätgotik und der Frührenaissance. Sie gewinnen Einblicke in die Arbeitsweise der spätmittelalterlichen Künstlerwerkstätten. Di–Sa 10–12 und 13.30–

17, So und Feiertage 10–12.30 und 13.30–17 Uhr. Eintritt 2 € für beide Sammlungen. Antonierhaus, Martin-Luther-Platz 1, ✆ 850246.

Parishaus: Rokoko-Palais aus dem 18. Jahrhundert mit prachtvollen Repräsentationsräumen und der ständigen Gemäldeausstellung des Memminger Malers Max Unold (1885–1964). Ulmer Str. 9, ✆ 3237. Mi 15–17, Sa/So 10–12 Uhr. Eintritt frei.

Künstlerfamilie Strigel

Über drei Generationen hinweg reicht das Schaffen der Strigel-Familie, das Memmingen im 15. und 16. Jh. zu einem Zentrum der bildenden Kunst machte. Hans Strigel d. Ä., geboren um 1400, begründete die künstlerische Tradition durch den Erwerb einer Bildhauerwerkstatt. Seine Söhne Hans d. Ä. und Ivo bauten den Betrieb aus, ihre spätgotischen Figuren und Altäre sind südlich von Memmingen bis in Graubünden zu finden. Die bedeutendste Künstlerpersönlichkeit in der dritten Generation ist Bernhard Strigel. Seine Werke sind in vielen großen deutschen und ausländischen Galerien zu sehen.

Bernhard Strigel, der letzte Spross der Maler- und Bildhauerfamilie, wurde um 1465 in Memmingen geboren, wo er auch im Frühjahr 1528 – im gleichen Jahr wie Albrecht Dürer – starb. Er lebte in einer Zeit des Übergangs von der Spätgotik zur Renaissance, einer Zeit des geistigen Umbruchs, die geprägt war von religiösen und weltlichen Veränderungen und Spannungen. Seine Arbeiten umfassen religiöse Werke, Porträts und Zeichnungen.

Nach der Lehrzeit in der Werkstatt seines Großvaters und seines Vaters erhielt Bernhard Strigel künstlerische Impulse in anderen schwäbischen Städten. Den freieren Geist des Großbürgertums lernte er auf einer Reise in die reichen Städte der Niederlande kennen. Für seinen weiteren Werdegang äußerst bedeutsam war die Begegnung mit Kaiser Maximilian, denn damals (wie heute) war ein Künstler von Aufträgen abhängig, die ihm soziale und wirtschaftliche Sicherheit geben konnten und seine künstlerische Entwicklung vorantrieben.

Bernhard Strigels Bildwerke waren in der frühen Schaffensperiode noch ganz der spätgotischen Tradition verpflichtet. Die meist hohen, schlanken Formate sind geprägt von einer formalen und farblichen Stilisierung in der Darstellung der religiösen Motive. In späteren Jahren kamen zunehmend Porträts von Adeligen und Bürgern sowie Landschaftsbilder hinzu, die eine beachtliche kompositorische Raffinesse erkennen lassen.

Umgebung von Memmingen

Kronburg: Sicherlich, Kronburg ist nicht Neuschwanstein – aber darin liegt auch gerade der Reiz! Denn abseits vom Massentourismus vermittelt die Burganlage, die als eine der besterhaltenen des Allgäus gilt, einen realistischen und faszinierenden Eindruck vom Schlossleben.

Die oberhalb des gleichnamigen Dörfchens auf einem eiszeitlichen Moränenhügel liegende Kronburg blickt auf eine bewegte Geschichte zurück: 1200 als Ministerialsitz der Staufer entstanden, wechselte sie, als die Linie der Herren von Kronburg erlosch, mehrfach ihre Besitzer. Beinahe wäre das alte Gemäuer verfallen, hätten nicht die Herren von Rechberg Anfang des 16. Jh. umfassende Renovierungs- und Umbaumaßnahmen eingeleitet.

Der Norden
Karte S. 43

Während der Bauernkriege hielten Aufständische die strategisch bedeutsame Burg besetzt, bevor sie Anfang des 17. Jh. an Eustach von Westernach, einen Urahnen des heutigen Freiherrn, übergeben wurde. Ruhig wurde es deswegen aber noch lange nicht: Während des Dreißigjährigen Krieges waren es kaiserliche Truppen, die sich in der Burg einnisteten, im Spanischen Erbfolgekrieg waren es die Franzosen. Als die Westernachs im 19. Jh. keinen männlichen Stammhalter hatten, ging die Kronburg an eine Tochter des Hauses über, die sich mit einem Freiherrn von Vequel vermählte. Seither wird in der Familie nicht nur ein Schloss, sondern auch ein Doppelname vererbt.

Das heutige Leben der Vequel-Westernachs hat aber nur noch wenig mit dem vergangener Generationen zu tun: Es gibt schon lange keinen Stab von Bediensteten mehr, der das alte Gemäuer in Schuss hält; einzig dem persönlichen Engagement der Eigentümer ist es zu verdanken, dass die neu renovierte Kronburg zu einem "Stück Geschichte zum Anfassen" geworden ist. Denn Herr Baron und Frau Baronin schleusen ihre Besucher bei einer Schlossführung nicht nur durch die Ritterhallen und Turmzimmer, sondern wissen neben Daten und Fakten auch noch jede Menge Anekdötchen zu erzählen.

Adresse/Öffnungszeiten Burgstraße 1, 87758 Kronburg, ✆ 08394/271, ℻ 08394/1671. Führungen zwischen Mai und Oktober nach Vereinbarung.

Bauernhofmuseum in Illerbeuren: Keineswegs als künstliche Museumslandschaft, sondern als kleines Dorf im Dorf präsentiert sich das Freilichtmuseum in Illerbeuren. In über 20 Gebäuden unterschiedlicher Bauweise und Funktion (u. a. Werkstätten, Lagerhäuser, eine Wasserpumpstation und eine Kapelle) gewinnt man einen Einblick in den einstigen Lebens- und Arbeitsalltag von Wagnern, Schmieden, Hafnern und Bauern. Als besondere Attraktion gelten die Landwirtschafts- und Handwerkstage sowie Veranstaltungen zur Mundartdichtung. Auch die traditionelle Prozession des Leonhardiritts ist einen Besuch wert (jedes Jahr am ersten Sonntag nach dem 6. September).

Adresse/Öffnungszeiten Museumsstr. 8, 87758 Kronburg-Illerbeuren, ✆ 08394/1455, ℻ 08394/1454. Im März und vom 16. Oktober bis zum 30. November Di–So 10–16 Uhr, von April bis zum 15. Oktober Di–So 9–18 Uhr. Eintritt 3,50 €/Erw.

Wallfahrtskirche Maria Steinbach: Gedrungen, fast wehrhaft erscheint der gelbe Kirchturm, der aus dem Grün der Wälder und Wiesen herausragt. Die etwas abseits gelegene Barockkirche wurde Mitte des 18. Jh. errichtet, doch bereits im 12. Jh. bzw. 15. Jh. standen hier Vorgängerbauten.

Ursprünglich war es eine Kreuzpartikel – eine Schenkung des Klosters Rot a. d. Rot aus dem Jahr 1723 –, die hier verehrt wurde. Doch schon wenige Jahre später löste ein wundertätiges Gnadenbild der Muttergottes einen derartigen Pilgerzustrom aus, dass ein Neubau notwendig wurde, mit dem die Marienwallfahrt schnell in den Vordergrund trat. Und so beherbergen die prächtig ausgestattete Kirche selbst und das angeschlossene Museum eine bemerkenswerte Sammlung sehr gut erhaltener Votivtafeln, die 300 Jahre Wallfahrtsgeschichte mit unzähligen Wünschen, Bitten und Danksagungen an die Muttergottes dokumentieren.

Wer zunächst den dunklen Eingangsraum unter der Orgelempore aufsucht, ist gebannt von dem hohen, weiten und lichtdurchfluteten Raum. Entscheidend für diesen faszinierenden ersten Eindruck ist die warme und kräftige Farbgebung. Vom Weiß der Mauerflächen heben sich die sonoren roten Töne wirkungsvoll ab. Die Pilaster an den drei Seiten der Pfeiler sind rötlich marmoriert, ebenso die Altäre. In den Fenstern dominieren rotbraune Farben. Und immer wieder bewirkt das Gold der Rahmungen, dass die Leichtigkeit des Rokoko, aber auch der festliche Charakter des Raumes erhalten bleiben.

Das Gnadenbild der schmerzhaften Muttergottes aus den 20er Jahren des 17. Jh., eine ausdrucksvolle Figur im goldenen Strahlenkranz, steht an der linken Chorwand. Unter den entrückenden Engelsfiguren sind vor allem das "Trotzengele" und das "Plärrengele" von Georg Übelher bemerkenswert, der zusammen mit Franz Xaver Schmuzer aus Wessobrunn die erstklassigen Stuckaturen schuf. Das farbengesättigte Langhausfresko malte 1752 der Kemptener Hofmaler Franz Georg Hermann. In zahlreichen Details äußert sich die Formenwelt Dominikus Zimmermanns, sodass angenommen werden kann, der große Rokokobaumeister habe zumindest beratend mitgewirkt.

Wallfahrtskirche Maria Steinbach

Nur 15 km westlich von Memmingen steht das ehemalige Mutterkloster von Maria Steinbach in **Rot an der Rot.** Die gut restaurierte Klosteranlage mit der zweitürmigen Kirche St. Verena sowie das dazugehörende mächtige Wirtschaftsgebäude sind sehr sehenswert. Ein gepflegtes Landhotel und ein einladendes Café stellen den gastronomischen Rahmen des Besuchs bereit.

Der Norden
Karte S. 43

Radtour 1: Im Westen Memmingens (s. Karte S. 43)

Geschwungene Hügellandschaften, Wiesen und immer wieder kleine Siedlungen, Badeweiher und ein Wild(schwein)park. Diese gemütliche Tour auf fast durchgängig geteerten, aber kaum befahrenen Nebensträßchen überzeugt auch anspruchsvolle Genussradler!

Route: Memmingen – Buxheim – Tannheim – Rot a. d. Rot – Hauerz – Haslach – Buxheim – Memmingen

Länge: 46 km

Besonderheiten: Wer sich die ersten und letzten Kilometer von Memmingen nach Buxheim sparen will (rund 10 km), startet gleich in Buxheim am Parkplatz an der Iller; unbedingt einen erfrischenden Badestopp beim kleinen Weiher südlich von Rot einplanen!

Wegbeschreibung

Ausgangspunkt ist der **Marktplatz von Memmingen.** Von hier aus fährt man immer geradeaus auf der **Buxacher Straße** stadtauswärts, überquert eine Bahnlinie, radelt weiter geradeaus über den "Monte Schutto" (Autobahnüberführung) bis zur T-Kreuzung. Hier hält man sich rechts **Richtung Buxheim** und biegt von der Teerstraße vor der Autobahnunterführung links in einen Feldweg ein, der an der

Kindertaxi

Buxach entlang- und an einem Ponyhof vorbeiführt.

Nun wieder auf einer Teerstraße, fährt man links am Buxheimer Weiher vorbei. Beim **Minigolfplatz** geht es links leicht bergab, bis man über ein kleines Brückchen zu einer Kreuzung (Stoppschild) gelangt, wo man links in die **Illerstraße** einbiegt. Auf dieser Straße am kleinen Parkplatz vorbei immer weiter geradeaus zur Iller (5 km; zuletzt geht die Straße in einen Feldweg über). Hier orientiert man sich nach rechts und kommt nach wenigen Metern zu einer Eisenbahnbrücke, auf der man das Rad über die Iller schiebt.

Auf der anderen Seite geht es entgegen der Fließrichtung an der Iller entlang, und schon nach rund 200 m (vor dem Bauernhof) biegt man rechts in **Richtung Arlach** ab. Weiter geht es links an einer Kapelle vorbei, dann auf einer kleinen geteerten Straße durch Wiesen und über ein Brückchen in den Ort **Tannheim** hinein (6,5 km).

Nach dem alten Bahngebäude fährt man rechts über die Eisenbahnschienen in den Ortskern, bis man auf eine größere Straße trifft, die man überquert. Der Straßenführung folgend, kommt man zur Hauptstraße, hält sich hier links und durchquert den Ort. Am Ortsausgang steigt die Straße in Haarnadelkurven steil an. Etwa 50 m nach der letzten Kurve – der höchste Punkt ist bereits erreicht – zweigt man nach rechts **Richtung Hofgut Krimmel** ab. Durch Wiesen und Wäldchen schlängelt sich der geteerte Weg zu diesem großen, modernen Anwesen (11,5 km) und weiter an ihm vorbei bis zu einer Querstraße. Hier orientiert man sich nach links und fährt bergab nach **Zell,** das sich in einem kleinen Kessel ausbreitet. In der Ortsmitte verlässt man die Hauptstraße nach rechts **Richtung Mettenberg.** Direkt am Ortsausgang von Zell biegt man nach links ab und fährt am Fluss entlang auf die Türme der Klosteranlage von **Rot a. d. Rot** zu.

Nach 16 km, wenn der kleine Uferweg nach rechts vom Fluss wegführt, überquert man nach links das Brückchen und fährt nach ihm gleich wieder links nach **Spindelwang.** Dort geht es ein weiteres Mal über eine kleine Brücke und dahinter rechts **Richtung Konradsweiler.** Die kleine Straße führt bergauf am Badeweiher vorbei (20,5 km) und dann links steil bergauf in die kleine Ortschaft hinein.

Direkt am ersten Hof (vor dem Bildstock) fährt man nach rechts. Der Weg führt erst oberhalb des Tals entlang, dann geht es vorbei an einem einsamen Hof durch sanft geschwungene Wiesen nach **Hauerz** (25 km). An einer Reitanlage entlang fährt man bis zur Hauptstraße des Ortes, an der man sich scharf links orientiert (dem Hinweisschild "Rot a. d. Rot/Ochsenhausen" folgen).

Nach Ortsende fährt man nach rechts **Richtung Haslach** und folgt der Straße, die sich kurvenreich (an der kleinen Ortschaft Weiler vorbei) durch die Hügellandschaft schlängelt. Nach 31 km trifft man auf eine größere Querstraße, an der man sich links wiederum Richtung Haslach hält.

In diesem Ort radelt man bis zu einer T-Kreuzung. Hier geht es rechts bergauf über die Kuppe und dann steil bergab nach **Mooshausen** (34,4 km). Im Ort überquert man die Bahnlinie und die Hauptstraße und biegt nach wenigen Metern nach links in die **Riedhofstraße** ab. Man fährt nun (an einem Hof vorbei) geradeaus an der Iller entlang durch ein Wäldchen. Bei der Brücke kann man dem Wildpark einen Besuch abstatten und fährt dann dem Weg nach links folgend weiter bis zum alten Bahnhof von **Tannheim.** Von dort kommt man auf dem bereits bekannten Weg über die Eisenbahnbrücke durch Buxheim zurück nach **Memmingen** (46 km).

Radtour 2: Im Süden Memmingens

(s. Karte S. 43)

Diese Tour bietet wesentlich mehr als ein rein sportliches Vergnügen: Eine Burg, eine barocke Wallfahrtskirche, ein Museumsdorf und eine Bootsfahrt machen das Ganze zu einem kleinen Natur- und Kultur-Highlight.

Route: Memmingen – Buxheim – Ferthofen – Illerbeuren – Maria Steinbach – Kronburg – Dickenreishausen – Memmingen

Länge: 38 km

Einkehrmöglichkeiten: (Fast) in jedem Ort, doch den Biergarten des Gasthauses Krone in Kronburg sollte man auf keinen Fall verpassen!

Besonderheiten: Um sicherzugehen, dass man vom Fährmann übergesetzt wird, sollte man ihn vorher unter ✆ 08394/665 anrufen (Telefonzelle in Illerbeuren am Museum). Auch bei dieser Tour gilt: Wer sich die Stadtkilometer sparen will, startet in Buxheim am Parkplatz an der Iller.

Wegbeschreibung

Ausgangspunkt ist der **Marktplatz von Memmingen.** Von hier aus fährt man nach Buxheim zum dortigen Parkplatz an der Iller (siehe Radtour 1/Im Westen von Memmingen). Am Parkplatz vorbei fährt man zur Iller und biegt hier links in den Iller Radwanderweg ein, der direkt am Fluss entlangführt (5 km).

Nach 12,5 km trifft man auf eine kleine geteerte Straße, die einen in Fahrtrichtung unter der Autobahnbrücke hindurch nach **Ferthofen** bringt. Man bleibt auf dem Iller-Radwanderweg und durchfährt den Ort bis zur Bundesstraße. Hier wendet man sich nach links und nach wenigen Metern wieder nach rechts **Richtung Kardorf.** Ein Wäldchen durchquerend, radelt man hoch über der Iller in den Ort hinein (16,5 km). Nach der Kirche verlässt man die Hauptstraße nach rechts und kommt so nach **Illerbeuren** (19 km). An der T-Kreuzung am Ortseingang orientiert man sich nach rechts und fährt hinab zur Illerbrücke. Doch sollte man sich an dieser Stelle überlegen, ob zeitlich nicht ein lohnender Besuch des Bauernhofmuseums möglich ist (siehe S. 56). Im Gromerhof vor der Museumsanlage kann man sich für die Weiterfahrt stärken.

Mitten im Grünen: Maria Steinbach

Vor der besagten Illerbrücke mündet von links ein ehemaliger Bahndamm ein, der heute als Rad- und Wanderweg dient. Auf diesem überquert man den Fluss und fährt noch einige Meter weiter, bis er bei einem Gasthof endet (21 km). Noch vor dem Gasthof radelt man links steil den Hügel hoch, und schon bald taucht rechts zwischen ebenen Wiesen der gelbe Turm der barocken **Wallfahrtskirche Maria Steinbach** auf (Näheres siehe S. 56). Links sieht man in der Ferne das nächste Etappenziel: Kronburg.

Die Straße, die in den Ort führt, verlässt man hinter dem Gasthof Löwen nach links in die Illerstraße. An der Gabelung hält man sich rechts und bleibt auf der geteerten Straße, die direkt zum **Elektrizitätswerk** führt. Wenn man rechts am E-Werk vorbei durch die Wiese hinauf zum Damm fährt (bzw. schiebt), kommt man direkt zur Anlegestelle, wo der Fährmann nach **Wagsberg** übersetzt. Auf der Straße hinter der Anlegestelle hält man sich links bis zu einer kleinen Kreuzung (24 km), an der man rechts bergauf nach **Kronburg** strampelt (Näheres siehe S. 55).

Nach dem Abstecher zum Biergarten und zur Burg (herrlicher Blick auf das Illertal und die Alpenkette!) kehrt man zurück zum Ortseingang und fährt an der Kreuzung links **Richtung Woringen.** Im Weiler **Fuchsloch** verlässt man die Teerstraße nach links in einen Schotterweg. Nach wenigen hundert Metern trifft der Feldweg wieder auf eine geteerte Straße, der man nach links durch **Enzers** hindurch folgt (28,5 km). Vor dem einzeln stehenden Hof Rohr biegt man nach links **Richtung Dickenreishausen** ab. Am Ende eines kleinen Wäldchens quert das Sträßchen den alten Bahndamm, der heute ein Radweg ist (31,5 km). Auf diesen schwenkt man nach rechts ein und radelt nun am Wald entlang, bis der alte Bahndamm auf eine Teerstraße trifft und dort endet.

Hier hält man sich rechts, fährt unter der Autobahn hindurch leicht bergab über den beschrankten Bahnübergang, bis man wenige Meter danach auf eine T-Kreuzung trifft, an der man sich rechts hält.

Man folgt der Ringstraße geradeaus über die große Kreuzung, verlässt sie aber an der nächsten Abzweigung nach links **Richtung Innenstadt.** Durch das rote Kempter Tor geht es entlang der Kempter Straße zum Schrannenplatz. Von dort schiebt man sein Rad durch die Fußgängerzone zurück zum **Marktplatz von Memmingen** (38 km).

Variante

Wer auf den Abstecher zur Kirche und auf die Bootsüberfahrt verzichten will, fährt von der Kreuzung in Illerbeuren nicht auf den Bahndamm, sondern nach links und nach wenigen Metern an der Kreuzung rechts Richtung Wagsberg. An einer kleinen Gabelung geht es bergauf nach Kronburg (nicht nur 3,5 km kürzer, sondern auch viel schneller).

Radtour 3: Von Memmingen nach Kempten (s. Karte S. 43)

Die Alpen im Visier! Bergauf, bergab, aber ohne schlimme Steigungen durchstreift die Tour auf kleinen, meist geteerten Sträßchen Wiesen und Wälder, schlängelt sich an Flüssen entlang und führt vorbei an einsamen Höfen.

Route: Memmingen – Illerbeuren – Maria Steinbach – Hub – Fluhmühle – Altusried – Depsried – Heiligkreuz – Kempten – mit dem Zug oder am ausgeschilderten Iller-Radwanderweg entlang zurück nach Memmingen

Länge: bis Kempten 43 km

Höhenunterschied: 130 m

Wegbeschreibung

Ausgangspunkt ist der **Marktplatz von Memmingen.** Von hier aus geht es durch die Fußgängerzone (Kramerstraße) bis zum Schrannenplatz, an der Querstraße nach rechts und gleich wieder nach links in die **Kempter Straße.** Diese führt durch das rote Kempter Tor zur quer verlaufenden **Luitpoldstraße.** Dieser folgt man nach rechts, überquert die Kreuzung und hält sich weiter geradeaus, bis die jetzt Pulvermühlstraße heißende Straße eine scharfe Rechtskurve macht. Hier verlässt man die Straße nach links, überquert einen Bahndamm und folgt der **Stadtweiherstraße** leicht bergauf unter der Autobahnunterführung hindurch.

Die kleine Asphaltstraße schlängelt sich durch die ersten Häuser von **Buxach-Hart** (3 km) und führt dann nach einer Linkskurve geradeaus nach **Hitzenhofen** (6 km). Am Ortsende hält man sich rechts und fährt durch Wiesen und Wald nach **Kardorf** (8,5 km). Links an der Kirche vorbei und geradeaus über die Querstraße hinweg kommt man nach **Illerbeuren,** wo man an der T-Kreuzung rechts und im Bogen um den Ortskern herum Richtung Illerbrücke fährt (12,5 km). Vor der Brücke geht es leicht nach links auf den alten Eisenbahndamm, der heute Radweg ist und über die Iller führt.

Am Ende des Radwegs (13,5 km) biegt man auf der geteerten Straße links hoch nach **Maria Steinbach** ab (15 km; Näheres siehe S. 56). Nach der Kirche zweigt man von der "Dorfstraße" links nach **Kaltenbronn** ab (18 km). Durch diese kleine Siedlung hindurch gelangt man nach **Hub** (19 km) und fährt an der kleinen Kreuzung weiter geradeaus durch den Wald, bis man auf eine große Straße trifft. Auf dieser hält man sich links, durchfährt **Ehrensberg** und **Moos** und folgt weiter der Vorfahrtstraße, bis kurz vor der Sackgasse nach **Fluhmühle** eine Straße scharf rechts **Richtung Altusried** führt.

Auf dieser Straße passiert man die kleinen Ortschaften **Neumühle, Wurms** (24,5 km) und **Streifen,** bis links eine geteerte Abzweigung (26,5 km) zum Weiler **Kalden** führt. Nach dem ersten Gehöft des Weilers (in einer scharfen Rechtskurve) führt ein ausgeschilderter Abstecher von der geteerten Straße links ab zur **Ruine Neukalden** (siehe S. 79), von wo aus sich ein herrlicher Blick auf die Illerschleife auftut.

Zurück auf der Teerstraße, geht es weiter bis **Altusried** (30 km). Auf der **Kaldener Straße** durchquert man eine Wohnsiedlung, passiert den Ortskern und zweigt an der Gabelung nach dem Marktplatz rechts auf die **Andreas-Hofer-Straße** ab (nicht der Ausschilderung nach Kempten folgen!). Über die **Untere Schulstraße** trifft man auf einen Radweg, der durch eine Wiese zu einer Reithalle führt.

Hier hält man sich links und biegt gleich nach dem Freibad (noch bevor die Fahrstraße das Bächlein überquert) rechts zur **Gansmühle** ab (31 km). Der Weg führt links an der über 500 Jahre alten Mühle vorbei und dann geradeaus und an einem Bächlein entlang auf ein Wäldchen zu. Auf dem Weg am Waldrand fährt man immer geradeaus bis zur kleinen Teerstraße von **Depsried.** Nach wenigen Metern folgt man der Abzweigung nach links bergauf zur **Mollenmühle** (35,5 km). Von dort geht es weiter, bis man in **Ried** auf eine größere Straße trifft. Hier biegt man zunächst links **Richtung Kempten** ab, dann nach wenigen Metern rechts und kommt so zum Ort **Heiligkreuz** (39 km). Direkt nach der Kirche fährt man rechts, passiert einige Weiher und radelt auf der Heiligkreuzer Straße bergab nach **Kempten.** Unten am Berg überquert man die Rottach, den Adenauerring und fährt dann auf der Memminger Straße in die Stadtmitte von Kempten.

Buxheim

3.000 Einwohner • 600 Meter ü. NN

Wald, Weiher und Kartause, das sind die Kennzeichen Buxheims. Sie machen die kleine Ortschaft zu einem lohnenden Ausflugsziel, an dem man in Ruhe Natur und Kultur genießen kann.

Abgesehen von der Kartause, der reizvollen Landschaft mitsamt den Weihern und der terrassenförmigen Lage am Hang bietet das Dorf keine spektakulären Reize. Die geringe Entfernung vom Stadtkern Memmingens – es sind gerade mal 3 km – lässt Buxheim eher als Vorortsiedlung erscheinen, doch legen die Bürger großen Wert darauf, sich der Eingemeindung widersetzt zu haben.

Geschichte: Auch wenn der Ort auf über tausend Jahre alte Siedlungsfunde und eine erste urkundliche Erwähnung im 12. Jh. verweisen kann, beginnt die eigentliche Geschichte Buxheims erst Anfang des 15. Jh. Damals wurde das bereits existierende Kloster, das zum Augsburger Domstift gehörte, an die Karthäuser übergeben. In den folgenden Jahrhunderten wurde es immer wieder erweitert und prägte auch über seine Mauern hinaus die Entwicklung des Ortes. So wurden beispielsweise die Häuser nicht nach den Namen der Bewohner benannt, sondern nach Hausheiligen, deren Figuren dann in Nischen über den Türstöcken "wohnten". Diese Nischen findet man noch häufig an alten Häusern, allerdings sind sie inzwischen meistens verwaist.

Bis heute von größter Bedeutung für die kleine Ortschaft sind die drei Weiher: Ehemals als Fischweiher zur Versorgung der Mönche angelegt, dienen sie jetzt Einheimischen wie Gästen zum Baden und Tretbootfahren.

Anfang des 19. Jh. wurde das Kloster aufgegeben und von einer Grafenfamilie aus dem Taunus übernommen – eine Folge der Säkularisierung. Lange konnten die neuen Hausherren ihren aufwendigen Lebensstil allerdings nicht finanzieren, und so waren sie schon bald gezwungen, die wertvollen Kulturgüter der Klosteranlage zu verkaufen. Die Kartause verlor an Bedeutung, und Buxheim entwickelte sich im 20. Jh. weitgehend unabhängig von seinem Kloster. Vor allem Heimatvertriebene, Flüchtlinge und später auch Memminger, die lieber etwas außerhalb wohnen wollten, waren und sind es, die das Dorf in den letzten Jahrzehnten stark wachsen ließen.

Touristeninformation/Freizeitangebot

- *Postleitzahl* 87740
- *Vorwahl* 08331
- *Touristeninformation* Keine eigene Touristeninformation, Auskünfte bei der Gemeindeverwaltung, Kirchplatz 2, ✆ 97700. Mo–Do 8–12, Mo 14–18 und Fr 8–13 Uhr. Durch die Kartause führt Fr. Ostler, Heimatdienst Buxheim, ✆ 61804, ✆ 963429.
- *Bootsverleih* **Seifert,** Restaurant Seegarten, ✆ 72522. Tretboot 4 €/2 Erw., Ruderboot 3,50 €/2 Erw. – jeweils 30 Min.
- *Golf* **Westerhart,** Gut Westerhart, ✆ 71017. Ganzjährig 9–19 Uhr. Greenfee Mo–Fr 35 €, Sa/So 45 € (Driving-Range 10 €). 18-Loch-Platz, 72 par, Standard 72.
- *Minigolf* Am Weiher, Mai–Oktober Mo–Sa 14–21, So 11–21 Uhr.
- *Reiten* **Epple,** Klingelstr. 27, ✆ 72800. Reitstunde 10 €/45 Min.

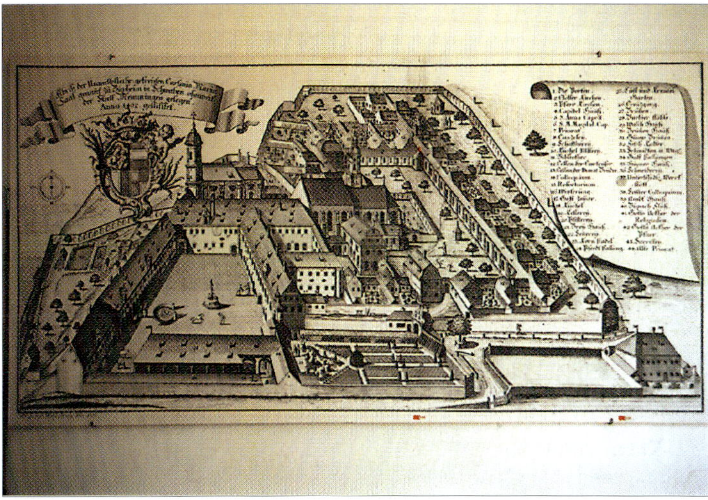

Kartause von Buxheim

Übernachten/Essen und Trinken

• *Übernachten* **Weiherhaus,** Am Weiherhaus 13, ☏ 72123, ☏ 73935. DZ ab 70 €. Direkt am Weiher liegt der 400 Jahre alte Landgasthof, in dem die Familie Kaufmann schon seit Generationen Gäste beherbergt und verköstigt. Wer hier übernachten will, der findet ein renoviertes, ruhiges Zimmer mit rustikaler Einrichtung vor. Die Küche hat allerdings schon bessere Tage erlebt. Mo Ruhetag.

Camping am See, Am Weiherberg 7, ☏ 71800. Der Platz direkt am Weiher liegt zwar schön, aber bei näherem Hinsehen entpuppt er sich als Wohnwagenburg von Dauercampern. Die Ausstattung mit fließend warmem Wasser, Waschmaschine, Telefonzelle, Sauna, Solarium und Einkaufsmöglichkeit ist gut. Ganzjährig geöffnet. Zwei Personen, Auto und Caravan 15 €.

• *Essen und Trinken* **Seegarten,** Am Weiherberg 11, ☏ 72522. Do Ruhetag. Der gutbürgerliche Gasthof lädt v. a. im Sommer mit seiner Terrasse und seinem schattigen Biergarten direkt am Weiher zum Ausruhen, Essen und Trinken ein. Bootsverleih (siehe oben).

Wiesenbräu, Am Weiherberg 7, ☏ 69627. Täglich 17–1 Uhr. In dem Gasthaus direkt am Campingplatz trifft sich in netter Atmosphäre v. a. jüngeres Publikum. Neben der Qualität der Küche lockt hier an schönen Tagen die Terrasse über dem See.

Sehenswertes

Kartäuserkloster: Kartäusermönche unterliegen bis heute einem strengen Schweigegelübde und leben fast völlig ohne Kontakte zur Außenwelt. Jeder Mönch des Buxheimer Klosters hatte einen kleinen Wohn- und Studierraum, eine Werkstatt und einen Gemüsegarten zur Verfügung. Heute wird die Anlage nicht mehr von Kartäusermönchen bewohnt, und somit stehen einige gut restaurierte Zellen dem Besucher offen.

Schon 1402 kamen Kartäusermönche in die alte Alemannensiedlung und erbauten die heute noch am besten erhaltene Kartausenanlage in Deutschland. 1548 wurde

Klosterkirche

sie unmittelbar unter den Schutz des Kaisers gestellt und somit die einzige reichsunmittelbare Kartause im deutschen Kaiserreich. Seine Blütezeit erlebte das Kloster zwischen 1680 und 1740. In dieser Zeit wurden Kloster und Klosterkirche von Dominikus Zimmermann barockisiert. Besonders eindrucksvoll ist das filigrane Chorgestühl in der Klosterkirche, an dessen Formenreichtum man sich kaum satt sehen kann. Es wurde unter Prior Bilstein von Ignaz Waibel geschnitzt. Das bedeutende Werk steht übrigens erst seit 1980 wieder an seinem angestammten Platz: Nach der Säkularisation im 19. Jh. wurde der größte Teil demontiert und zunächst nach Holland verkauft; später befand sich das Chorgestühl in Frankreich und schließlich in England. Nach dem Rückkauf wurde es aufwendig renoviert.

Öffnungszeiten April–Oktober tägl. 10–12 und 14–17 Uhr. Eintritt 2,50 €/Erw.

Pfarrkirche St. Peter und Paul: Das unter Denkmalschutz stehende Gebäude trägt – genau wie große Teile der Klosteranlage – die Handschrift des berühmten Baumeisters Dominikus Zimmermann. Errichtet wurde die Kirche Anfang des 18. Jh., ihre Ausstattung besitzt hohen Wert. Der wuchtige Hochaltar in der Apsis, der von je drei Säulen umrahmt wird, ist ein Beispiel für Schönheit und Vollendung. Die beiden Seitenaltäre runden das Erscheinungsbild ab, wobei auf dem rechten Seitenaltar eine Pietà aus den Jahren 1420–30 zu sehen ist. Der linke Seitenaltar birgt das Kleinod der Kirche, die berühmte Buxheimer Madonna (um 1420), eine farbig gefasste Tonfigur. Sie gibt Zeugnis von der innigen Gläubigkeit des Mittelalters.

St.-Anna-Kapelle: Ein besonderes Juwel des spätbarocken Kirchenbaus ist die St.-Anna-Kapelle im Kreuzgang der Kartause. Die Brüder Zimmermann haben die bestehende rechteckige Kapelle 1740 zu einer Rotunde umgestaltet und dabei durch Stuck und Malerei das Typische barocker Baukunst zu einer vollendeten Entfaltung gebracht.

Spaziergang um den Buxheimer Weiher

Gemütlicher, kleiner Spaziergang von etwa einer Stunde um die Waldweiher, die die Kartäusermönche um 1400 als Fischteiche angelegt haben. Heute sind es menschliche "Wasserratten", die v. a. den größten der vier Weiher planschend, spritzend und kraulend bevölkern. Die hinteren Teiche liegen ruhig im dichten Blattwerk versteckt.

Ausgangspunkt ist der Parkplatz am südwestlichen Ufer des größten Buxheimer Weihers (direkt am Waldrand). Von hier aus geht man über die kleine Brücke und dann an der Gabelung leicht links in den Wald. Der Weg verläuft rechts am ersten

Das filigrane Chorgestühl der Buxheimer Klosterkirche

Waldweiher vorbei und führt an einer kleinen Wegkreuzung leicht rechts zu einer kleinen Lichtung. An der Gabelung nach wenigen Metern hält man sich links und folgt dem Waldweg, bis er eine scharfe Rechtskurve macht. Hier biegt man nach links ab, der Beschilderung "Wanderweg Waldweiher" folgend. Der Pfad führt zwischen dem zweiten und dem dritten Weiher hindurch und macht am Ende der Gewässer eine Linkskurve. Danach geht es weiter am zweiten und ersten Weiher entlang, bis man nach einiger Zeit auf einen breiteren Weg trifft, der sich nach links zurück zum Parkplatz zieht.

Ottobeuren

7.500 Einwohner • 660 Meter ü. NN

Von welcher Seite auch immer man sich Ottobeuren nähert, es werden die mächtigen Türme der berühmten Barockbasilika sein, die den ersten Eindruck prägen – und den zweiten, und den dritten ... Der "Schwäbische Escorial" wurde die Klosteranlage auch genannt. Erst bei näherer Bekanntschaft mit dem Ort entdeckt man die gepflegte Atmosphäre des Kneippkurorts und das lebendige kulturelle Angebot, vor allem zu Zeiten der Konzerttage und der Sommerakademie.

Am Hang erbaut, dominiert der Sakralbau die Ortschaft optisch und räumlich: Der Marktplatz mit Kurverwaltung und Rathaus wirkt im Vergleich zu der riesigen Klosteranlage eher bescheiden. Allerdings bemüht sich die Gemeinde durch Verkehrsberuhigung und künstlerische Gestaltung seit einigen Jahren erfolgreich um seine Aufwertung. Einige wenige alte Fassaden, die an die lange Geschichte Ottobeurens erinnern, säumen den Platz. Nur einen Steinwurf vom historischen Kern entfernt beginnen schon die Neubausiedlungen, und dahinter laden satte Wiesen mit kleinen Bächen und schattige Wälder zum Wandern, Radfahren oder einfach auch nur zum "Seele-baumeln-Lassen" ein. Wie leicht sich hier Großstadthektik

Weidenidyll bei Ottobeuren

und Alltagsstress vergessen lassen, haben allerdings schon viele entdeckt, sodass Ottobeuren heute eine feste Adresse im Kurwesen ist.

Geschichte: Seit nunmehr über 1.200 Jahren wird die Geschichte Ottobeurens von seinem Benediktinerkloster geprägt. Die Mitte des 8. Jh. gegründete Abtei hat freilich mit der beeindruckenden Klosteranlage von heute kaum noch etwas gemein, denn schon im 12. und 13. Jh. vernichteten verheerende Großbrände fast den gesamten ursprünglichen Bau.

Mit dem nach diesen Katastrophen errichteten Neubau begann die erste Blütezeit des Klosters. Einer der Höhepunkte war die Gründung der Ottobeurer Akademie (1543), einer Lehranstalt der schwäbischen Benediktinerklöster, die die Abtei weit über die Region hinaus als bedeutendes Wissenschaftszentrum bekannt machte – eine Tradition, die in unserer Zeit mit der alljährlichen "Ottobeurer Studienwoche", bei der anerkannte Referenten aus Wissenschaft und Forschung zu soziologischen und weltanschaulichen Fragen Stellung nehmen, neu belebt wurde.

Im Dreißigjährigen Krieg war das Kloster zeitweise von schwedischen Truppen besetzt, konnte sich von diesem Rückschlag jedoch relativ schnell wieder erholen. Anfang bis Mitte des 18. Jh. wurden schließlich weitreichende Umbaumaßnahmen vorgenommen, und es entstand jene gewaltige Anlage, die wir heute bewundern können. Bauherr war Abt Rupert Neß von Wangen. "So lange er regierte, baute er, und zwar alles meistenteils, wie man zu sagen pflegt, im großen Stil", charakterisiert ein Chronist den Abt, der von 1710 bis 1740 im Amt war. Auch die Säkularisation konnte diesem barocken Monumentalbau nichts anhaben: Das Benediktinerkloster blieb von Zerstörung und Plünderung weitgehend verschont und zählt heute zu den größten und besterhaltenen Sakralbauten Deutschlands.

Der zweite Grundstein für die heutige Bedeutung Ottobeurens wurde durch Sebastian Kneipp gelegt, der 1801 im nahe gelegenen Stephansried zur Welt kam. Denn wenn auch heute v. a. Bad Wörishofen mit Kneipp in Verbindung gebracht wird, so spielten die Wasserkuren nach Kneipp für die Entwicklung des Ortes in den letzten Jahren eine immer größere Rolle.

Touristeninformation/Freizeitangebot

- *Postleitzahl* 87724
- *Vorwahl* 08332
- *Touristeninformation* **Touristikamt Kur & Kultur,** Marktplatz 14, ✆ 921950, 📠 921992, www.ottobeuren.de. Mo–Do 9–12 und 14–17 Uhr, Fr 9–12 und 14–16 Uhr (Mai–Sept. zusätzlich Sa 10–12 Uhr).
- *Führungen* März–Nov. jeden Montag ab 15 bzw. 15.30 Uhr abwechselnd Führungen durch die Basilika, das Museum oder den Ort (Näheres in der Touristeninformation).
- *Golf* **Hofgut Boschach,** ✆ 1310. Ganzjährig 8–19 Uhr. Greenfee : Mo–Fr 40 €, Sa/So 50 €.
- *Konzerte* Regelmäßig klassische Konzerte in der Basilika oder im Kaisersaal (Näheres in der Touristeninformation).
- *Sportcenter* **Ottobeurer Sportwelt,** Am Galgenberg 4. Mo–Fr 9–23, Sa/So 8–23 Uhr. In dem neuen Komplex kann man sich beim Squashen, Badminton- und Tennisspielen, Klettern und Gewichtheben auspowern oder beim Saunen und Massieren Fitness tanken. Die Preise sind je nach Sportart und Zeit sehr unterschiedlich. ✆ 7399, 📠 936265.

Der Norden Karte S. 43

Übernachten/Essen und Trinken

Übernachtungsmöglichkeiten gibt es reichlich, rechnet man alle Sanatorien, Ferienwohnungen und Privatzimmer mit dazu. Das Touristikamt hält gutes Infomaterial bereit. Interessant sind vor allem die Pauschalangebote zu den im Sommer stattfindenden Konzerttagen "Klassik im Kloster".

- *Hotels* **Hotel Hirsch,** Marktplatz 12, ✆ 7990, 📠 799103. DZ ab 70 €. Lange Jahre war das traditionsreiche Haus aus dem 17. Jh. einziges Hotel am Platze. Ein "Update" würde ihm allerdings gut tun. Im Keller stehen den Gästen ein kleines Hallenbad, Sauna, Solarium und eine Kegelbahn zur Verfügung. Im angeschlossenen Restaurant bekommt man v. a. regionale Gerichte.

Hotel Engel, Luitpoldstr. 3, ✆ 92080, 📠 920849. DZ ab 65 €. Freundliche, einfache Zimmer in zentraler Lage. Extrem Lärmempfindlichen könnten die Zimmer zur Straße etwas zu laut sein. Im angeschlossenen Restaurant gibt es gute schwäbische Gerichte.

Kurhotel St. Ulrich, Bannwaldweg 10, ✆ 923520, 📠 9235270. Das neue Haus am Waldrand wird von der Familie Fürholzer mit viel Liebe geführt. Zahlreiche Kneippkuranwendungen im Haus. Die Innenausstattung ist sehr stilvoll und aufwendig. DZ ab 73 €.

Gasthof Mohren, Marktplatz 1, ✆ 92130, 📠 921349. Das Haus am Marktplatz blickt auf eine 400-jährige Tradition zurück. Arrangements mit geführten Biketouren oder Fitnessprogramm bzw. Schlemmerwochenenden zu Pauschalpreisen. DZ ab 67 €.

Hotel Gami, Luitpoldstr. 57, ✆ 92050, 📠 8595. Ein Tipp für alle, die nur Übernachtung mit Frühstück wollen und sich an Bauernmöbeln satt gesehen haben. Zentrale Lage, eine moderne, helle Anlage, familiäre Atmosphäre, freundliche, großzügige Zimmer erwarten den Gast – und mit etwas Glück bekommt man sogar ein Zimmer mit Blick auf die Gartenanlage inklusive Teich. DZ ab 66 €.

- *Jugendherberge* Kaltenbrunnweg 11, ✆ 368, 📠 7219. Übernachtung und Frühstück 13,10 €. Nov.–Feb. (einschließlich) geschlossen.
- *Essen und Trinken* **Karins Bistro,** Marktplatz 9, ✆ 5279. Egal ob zum Mittagessen, Kaffeetrinken oder auf ein Glas Wein, das gemütliche Lokal mit ganz gemischtem Publikum ist immer eine gute Adresse.

Roma, Rupertstr. 4, ✆ 799152. Gute italienische Küche.

Akropolis, Bahnhofstr. 35, ✆ 5430. Empfehlenswertes griechisches Lokal.

Al Canevon, Marktplatz, ✆ 6118. Di Ruhetag. Italiener mit Pfiff und Qualität.

Park-Café, Memminger Str. 2, ✆ 7772, und Luitpoldstr. 6, ✆ 95210. Ein absolutes Muss für Windbeutelfans! Egal ob Adventswindbeutel, Windbeutel mit Käse oder mit Eierlikör.

Kloster-Café, Sebastian-Kneipp-Str. 1, ✆ 925929. Eigene Konditorei, ruhige Terrasse im Klostergarten, Selbstbedienung.

Eiscafé Venezia-Pedro, Marktplatz 17, ✆ 8412. Ein heißer Tipp, nicht nur an heißen Tagen!

Sehenswertes

Basilika St. Theodor und Alexander/Klosteranlage/Staatsgalerie: Natürlich muss die Basilika, vollendet von Johann Michael Fischer (1692–1766), an erster Stelle erwähnt werden. Alle Erwartungen an eine barocke Kirche werden hier weit übertroffen! Es sind lange nicht nur der gewaltige Grundriss (knapp 90 m lang und 60 m breit) und die Höhe (Turmhöhe über 80 m), sondern auch die unglaubliche innenarchitektonische Gestaltung, die dem Gebäude Weltruhm verleihen.

Wegen der starken Gliederung des Langhauses durch viele Nischen mit 15 Seitenaltären, der drei Orgeln, der großen, hellen Fenster und wegen des Weite schaffenden Querschiffes, das häufig als "Kirche in der Kirche" bezeichnet wird, wirkt der Raum trotz der gewaltigen Formen-, Figuren- und Farbenvielfalt der Deckenfresken und Stuckarbeiten nicht erdrückend: Eine Augenweide, an der sich Barockfreunde niemals satt sehen werden!

Ein Ohrenschmaus ist es für Liebhaber von Orgelmusik, Konzerte zu erleben, bei denen internationale Virtuosen die "Königin der Instrumente" – und in der Basilika gibt es deren drei – zum Klingen bringen. Die beiden identischen Chororgeln, von Karl Joseph Riepp 1766 vollendet, sind noch zu 85 Prozent original erhalten. Die Hauptorgel auf der rückwärtigen Empore ("Marienorgel") entstand erst im 20. Jh. Sie wurde 1957 fertig gestellt und 2002 überholt. Neben den Orgelkonzerten (regelmäßig an den Samstagen um 16 Uhr, außerdem Sonderkonzerte) kommen im Sommer in der Basilika auch Passionen, Oratorien und Messen zur Aufführung, die von berühmten Dirigenten und Chören interpretiert werden.

Die Basilika von Ottobeuren

Es ist aber nicht nur die Basilika selbst, die durch ihre Großzügigkeit beeindruckt, sondern auch der "Rest" der Klosteranlage, der sich über rund 480 mal 430 m erstreckt. Verständlich werden die Ausmaße, wenn man sich vor Augen führt, über wie viele Räume und Säle die Anlage verfügt: Theatersaal, Studierraum, Seminarräume, Empfangssaal, mehrere Kanzleien, eine umfassende Bibliothek mit über 15.000 Bänden, eine Staatsgalerie, ein reich geschmückter Kaisersaal als Repräsentationsraum u. v. m.

Die in der Klosteranlage untergebrachte Staatsgalerie Ottobeuren ist neben denen von Augsburg (am Schaezler-Palais) und Füssen (Hohes Schloss) die dritte im Wesentlichen aus altdeutschen Bildern bestehende Galerie der Bayerischen Staatsgemäldesammlungen im bayerisch-schwäbischen Bereich. Ausgestellt sind hauptsächlich Altartafeln aus der Region. Die symphonischen Konzerte, Vokalkonzerte und Klavierabende in den Sommermonaten im Kaisersaal erfreuen sich großer Beliebtheit weit über die Region hinaus.

Öffnungszeiten Täglich 10–12 und 14–17 Uhr (außer Wintermonate). Führungen jeden Samstag um 14 Uhr auf Spendenbasis.

Volkssternwarte: Diashows, Filme und natürlich auch der eigene Blick durchs Fernrohr vermitteln ein faszinierendes Bild vom Sternenhimmel.

Adresse/Öffnungszeiten Bgm.-Hasel-Str. 17, ✆ 9366058, 📠 936890. Oberhalb der Basilika zweigt die Ausfallstraße Richtung Böhen/ Wolfertschwenden ab, die durch ein Waldstück zum Konohof hinaufführt. Wenige Meter hinter dem Waldrand erscheint rechts der Wegweiser zur Sternwarte. Jeden Fr 19.30–22.30 Uhr. 3 €/Erw. Sonderführungen möglich.

Wanderung 1: Zu den "Geologischen Orgeln"

Geruhsame Wanderung auf meist bequemen Wegen durch Wiesen und Wäldchen, an Bächlein und einem spannenden Walderlebnispfad entlang zu einem geologischen Naturdenkmal: In der Günzeiszeit drang Sickerwasser in das Gestein ein, löste den Kalk heraus, und zurück blieben große, lange "Orgelpfeifen", die, wenn sich der Wind in ihnen fängt, schaurig-schöne Melodien spielen.

Route: Ottobeuren – Niebers – "Geologische Orgeln" – Klessen – Wolferts – Ottobeuren

Wanderzeit: 3–4 Stunden

Einkehrmöglichkeiten: unterwegs keine

Wegbeschreibung

Ausgangspunkt ist der **Parkplatz oberhalb der Basilika in Ottobeuren.** Von hier aus geht man die **Ottostraße** entlang Richtung Brüchlins und Schachenbad ortsauswärts. Am Wanderparkplatz am Waldrand verlässt man die Teerstraße nach links und folgt dem markierten Weg in den Wald **Richtung "Geologische Orgeln".** Man hält sich auf diesem Waldweg geradeaus und ignoriert die Pfade, die links und rechts einmünden. Der Waldweg überquert ein Bächlein und mündet kurz danach auf eine geteerte Fahrstraße. Auf dieser läuft man geradeaus bergauf über die Kreuzung nach **Niebers.**

Am Ortsende folgt man der Straße in eine Linkskurve, nimmt aber nach wenigen Metern die Abzweigung nach rechts und verlässt das Teersträßchen bald nach links in den Wald. Der **Waldweg** schlängelt sich bergab bis zu einem Querweg. Hier orientiert man sich nach links und läuft in Kurven weiter bergab. Nach einem Bächlein steigt der Weg an, wird zu einem schmalen Pfad, schlängelt sich durch Wiesen und ein Wäldchen, überquert nach einiger Zeit an einer Lichtung einen breiten Forstweg und führt jenseits der Wiese an einem Geländer wieder bergab in den Wald.

Am Ende des Geländers, in einer Rechtskurve, verlässt man den "Hauptweg" und folgt der **Markierung** (gelbes Kreuz) leicht links in einen Waldweg hinein. Bald mündet dieser Weg in eine Forstwegkreuzung

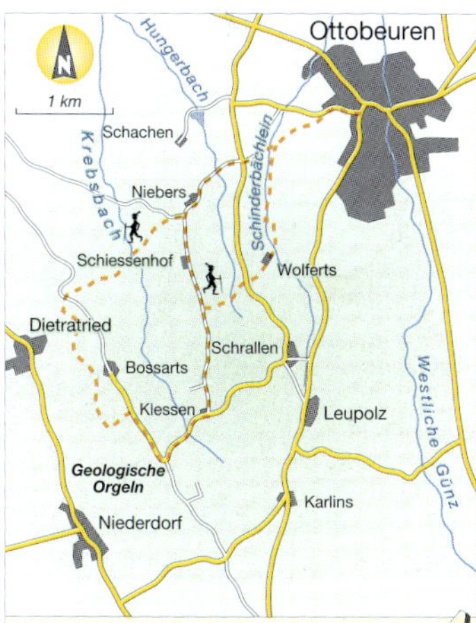

Wanderung 1: Zu den Geologischen Orgeln

"Geologische Orgeln"

ein. Diese überquert man und folgt weiter der Ausschilderung zu den "Geologischen Orgeln". Auf dem Forstweg wandert man ca. 1 km durch den Wald, dann erscheint erneut ein Hinweisschild auf das Naturdenkmal.

Steile Treppchen führen nun zu den Orgeln. An den Orgeln vorbei gelangt man zu einem Querweg, auf dem man sich links hält. Nach wenigen Metern biegt der Pfad nach rechts ab und führt durch eine Wiese zu einem Hof. Hier trifft man auf eine **Teerstraße,** der man nach rechts bis zu einer kleinen Kreuzung folgt. An dieser biegt man scharf links nach **Klessen** ab, folgt dem Teersträßchen durch die Höfe des Weilers in einer Kurve steil bergauf und zweigt nach dem letzten Hof links in den Wald ab.

Am Ende des Wäldchens (vor weiteren Höfen) wandert man rechts über die Kreuzung den Schotterweg hinab, geht dann links erneut an einem Hof vorbei durch die Wiese und über ein Bächlein. Der schmale Pfad führt nun einige Meter direkt am Bach entlang und biegt schließlich in den Wald nach rechts ab. An der kleinen Kreuzung verlässt man den mit gelben Kreuzen markierten Weg und orientiert sich nach links. Auf dem **Walderlebnispfad,** der immer am Bächlein entlangführt, durchquert man den Wald, bis man auf eine Teerstraße trifft. Vor dieser geht man rechts zurück zum Wanderparkplatz und weiter nach **Ottobeuren** hinab.

Bad Grönenbach

5.100 Einwohner • 718 Meter ü. NN

Grönenbach und das Kurwesen sind heute fest miteinander verwoben: Sechs große Kliniken bzw. Sanatorien nehmen sich der unterschiedlichsten Beschwerden an. Methodischer Schwerpunkt ist die Arbeit mit Naturheilverfahren. Kein Wunder, denn schließlich verbrachte Sebastian Kneipp hier wichtige Lehrjahre.

Die beschauliche Ortschaft breitet sich zu Füßen eines kleinen Schlosses aus. Ein ebenfalls kleiner, neu gestalteter Marktplatz, über den im Sommer Einheimische wie Gäste schlendern, schmale Gässchen, eine überschaubare Einkaufspassage und sonst jede Menge Ruhe. Die Zeit scheint hier anderen Gesetzen zu gehorchen!

Geschichte: Grönenbach hat eine lange und bewegte Geschichte. Wie ein Pfand wurde das kleine, rund 900 Jahre alte Schloss über Jahrhunderte hinweg herumgereicht: Mal gehörte es zu Ochsenhausen, mal zu Kempten, dann zu Pappenheim, und auch die Fugger residierten einige Zeit hier, bis es die Schweden im Dreißigjährigen Krieg plünderten. Während des 20. Jh. war das Schloss größtenteils im Besitz der St. Josefskongregation Ursberg und wurde als Betreuungsstätte für behinderte Menschen genützt. Seit 1996 ist der Markt Bad Grönenbach Eigentümer des "Hohen Schlosses".

Aber es war nicht nur das Schloss, das die Entwicklung der Gemeinde prägte, denn schon in einer Chronik aus dem 16. Jh. wird ein ortsansässiges Wildbad für Patrizier und Adelige erwähnt. Natürlich wollten dessen Gäste auch angemessen mit Übernachtungsmöglichkeiten und Verpflegung versorgt werden, und so etablierte sich damals – wenn auch im kleinen Rahmen – ein Gastronomiewesen. Der Grundstein für den heutigen Kurtourismus war damit zwar gelegt, aber erst als 1939 das erste Kurheim in Grönenbach eröffnet wurde, begann der Fremdenverkehr eine nennenswerte Rolle zu spielen. Seit Mitte der 50er Jahre ist Grönenbach staatlich anerkannter Kneippkurort, seit Mitte der 90er Jahre wird die Gemeinde sogar mit dem Prädikat "Bad" ausgezeichnet. Und so wie in den letzten Jahren wird wahrscheinlich auch in Zukunft die Entwicklung Grönenbachs ganz im Zeichen des Kurwesens stehen.

Der Norden
Karte S. 43

Touristeninformation/Freizeitangebot

- *Postleitzahl* 87730
- *Vorwahl* 08334
- *Touristeninformation* **Kurverwaltung** im "Haus des Gastes", Marktplatz 5, ✆ 60531, 📠 6133, www.bad-groenenbach.de. **Info-Point** vor der Kurverwaltung. Mo–Fr 9–12 und 13.30–16 Uhr.
- *Baden* **Naturfreibad Bad Clevers,** ✆ 1300. Ab 9 Uhr geöffnet. Einzelkarte 2 €/Erw.
- *Fahrradverleih* **Lämmle,** Ittelsburgerstr. 11, ✆ 7217. Ab 5 €.
- *Kräutergarten* 4.000 qm bepflanzte Fläche vor dem Schloss. Mitarbeiter der Unterallgäuer Gartenvereine haben u. a. 1.800 Blütenstauden und 2.300 Kräuter und Wildstauden gepflanzt. Auf regelmäßig stattfindenden Kräuterführungen und -vorträgen erfahren Interessierte Fachkundliches über Kräuter, ihre Zubereitung und Anwendung.
- *Minigolf* Am Naturfreibad, Mai–Sept. Mo–Fr 14–20, Sa/So 10–20 Uhr.
- *Tennisplätze* 6 Sandplätze beim Waldstadion. 3,50 € pro Stunde und Person. Benutzerscheine bei der Kurverwaltung.
- *Veranstaltungen* Juli–September unterschiedliche Veranstaltungen von Ausstellungen über Jazz bis zu klassischen Konzerten.
- *Waldlehrpfad* Rundgang durch den Grönenbacher Wald von etwa 3,2 km Länge, der etwa 1,5 Stunden dauert. Start an der Rothensteiner Straße (Parkplatz am Stadion).

Übernachten/Essen und Trinken

- *Gasthöfe* **Landgasthof Post,** Marktstr. 10, ✆ 206, 📠 989733. DZ 60 €. Mitten im Ortskern gelegen, bietet die ehemalige Brauerei heute für die unterschiedlichsten Geschmäcker eine angenehme Übernachtungsatmosphäre. Alle Zimmer sind neu renoviert, und jedes hat seinen ganz individuellen Stil und Charme.

Landhotel Grönenbach, Ziegelberger Straße 3, ✆ 98480, 📠 984858. DZ ab 87 €. Gewagter Mix aus alpenländischem Stil und dunklen Funktionalmöbeln der 80er Jahre.

Kurcafé Neumair, In der Vogelweide 4, ✆ 988495, 📠 988006. DZ ab 62 €. Hier bekommen Sie auch hervorragende Kuchen.

- *Ferienwohnungen* **Casa Rossa,** Herbisrieder Str. 28, ✆ 2711, 📠 494575. 80-qm-Ferienwohnung, 4 Personen 45€/Tag, jede weitere Person 5 €, Endreinigung 35 €.

Haus Christina, Memelstraße 28. ☏ 986442 oder 986440, 📠 986441. Ferienwohnung, 2 Personen 38 €/Tag, jede weitere Person 5 €, Endreinigung 26 €.

Haus Gillmann, Am Kreutstein 10, ☏ 986039. 2 Ferienwohnungen für je 2 Personen, 28 €/Tag, Endreinigung 26 €.

• *Essen und Trinken* **Badische Weinstube,** Marktplatz 8, ☏ 505. Exklusive Küche. Mo Ruhetag.

Rauchkuchl, Sonnenstr. 2, ☏ 6922. Di–Sa 17–1, So 11–14 u. 17–24 Uhr. Etwas eng, aber gemütlich. Heimische und altbayer. Küche, feine Saisonspezialitäten.

Zum Löwenwirt, Marktplatz 5, ☏ 988043. Urig eingerichtet, regionale und internationale Gerichte. Kein Ruhetag.

Waldcafé, Kornhofen 5. Auf einem Spaziergang durch den Wald zu erreichen. Alpenpanorama, hausgemachte Kuchen und Eisspezialitäten. Do Ruhetag.

Kohlenschieber, Marktplatz 4 b. Nettes kleines Bistro für Jung und Alt. Frische Salate und deftige Brotzeiten, auch Kuchen. Mo–Sa 14–1 Uhr.

Zur Ehwiesmühle, so richtig idyllisch in einem Tal am Wald gelegen. Von Grönenbach über Wolfertschwenden nach Ittelsburg. Am Ortsausgang Richtung Kempten links ab und talaufwärts nach Ehwiesmühle. Beliebter Ausgangspunkt zahlreicher Wanderwege, großer und schattiger Biergarten mit Spielplatz. Einfache gutbürgerliche Küche. Spezialitäten sind hausgemachte Wurstwaren aus eigener Herstellung und Forellen aus eigenen Gewässern. Geöffnet ab 11.30 Uhr. Mo/Di Ruhetag.

Sehenswertes

Stiftskirche St. Philipp und Jakob: Die Kirche (eine Schenkung von Ludwig von Rothenstein) lohnt einen Besuch – nicht wegen ihrer Stilreinheit, sondern wegen der geglückten Harmonie von Elementen aus verschiedenen Epochen. Die Architektur des weiten und lichten Raums trägt mit dem Netzrippengewölbe die beeindruckenden Merkmale ihres spätgotischen Ursprungs aus der Mitte des 15. Jh. An die spätere Barockisierung erinnern Figuren an den weißen Wänden sowie ein frühbarockes Kruzifix, der Herz-Jesu-Altar im südlichen Seitenschiff und die vom Chorbogen abgehängte, sehr eindrucksvolle Muttergottes im Strahlenkranz. Die Restaurierung zwischen 1960 und 1966 brachte drei neugotische Altäre und Kreuzwegstationen aus dem "Zwischenlager" im Dachboden in die Kirche zurück. Mit der 1995 abgeschlossenen letzten Renovierung kamen schließlich noch Stilelemente aus unserer Zeit (Hochaltarmensa, Chorgestühl, Taufstein, Ambo u. a. m.) hinzu; sie fügen sich überzeugend in das Ensemble ein. Aus neuester Zeit stammen auch einige der Heiligenfiguren, welche die verloren gegangenen in den Nischen der neugotischen Altäre ersetzen. Mit Schwester Edith Stein und Pater Rupert Mayer hat man erfreulicherweise auch zwei Heilige aus der jüngsten Vergangenheit geehrt. Ein Besuch der Krypta führt Sie in romanische Zeit zurück.

Wanderung 2: Durch den Grönenbacher Wald

Bergauf, bergab durch Wald und Wiesen mit schönem Blick auf die Iller führt die Wanderung abseits vom Trubel durch ein kleines Stück idyllische Hügellandschaft.

Route: Grönenbach – Rothmoos – Rotkreuz – Rothenstein – Manneberg – Grönenbach

Wanderzeit: 3,5–4 Stunden, die Kurzvariante 2,5–3 Stunden

Einkehrmöglichkeit: Wald-Café

Besonderheiten: auch fahrradgeeignet

Wegbeschreibung

Ausgangspunkt ist der **Marktplatz von Bad Grönenbach.** Von hier aus geht man (die Kirche im Rücken und mit Blick auf die Burg) die **Blumenstraße** entlang. In der Rechtskurve (am Fuß der Burghalde) verlässt man die Straße und folgt dem unteren Wanderweg, der an Weihern vorbei

Grönenbach und Iller

Wanderung 2:
Durch den Grönenbacher Wald
Wanderung 3:
Zum Illerdurchbruch

um die Halde herum zum **Sportplatz** führt. Auf der Teerstraße hält man sich rechts und verlässt sie nach wenigen Metern an der zweiten Abzweigung in den Wald nach links, der **Beschilderung zum Naturlehrpfad** folgend.

Man überquert einen kleinen Waldweg, geht an der nächsten Kreuzung rechts hoch (weg vom Lehrpfad) **Richtung Illerschleife/Rothenstein.** Auf der Höhe trifft man auf einen Querweg, an dem man sich rechts hält. (Die "Kurzläufer" gehen hier nicht rechts, sondern geradeaus steil bergab und folgen weiterhin der Beschilderung "Illerschleife/Rotkreuz", bis sie in Rothenstein wieder auf die "Langläufer" treffen.)

Rothenstein/Illerschleife

Der Waldweg führt bis zu einer Straße, hier hält man sich rechts und wendet sich nach wenigen Metern wieder nach links bergab, dem **Hinweisschild nach Rothmoos** folgend. Kurz vor den Häusern des Weilers verlässt man den Hauptweg nach links in einen Feldweg, der sich um ein Wäldchen und in einer scharfen Rechtskurve durch eine Wiese schlängelt. An der T-Kreuzung geht man nach links bergauf zum **Rechberghaus der Naturfreunde Memmingen.** (Tipp: Der kleine Abstecher vom Naturfreundehaus aus nach rechts hoch auf die Rotkreuz-Hochkante eröffnet einen schönen Blick auf die Illerschleife.)

Am Naturfreundehaus hält man sich links und marschiert geradeaus auf dem Wiesenweg in Richtung Weiler **Rothenstein.** Die Teerstraße, auf die man trifft, überquert man und läuft weiter leicht rechts den Fahrweg hinauf zur **Ruine Rothenstein.** Nach wenigen Metern auf der Teerstraße zweigt ein kleiner beschilderter Wanderweg in den Wald hoch zur Ruine ab.

Der Weiterweg führt zunächst zurück zur Teerstraße, der man weiter bergauf bis zu einem Hof folgt. (Vorsicht: Wer es wagt, durch den Hof zu gehen, muss sich auf einen Kampf mit "wilden Tieren" gefasst machen!) Am Ende des Sträßchens (vor der Hofeinfahrt) wendet man sich nach rechts und marschiert auf dem Feldweg zwischen Obstbäumen und Schuppen hindurch und quert dann offenes Gelände bis zu einer kleinen Kreuzung. Hier hält man sich links bergauf **Richtung Herbisried, Sommersberg, Manneberg** und genießt bei einem Blick nach hinten die freie Sicht auf die Wallfahrtskirche Maria Steinbach und die Kronburg (siehe S. 55f.).

Der Weg führt links am ersten Hof von **Manneberg** vorbei und in einer scharfen Linkskurve **Richtung Herbisried, Grönenbach.** Nun läuft man leicht bergab (am ersten Hof von **Greit** vorbei), dann geht es an dem Haus vor einer kleinen Brücke nach links in den Wald hinein und am Bach entlang. Kurz nach einem Wasserversorgungshaus überquert der Waldweg das Bächlein. Hier verlässt man den Hauptweg und geht rechts hinauf auf eine Bank zu.

Wenn man an der Bank vorbeigeht, kommt man zu einer kleinen Gabelung. Hier hält man sich rechts und marschiert weiter bergauf zum Waldrand. Dort angekommen, geht man bis zu den Wanderschildern am Waldeck (nicht auf die links wieder in den Wald führenden Wege). Am Eck hält man sich scharf links **Richtung Grönenbach,** geht am Wald entlang, bis der Weg geradeaus in den Wald führt. Hier verlässt man den Hauptweg nach rechts, läuft weiter immer am Wald entlang (durch eine Wiesenmulde), bis man auf eine Teerstraße stößt. Diese überquert man und folgt dem Schild zum **Wald-Café.** Hinter dem Parkplatz folgt man nach rechts dem **Hinweisschild zum Kneippweg Grönenbach.** Die roten Punkte führen einen auf dem Forstweg ein Stückchen bergab. An der zweiten durch die roten Punkte markierten Gabelung (einer Stelle, wo der Wald rechts nur wenige Meter breit ist und der Forstweg eine Linkskurve macht) verlässt man den Weg nach rechts.

Nun geht es am Waldrand entlang (an einer Bank vorbei), bis nach wenigen Metern ein kleiner Pfad links in den Wald einbiegt. An dem folgenden kleinen Querweg im Wald hält man sich links bergab, ebenso am nächsten, breiteren Querweg, wo man die Punktemarkierung nach links verlässt. Der Weg führt weiter bergab zu einigen Häusern, dann geht es die Straße entlang. An der Kreuzung hält man sich links und kommt so auf der Kemptener Straße zurück zum Marktplatz von **Grönenbach.**

Sehenswertes auf der Tour

Die einstige **Wasserburg Rothenstein** aus dem 12. Jh. befand sich ursprünglich im Besitz der Ritter von Rothenstein, einem Dienstmannengeschlecht aus Kempten. Im 15. Jh. ging sie an die Pappenheimer über, und im Dreißigjährigen Krieg diente sie den Schweden als Hauptquartier. Ende des 19. Jh., nun im Besitz von Bayern, stürzte die Burg ein, sodass heute nur noch wenige Grundmauern zu sehen sind.

Altusried

10.000 Einwohner • 722 Meter ü. NN

Die von sanften Hügelketten umgebene Gemeinde liegt nur einen Spaziergang von der Iller entfernt, die sich hier idyllisch durch das Voralpenland schlängelt. Der Hauptort der Verwaltungsgemeinschaft mit 5.000 Einwohnern hat sich in seinem Kern einen dörflich-bäuerlichen Charakter bewahrt und wirkt auf den ersten Blick eher verschlafen.

Aber spätestens alle vier Jahre, wenn die Altusrieder zu ihren landauf, landab berühmten historischen Freilichtspielen laden, wird deutlich, welche Kreativität und Energie sich hier versteckt! Die Freilichtspiele in Altusried sind keine kurzfristige Modeerscheinung. Seit Jahrzehnten bricht hier regelmäßig das "Spielfieber" aus und infiziert den gesamten Ort. An allen Ecken und Enden wird dann geprobt, genäht und organisiert, bis alles perfekt ist und es wieder heißt: "Vorhang auf!" Mal sind es "Andreas Hofer" und seine Mannen, mal der "Götz von Berlichingen" mit seinem Haufen, die "Allgäuer Bauernkrieger aus dem Jahr 1525" oder "Wilhelm Tell" mit seinen Eidgenossen, die voll Idealismus für die große Idee der Freiheit kämpfen und Tausende von Besuchern in ihren Bann ziehen. Aber auch abgesehen von diesen kulturellen Höhepunkten hat die Gemeinde Altusried mit ihren idyllischen Weilern und Einödhöfen ihren Reiz. Eiszeit und Iller formten hier eine abwechslungsreiche, sanft hügelige Landschaft, die zum Radfahren und Wandern wie geschaffen ist.

Betrachtet man die ausgedehnten Neubauflächen um den Kern des Marktes Altusried, so wird man auf eine große Beliebtheit bei "Häuslebauern" schließen. Grund für die Anziehungskraft ist nicht zuletzt die vorzügliche und ruhige Lage des gesamten Orts an einem sonnigen Südhang mit freiem Blick auf die Bergkette der Alpen.

Geschichte: Vielleicht hängt die Begeisterung der Altusrieder für Historisches mit der langen Geschichte des Ortes zusammen. Waffen- und Schmuckfunde beweisen, dass hier schon während der Bronzezeit die Urahnen der heutigen Bevölkerung lebten. Die begünstigte Verkehrslage förderte die wirtschaftliche Entwicklung. Krugzell beispielsweise, das einen Brückenübergang über die Iller besaß, etablierte sich schon früh als wichtige Handelsstation. Und als sich die Habsburger im 16. Jh. dazu entschlossen, im benachbarten Kimratshofen eine Posthalterei einzurichten, bedeutete das ebenfalls einen Aufschwung für die gesamte Gemeinde.

Touristeninformation/Freizeitangebot

• *Postleitzahl* 87452

• *Vorwahl* 08373, 08374 (Krugzell)

• *Touristeninformation* **Verkehrsamt,** Hauptstr. 18. Mo, Di, Mi, Fr 9–12 Uhr, Do 15–18 Uhr. ✆ 7051, 📠 7054, www.altusried.de.

Achtung Autofahrer: Im Zentrum des Ortes dürfen Sie nur mit Parkscheibe zwei Stunden parken; die entsprechenden Hinweisschilder am Ortseingang sind leicht zu übersehen.

• *Angeln* In der Iller oder in verschiedenen Seen. Tages- oder Wochenkarten bei **W. Prechtel,** Im Tal 1, ✆ 350.

• *Baden* **Beheiztes Freibad,** Im Tal, ✆ 1357, Mo–Fr 7–20, Sa/So/Feiertage 9–20 Uhr, Eintritt 3 €/Erw., 1,20 €/Ki.; **kleines Hallenbad** in der Grundschule (im Ort ausgeschildert), Nov.–März 1 €/Erw., 0,50 €/Ki.

• *Fahrradverleih* Beim **Verkehrsamt** für 3–7,50 € (je nach Ausstattung).

• *Freizeitpark* Im Tal, ✆ 7786. Minigolf, Miniautos, Tischtennis, Sommer-Eisstockschießen etc. Bei gutem Wetter tägl. 10–20 Uhr geöffnet. Eintritt frei, Münzeinwurf an den einzelnen Geräten.

• *Kutschfahrten* **Guggenmoos,** ✆ 1002. Nach Vereinbarung.

• *Naturlehrpfad* Etwa 2,5 Std. dauernder Rundgang mit Informationstafeln über einheimische Pflanzen, Start bei der Freilichtbühne.

• *Reiten* **Reit- und Fahrverein,** Im Tal, ✆ 1503. Der Unterricht kostet pro Dreivierteistunde 12 €.

• *Schaukäserei* Zwischen Mai und Oktober jeden Freitagnachmittag ab 14 Uhr demonstrieren im Verkehrsamt (hier ist auch das Flachsmuseum untergebracht) zwei erfahrene Käser von der Anlieferung der Milch bis zum fertigen Produkt die gesamte Herstellung des Emmentalers. Eintritt 2,50 €.

• *Tennis* Plätze in Altusried (Tickets beim Verkehrsamt), in Krugzell, in Kimratshofen (Tickets bei der Raiffeisenbank).

• *Theater* **Theaterkästle,** Schulstr., ✆ 7051, Oktober–April. Kleines, aber feines Theater, das durch viel Eigeninitiative von den Altusrieder Theaterfreunden aufgebaut wurde und sich bis heute durchaus einen Namen in der Region gemacht hat.

• *Wandern* 270 km ausgeschilderte Wanderwege. Wanderkarten im Verkehrsamt oder im Schreibwarengeschäft Diet.

Übernachten

• *Hotel/Gasthof* **Bären,** Hauptstr. 20, ✆ 333, 📠 935670. DZ ab 50 €. Direkt im Zentrum von Altusried gelegen, bietet das alte, aber renovierte Haus seit Jahren schöne Zimmer im Landhausstil an.

Alte Post, Am Kirchberg 2, Kimratshofen (3 km vom Ortskern), ✆ 8111, 📠 8113. DZ 30 €. Das traditionsreiche Haus aus dem 15. Jh. wurde in den letzten Jahren sehr behutsam renoviert, sodass der Stuck einiger Räume noch heute an den Glanz vergangener Tage erinnert. Die hellen Zimmer im Allgäuer Stil schaffen eine gemütliche Atmosphäre.

• *Privatzimmer* **Fam. Breher,** Lusignanstr. 9, ✆ 400. DZ 26 €. Schöne, einfache und günstige Übernachtungsmöglichkeit in hellen Zimmern. Separates Bad/WC. Manche Zimmer bieten einen herrlichen Blick auf die Alpenkette.

Fam. Dorn, Dorfstr. 10, Frauenzell, ✆ 8347. DZ ab 26 €. Einfache, ländliche Zimmer in einem alten Bauernhof mit Dusche/WC und eigener Gästeküche.

• *Ferienwohnungen* **Merz,** Wurms 2, (knapp 4 km nordwestlich von Altusried), ✆ 1428, 📠 496. Ab 28 €. Wer sich im Urlaub nach absoluter Ruhe und Einsamkeit sehnt, der findet hier, was er sucht. Direkt an der Iller gelegen, kann man von hier aus nicht nur wandern, sondern auch rudern, angeln oder bei schlechtem Wetter das Hallenbad und eine Massage genießen (auch die Infrastruktur für Seminare ist vorhanden). Voranmeldung notwendig.

Johanneshof, Schmidberg 1, Kimratshofen (3 km vom Ortskern), ✆ 8427. Ab 36 €. Rustikale Zimmer in einem Bauernhof mit Pferden.

Ebert, Weststr. 5, ✆ 7474. Ab 47 €. Die hellen Holzwände und der Kachelofen der 90 qm großen Wohnung verbreiten eine gemütliche Atmosphäre. Wer tagsüber etwas Action will, der kann sich hier auch Kanus leihen. Und abends kann man bei einem Saunagang den Tag ausklingen lassen.

Dorn, Am Kirchberg 3, Kimratshofen (3 km vom Ortskern), ✆ 8559. Ab 35 €. Über zwei

Etagen erstreckt sich die schöne, helle Neubauwohnung mit separatem Eingang, kleiner Terrasse und eigener Sauna.

Guggenmoos, Äußere Kemptener Str. 4, ✆ 1002. Ab 31 €. Urlaub auf dem Bauernhof inkl. Alpenblick! Nicht nur Kühe gehören hier zum festen Inventar, sondern auch Reitpferde, die einem gerne mal das Allgäu aus einer anderen Perspektive zeigen.

Essen und Trinken

Alte Post, Am Kirchberg 2, Kimratshofen (3 km vom Ortskern), ✆ 8111. Mi 18–24, Do–Sa 11.30–24, So 10.30–22 Uhr. Die alte, neu renovierte Gaststube im Allgäuer Stil lädt zum gemütlichen Sitzen und sehr gutem Essen ein. In den letzten Jahren hat der Gasthof mehrere Auszeichnungen für seine gute regionale Küche eingeheimst.

Sonne, Kirchstr. 7, ✆ 587. Fr–Di 10–24 Uhr. Auch bei Einheimischen sehr beliebtes traditionelles Gasthaus mit gutbürgerlicher Küche und einem breiten Sortiment selbst gemachter Kuchen.

Im Haasenstall, Dorfstr. 16, Frauenzell, ✆ 987140. Mo, Mi, Do, Fr, So 10–1 Uhr, Sa 13–1 Uhr. Bekannt ist diese "Dorfwirtschaft" v. a. für ihre internationalen Nudelgerichte und vegetarischen Speisen aus biologischem Anbau. Der Koch versteht sich genauso auf regionale Fleischgerichte.

Charivari, Im Tal 7 b, ✆ 935495. Do–Di 11–24, So 10–24 Uhr. Das sehr rustikale Wirtshaus nahe der Freilichtbühne lädt v. a. im Sommer zu einem gemütlichen Radler (oder auch mehr) ein.

Pizzeria Leonardo, Hauptstr. 32, ✆ 1812. Di–So 11.30–14 u. 17.30–24, Mo nur bis 14 Uhr geöffnet. Darf's mal etwas anderes als Allgäuer Spezialitäten sein? Die Holzofenpizzen machen den Allgäuer Kässpatzen echte Konkurrenz.

Andreas Hofer, Am Rathausplatz, ✆ 1586. So–Do 14–1, Fr/Sa 14–3 Uhr. Direkt am Marktplatz lockt das Café und Restaurant v. a. an warmen Tagen zum Draußensitzen und Entspannen. Spezialität sind Steaks von Allgäuer Weiderindern.

"Wilhelm Tell" in Altusried

Fröhliche Aussicht, Bergs 5, ✆ 7690. Mi–So 10–24 Uhr. Beliebtes Ausflugslokal zwischen Altusried und Krugzell mit gutbürgerlicher Küche.

Gasthaus Gschnaidt, von Frauenzell aus über Rungatshofen und Maggmannshofen, ✆ 8276. Einfaches kleines Landgasthaus und Brotzeitstüberl auf einem Höhenrücken neben einer kleinen Kapelle mit alter Wallfahrtstradition. Bestens geeignet als Ausgangspunkt für ausgedehnte Bike- und Fußwanderungen in den Kürnacher Wald. 10–1 Uhr, Sa 13–1 Uhr. Di Ruhetag.

Sehenswertes

Nach der gelungenen Renovierung erstrahlt die **Pfarrkirche St. Blasius und Alexander** wieder in einstiger Farbenpracht. Seit 1204 stehen der 36 m hohe Turm und der Chor, das dreischiffige Langhaus wurde zwischen 1670 und 1681 erbaut. Sehenswert sind der barocke Hochaltar, die Rokoko-Altäre in den Seitenschiffen (1779) und die 14 überlebensgroßen Rokoko-Statuen.

Wanderung 3: Zum Illerdurchbruch

(s. Karte S. 73)

Eine bequeme Wanderung. Auf meist kleinen, verkehrsarmen Teerstraßen geht es an einer Burgruine vorbei mit einem herrlichen Ausblick auf den Illerdurchbruch, weiter durch die urtümliche Auenlandschaft der Iller und über Wiesenhügel hinweg – mit herrlichen Fernblicken – zurück nach Altusried.

Route: Altusried – Kalden – Betzers – Diesenbach – Altusried

Wanderzeit: ca. 3–4 Stunden

Besonderheiten: Sie können die Strecke abkürzen, wenn Sie mit dem PKW zum Parkplatz bei Kalden fahren.

Einkehrmöglichkeit: unterwegs keine

Wegbeschreibung

Ausgangspunkt ist der **Parkplatz an der Poststraße.** Den Parkplatz verlassen Sie in westlicher Richtung und erreichen über die Lusignanstraße die **Straße "Am Rain".** Dieser Straße folgen Sie bis zum Kreisverkehr. Nach dem Überqueren der Hauptstraße gehen Sie geradeaus (links befindet sich das **Freizeitheim Lerchenmüller**). Die Straße steigt hier leicht an und biegt dann in Höhe der **Rothensteinstraße** nach rechts ab. Jetzt gehen Sie die 2. Straße nach links, auf dem Fußweg die Kaldener Straße entlang, vorbei am Wertstoffhof und immer geradeaus bis zu einer Weggabelung. Hier gehen Sie wieder geradeaus an einem Bauernhof vorbei. Auf diesem Weg bleiben Sie nun bis zum **Weiler Kalden,** wo Sie schon von weitem zur Linken einen Reiterhof sehen, den Sie ansteuern müssen. Sie verlassen hier den befestigten Weg und gehen auf einem ausgetretenen Wiesenpfad zum Burgplatz.

Auf der linken Seite sieht man ein Türmchen der ehemaligen **Burg Neukalden.** Ein paar Schritte weiter erreichen Sie das Steilufer, von dem aus Sie einen herrlichen Blick auf den **Illerdurchbruch** haben. Wenn Sie sich wieder zurückwenden, finden Sie nach der Turmruine links ein kurzes Treppchen, das Sie zu einem schmalen Weg bringt, welcher am Steilufer entlangführt. Genießen Sie die verschiedenen schönen Ausblicke und kehren Sie dann zurück auf den Burgplatz.

Links vom Steilufer führt Sie nun ein Weg über Stufen und schmale Wurzelpfade bergab und erlaubt Ihnen immer wieder einen Blick auf die Iller. Unten überqueren Sie ein flaches **Bachbett,** das zum Verweilen einlädt. Hier "im Briehls" stand bis zum Jahre 1952 ein Bauernhof, der dann dem Illerstausee weichen musste. Ein abgedeckter Gedenkstein erinnert noch daran.

Wenn Sie nun über den Wiesenweg weitergehen, erreichen Sie das Illerufer und sehen das Steilufer von unten. Nach einer kleinen Pause gehen Sie den Weg zurück und jetzt nach rechts, wo Sie zur Rechten einen Schilfgürtel der Iller sehen. Über den Waldweg geht es weiter bis zum **Weiler Betzers**, wo Sie auf eine Teerstraße treffen, in die Sie links einbiegen.

Bald nach dem Ende des steilen Anstiegs biegen Sie an einer Gabelung nach rechts **Richtung Diesenbach** ab. (Wenn Sie etwa 3 km abkürzen wollen, halten Sie sich an der Gabelung links und bleiben auf dieser Straße, bis Sie auf der linken Seite wieder den Reiterhof Kalden sehen. Sie gehen jedoch diesmal die Straße leicht bergauf und erreichen am Ende wieder die Kaldener Straße und Altusried.)

Dem Weg nach Diesenbach folgen Sie, bis Sie diesen Weiler erreicht haben. Auf der Straße dorthin haben Sie eine schöne Aussicht ins Unterallgäu mit Schloss Kronburg (siehe auch S. 55). Sie verlassen Diesenbach und bleiben nun auf der Straße, die über den Weiler **Knaus** und weiter über einen Fuß-/Radweg an der Staatsstraße entlang und am Seniorenheim vorbeiführt und Sie wieder nach Altusried bringt. Am Kreisverkehr rechts abbiegend,

Illerdurchbruch bei Altusried

kommen Sie zur **Straße "Am Rain"** und somit zum Ausgangspunkt Ihrer Wanderung.

Sehenswertes auf der Tour

Burgruine Neukalden: Schon vor über 600 Jahren thronte 400 m nördlich des heutigen Ruinengeländes die ursprüngliche Burg der Herren von Kalden. In den folgenden Jahrhunderten residierten die Rothensteiner und später auch die Pappenheimer in den alten Gemäuern. Als das Gelände im 16. Jh. abzurutschen drohte, verlagerte man schnell den Standort und errichtete eine neue Burg, die etwa 300 Jahre später abgerissen wurde. Stolz und Wehrhaftigkeit dieser Anlage kann man heute nur noch mit einer Portion Phantasie erkennen. Dass die Anlage aber einst von Bedeutung war, belegen u. a. Berichte aus dem Bauerkrieg: Damals diente sie den Aufständischen vorübergehend als zentrale Unterkunft. Zwar verließen die letzten Bewohner die Burg im 17. Jh., aber vergessen wurde sie deswegen noch lange nicht: Immer wieder statteten ihr die "Häuslebauer" der Region einen Besuch ab und nutzten die Steine als Baumaterial.

Blick auf die historische Stiftstadt

Kempten

62.000 Einwohner • 674 Meter ü. NN

Das Herz des Allgäus ist Kempten, der kulturelle Höhepunkt und die größte Stadt dieser Region. Kempten ist nachweislich eine der ältesten Städte Deutschlands.

Noch immer prägt die Iller das Bild der Allgäu-Metropole: Die Altstadt schmiegt sich in das breite Flusstal, und erst seit jüngster Zeit klettern moderne Wohnsiedlungen links und rechts des Tals die Hänge hinauf. Aber Altstadt ist in Kempten nicht gleich Altstadt, denn jahrhundertelang gab es zwei konkurrierende Zentren (siehe Geschichte). Auch wenn diese Rivalität inzwischen natürlich längst zu den Akten gelegt ist, stößt man bei einem Spaziergang durch die Innenstadt immer wieder auf die Spuren dieser Vergangenheit, die Kempten seinen ganz besonderen Charakter verleihen: hier die Stifts-, da die Reichsstadt, hier die barocke St.-Lorenz-Basilika, da die gotische St.-Mang-Kirche.

Ein verstaubtes Geschichtsmuseum ist die Stadt an der Iller aber sicherlich nicht. Dafür sorgen die vielen Theater- und Konzertveranstaltungen, deren Krönung der traditionelle "Kemptener Jazz-Frühling" ist: Jährlich pilgern zu diesem Highlight Scharen von Jazzenthusiasten in die Stadt. Aber nicht nur auf kulturellem, sondern auch auf wirtschaftlichem Gebiet rührt sich einiges in der Stadt: Maschinenbau, Elektrotechnik, chemische Industrie und Verpackungsindustrie prägen den Wirtschaftsstandort Kempten, der darüber hinaus alljährlich Veranstaltungsort der "Allgäuer Festwoche" ist, der größten Wirtschaftsausstellung der Region. Den wissenschaftlichen Nachwuchs für die Industriebetriebe bildet die Fachhochschule aus (u. a. Betriebswirtschaft, Elektrotechnik und Maschinenbau), die natürlich auch in atmosphärischer Hinsicht zur Auflockerung des städtischen Lebens beiträgt. Es sind aber bei weitem nicht nur die zugereisten Studentinnen und Studenten, die sich, sobald die Sonne ihre ersten warmen Strahlen schickt, auf dem Rathausplatz bei Espresso, Orangensaft, Wein oder Eis treffen. Auch Einheimische und Touristen genießen hier in den Straßencafés das fast mediterrane Lebensgefühl der Stadt.

Geschichte

Keimzelle der Stadt war vermutlich eine keltische Siedlung, die um 15. v. Chr. von den Römern eingenommen und zerstört wurde. Die neuen Machthaber setzten sich in der Gegend fest und bauten die Stadt im 1. Jh. n. Chr. wieder auf. Schon bald wurde Cambodunum, so der Name der Stadt, zum Hauptort der römischen Provinz Raetien. Die Ausgrabungen im Archäologischen Park Cambodunum machen diese fast zweitausend Jahre alte Geschichte lebendig.

Im 3. Jh. wurde die Stadt von den Alemannen weitgehend zerstört. Die Römer gaben die in Schutt und Asche liegende Siedlung auf und bauten sie am geschützteren Westufer der Iller neu auf. Im Jahr 488 ging die römische Herrschaft über Cambodunum zu Ende: Die Truppen zogen ab, und die Alemannen nahmen die Stadt in Besitz.

Letzter Hofnarr des Kemptener Fürstabts: Sebastian Grotz

Nach einer erneuten Zerstörung durch die Franken im Jahr 683 gründete das Kloster St. Gallen Mitte des 8. Jh. eine kleine Zweigstelle auf dem ehemaligen Stadtgebiet. Gefördert wurde die Klosteranlage durch das Engagement Hildegards von Schwaben, der zweiten Frau Karls des Großen, die verwandtschaftliche Beziehungen zu Kempten unterhielt.

Die Einfälle der Ungarn im 10. Jh. zwangen zu einer Verlegung der Klosteranlage auf die Hochfläche, dorthin, wo heute die Residenz zu finden ist. "Kemptun" (wie es 1268 noch hieß) mit der St.-Mang-Kirche hingegen wurde zum Zentrum der aufkeimenden Stadtentwicklung und erhielt Ende des 13. Jh. den Status einer freien Reichsstadt. Dieses Nebeneinander von geistlichem und weltlichem Zentrum war allerdings alles andere als problemlos. Jahrhundertelang konkurrierten die zwei Machtzentren, bis die Situation im Dreißigjährigen Krieg eskalierte: Der Kampf zwischen Klerikern und Bürgern der freien Reichsstadt, zwischen Katholiken und Protestanten, wurde fast bis zur völligen Selbstzerstörung geführt. Und diejenigen, die nicht in die blutigen Auseinandersetzungen verwickelt waren, wurden Opfer der Pest, sodass von den 6.000 Einwohnern, die Kempten 1618 zählte, 30 Jahre später nur noch 900 übrig waren. Trotz dieser heftigen Zäsur begann man v. a. im katholischen Teil sofort mit dem Wiederaufbau: Die neu errichteten barocken Prunkbauten, die Residenz und die Stiftskirche St. Lorenz, verfehlten ihre

Kempten
Karten S. 83 u. 91

Wirkung nicht. Sie wurden zu den neuen Magneten, sodass sich rund um den Komplex die Stiftsstadt entwickelte, die Anfang des 18. Jh. ihr eigenes Stadtrecht erhielt. Erst Jahrzehnte später, Anfang des 19. Jh., wurden die beiden Siedlungskerne zum heutigen Kempten vereinigt. Der lange währende Dualismus bleibt freilich bis heute durch die räumliche Aufteilung in Stifts- und Reichsstadt mit ihren unterschiedlichen Baustilen spürbar.

Königin Hildegard, die sagenumwobene Schutzpatronin des Allgäus

Als Karl der Große zu einem Kriegszug in die Ferne musste, beauftragte er seinen Bruder Taland, seine Gemahlin, die Königin Hildegard, zu beschützen. Doch schon bald nachdem der König den Hof verlassen hatte, begann Taland, seiner Schwägerin nachzustellen. Nur durch eine List konnte die ebenso schöne wie tugendhafte Frau den Lüstling abwehren. Als Karl wieder nach Hause kam und sich nach seiner Gattin erkundigte, erzählte der in seiner Eitelkeit gekränkte Taland schändliche Lügengeschichten über seine Schwägerin, sodass der erzürnte König befahl, Hildegard sofort dem Henker zu übergeben. Todgeweiht flehte sie die Gottesmutter an, sie aus dieser Not zu befreien, und gelobte, ihr im Falle der Rettung eine Kirche zu bauen. Maria erhörte ihre Bitten, und so konnte Hildegard dem Tod entrinnen. Unerkannt eignete sie sich nun ein ansehnliches Wissen über die heilende Anwendung von Kräutern und Wurzeln an, sodass der Papst sie nach Rom an seinen Hof rief. Taland, der inzwischen schwer erkrankt war, hörte von dieser klugen Frau, die die Kunst des Heilens wie niemand sonst beherrschte. Er reiste nach Rom, und als er Hildegard erkannte, bereute er seine Intrige aufrichtig. Als König Karl von dem Schuldbekenntnis seines Bruders und der guten Gesundheit seiner tot geglaubten Gemahlin erfuhr, holte er Hildegard unter Freuden wieder nach Hause. Im Allgäu angekommen, löste sie ihr Versprechen ein und stiftete dem Kloster Kempten in den umliegenden Gauen großen Landbesitz.

Touristeninformation/Führungen

- *Vorwahl* 0831
- *Touristeninformation* Rathausplatz 24, 87435 Kempten, ✆ 2525-237 u. 19433, ✆ 2525-427, www.kempten.de. Mo–Fr 8–12 und 13.30–17 Uhr.
- *Führungen* **Offene Rundgänge durch die Altstadt,** Dauer ca. 1,5 Std., kostenlos. Ganzjährig, Treffpunkt Sa 11 Uhr am Aufgang der Burghalde.

Gruppenstadtführungen nach vorheriger Anmeldung in der Touristeninformation. 40 €.

Kinder-Stadtführungen (7–14 Jahre) durch die Altstadt, Dauer ca. 1,5 Std., kostenlos. Von Mai bis Oktober jeden zweiten Samstag im Monat. Treffpunkt 11 Uhr am Aufgang der Burghalde.

Führung durch die barocke Stiftsstadt, Dauer ca. 1,5 Std., 1,50 €. Von April bis Dezember jeden zweiten Sonntag im Monat. Treffpunkt 13.30 Uhr am Eingang der Westseite der Residenz.

Natur- und Landschaftsführungen zu unterschiedlichen Themenschwerpunkten rund um Kempten im Frühjahr und Sommer.

Bergkäsereibesichtigung: Wenn Sie die Herstellung von Rohmilch-Käsespezialitäten kennen lernen und kostenlos verschiedene Käsesorten probieren wollen, dann los zur Schönegger Käsealp in Sellthürn, ca. 10 km von Kempten entfernt (zwischen Wildpoldsried und Günzach). Am besten schmeckte uns der alte Bergkäs und der Älplerkäs (Frischkäse mit Lauch). ✆ 08372/2864, ✆ 08372/8334.

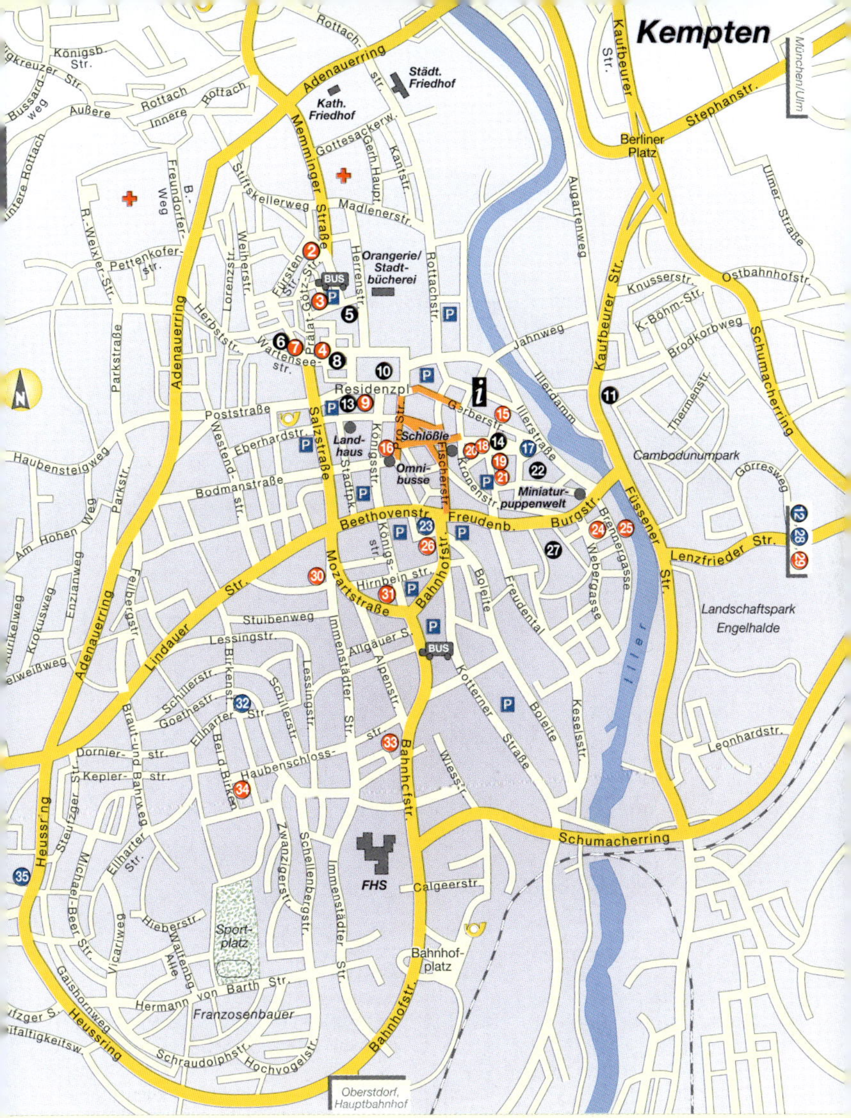

[Es]sen und Trinken

- Landgasthof Mariaberg
- Meckatzer Bräuengel
- Goldene Traube
- Zum Stift
- Café-arte
- Residenz-Café
- Crêpes-In
- Goldenes Fäßle
- Rats-Café
- Schnitzer
- Metro
- 21 Hensler
- 24 Klimbim
- 25 Café-Etwas
- 26 Skyline
- 29 Berg-Café
- 30 Restaurant Scheurer Conditorei
- 31 M & M
- 33 College
- 34 Haubenschloß, Restaurant und Café

Übernachten

- 12 Jugendherberge
- 17 Fürstenhof
- 23 Park Hotel
- 28 Berg-Café
- 32 Gästehaus "Bei den Birken"
- 35 Waldhorn

Sehenswürdigkeiten

- 5 Marstall
- 6 Kornhaus
- 8 St.-Lorenz
- 10 Residenz
- 11 Archäolog. Park
- 13 Zumsteinhaus
- 14 Rathausplatz
- 22 St.-Mang-Platz
- 27 Burghalde

Freizeitangebot

• *Alpenrundflüge* **Flugplatz Durach,** ✆ 65929. 3 km südlich von Kempten.

• *Angeln* Karten für unterschiedliche Gewässer bei **Waffen Beer,** Fürstenstr. 6, ✆ 522740.

• *Baden* **Hallenbad,** Stadtbadstr. 5–7, ✆ 581210 (im Sommer geschossen). Eintritt 3 €. **Freibad,** Am Göhlenbach 25, ✆ 581210. Mai bis Mitte Sept. 9–20 Uhr. Eintritt 3 €. Flächenmäßig größtes Freibad Bayerns, lange Wasserrutsche.

• *Ballonfahren* **Ballonsport Martin,** Krottenkopfstr. 2, ✆ 13453, ℻ 22612; **Mario Rachow,** 87477 Sulzberg, Untermoos 1, ✆ 08376/974234, ℻ 08376/974232; **Karl Lechleiter,** 87499 Wildpoldsried, Haldenweg 2, ✆ 08304/1258, ℻ 08304/932181.

• *Eisstadion* Memminger Str. 137, ✆ 98668. Mitte September bis Mitte März geöffnet. 3 €/Erw., 1,50 €/Ki.

• *Fahrradverleih* **Zweirad Süssner,** Memminger Str. 46, ✆ 27264. Je nach Ausstattung ab 5 €/Tag.

• *Golfplätze* **Golfclub Hellengerst,** ✆ 08378/92000, ℻ 08378/920019. Ca. 10 km von Kempten entfernt, 18-Loch-Anlage, Greenfee Mo–Fr 40 €, Sa/So 45 €.

Golfclub Waldegg-Wiggensbach, ✆ 08370/93073, ℻ 08370/93074. Ca. 14 km von Kempten entfernt, Greenfee Mo–Fr 35 €, Sa/So 45 €.

• *Kino* Das umgebaute **Colosseum** bietet mehrere Säle mit modernster Kinotechnik und Riesenleinwand.

• *Klettern* Im **Engelhaldepark** finden Sie ein Kletter-Dorado an einer 18 m hohen und 700 qm großen Freiluftkletterwand.

• *Kneipp-Anlagen* Am Adenauerring (Calgeerpark), im Landschaftspark Engelhalde.

• *Minigolf* **Anlage am Kegel-/Bowling-Center,** Thomas Dachser Str. 5, ✆ 5902896; **Anlage am Bachtelweiher,** ✆ 770164; **Anlage in Kempten St. Mang,** Uhlandstr. 13 a, ✆ 67964.

• *Saunen* **Bavarese Fitness-Park,** Eggener Berg 3, ✆ 29141; **Cambodunum Park,** Illerdamm 4, ✆ 79457; **Maiterth,** Stadtbadstr. 5, ✆ 87272; **Schwimm Sauna Mayr,** Peter-Dörfler-Str. 26, ✆ 76781; **Fitness- und Freizeitstudio,** Mozartstr. 4, ✆ 14839.

• *Sportzentrum* **Sport-Park Waltenhofen,** Plabennecstr. 30, ✆ 08303/92070 (6 km südl. von Kempten). Täglich 9–23 Uhr. Badminton, Klettern, Sauna und Tennis.

• *Squash* **Bavarese Squash-Park,** Eggener Berg 3, ✆ 28929; **Squash-Halle,** Oberwanger Str. 43, ✆ 95536.

• *Sternwarte* Saarlandstraße, jeden ersten und letzten Freitag im Monat ab 21 Uhr, ✆ 5659522.

• *Tennis* **Tenniscenter Lauben,** Hirschdorfer Str. 28 a, ✆ 08374/7192; **Tennisclub Kempten e. V.,** Stadtbadstr. 11, ✆ 83929; **Tennishalle Kempten,** Oberwanger Str. 43, ✆ 95536.

Feste und Veranstaltungen

Der **Jazz-Frühling** Ende April bis Anfang Mai ist jedes Jahr wieder ein Highlight im kulturellen Jahr Kemptens, zu dem bei weitem nicht nur eingeweihte Insider kommen. Namhafte internationale Interpreten bringen die ganze Stadt zum Singen und Swingen.

Ein weiteres zentrales Ereignis findet alljährlich im August statt: die **Allgäuer Festwoche.** Seit 1949 ist dieses traditionelle Stadtfest feierlicher Höhepunkt des regionalen Wirtschaftslebens. Über 400 Aussteller verschiedenster Branchen präsentieren hier ihre Produkte von Handwerk über Landwirtschaft bis Hightech. Aber natürlich belassen es die Kemptener nicht bei einer reinen Messeveranstaltung. Begleitet wird die Ausstellung alljährlich von einem umfangreichen Kultur- und Sportangebot, das auf jeden Fall einen Besuch lohnt.

Tipp: Einige Hotels haben zu diesem Festival spezielle Pauschalangebote im Programm (Übernachtung plus Konzertkarten).

Übernachten (siehe Karte S. 83)

• *Hotels* **Parkhotel (23),** Bahnhofstraße 1, ✆ 25275, ℻ 2527777. Das nobelste Hotel am Platze mitten im Zentrum. Sehr lohnend ist ein Besuch im angeschlossenen Dach-Restaurant-Café Skyline (s. u.). DZ ab 92 €.

Fürstenhof (17), Rathausplatz 8, ✆ 25360, ℻ 2536120. Das traditionsreiche Hotel garni im antik-klassischen Stil bietet eine gehobene Atmosphäre in zentraler und ruhiger Lage. DZ ab 68 €.

Waldhorn (35), Seufzger Str. 80, ✆ 580580, ℻ 5805899. Das jüngst modernisierte Hotel bietet innen mehr, als es von außen verspricht. Die Küche verarbeitet – wann immer es geht – regionale Produkte. Ruhige Lage am Stadtrand, viele Parkplätze. DZ ab 60 €.

Berg-Café (28), Höhenweg 6, ✆ 575110, ℻ 5751150. Von der Terrasse des am Hang gelegenen Hotels hat man bei schönem Wetter einen prächtigen Blick auf die Alpenkette. Nichtraucherzimmer, ruhige Lage am Stadtrand. DZ ab 42 €.

Gästehaus "Bei den Birken" (32), Goethestr. 25, ✆ 28008, ℻ 28020. Der große Bonus des reinen Frühstückshotels sind seine zentrale und trotzdem absolut ruhige Lage, die Terrasse und der große Garten. Die Zimmer sind sehr freundlich. DZ ab 54 €.

Geratser Hof, Gerats 21, 87448 Waltenhofen (am Niedersonthofener See), ✆ 08303/423, ℻ 08303/1475. Erholung first class: abseits vom Trubel der Stadt. DZ ab 54 €.

Hotel Garni, Füssener Str. 31, 87471 Durach, ✆ 5655797, ℻ 5659519. Besonders praktisch an den kleinen, hübschen, neu renovierten Zimmern ist die integrierte Küchenzeile. DZ 62 €.

• *Jugendherberge* **(12),** Saarlandstr. 1, ✆ 73663, ℻ 770381. Übernachtung und Frühstück 12 €, HP 16 €. Auf der Anhöhe am südöstlichen Stadtrand und mit herrlichem Blick auf die Alpen.

• *Privatzimmer* **Teufele,** Lindauer Str. 215 ½, ✆ 83927. Einfache Übernachtungsmöglichkeit mit Waschbecken auf den Zimmern, Dusche/WC auf dem Gang, rund 5 km außerhalb. DZ 26 €.

Weixler, Hinterholz 2, ✆ 77227. Ruhige, nahe am Bachtelweiher gelegene, einfache Unterkunft mit Bergblick. Grillplatz und Minigolf in der Nähe. DZ 26 €.

Eberle, Letten 1, ✆ 65648. Ruhige Lage, Pferde, am Wochenende Kutschfahrten. DZ 26 €.

• *Ferienwohnungen/Ferien a. d. Bauernhof* **Karg,** Peter Dörfler Str. 17, ✆ 75363. Kinderfreundlich, gute Busverbindung. 41 €/Tag.

Gasthaus Mittelallgäu, Pension und Ferienwohnungen, Hauptmannsgreut 11, ca. 10 km entfernt (bei Betzigau), ✆ 08304/287, ℻ 08304/932630. Nur mit dem Auto erreichbar. Absolut ruhige Lage inmitten herrlicher Wiesen, Moorweiher in der Nähe, ausgiebige Wandermöglichkeiten im Kemptener Wald, viel Platz für Kinder, getrennte Kinderzimmer, gediegene Hausmannskost. DZ ab 42, Ferienwohnung 36 €.

St. Mang in der Reichsstadt

Kuhn, Stein 8 bei Betzigau, ✆/℻ 73536. Separates Ferienhaus, Kinderspielplatz. 26 €/Tag.

Bareth, 87490 Haldenwang, Wengenerstr. 1, 11 km nördl. von Kempten, ✆ 08374/1763. Kinderspielplatz, Grill, Badeweiher in der Nähe. Ab 31 €/Tag.

• *Camping* **Camping Öschlesee,** 87477 Sulzberg, ✆ 08376/93040, ℻ 08376/93041 (ca. 6 km von Kempten). Zwei Personen mit Stellplatz etwa 16 €.

Camping "Am See", 87448 Niedersonthofen, ✆ 08379/7077, ca. 15 km von Kempten. Zwei Personen mit Stellplatz etwa 15 €.

Inselcamping "Am See", 87448 Waltenhofen, ✆ 08379/881, ℻ 08379/7308, ca. 12 km von Kempten. Zwei Personen mit Stellplatz etwa 15 €.

Essen und Trinken (siehe Karte S. 83)

• *Restaurants* **Landhaus Henze,** 87463 Probstried, ca. 12 km nördlich von Kempten, ✆ 08374/58320, ℻ 08374/583222. Gönnen Sie sich einmal einen besonderen Festtag mit einem Verwöhnmenü ab 42 € bei Christian Henze. Das Preis-Leistungs-Verhältnis stimmt. Hier wird auf Ambiente höchster Wert gelegt, trotzdem kein elitärer Gourmet-Tempel.

M & M (31), Mozartstr. 8, ✆ 26369. Di–Sa und Feiertage 18–24 Uhr. In gepflegter Atmosphäre kann man hier hervorragend speisen. Gehobenes Preisniveau.

Skyline (26), Bahnhofstr. 1, ✆ 2527999 (im Parkhotel). Mo–Sa 7.30–24, So 8–18 Uhr. Das Skyline macht seinem Namen alle Ehre: Im 13. Stock, den man durch einen gläsernen Außenaufzug erreicht, thront das moderne, stilvolle Lokal mit Frühstücksmöglichkeit, Café und Restaurant hoch oben über den Dächern der Stadt und bietet eine prächtige Aussicht bis weit in die Berge. Brunchen (20 €) ist hier ein Erlebnis; unbedingt vorbestellen.

Haubenschloss, Restaurant und Café (34), Haubenschloss 37, ✆ 23510. Di–Do 10–23 Uhr. Dieses traditionsreiche Haus aus dem 16. Jh., das ehemals Patriziern als Landsitz diente, zählt mit seinen ausgefallenen Speisen zu den Orten gehobener Gaumenfreuden. Haben Sie schon mal einen "Teufel vom Grill" oder einen "Gegrillten Vagabunden" verspeist?

Goldene Traube (3), Memminger Straße 7, ✆ 22187. Mo–So 10–24 Uhr. Seit Jahren gehört das helle, freundliche Lokal mit seiner guten schwäbischen und böhmischen Küche zu den festen Anlaufpunkten für Mägen, die nach Kässpätzle, Maultaschen oder böhmischen Knödeln schreien. Schattiger Biergarten.

Zum Stift (4), Stiftsplatz 1, ✆ 22388. Tägl. 10–24 Uhr. Vor der Basilika eine Einkehr im stilvoll rustikal ausgestatteten Gasthaus: Deftiges von Schwein und Rind, vegetarische Gerichte in reicher Auswahl. Nach einem Wochenmarktbesuch (Mi und Sa) empfehlen wir im Biergarten unter Kastanien Frisches aus dem Wurstkessel.

Meckatzer Bräuengel (2), Prälat-Götzstr. 17, ✆ 5120642. Mo Ruhetag, Küche von 11 bis 22 Uhr geöffnet. Nichtalltägliche heimische Spezialitäten zu vernünftigen Preisen, wie Reiberdatschi mit Apfelmus, Krautspätzle, Allg. Maultaschen oder (zu einem Allgäuer Bier) einen sauren Käs.

Landgasthof Mariaberg (1), Mariaberg, ✆ 5809328. Mo–Sa 11–23, So 10–23 Uhr. Beliebtes Ausflugslokal mit schönem Biergarten unter alten Bäumen, dazu Spezialitäten aus dem Allgäu.

• *Cafés* **Residenz-Café (9),** Residenzplatz 29, ✆ 23857. Mo–Fr 8–18.30, Sa 8–18, So 12–18 Uhr. Bei schönem Wetter ein Kaffeegenuss im Freien mit Blick auf die St.-Lorenz-Basilika. Erlesene Kuchen aus der eigenen Backstube.

Berg-Café (29), Höhenweg 6, ✆ 575110. Mo 17–23 Uhr, Di–Do sowie Sa/So 14.30–23 Uhr. Kaffee und Kuchen mit Bergblick. Jeden Sonntag ab 15 Uhr Tanztee mit Livemusik.

Restaurant Scheurer Conditorei (30), Immenstädter Str. 2, ✆ 22286. Mo–Sa 9–24, So 8–18 Uhr. Das traditionsreiche Lokal hat sich in Kempten fest etabliert. Lecker sind die selbst produzierten Pralinen.

Rats-Café (18), Rathausplatz 15, ✆ 12736. Mo–So 8–18 Uhr. Wem's im benachbarten Metro (s. u.) zu jung und laut ist, der findet in dem konventionelleren Rats-Café eine angenehme Alternative.

Café-arte (7), Großer Kornhausplatz, ✆ 5120717. Di–Sa 10–18 Uhr. Vor allem im Sommer, wenn man draußen auf dem kleinen Platz mit Blick auf die Basilika sitzen kann, lädt das Café zu einem Espresso ein.

Café-Etwas (25), Brennergasse 10, ✆ 12859. Mi, Do, Sa, So 14–18 Uhr. Das etwas andere Café ist einer Anlage für betreutes Wohnen angeschlossen, in dem v. a. Behinderte leben. Der selbst gemachte Kuchen mit Zutaten direkt vom Biobauern ist gesund und schmeckt ausgezeichnet.

• *Kneipen, Bistros u. Ähnliches* **Metro (20),** Rathausplatz 19, ✆ 16554. Mo–Do 11–1, Fr/Sa 11–2 Uhr. Das moderne Musikcafé ist nicht nur in der Sommersonne ein guter Tipp unter den Jüngeren. Bei Chili con Carne, Milchkaffee und Musik verliert auch so mancher Regentag seinen Schrecken.

College (33), Bahnhofstr 47, ✆ 26329. Mo–Fr 9–1, Sa/So 10–1 Uhr. In dem originellen Bistro findet man ein Sammelsurium unterschiedlichster Dekostücke. In dem Lokal fühlen sich v. a. Schüler und Studenten wohl. Die wohlschmeckenden Salate und die "Seelenvielfalt" (von Joghurtseelen für Vegetarier bis zur Salamiseele) locken die Gäste. Teatime!

Crêpes-In (15), Kronen Str. 35, ✆ 16861. Mo–Do 9.30–23, Fr/Sa 9.30–1, So u. Feiertage 9.30–23 Uhr. Egal ob mit Eierlikör oder Spinat, mit Schokolade oder Käse, hier gibt es alles, was Crêpe-Fans begeistert. Für Kinder ist hier eine Spielecke eingerichtet.

Klimbim (24), Burghaldegasse 3, ✆ 28269. Mi–So 19–1 Uhr. In der urigen Musikkneipe mit alten Sofas und Schifferklavier treffen sich seit Jahr und Tag v. a. die jüngeren Semester.

• *Weinstuben* **Goldenes Fäßle (16),** Promenadenstr. 2, ✆ 22283. Mo–Fr 12–14 und 18–24 Uhr.

Schnitzer (19), Rathausplatz 13, ✆ 15284. Mo–Do 10–18, Fr 10–1, Sa 10–16 Uhr. Reiche Weinauswahl in einem urigen Gewölbe.

Hensler (21), Vogtstr. 8, ✆ 12584. Mo–Sa 19–24 Uhr.

• *Internet-Cafés* **Buchhandlung Dannheimer,** Bahnhofstr. 4, ✆ 540660; **Internet Lucky Willi,** Mozartstr. 4, ✆ 5126396; **Café-Bar Metro,** Rathausplatz 19, ✆ 16554.

Abends

• *Theater* **Stadttheater,** Illerstraße. Infos über das abr-Reisebüro, ✆ 2538830. Telefonischer Kartenvorverkauf unter ✆ 206430.

• *Livemusik in Kneipen* **Klecks,** Rottachstr. 17, ✆/✆ 14900. Gemütliches Kleinkunsttheater, häufig Live-Bands.

Wirtshaus Valentin, An der Sutt 13, ✆ 14252. Live-Jazz an vielen Abenden.

Maier's Musik-Café, Prälat-Götz-Str. 3, ✆ 5120834. Des Öfteren Live-Rock.

• *Kinos* **Colosseum-Filmtheater,** Königsstr. 3, ✆ 22507; **Parktheater,** Linggstr. 2, ✆ 22509.

• *Diskos* **Pegasus,** Heinrichgasse 1, ✆ 23256; **Drop-in,** Memminger Str. 8, ✆ 23297.

Die Residenz

Sehenswertes

Archäologischer Park Cambodunum (APC)

Hier auf dem Lindenberg begannen die Römer im 1. Jh. n. Chr. mit dem Aufbau der Stadt. Seit Ende des 19. Jh. wurde das alte Cambodunum durch mehrere Ausgrabungen nach und nach erschlossen. So können in der archäologischen Parkanlage heute der teilrekonstruierte gallorömische Tempelbezirk, Ruinen von Thermen (unter einem Schutzbau) sowie der Grundriss des Forums besichtigt werden. Aber auch für weniger historisch Interessierte lohnt sich ein Abstecher schon allein wegen des herrlichen Blicks über Kempten und die Bergkette.

Adresse/Öffnungszeiten Cambodunumweg 3, ✆ 574250. Mai–Oktober tägl. außer Mo 10–17 Uhr, November–April tägl. außer Mo 10–16.30 Uhr, Januar/Februar geschlossen. Eintritt 3 €.

Burghalde

Dieser einst von der Iller umflossene Hügel gehört zu den ältesten Teilen der Stadt. Hierher flüchteten sich die Römer vor den Überfällen der Alemannen und errichteten im 3. Jh. ein Kastell. Später baute ein unbeliebter Vogt hier seine Burg, die von den Kemptener Bürgern allerdings bald zerstört wurde. 1705 wurde die inzwischen wiedererbaute Burghalde von kaiserlichen Truppen geschleift. Seitdem ist sie eine Ruine. Zwar thront die Anlage noch heute hoch über Fluss und Stadt, viel erinnert aber nicht mehr an ihr einstiges Aussehen. Nur während der gelegentlich stattfindenden Veranstaltungen (Open-Air-Konzerte, Kinoaufführungen, Freilichtspiele, das multikulturelle Begegnungsfest "Tag International" usw.) erwacht die Burgruine zu neuem Leben. Derzeit wird das Wärterhaus restauriert. Hier soll das Burgenmuseum eingerichtet werden.

St.-Mang-Platz

Der Platz ist die Urzelle der religiösen Entwicklung der Stadt, aber auch der späteren Reichsstadt. Im 8. Jh. errichteten die St. Gallener Mönche hier eine kleine Missionsstation, aus der über Umwege Anfang des 15. Jh. die heutige evangelische **Pfarrkirche St. Mang** erwuchs. Trotz einiger weniger barocker Elemente dominiert ein klarer, fast kahl wirkender gotischer Stil, den ursprünglich sechs Altäre auflockerten. Im Rahmen des Bildersturms im 16. Jh. wurden diese aber allesamt zerstört, genauso wie die Fresken später zum Großteil vernichtet wurden. Einen Kontrast zu der gotischen Kirche stellt der **Jugendstilbrunnen** aus dem Jahr 1905 dar.
Rund um den Platz zeugen noch einige Gässchen und Winkel von vergangenen Zeiten, z. B. die gotische Häusergruppe am **Mühlberg** hinter der Kirche, die **Ankergasse,** die zum einzigen erhaltenen **Stadttor** führt, oder das sog. **Rote Haus** aus dem frühen 18. Jh., das von einem reichen Patrizier, dessen Wappen noch über dem Portal zu sehen ist, errichtet wurde.

Rathausplatz

Beherrscht wird der Platz vom schmalen, frei stehenden **Rathaus** mit seinem charakteristischen Treppengiebel, der die Eleganz des Zwiebeltürmchens noch unterstreicht. Sein heutiges Erscheinungsbild ist das Ergebnis zahlreicher Umbau- und Erweiterungsmaßnahmen, die erst im 19. Jh. abgeschlossen wurden. Der ursprüngliche Bau, ein einfaches Fachwerkhaus, geht auf das 14. Jh. zurück.
Von der Fassade des Rathauses schaut das **"Trompetenmännle"** auf den manieristischen Brunnen herunter. Rund um den Platz reihen sich einige traditionsreiche, schmuckvolle Häuser: der **Londoner Hof** aus dem 18. Jh., das ehemalige **Zollhaus** aus dem 15. Jh., in dessen Inneren bei Renovierungsarbeiten prächtige Fresken entdeckt wurden, das **Neubronner Haus,** ein klassizistischer Bau mit spätbarocker Fassade, in dem heute das Stadtarchiv untergebracht ist, sowie das **Pontikauhaus,** welches v. a. wegen seines Treppenhauses und des Festsaals fasziniert.

Heinrich der Kempter: Befreier des Kaisers

Wegen Majestätsbeleidigung und Totschlags durfte der Ritter Heinrich seinem Kaiser Otto I. nicht mehr unter die Augen treten, weshalb er sein Zelt immer abseits des Heerlagers aufschlagen musste. Eines Abends, als Heinrich gerade in seinem Zuber ein Bad nahm, hörte er plötzlich ein schreckliches Getümmel und Getöse: Ein Trupp Soldaten versuchte, den Kaiser gefangen zu nehmen. Sofort sprang Heinrich auf, packte Schild und Schwert und schlug – nackt wie er war – die Feinde in die Flucht. Diese ungewöhnliche Rettungsaktion verhalf ihm bis heute zu Ruhm und Ehre.

Schlössle

Als nobles Wohn- und Geschäftshaus mit Ecktürmchen und Volutengiebeln Ende des 16. Jh., Anfang des 17. Jh. erbaut, zählt der repräsentative Renaissancebau zu den wahren Kostbarkeiten Kemptens. Hier empfing der Besitzer, der im Auftrag

Kaiser Rudolfs II. Antiquitäten erwarb und sammelte, seine hohen Geschäftspartner. Die große Freitreppe, die heute Ober- und Unterstadt verbindet, wurde erst Anfang des 20. Jh. angelegt.

Residenz

Der zugleich kirchliche und weltliche Bau aus der Mitte des 17. Jh. ist die erste Klosteranlage des süddeutschen Barock und wurde so zum Vorbild für weitere Stiftsbauten wie die in Weingarten oder Ottobeuren. Durch einen Querbau, der den langen Innenhof in zwei quadratische Binnenhöfe unterteilt, wird die doppelte Funktion der Anlage (als Kloster und fürstäbtliche Residenz) auch räumlich unterstrichen. Beeindruckt der Komplex von außen durch seine Größe (145 mal 43 m), so rauben einem die Prunkräume im Inneren den Atem: Im Stil des französischen Rokoko gehalten, überbieten sich die einzelnen Zimmer und Säle gegenseitig an kunstvollen Stuckarbeiten, Wandmalereien und Marmorverzierungen.

Direkt hinter der Residenz breitet sich der **Hofgarten** aus, der ursprünglich auch einen Obst- und Kräutergarten enthielt, heute aber nur noch der Zierde dient. Den Abschluss der großzügigen Anlage bildet ein lang gestreckter Bau, die **Orangerie,** in der heute die Stadtbibliothek untergebracht ist.

Führungen durch die Prunkräume der Residenz April–September tägl. außer Mo 9–16 Uhr alle 45 Minuten, im Oktober erst ab 10 Uhr, November–März jeden Sa 10–16 Uhr alle 45 Minuten. Eingang an der Westseite der Residenz. 2 €.

Marstall/Alpinmuseum und Alpenländische Galerie

In dem lang gestreckten barocken Bau aus dem frühen 18. Jh. waren ursprünglich die Pferde und Wagen der fürstäbtlichen Residenz untergebracht, was man heute noch an den großzügigen Ausmaßen der Säle erkennen kann. Nach einer Renovierung zog 1990 das **Alpinmuseum** in das Gebäude ein, das die Alpenregion unter verschiedenen thematischen Schwerpunkten beleuchtet (u. a. Erschließung, Nutzung, Geologie, Topographie und Kartographie). Beeindruckend ist das riesige Alpenmodell, das in jahrelanger liebevoller Handarbeit maßstabsgetreu angefertigt wurde. Im Erdgeschoss des Gebäudes kann man die **Alpenländische Galerie** besuchen, in der v. a. Werke berühmter regionaler Maler und Bildschnitzer des späten Mittelalters ausgestellt sind.

Adresse/Öffnungszeiten Landwehrstr. 4, ✆ 540180. Di–So 10–16 Uhr. Eintritt 2,50 €.

Das Rathaus

Die beeindruckende Basilika St. Lorenz

St.-Lorenz-Basilika

Mitte des 17. Jh. wurde der Grundstein für die gewaltige dreischiffige Stiftskirche gelegt, die – für damalige Zeiten sehr ungewöhnlich – zugleich Pfarr- und Klosterkirche war. Diese erste monumentale Baumaßnahme in Süddeutschland nach dem Ende des Dreißigjährigen Krieges bedeutete in jener Zeit großer Not eine ungeheure Herausforderung an die Bauleute und Untertanen des Fürststifts. Schon von außen beeindruckt die Basilika: zum einen durch ihre zwei monumentalen Türme, die erst 1900 errichtet wurden, zum anderen durch die beiden seitlichen Rundkapellen und den achteckigen Kuppelvorbau, die die strenge Geometrie der Frontfassade auflockern. Das Nebeneinander von verspielten und unbewegt kühl wirkenden Elementen wiederholt sich auch im Inneren. Die Kirche ist erst jüngst hervorragend restauriert worden. Besonders beachtenswert sind die beiden herrlichen Rokoko-Altäre am Chorbogen des Mittelschiffs des stiftischen Hofstuckateurs Johann Georg Üblher sowie die Scagliola-Tafeln (Stuckmarmor-Intarsien) am ebenfalls beeindruckenden geschnitzten Chorgestühl.

Kornhaus/Allgäu-Museum

Errichtet wurde der eindrucksvolle Bau mit seinen dreistöckigen Volutengiebeln im Jahr 1700 unter Fürstabt Rupert von Bodman. Heute ist hier das **Allgäu-Museum,** der Nachfolger des Heimatmuseums, untergebracht. Die 1999 eröffnete Ausstellung präsentiert auf insgesamt sechs Etagen Kunst, Kultur und Geschichte des Allgäus. So bekommt man z. B. historische Einblicke in das Leben der Allgäuer Landbevölkerung und kann dabei in einer originalgetreu nachgebildeten Bauernstube einem Gespräch zwischen einer Magd und einem Tagelöhner lauschen. Sehenswert ist auch die Abteilung "Leben in der Stadt", in der man sich typische Biedermeier-Wohnkultur anschauen und einen Lochplatten-Spielautomaten mit einer Münze zum Klingen bringen kann. Ein speziell eingerichteter Kinderpfad macht den Museumsbesuch auch für die Jüngsten zu einem spannenden Erlebnis.

Adresse/Öffnungszeiten Großer Kornhausplatz 1, ✆ 5402120. Di–So 10–16 Uhr. Eintritt 2,50 €.

Zumsteinhaus/Römisches Museum und Naturkundemuseum

Der klassizistische Bau mit seiner außerordentlich dekorativ gestalteten Fassade wurde von einer Kaufmannsfamilie aus Savoyen namens "de la Pierre" Anfang des 19. Jh. errichtet. Aus der Übersetzung des Familiennamens ergab sich dann der etwas ungewöhnliche Name "Zumstein". Heute beherbergt das Haus zwei Museen: Das **Römische Museum** im Erdgeschoss zeigt Funde aus der Stadt Cambodunum:

Keramik, Werkzeuge, Münzen, Teile von Legionärsausrüstungen u. v. m. Im **Naturkundemuseum** in den zwei oberen Stockwerken sind u. a. eine große Mineralien- und Gesteinssammlung, Pflanzen- und Tierfossile sowie zahlreiche Schaubilder zur Geologie der Alpenregion zu sehen.

Adresse/Öffnungszeiten Residenzplatz 31, ✆ 12367. Di–So 10–16 Uhr. Eintritt 2 €.

Badeseen und Sehenswertes in der Umgebung

Herrenwieser Weiher (rund 6 km westlich von Kempten): Bei Ermengerst gelegen. Klein, aber fein! Fernab von Badeanstalten, Blechlawinen und Kiosken duckt sich der kleine Weiher mit seinem trüben Wasser idyllisch zwischen Wiesen und Wäldchen. Ein Tipp für alle, die Natur pur suchen!

Sulzberger See (Öschlesee) (rund 6 km südlich von Kempten): Umrahmt von Schilf und Wiesen, schmiegt sich der uralte, sagenumwobene Natursee in die hügelige Landschaft. Doch es gibt auch ein Strandbad mit einem Drei-Meter-Sprungturm sowie eine kleine Pension mit Terrasse und alten Kastanienbäumen – insofern der ideale Kompromiss zwischen reinem Naturbad und modernem Badekomfort. Feinschmecker in Sachen Baden suchen allerdings das naturbelassene Süd- oder Nordostufer auf.

Rottach-Speicher-See (rund 10 km südwestlich von Kempten): Knapp 5 km Länge und 900 m Breite misst der Stausee und ist damit der größte – und jüngste (1992) – See des Oberallgäus. Der Rottachsee dient heute in erster Linie der

Inmitten von Wiesen: Rottach-Speicher-See

Pegelerhöhung von Iller und Donau bei Niedrigwasser. Schon mehrmals wurde der See angezapft, um Niedrigwasserstände der beiden Flüsse auszugleichen. Außerdem schafft der Speicher eine gewisse Rückhalte-Möglichkeit bei starken Niederschlägen und drohendem Iller-Hochwasser. Die Turbinen am Seeausgang speisen Strom für etwa 4.000 Haushalte ins Netz. Der Weg zu diesem Großprojekt war allerdings lang und dornig. Denn als die Absicht bekannt wurde, das als besonders schützenswert geltende Rottachtal unter Wasser zu setzen, erhoben Umweltschützer heftigen Einspruch. Unter dem Stichwort "Schaden oder Segen für die Landschaft" lieferten sie sich kontroverse Diskussionen mit den Befürwortern des Speichers. Das lange Ringen lohnte sich. Zwar fielen alte Streuwiesen und Torfgebiete dem Wasser zum Opfer, aber es gelang, ein ausgewogenes Nutzungskonzept zu entwickeln, das unterschiedlichen Ansprüchen gerecht wird: Der Tourismus im Oberallgäu erhielt mit dem Stausee eine neue Attraktion. Neben Freizeitanlagen mit Liegewiesen (Badestrände, WC, Umkleidemöglichkeiten, Kioske, Bootsanlegeplätze, Beachvolleyballplatz, Angel- und Tauchplatz, Tretbootverleih, Segel- und Surfgelände) entstanden neue, ökologisch sehr wertvolle Lebensräume für Flora und Fauna, abgegrenzte Schutzregionen, Flachwasserzonen und neue Streuwiesen für bedrohte Tier- und Pflanzenarten. Das Auto bitte nur an ausgewiesenen Parkplätzen abstellen, sonst wird's teuer!

Weitere Auskünfte Gästeinformation Sulzberg, ✆ 08376/9201-19, 📠 9201-40.

Niedersonthofener See (rund 10 km südlich von Kempten): Es muss nicht immer Lago di Garda oder Lago Maggiore sein: Auch diesseits der Alpen können Surfer mit Blick auf die Berge ihrem Laster frönen und Sonnenanbeter in aller Ruhe ihren Teint pflegen. Auch wenn der See im Sommer sicherlich kein Geheimtipp mehr ist, konnte er sich dank des unbebauten Ufers, der weiten Wiesen und des Fehlens von Kiosken mit Coca-Cola- und Langnese-Schildern den Charakter eines abgeschiedenen Natursees bewahren.

St. Martin in Obergünzburg (13 km nordöstlich von Kempten): Der 44,5 m hohe Turm aus Tuffsteinquadern stammt wie der Chorraum aus der Mitte des 15. Jh. Zum ältesten Inventar der Kirche gehören die 12 Apostel auf den Konsolen der Kirchenwände, fast lebensgroße Holzfiguren vom Kemptener Bildhauer Franz Ferdi-

nand Ertinger (1719/23). Das Fresko im Langhaus vom Kemptener Maler Johann Michael Koneberg (1779) stellt den Tod und die Glorie des Kirchenpatrons St. Martin dar. Einige hübsche Einzelheiten: Zwei Mädchen spielen mit einer den Heiligen kennzeichnenden Gans, und ein Engel stößt mit Martins Bischofsstab den Teufel-Drachen fort.
Einen Blick ist auch das gelungen renovierte **Amtshaus** (1570) am Obergünzburger Marktplatz wert. Das Gebäude mit der beeindruckenden Außenfassade diente einst als Korn- und Rathaus, beherbergte das Pflegamt, das bayerische Land- und Amtsgericht und wird heute wieder als Rathaus genutzt. Sehenswerte Innenräume bietet das Haus allerdings nicht.

St. Georg und Florian in Reichholzried (12 km nördlich von Kempten): Weithin sichtbar auf der Höhe am Südende des Dorfes thront die Kirche. Den Innenraum bestimmt der frühklassizistische Stuck von Franz Xaver Feichtmayr (1789) in Weiß und Gold. Die Fresken stammen von Franz Josef Hermann (1789).

St. Alexander und Theodor in Haldenwang (11 km nördlich von Kempten): In dieser Kirche ist eine der qualitätsvollsten Arbeiten des Ulmer Bildhauers Niklaus Weckmann aus dem Jahre 1515 zu sehen: die Hl. Sippe. Eine weitere Kostbarkeit ist die Holzfigur "Anna Selbdritt" aus der Werkstatt des älteren Hans Strigel aus Memmingen von 1440.

St. Pankraz in Wiggensbach (10 km westlich von Kempten): Die 1771 von Johann Georg Specht vollendete Kirche ist der bedeutendste Bau des späten Rokoko im Stiftskemptischen. Die Fresken (1771/72) mit reichen architektonischen Hintergründen sind das Hauptwerk von Franz Josef Hermann.

Wallfahrtskirche Heiligkreuz (3 km westlich von Kempten): Am Ort eines Blutwunders wurde die Kirche 1711 nach Plänen von Johann Jakob Herkomer errichtet. Die Fresken und Gemälde stammen von Johann Martin Zick (1734/35), Johann Michael Koneberg (1770) und v. a. Franz Georg Hermann (Mitte des 18. Jh.).

St. Afra in Betzigau (4 km östlich von Kempten): Die 1498 erbaute Kirche wurde 1690 und 1777 renoviert. Das ovale Deckenbild im Langhaus hat Johann Michael Koneberg (1777) gemalt. Es stellt den in Betzigau geborenen und späteren Abt des Augsburger Augustinerklosters Hl. Kreuz, Christa, dar. Dieser musikbegeisterte Abt unterhielt mit W. A. Mozart, als er in Augsburg weilte, enge freundschaftliche Beziehungen.

Die ehemalige Klosterkirche St. Magnus in Lenzfried: Die 1466 eingeweihte Franziskanerklosterkirche am westlichen Ortsrand wurde 1750 neu ausgestattet. Die Altäre stammen von 1750, deren Bilder malte Franz Georg Hermann im gleichen Jahr. Der elegante Turm wurde 1892/93 errichtet.

St. Martin in Waltenhofen (6 km südlich von Kempten): 1765/70 erfolgte der Neubau der Kirche unter Einbeziehung des mittelalterlichen Turmes. Die Fresken und Gemälde schuf Linus Seif (um 1769/70).

St. Cosmas und Damian in Rauns (bei Waltenhofen): Schon von weitem erblickt man den romanischen Turm aus dem 13. Jh. Besorgen Sie sich den Schlüssel bei der Mesnerin Frau Handl (✆ 08303/803) und bewundern Sie die vielen Kostbarkeiten im Kircheninneren, z. B. den Hochaltar von 1685 mit den Holzplastiken der Muttergottes und der Heiligen Cosmas, Damian, Sebastian und Agatha aus der Werkstatt Jörg Syrlins d. J. in Ulm.

Kempten
Karten S. 83 u. 91

Wanderung 4: Durch den Wirlinger Wald

Moorige Wälder, romantische Schluchten, verschlafene Wiesen und immer wieder freie Blicke auf die sich im Süden stolz aufbauenden Oberstdorfer Berge: Hier zeigt sich das Voralpenland von einer seiner schönsten Seiten!

Route: Buchenberg – Wirlinger Wald – Spießeck – Waldhäusle bei Helen – Wirlinger Wald – Buchenberg

Wanderzeit: rund 4 Stunden

Einkehrmöglichkeit: im Waldhäusle bei Helen

Anmerkungen: Bei feuchter Witterung wird die Wanderung schnell zu einer Schlammschlacht und Rutschpartie!

Wegbeschreibung

Ausgangspunkt ist der **Parkplatz hinter dem Gasthof Adler in Buchenberg.** Von hier aus geht man den Fußweg, dann nach links, der Beschilderung **"Wirlinger Wald, Bickelhütte, Rohrbachtobel"** folgend. An einem Bächlein entlang (vorbei an der kleinen Sommersprungschanze) geht man geradeaus in den Wald hinein, dem Schild **"Rohrbachtobel"** folgend. An der Gabelung geradeaus bis zu einer Kreuzung (Heinrich-Bickel-Hütte), hier nach rechts auf den breiteren Weg und an der nächsten kleinen Kreuzung in der Senke links durch den moorigen Wald.

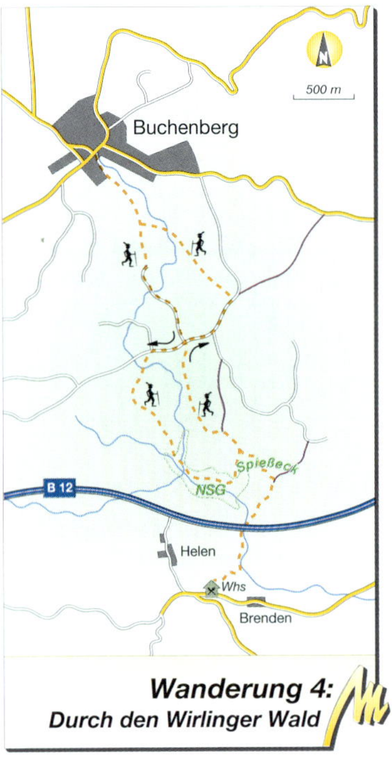

Hier geht es zunächst gemütlich am rechten Ufer des Rohrbachtobels entlang, bis sich der Waldweg zu einem Pfad verengt und steil bergab in den Tobel führt. Auf einem Holzsteg überquert man den Bach und bleibt auf dem schmalen Hangpfad auf der linken Tobelseite, bis man die **Spießeck-Schutzhütte** erreicht. Von dort führt der Fußweg bergab zum **Waldhäusle:** unter der Autobahnbrücke hindurch, auf der anderen Seite des Baches entlang und nach der Einmündung eines kleinen Seitenbaches rechts vom Tobel weg.

Nach einer Brotzeit wandert man auf demselben Weg zurück bis zur Abzweigung an der Spießeck-Schutzhütte. Hier hält man sich rechts auf dem Forstweg in **Richtung Buchenberg.** An der ersten Gabelung geht es nach links, an der zweiten biegt man rechts ab. Wenige Meter nach einem Holzbrunnen auf der rechten Seite nimmt man den breiteren Weg bergan und stößt nach einiger Zeit auf einen gut befestigten Forstweg, auf dem man sich rechts hält.

Nach ca. 300 m an einer Waldwiese entlang biegt man vor einer Gabelung (irreführende Beschilderung!) links ab und nimmt den schmalen Fahrweg am Waldrand entlang. Auf diesem bleibt man, überquert ein kleines Bächlein und trifft wenige Meter danach auf den bereits bekannten Hinweg, der zurück nach **Buchenberg** zum Parkplatz führt.

Wanderung 5: Um den Widdumer Weiher

Kleiner, leichter Spaziergang auf stellenweise einsamen, eingewachsenen Pfaden durch Moor-, Wald- und Wiesenlandschaft

Route: Widdum (rund 10 km südlich von Kempten) – Ried – Rappolz – Widdum

Wanderzeit: 1,5–2 Stunden

Einkehrmöglichkeit: kleiner Biergarten direkt an der Forellenzucht am Weiher

Wegbeschreibung

Ausgangspunkt ist **Widdum.** Direkt am Ortsende folgt man dem kleinen Forstweg, der nach rechts von der Straße **Richtung Forellenzucht** abzweigt. Der Weg führt am Weiher entlang direkt zur Zucht mit angeschlossenem Biergarten.

Kurz nach dem Weiher verlässt man den Weg durch ein Gatter nach links **Richtung Kühbach** und bleibt somit weiter direkt am Ufer des Weihers. Der Weg führt weiter durch Wiesen und macht am Ende eines Wäldchens einen scharfen Rechtsknick – weg vom Wasser. Man überquert die vor einem liegende (meist sehr feuchte) Wiese und folgt dem Pfad geradeaus **Richtung Ottacker, Ried.**

Der Wiesenpfad wird nun wieder zu einem Feldweg, dem man bis zur T-Kreuzung folgt. Hier hält man sich links (weiter Richtung Ried) und geht auf dem Teersträßchen leicht bergab bis zu einer weiteren T-Kreuzung. An dieser orientiert man sich nach rechts (weg von Ried) und leicht bergauf auf die einzeln stehenden Häuser zu. Direkt nach dem Ortsschild "Oberhub" verlässt man die Straße nach rechts **Richtung Rappolz, Zehren.**

An einem einsamen Hof wendet man sich weg von dem Sträßchen nach rechts und folgt dem schmalen Wiesenpfad, der in einer leichten Linkskurve bergab zu einem kleinen Gatter führt. Nach dem Gatter überquert man die Wiese nach leicht rechts und trifft auf der anderen Seite der Senke auf einen Forstweg. Diesem folgt man wenige Meter, bis von rechts ein kleiner Feldweg hinzustößt, auf dem man am Waldrand entlang **Richtung Widdumer Weiher** läuft.

Der Wiesenweg führt immer geradeaus, bis er am Ende der kleinen Talebene nach links in ein Wäldchen abbiegt. Weiter dem Weg folgend, kommt man zu einer T-Kreuzung, an der man sich nach rechts wiederum Richtung Widdumer Weiher wendet. Nach wenigen Metern geht es dann nach links zum Weiher. Die letzten Meter geht man auf dem schon vom Herweg bekannten Weg zurück.

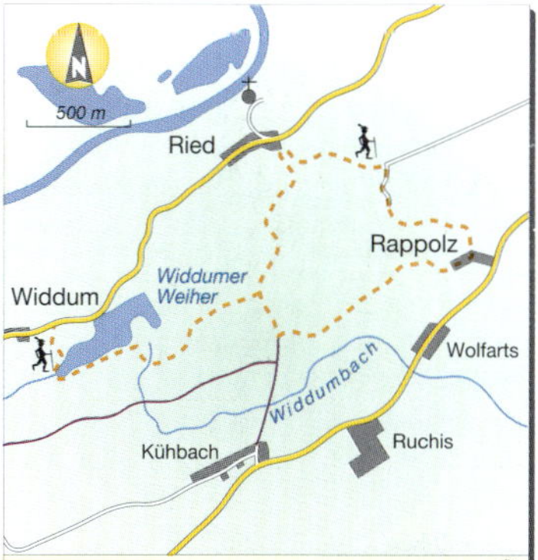

Wanderung 5: Um den Widdumer Weiher

Radtour 4: Durch den Kemptener Wald (s. Karte S. 91)

Mal dichter Forst, mal freier Blick auf die Berge, mal Waldwege, mal Teersträßchen, mal bergauf, bergab, mal gemütlich eben dahin – und immer ein kühles Radler zum Ziel!

Route: Betzigau (westlich von Kempten) – Jägerhaus – Görisried – Tobias – Betzigau

Länge: 30 km, Kurzvariante 20 km

Höhenunterschied: 250 m

Einkehrmöglichkeiten: Waldgasthaus Tobias, Mehlblock-Alpe, Waldschenke im Durach-Tobel

Wegbeschreibung

Ausgangspunkt ist der **Kirchturm von Betzigau.** Von hier aus fährt man die Kemptener-Wald-Straße über das Bächle rechts bergauf **Richtung Götzen, Kaisermad.** An der Querstraße nach Götzen (1,7 km) hält man sich an einem Weiler rechts **Richtung Görisried.** Der befestigte Weg führt in einen Mischwald und schlängelt sich an einem Grillplatz vorbei (3,5 km) zum **Jägerhaus** (unbewirtschaftet) und einer kleinen Schindelkapelle (5,5 km). An beiden Gebäuden geht es geradeaus vorbei, alle kleinen Querwege ignorierend. Auch an der Waldkreuzung (6 km) hält man sich geradeaus (nicht über das Bächlein) und folgt dem Forstweg bis zum Waldrand (8,5 km). Von hier geht es weiter geradeaus über die Kirnach in Richtung Görisried. Kurz bevor Sie den Wald verlassen, führt Sie ein Schild zur 400 m links gelegenen **Mehlblock-Alpe**. Die zünftige, standfeste Wirtin Reni duzt jeden. Sie finden ein preiswertes Angebot an fülligen Brotzeiten, am Schluss gibt's einen Obstler gratis. Radeln Sie zurück zur Abzweigung und links nach **Görisried.** An der Querstraße am Ortsrand biegt man nach rechts ab (11 km) bis zur Kirche. Dort geht es rechts aus der Ortschaft heraus **Richtung Bodelsberg.** Auf dem weiteren Weg passiert man **Hasenmahd** und hält sich an einer Weggabelung rechts (wiederum Richtung Bodelsberg). Auf dieser Teerstraße bleibt man bis zu einem Marterl am Straßenrand (20 km). Hier biegt man nach rechts in einen Waldweg ein, der sich durch den mal dichten, mal lichten Wald schlängelt. An einer Kreuzung in einer kleiner Lichtung (22 km) fährt man links bergab **Richtung Tobias** und nach wenigen Metern wieder rechts (der Ausschilderung "Tobias/Becherschachten-Rundweg" folgend). Oberhalb eines Baches schlängelt sich der Weg durch den Wald und trifft am Waldrand auf eine Teerstraße. Dieser nach rechts folgend, kommt man direkt zum **Waldgasthof Tobias** (24 km), wo Brotzeit und Radler warten. Weiter geradeaus passiert man **Rothen** und **Herrmannsberg,** hält sich vor der Autobahnunterführung rechts **Richtung Betzigau** (27 km), an der nächsten Querstraße wieder rechts und kommt so zurück zum Ausgangspunkt der Tour.

Variante

Kurzrunde durch die Teufelsküche: An der Waldkreuzung nach 6 km scharf rechts über ein Bächlein von der "Hauptstraße" weg und der Ausschilderung "Wanderweg Kempten" folgend durch den Wald bis zur Teerstraße (9 km). Hier rechts und nach 10 km (beim Marterl) wieder rechts in den Wald, dann wie oben beschrieben weiter.

Radtour 5: Zum Niedersonthofener See

(s. Karte S. 91)

Die herrlichen Ausblicke, die idyllischen Winkel und die erfrischenden Badestopps hat man sich bei dieser besonders schönen, aber auch schweißtreibenden Tour auf kaum befahrenen Nebensträßchen mit starken Steigungen wirklich verdient!

Route: Kempten – Ermenengerst – Buchenberg – Hellengerst – Niedersonthofen – Martinszell – Waltenhofen – Kempten

Länge: 50 km

Höhenunterschied: 280 m

Wegbeschreibung

Ausgangspunkt ist der **Stadtweiher** ca. 3 km südwestlich von Kempten. Etwa 500 m nach dem Weiher fährt man auf dem Radweg leicht rechts von der Ausfallstraße weg und über eine kleine Brücke zur **Rottachmühle.** Hier hält man sich links. Der Radweg verläuft parallel zur Straße über eine Brücke nach **Aheggmühle** (2,5 km, schöner Biergarten an der Mühle) und weiter über eine zweite Brücke zum **Herrenwieser Weiher.** Rechts an diesem vorbei fährt man auf dem ehemaligen Bahndamm in die Wohnsiedlung **Ermengerst.** Dort hält man sich an der T-Kreuzung links (7,5 km), passiert den alten Bahnhof und überquert die Straße.

Hier kommt man wieder auf den alten Bahndamm, trifft dann auf eine querende Straße, an der man sich rechts hält (10 km). Man fährt durch Wäldchen und Wiesen, überquert zwei Straßen, bis man nach 19 km auf eine Fahrstraße stößt. Hier hält man sich links, fährt unter der Bundesstraße durch und danach bergauf nach **Hellengerst.** An der T-Kreuzung orientiert man sich nach links **Richtung Niedersonthofen, Ettensberg** und gleich wieder nach rechts. Das Sträßchen führt nun steil bergab und bergauf nach Ettensberg (22,5 km) hinein.

Im Ort radelt man links, in **Linsen** wieder links und in **Wollmuths** (26 km) rechts, bis man auf der Höhe des Niedersonthofener Sees auf eine Querstraße trifft. Hier geht es links und gleich wieder rechts **Richtung Eckarts.** Am See angekommen, sucht man sich am besten erst einmal ein schönes Badeplätzchen.

Wenn man wieder auf der Straße zurück ist, geht es zunächst in eine scharfe Rechtskurve. Kurz danach biegt man nach links ab (28,5 km), fährt durch **Oberdorf** durch, dann auf der Vorfahrtstraße über die Bahnschienen und weiter bis zur Ampel an der Bundesstraße. Hier orientiert man sich nach links **Richtung Kempten,** zweigt aber nach wenigen Metern rechts nach **Martinszell** ab. Auf der Vorfahrtstraße passiert man Martinszell (32 km), folgt der scharfen Linkskurve **Richtung Sulzberg** und biegt vor der Brücke auf den Illerradwanderweg ab, der einen zurück nach Kempten führt.

Nach der Autobahnunterführung links der Iller weg und gleich wieder rechts (42 km) führt die Straße durch **Hegge** nach **Eich** bis zu einer Querstraße südlich des Kemptener Hauptbahnhofs. Man hält sich links, überquert auf einer Brücke die Gleise und fährt auf der B 19 ca. 200 m rechts. Biegen Sie dann scharf links ab in **Richtung Leutenhofen, Eggenberg.** Nach wenigen Metern geht es auf einen kleinen Pfad rechts ab. Dieser führt an den Bahngleisen entlang zurück zum **Stadtweiher** (49,5 km).

Variante

In Martinszell vor der Kirche in einer Haarnadelkurve nach links, der Beschilderung nach "Buch, Eggen" folgend. Bei Rauns (36,5 km) und vor der kleinen Kirche (Näheres auf S. 93) nach rechts zur Iller auf den Radwanderweg

Kempten
Karten S. 83 u. 91

Bergidylle bei Oberstdorf

Der Süden

Markante Bergketten, zerklüftete Gebirgsstöcke, schneebedeckte Gipfel, aber auch ruhige, abgeschiedene Täler und Blumenwiesen: Kein Wunder, dass diese Bilderbuchlandschaft zu den beliebtesten deutschen Ferienregionen zählt.

Im südlichsten Zipfel Deutschlands erhebt sich eine faszinierende Bergwelt mit einer Fülle landschaftlicher Attraktionen. Natürlich sind es in erster Linie die klassischen Gipfelziele wie der Grünten (1.738 m), das Nebelhorn (2.224 m) oder die Gipfel am Heilbronner Weg, die jedes Jahr mehrere Millionen Feriengäste und Tagesausflügler in die Region ziehen. Aber auch abgesehen von diesen Aushängeschildern wartet das südliche Allgäu mit vielen lohnenden Ecken auf und präsentiert sich mal idyllisch und malerisch, mal schroff und schwindelerregend. Dass diese landschaftliche Vielfalt aus tief eingeschnittenen Seitentälern, leicht dahinplätschernden Bächen, wilden Tobeln, glasklaren Bergseen, leicht ansteigenden Matten oder hoch aufragenden Felsmassiven für Outdoor-Freaks aller Spielarten beste Möglichkeiten bietet, hat sich inzwischen weit herumgesprochen. So ist der Tourismus seit langem die wichtigste Einnahmequelle der Region. Die meisten Gemeinden begrüßen diese Entwicklung nicht nur, sondern forcieren sie nach Leibeskräften. Dennoch stecken Bürgermeister und Fremdenverkehrsverbände in einem schier unlösbaren Dilemma: Auf der einen Seite stehen sie unter dem ständigen Druck, ihre touristische Infrastruktur ausbauen zu müssen, um als Urlaubsregion attraktiv zu bleiben; auf der anderen Seite laufen sie Gefahr, die Vermarktung der Region zu weit zu treiben und immer tiefer in bisher unberührte Bereiche der Landschaft vorzudringen, sodass insbesondere Naturliebhaber auf längere Sicht abgeschreckt werden könnten. Von einer vernünftigen Bewältigung dieses Balanceaktes hängt die Zukunft des südlichen Allgäus entscheidend ab.

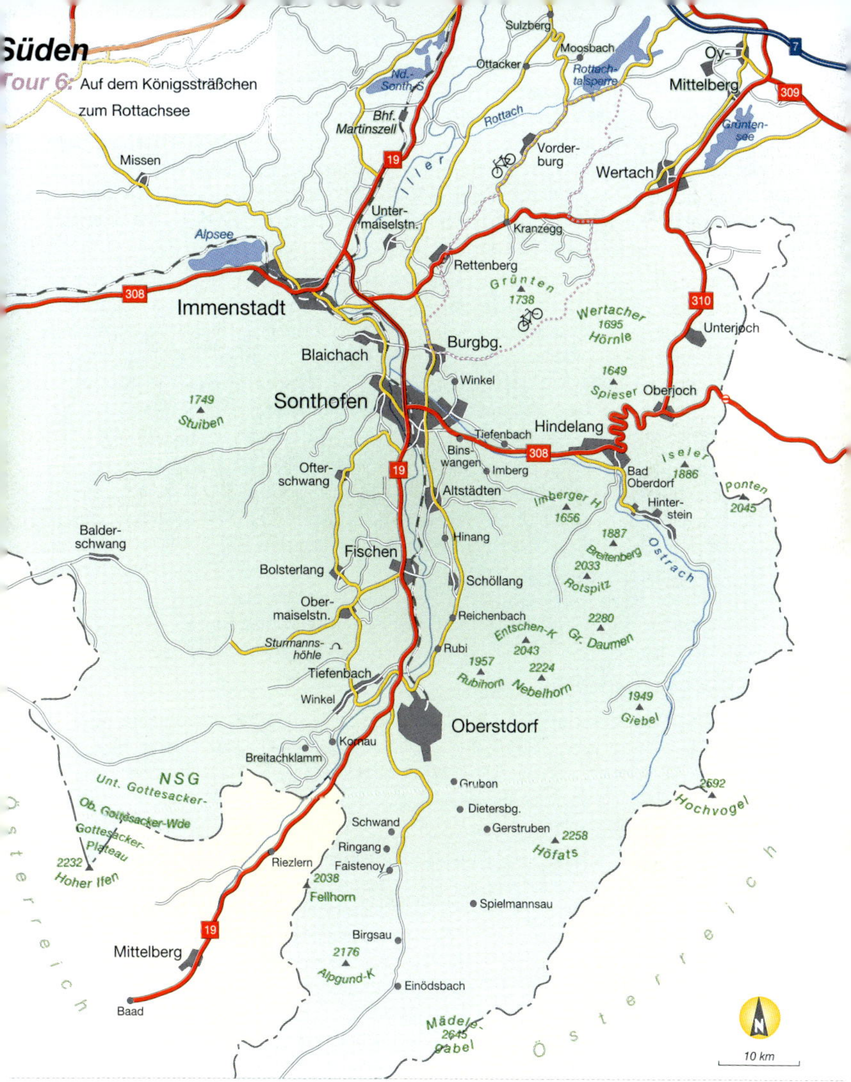

Immenstadt

14.100 Einwohner • 728 Meter ü. NN

Augenzwinkernd bezeichnen Einheimische ihr "Städtle" gerne als "Drehscheibe des Allgäus", denn von hier aus ist man schnell mitten in den Bergen, und der Bodensee ist auch nicht weit weg.

Ein besonderes Schmankerl Immenstadts ist der Alpsee. Lang gestreckt liegt er im Tal der Konstanzer Aach, umgeben von steil ansteigenden Bergwiesen. Ein einsamer, eiskalter Bergsee ist er aber nicht. Im Gegenteil! Im Sommer tummeln sich zahllose "Nixen" und "Neptuns" im Wasser, es herrscht reger Segel- und Tretbootverkehr, und die "Landratten" promenieren in aller Ruhe um den See oder genießen im Strandcafé bei Kaffee und Kuchen einfach nur die Sonne.

Immenstadt hat aber mehr zu bieten als nur den See, denn "'s Städtle" hat in den letzten Jahren immer wieder an seinem Outfit gefeilt: Alte Fassaden strahlen heute farbenfroh, kleine Plätze laden zum Ausruhen ein, und die vielen in der Stadt verstreut aufgestellten Skulpturen sorgen für Abwechslung. Dank der zahlreichen Arbeitsplätze in den Industrieunternehmen vor Ort bleiben viele junge Einheimische hier und füllen die Stadt mit Leben.

Geschichte: Wenn auch nicht ganz klar ist, seit wann hier gesiedelt wird – über ein Datum herrscht Einigkeit: 1360 verlieh Graf von Montfort dem Ort das Stadtrecht, und aus dem einstigen Imindorf wurde Immenstadt. Die zu dieser Zeit errichtete Stadtmauer machte sich schon bald bezahlt. Denn als Anfang des 15. Jh. Appenzeller Bauern in das obere Allgäu eindrangen und versuchten, die Stadt einzunehmen, mussten sie nach einer erfolglosen Belagerung schon bald wieder abziehen.

Das 16. Jh. bescherte der Stadt durch den Ausbau der Handelsstraße von Hall in Tirol über Immenstadt zum Bodensee einen ungeahnten Aufschwung: Salz- und Leinwandhandel florierten und füllten die Kassen. Doch das 17., 18. und 19 Jh. war auch hier – wie fast überall im Allgäu – von verheerenden Katastrophen geprägt: Der Dreißigjährige Krieg und die Pest brachten große Armut mit sich, die durch Großbrände, eine Hochwasserkatastrophe und das Ende der Leinenweberei noch verschlimmert wurde. Erst durch die Ansiedlung der "Mechanischen Bindfadenfabrik" Mitte des 19. Jh. und der "Kunert-Strumpfwerke" nach Ende des Zweiten Weltkriegs konnte die wirtschaftliche Situation der Stadt entscheidend verbessert werden.

Touristeninformation/Freizeitangebot

- *Postleitzahl* 87509
- *Vorwahl* 08323, 08320 (Knottenried-Diepolz), 08379 (Eckarts)
- *Touristeninformation* **Gäste-Information Immenstadt,** Marienplatz 3, ✆ 914176, ✆ 914195, www.immenstadt.de. Mo–Fr 8–12, 14–17.30 und Sa 10–12 Uhr. Eine weitere Gäste-Information gibt es in Bühl am Alpsee, Seestraße 5, ✆ 914178, ✆ 8996.
- *Stadtführung* Bei der Gäste-Information erhalten Sie die ansprechende Broschüre "Immenstädter Altstadt-Spaziergang". Auf eigene Faust können Sie damit einen vergnüglichen Rundgang durch Geschichte, Raum und Zeit unternehmen.
- *Angeln* **Gäste-Information Bühl,** Seestraße 5, ✆ 914178; **Angler Treff,** Sonthofener Straße 46, ✆ 95193; **Fischerstadl,** Julius-Kunert-Straße 13, ✆ 987796. Tageskarten kosten ca. 7 €.
- *Baden* **Strandbad Hauser,** am Großen Alpsee, ✆ 6341. Dieses Bad wurde stilgerecht in Schiffsform renoviert. 2,30 €/Erw., 1,30 €/Ki. Die öffentlichen Badeplätze am See können kostenlos benützt werden.

Beheiztes Freibad, am Kleinen Alpsee, ✆ 8720. Tägl. 9–19 Uhr. 5-Meter-Sprungbrett, Beachvolleyballplatz, Abenteuerspielplatz. 2,60 €/Erw., 1,30 €/Ki.

Hallenbad, Auwald-Sportzentrum Immenstadt, Allgäuer Straße, ✆ 98336. 3,10 €/Erw., 2,10/Ki.

- *Bergbahnen* **Mittagbahn,** ganzjährig bei guter Witterung tägl. 8–12 und 12.30–17 Uhr. Auf 1.450 m Höhe. Eine Viertelstunde vom Mittaggipfel bergab liegt die **Alpe Oberberg.** Hier stellt der Beck Klaus einen vorzüglichen Bergkäse her. Einkehr und Brotzeit ist Pflicht!
- *Fahrradverleih* **Reifen Feneberg,** Julius-Kunert-Str. 25, ✆ 8394; **Campingplatz Bühl,** Seestr. 25, ✆ 7726; **Zweirad Riescher,** Badeweg 3, ✆ 8660.
- *Feste/Veranstaltungen* Brunnenfest (erstes August-Wochenende); Stadtfest (erstes Juli-Wochenende); Advent im Allgäu (erster Adventsonntag); Immenstädter Sommer mit Konzerten und Kabarett (Mai–September); Kunst im Rathaus (Mai–Oktober); Internationaler Triathlon (letztes Juli-Wochenende); Strandkonzerte im Seepavillon in Bühl (im Sommer jeden Fr um 20.30 Uhr); Käse- und Bauernmarkt, einheimische Bauern bieten ihre Produkte an (letzter Sonntag im August). Bei der Gäste-Information liegt auch eine Broschüre mit allen Veranstaltungen im südlichen Oberallgäu und Kleinwalsertal auf.

• *Käserei* **Bergkäserei Diepolz,** ✆ 08320/480. Kleine Schausennerei mit angeschlossenem Laden. Traditionelle Produktion ohne Verwendung künstlicher Zusätze.

Die **Sennerei in Untermeiselstein,** Freidorfer Straße 1, ca. 5 km in Richtung Kempten und dann rechts (ausgeschildert), produziert die ganze Palette von Allgäuer Käsespezialitäten. Den alten gelagerten Bergkäs sollten Sie mal versuchen. ✆ 08327/7632.

• *Kegelbahnen* **Stadthalle,** Hofgartenstr. 14, ✆ 967067; **Bundeskegelbahn** am Illerspitz, ✆ 51112.

• *Kinder- und Familienangebote* Kinderferienprogramm (Kinderclub Sonnenschein), Kinderbetreuung, Ponyreiten, Kino – ein abwechslungsreiches Angebot. Weitere Vorschläge und Anmeldung bei der Gäste-Information. Der Sommerferien-Pass für Kinder zu 4 € (erhältlich bei der Gäste-Information) ermöglicht freien Eintritt und freie Fahrt!

• *Kino* **Union,** Rothenfelsstr. 20, ✆ 6258.

• *Kutschfahrten* **Knöpfle,** Lärchenweg 7 in Eckarts, ✆ 08379/869. Kutsche für 5 Pers. 35 €.

• *Naturlehrpfad Bergstättgebiet* Ein herrlicher Weg, abseits vom Schuss gelegen. Erkundigen Sie sich bei der Gäste-Information.

• *Rafting/Kajak/Sport-Events* **Sun-Fish,** Jahnstr. 6, ✆ 987399. Klettern, Rafting, Canyoning oder andere Abenteuer rund um und mitten in der Natur – das junge Unternehmen bietet so gut wie alles.

ICO, Im Wasen 16, Bihlerdorf, ✆ 08321/87033. Rafting, Canyoning u. v. m.

Spirits of Nature, Michael Pruss, Bergstraße 19, Burgberg, ✆ 08321/619465. Neben Canyoning und Adventure-Parcours auch Familien- und Kindertouren.

Allgäuer Tauchcenter, ✆ 51295.

• *Segelflugplatz* **Luftsportgemeinschaft Oberallgäu,** Burgberg-Agathazell, ✆ 08321/81828.

• *Segeln/Surfen/Katamaran* **Segelschule Oberallgäu,** Bühl, ✆ 52200, Strandbad Hauser.

• *Tennis* ESV-Tennisanlage Bühl, ✆ 4840; Anlage am Kleinen Alpsee, ✆ 8154; Tennispark an der Iller, ✆ 51112.

Immenstadt: "Hock di her zu mir"

• *Tret- und Ruderboote* **Bootsverleih Heindl,** am Kleinen Alpsee, ✆ 2103. Eine Stunde 4,50 €.

Strandbad Hauser, ✆ 6341. Ab 4,50 €/Std. Am Großen Alpsee.

• *Wanderungen* Tägliche Angebote bei der Gäste-Information. Anmeldung jeweils am Vortag bis 16 Uhr. Weitere Vorschläge finden Sie in der "Alpsee-Grünten-Information", die ebenfalls bei der Gäste-Information erhältlich ist.

• *Wasserski* Bahn für sieben Läufer mit Wasserskischanze auf dem Inselsee, ✆ 8176. Eine Stunde 13 €/Erw., 10 €/Jugendl., am Wochenende 3 € teurer.

Übernachten/Essen und Trinken

• *Hotels* **Hotel Rothenfels,** Missener Str. 60, Bühl, ✆ 9190, ℻ 919191. DZ ab 83 €. Das große Hotel mit schönem Blick auf den See erfüllt gehobene Ansprüche.

Hotel Lamm, Kirchplatz 2, ✆ 6192, ℻ 51217. DZ ab 52 €. Familienbetrieb in einem der ältesten Häuser des Ortes. Helle, freundliche Räume schaffen eine angenehme Atmosphäre. Gute schwäbische Küche.

Hotel-Restaurant Goldener Adler, Marienplatz 14, ✆ 8549, ℻ 8979. DZ ab 44 €. Traditionsreiches Haus mitten im Zentrum.

• *Gasthöfe* **Gasthof "Drei König",** Marienplatz 11, ✆ 8628, 📠 8682. Gutbürgerliche Küche – trägt das Gütesigel "Allgäuer Qualität". Schöne Sonnenterrasse. DZ ab 50 €.

Zum Alpsee, Seestr. 14, ✆ 6321. DZ 50 €. Uriges Speiselokal im Allgäuer Stil, direkt am See.

• *Camping* **Buchers Alpseecamping,** Seestr. 25, ✆ 7726, 📠 2956. Wenig parzellierter, aber schön direkt am Großen Alpsee gelegener Platz. Stellplatz und 2 Personen ab 12 €.

• *Ferienwohnungen/Ferien a. d. Bauernhof* Aus dem reichhaltigen Angebot (erfragbar bei der Gäste-Information) zwei Kostproben:

Hagenauer, Richard u. Monika, Ratholz 6, 1,5 km vom Alpsee entfernt, ✆ 08325/92707057, 📠 08325/9279888. Bauernhof in bester Allgäu-Qualität, 34–51 €.

Landhaus Bechteler, Bühl, In der Hub 15, ✆ 6251, 300 m zum Alpsee, 30–50 €.

• *Cafés* **La Cucaracha,** Bahnhofstr. 32 ½, ✆ 987116. Mo–Do 9–1, Fr 7–1, Sa 10–1 Uhr. Beliebtes Bistro, in dem häufig Musikveranstaltungen stattfinden.

Café Relax, Bahnhofstr. 27, ✆ 7787. Tägl. 10–1 Uhr. Bistroähnliches Café.

Café Kohlhund, vor der Kapuzinerkirche. Bei schönem Wetter ein angenehmer, ruhiger Freisitz auf dem Klosterplatz. Mo 10–18, Di–Sa 8–18 Uhr.

Strandcafé am Alpsee, Restaurant-Café-Biergarten, Seestraße 28 in Bühl, ✆ 969119. Für Nostalgiker ist noch ein Zimmer der vormaligen Besitzerinnen im Handarbeits- und Häkellook erhalten geblieben. Jetzt steht zusätzlich noch ein renovierter, farblich dezent abgestimmter Raum zur Verfügung. Allgäuer Spezialitäten zu sehr moderaten Preisen. Herrlicher Biergarten!

Sehenswertes

Schloss: Das ehemalige Stadtschloss der Grafen von Königsegg-Rothenfels aus dem 16./17. Jh., eine dreigeschossige Anlage mit Satteldächern, prägt noch heute den Marienplatz. Stuckinteressierte sollten es auf keinen Fall versäumen, den Rittersaal im zweiten Stock zu besuchen. Die reizvollen Stuckarbeiten stammen aus der Zeit um 1720. Der Rittersaal ist während der Öffnungszeiten der Bibliothek zugänglich (Anfrage bei der Gäste-Information).

Stadtpfarrkirche St. Nikolaus: Schon die Außenarchitektur lässt die bewegte Geschichte des heute gelb erstrahlenden Kirchenbaus mit mächtiger Zwiebelhaube erahnen: hier ein Seitendach, dort ein Vorbau ... Und wirklich, über tausend Jahre lang setzten Katastrophen wie Brände, Blitzeinschläge und Überschwemmungen dem Gotteshaus immer wieder stark zu, sodass es mehrfach wieder aufgebaut und erweitert wurde. Der barocke Charakter des Innenraums ist aber trotzdem erhalten geblieben. Die berühmte spätgotische Muttergottesstatue (um 1470) stammt von einem in der Nachfolge Hans Multschers (gest. 1467) stehenden Künstler aus der Memminger Ivo-Strigel-Werkstatt. Die Madonna wurde jedoch barockisiert (Fassung und Krone). Beachtenswert sind ferner die Figuren der Hll. Rochus und Sebastian (1520/25) sowie die Kanzel von 1708.

Kapuzinerklosterkirche St. Joseph: Die im 17. Jh. erbaute und mehrmals renovierte Kirche erhielt in den ersten Jahren des 20. Jh. eine neubarocke Fassade. Der helle, freundliche Innenraum mit seiner seltenen Farbkombination Rot, Gold, Smaragdgrün bei Altären und Kanzel überrascht durch seinen neuromanischen Stil und seine sanft gewölbte Holzdecke. Das dazugehörige Kloster, gegründet im 17. Jh. von Graf Hugo von Königsegg-Rothenfels, wurde leider 1977 abgerissen. Erhalten geblieben ist allerdings der Klostergarten, der auch heute noch zum Verweilen und Ausruhen einlädt.

Museum Hofmühle: Die ehemals gräfliche "Müli ze Ymmenstatt" wurde 1767 nach einem Brand zur "Großen Hofmühle" wieder aufgebaut. Sie beherbergt heute ein liebevoll gestaltetes Museum, das sich der Kultur- und Wirtschaftsgeschichte der Region widmet: von Ritterrüstungen bis zu kaiserlichen Damenstrümpfen, von Expo-

Immenstadt: Viehscheid in Bronze

naten aus der Geschichte der weltweit exportierenden Bindfadenfabrik bis zur legendären "Imme" (man sagt, dass der Anblick dieser Maschine das Herz der härtesten Motorradfreaks höher schlagen lässt). Das Museum Hofmühle wurde mit dem "Schwäbischen Museumspreis" ausgezeichnet.

Adresse/Öffnungszeiten An der Aach 14, ✆ 3663. Mi–So 14–17 Uhr. Eintritt 2 €/Erw.

Der Süden
Karte S. 99

Umgebung von Immenstadt

Allgäuer Bergbauernmuseum in Diepolz: Das Haus wurde im Sommer 2002 im höchstgelegenen Pfarrdorf Deutschlands eröffnet (etwa 10 km nordwestlich von Immenstadt). Der historische Alltag wird in diesem lebendigen Museum anschaulich dargestellt: sei es auf der Zeitreise durch die Berglandschaft im modernen Eingangsgebäude oder beim Besuch der Alphütte mit der historischen Käsküche. Auch für die kleinen Museumsbesucher ist gesorgt: Es gibt einen ungewöhnlichen Spielplatz mit Heinzenklettern oder Heustockhüpfen.

Öffnungszeiten Tägl. 10–18 Uhr (Sommer), Sa/So 13–17 Uhr (Winter). Eintritt 3 €/Erw., 1,50 €/Ki. (bis 18 Jahre).

Burgruinen: In direkter Umgebung von Immenstadt können fünf restaurierte Ruinen besucht werden: Laubenberg (bei Stein), Rothenfels und Hugofels (bei Bühl), Rauhlaubenberg (nördlich von Rauhenzell) und Werdenstein.

Pfarrkirche St. Otmar in Rauhenzell: Die Kirche liegt 3 km östlich von Immenstadt und gehört zu den wenigen Gotteshäusern im Allgäu, deren Bausubstanz noch bis ins hohe Mittelalter zurückreicht. Schwarze Altäre mit leuchtenden Goldauflagen beherrschen den kleinen Raum und dokumentieren einen Barock, wie er in Dorfkirchen selten anzutreffen ist. Kostbarkeiten sind die Figuren aus der Spätgotik (Madonna mit dem Jesuskind, um 1470; Hl. Anna Selbdritt, um 1490).

Sonthofen

22.000 Einwohner • 750 Meter ü. NN

Die südlichste Stadt Deutschlands. Wer vor dem Ausflug in die Berge noch einmal Stadtluft schnuppern will, sollte hier Station machen.

Noch vor dem Zweiten Weltkrieg war Sonthofen ein kleiner Ort mit gerade einmal 5.000 Einwohnern. Doch in den folgenden Jahrzehnten dehnte sich das vom Grünten bewachte Städtchen in der breiten Talsenke zwischen Iller und Ostrach nach allen Seiten aus. Die Ursachen waren vielfältig: Die Garnison wurde ausgebaut, nach den Verwüstungen des Krieges mussten neue Wohnhäuser errichtet werden, Flüchtlinge zogen hinzu, Sonthofen wurde zur Kreisstadt aufgewertet ...

Heute spielen neben der traditionellen Landwirtschaft auch Handel, Handwerk und natürlich der Tourismus eine zentrale Rolle im wirtschaftlichen Leben Sonthofens. Hinzu kommt die Bundeswehr mit ihren drei Kasernen, von denen allerdings zwei, die Grünten- und die Generaloberst-Beck-Kaserne mit ihrer Schule für Feldjäger und Stabsdienst, aufgrund von Einsparmaßnahmen geschlossen werden sollen – das letzte Wort ist aber noch nicht gesprochen. Um attraktive Facetten bereichert wurde der Ort in den letzten Jahren durch eine behutsame Sanierung der historischen Gebäude und die Einrichtung eines Öko-Parks.

Geschichte: Eine feste Ansiedlung entstand erst im 7. Jh., als sich die Alemannen hier niederließen. Der Platz war gut gewählt, denn hier kreuzten sich die Via Decia – eine wichtige Handelsstraße – und das Illertal. In einer Urkunde von 1120 ist bereits der Name "Sonthovun" zu finden. Der Ort bekam 1429 Marktrecht, und bald florierten Handel, Flachsanbau und Eisenverarbeitung so prächtig, dass er zum lukrativen Zankapfel konkurrierender Herrschaftsansprüche wurde. Als sich jedoch im 19. Jh. der Eisenbahnverkehr entwickelte und mit ihm englische Baumwolle sowie besseres und billigeres Eisen in die Region kam, wurde die heimische Produktion unrentabel, und es drohten schwierige Zeiten – wären da nicht die zwei "Notwender" Hirnbein und Althaus gewesen, die die Käserei im Allgäu revolutionierten (siehe S. 219). Schnell stellte man sich auf den neuen Markt ein: Die Milchproduktion wurde vorangetrieben, und die Sonthofener Viehmärkte erlangten internationale Bedeutung.

Die "Burg"

Noch heute thront die ehemalige "NS-Ordensburg Sonthofen" auf dem Kalvarienberg hoch über der Stadt. Das bittere Andenken an dieses dunkle Kapitel der deutschen Geschichte wurde 1934 von der "Deutschen Arbeitsfront" als Schulungsstätte der NSDAP erbaut. Hier sollte die Jugend auf das nationalsozialistische Gedankengut eingeschworen werden. Im letzten Kriegsjahr diente die "Burg" als Lazarett und wurde nach der Übernahme durch die Besatzungstruppen vorübergehend als Schule genutzt. 1956 schließlich zog die Bundeswehr in das Gebäude ein. Der heutige Name: "Generaloberst-Beck-Kaserne".

Touristeninformation/Freizeitangebot

- *Postleitzahl* 87527
- *Vorwahl* 08321, 08326 (Hinang)
- *Touristeninformation* **Gästeamt,** Rathausplatz 1, ✆ 615291, 📠 615293, www.sonthofen.

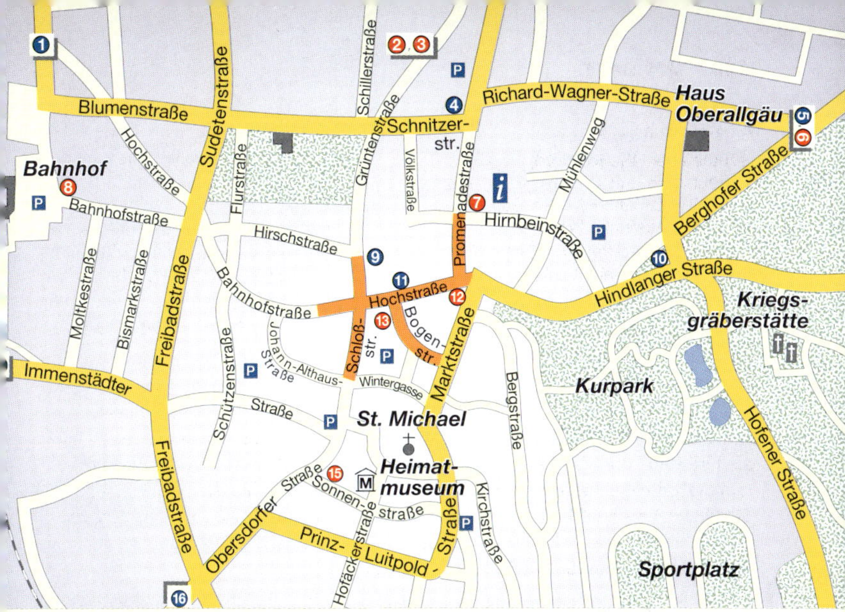

Sonthofen

Übernachten

1 Bauer
4 Deutsches Haus
5 Allgäu Stern
9 Hirsch
10 Schwäbele Eck
11 Gasthof Adler
14 Allgäuer Berghof
16 Campingplatz

Essen und Trinken

2 Alpenblick
3 Berggasthof Kranzegg
6 Brotzeitstube Walten
7 Café Amt
8 Zoran
12 Zum Löwen
13 Café Glück
15 Poseidon

de. Mo–Fr 8–12 und 13–17, Sa (im Sommer) 8–17 Uhr. Sehr einladend ist der Leseraum im Gästeamt.

Außenstelle: **Gästeamt Altstädten,** Am Anger 18, ✆ 2170, www.altstaedten.de.

• *Führungen* Holen Sie sich das Faltblatt **"Kleiner Stadtführer"** beim Gästeamt und machen Sie sich auf zum Erlebnistrip.

Besichtigung der Hirschbrauerei, Grüntenstraße 7, ✆ 66330. Fr 15–18, Sa 9.30–12.30 Uhr. Anmeldung beim Gästeamt.

Führungen in der "Burg", Anmeldung beim Gästeamt (siehe auch Kasten).

• *Alpenrundflüge* Segelflugplatz Agathazell, ✆ 81828.

• *Angeln* Am Sonthofener See (Auskunft beim Gästeamt) und in der Iller (Auskunft bei Weber, ✆ 2997).

• *Baden* **Sonthofener See,** Einstieg über den Ortsteil Oberzollbrücke.

Freibad, Freibadweg, Altstätten, ✆ 81115. Juni–September täglich 10–19 Uhr. Eintritt 3 €/Erw.

Wonnemar, Stadionweg 5, ✆ 780970. Ein Spitzenbad im Oberallgäu mit vier Abteilungen: Erlebnisbad (Rutschenanlagen, Abenteuerwellenbecken, Erlebnisaußenbecken, Kinderbereich "Wonniland", Whirlpool), Saunawelt (Vital-Sauna, finnische Sauna, Steinbad, japanisches Heißbecken), Gesundheitsbad (Soleaußenbecken, Soleinhalationsstollen) und Wellnessoase (z. B. Cleopatrabad in echter Ziegenmilch). Von Mai bis September täglich 10–21 Uhr. Erlebnis- und Sportbad für zwei Stunden 6,50 €/Erw., 4,50 €/Ki., Familientageskarte 27,50 €.

• *Ballonfahren* **Bauer,** Hans-Böckler-Straße 86, ✆ 7091; **Ballonsportgruppe Alpin,** ✆ 7091; **Alpen-Ballonsport-Club-Allgäu,** ✆ 88042.

• *Drachen- und Gleitschirmfliegen* **Rohrmeier**, Salzweg 27, ✆ 9328. Auch Tandemflüge.

• *Eissport* Hindelanger Str., ✆ 61534. Oktober–März.

• *Fahrradverleih* **Radsport Hermann** (auch MBs), Eichendorffstraße 1, ✆ 86958;

Schaich (auch MBs), Bogenstraße 1, ✆ 787443; **Gabler,** Hinang 61, ✆ 7284.

Sonthofener Stadtfahrrad, 15 Räder (mit Einkaufskorb und z. T. mit Kindersitz) warten am Radl-Bahnhof beim Gästeamt kostenlos auf Ausleiher (Pfand 10 €).

• *Feste/Veranstaltungen* Egga-Spiel (alle drei Jahre, 2003 am Funkensonntag, dem ersten Sonntag nach Aschermittwoch); Chortage (im Frühjahr); Oberallgäuer Frühjahrsausstellung (wechselnde Zeiten); Stadtfest (Ende Juni); Sonthofener Sommerspektakel (Kabarett, Folk, Jazz, im Juli und August); Kultur-Tage (Mitte bis Ende Oktober); Bärbele- und Klausentreiben (4.–6. Dezember); Nikolaus-Ballonstart (meist am zweiten Sonntag im Dezember); Bergmessen (ein Erlebnis auf dem Berg; erkundigen Sie sich bei den Kirchen). Außerdem Heimatabende und Standkonzerte.

• *Kino* **Filmburg,** Promenadenstraße 1 a, ✆ 2332 u. 88033.

• *Minigolf* Im G'hau, ✆ 3764. Mo–So 13–22 Uhr.

• *Radwandern* **Allgäu Bike Tours,** Reute 5 in Blaichach, ✆ 88895. Geführte MB-Touren.

• *Reiten* **Jipp,** Winkel 10, ✆ 3514.

• *Saunen & Solarien* **Saunaparadies,** An der Eisenschmelze 15, ✆ 88336. Außerdem in der Tennishalle, Am Illerdamm 1, ✆ 83368.

• *Squash* **Squash-Center,** An der Eisenschmelze 27, ✆ 5585; **TC-Tennishallen,** Am Illerdamm 1, ✆ 83368.

• *Tennis* Ebenfalls **TC-Tennishallen,** Am Illerdamm 1, ✆ 83368; **Tennisplätze Sonthofen,** Am Schwarzenstein 8, ✆ 84953.

• *Wandern* Im "Alpsee-Grünten-Info", erhältlich beim Gästeamt, werden zahlreiche Wandermöglichkeiten angeboten: von ebenen Spazierwegen bis zu anspruchsvollen Bergtouren, auch kinderwagengerechte Wanderwege.

Übernachten/Essen und Trinken/Abends (siehe Karte S. 105)

• *Hotels* **Allgäu Stern (5),** Buchfinkenweg 2, ✆ 2790, 📠 279444. DZ ab 78 €. Für Allgäuer Verhältnisse riesige, modern-mondäne Hotelanlage, etwas abseits an einem Berghang gelegen. Helle Zimmer, Wellnesspark, Kosmetikstudio, Animation und herrlicher Blick auf das Ostrachtal und die Bergkette.

Familien- und Sporthotel Allgäuer Berghof (14), auf der Alpe Eck, ✆ 8060, 📠 806219. DZ ab 98 €. Die moderne Hotelanlage auf 1.200 m Höhe bietet allen möglichen Schnickschnack mitten in den Bergen.

Landhotel Bauer (1), Hans-Böckler-Str. 86, ✆ 7091, 📠 87727. DZ ab 75 €. Am Ortsrand gelegenes Hotel im ländlichen Stil.

Tourotel Deutsches Haus (4), Schnitzerstr. 3, ✆ 7809850, 📠 780985222. DZ ab 72 €. Zentral gelegenes, renoviertes Hotel der Wienerwald-Kette mit schönen, hellen Zimmern. Für Lärmempfindliche vielleicht etwas zu laut, Hunde erlaubt.

• *Gasthöfe* **Gasthof Adler (11),** Hochstr. 7, ✆ 2309, 📠 71709. DZ ab 44 €. Einfache und günstige Unterkunftsmöglichkeit mitten in der Fußgängerzone.

Hotel und Brauereigasthof Hirsch (9), Grüntenstr. 7, ✆ 67280, 📠 672828. DZ ab 60 €. Schweres Gebälk, ein riesiger Kupferkessel und Dirndl empfangen die Gäste in dem zentral gelegenen Gasthof, der den traditionellen Erwartungen an das Allgäu voll entspricht.

Gasthof Schwäbele Eck (10), Hindelanger Str. 9, ✆ 67200, 📠 672029. DZ ab 70 €. Gute, günstige Übernachtungsmöglichkeit in zentraler Lager, Hunde geduldet.

• *Camping* **Campingplatz an der Iller (16),** Sinwagstr. 2, ✆ 2350. Stellplatzpauschale 32 €. Ganzjährig geöffneter, kaum parzellierter Platz mit wenig Schatten, auf dem man v. a. Dauercamper antrifft.

• *Ferienwohnungen/Ferien a. d. Bauernhof* Aus dem reichen Angebot (erfragbar beim Gästeamt) zwei Beispiele:

Dauser, Hans u. Claudia, Auf der Gerbe 4, ✆ 2881, 📠 85706. DLG-Gütezeichen, Spielplatz, ab 31 €.

Hell-Kolb, Paula, Alpenrosenweg 1 c, ✆ 5525, Waschmaschine u. Trockner vorhanden, ab 30 €.

• *Essen und Trinken* **Alte Post,** Promenadenstr. 5, ✆ 2508. Fr–Mi 11–14 und 18–21.30 Uhr. Gepflegtes Lokal mit angenehmer Atmosphäre und sehr guter regionaler Küche.

Zum Löwen (12), Hindelangerstr. 1, ✆ 2490. Täglich außer Di 9.30–23 Uhr. Lust auf große, deftige Fleischportionen? Dann finden Sie in dem gutbürgerlichen Lokal, was Sie suchen! Fleischgerichte unter 10 €.

Brotzeitstube Walten (6), Walten 8, ✆ 85855. Di–Fr 12–23 (im Winter erst ab 14 Uhr), Sa/So 10–23 Uhr. Egal ob nach, vor oder ganz unabhängig von einer kleinen

Winterlandschaft bei Sonthofen

Wanderung: in dem alten umgebauten Bauernhof mit idyllischem Blick auf das Ostrachtal und die Bergkette schmecken eine deftige Brotzeit genauso wie Kaffee und die selbst gemachten Kuchen (auch Übernachtungsmöglichkeiten: DZ ab 44 €).

Berggasthof Alpenblick (2), Auf dem Ried 1 (2,5 km von Burgberg entfernt), ✆ 3354. Di–So 10–22 Uhr. Ein lohnender Ausgangs- und Zielpunkt für kleinere und größere Wanderungen auf und um den Grünten (auch Übernachtungsmöglichkeiten: DZ ab 38 €).

Berggasthof Kranzegg (3), Alpweg 17, 87549 Kranzegg, ✆ 08327/270. Direkt am Grünten auf 1.150 m Höhe liegt der Gasthof zentral für Ausflüge, die Einsamkeit der Bergwelt muss man hier allerdings erst suchen (auch Übernachtungsmöglichkeiten: DZ ab 52 €).

Bei Zoran (8), Bahnhofstr. 30, ✆ 88020. Mi–Mo 11.30–14.30 und 17.30–23 Uhr. Gehobene italienische Küche in sehr gepflegtem Ambiente.

Poseidon (15), Sonnenstr. 2 a, ✆ 86385. Mo–So 11.30–14.30 und 18–24 Uhr. Günstiges griechisches Lokal, in dem Vegetarier genauso wie "Carnarier" auf ihre Kosten kommen.

Café Amt (7), Am Rathausplatz 1, ✆ 787111. Mo–So 10–1 Uhr. Nettes Bistro am Rathausplatz mit südländischem Flair, in dem sich sommers wie winters Männlein wie Weiblein, Jung wie Alt zum Cappuccino, Salat, Baguette und natürlich zu einem "Schwätzle" treffen. Ein neuer Wintergarten wurde angebaut.

Café Glück (13), Bogenstr. 3, ✆ 805450. Mo–So 11–1 Uhr. Kleines, etwas abseits vom Rummel der Fußgängerzone gelegenes Café.

• *Abends* **Kraftwerk,** Stadionweg 12, ✆ 83210. Disko. Di, Mi, Fr, Sa ab 21 Uhr.

Der Süden
Karte S. 99

Sehenswertes

Pfarrkirche St. Michael: Beim Wiederaufbau der im letzten Krieg zerstörten Kirche bemühte man sich, den spätgotischen Kirchenbau mit der barocken Innenausstattung möglichst originalgetreu nachzuempfinden. Wertvolle Schnitzereien sind erhalten geblieben. Die vier Kirchenväter am Hochaltar wurden 1748 von dem Bildhauermeister Anton Sturm aus Füssen geschaffen. Sie sind neu in Weiß und Gold gefasst. Die Kanzel und die beiden Seitenaltäre mit den Heiligen Margaretha und

Afra (links), Blasius und Erasmus (rechts) stammen ebenfalls aus dem 18. Jh. In der nebenan befindlichen Frauenkapelle ist ein Muttergottes-Schnitzrelief von Jörg Lederer (1515) zu finden.

Heimathaus Sonthofen: Das denkmalgeschützte Allgäuer Bauernhaus aus dem 18. Jh. beherbergt seit 1930 ein Heimatmuseum. Zu sehen sind u. a. eine geologische und eine frühgeschichtliche Abteilung, Exponate zur Allgäuer Wohnkultur, eine Skisammlung, kunstvoll geschnitzte Holzmasken des Egga-Spieles, eine 17 qm große Weihnachtskrippe und Sonthofener Trachten. Darüber hinaus widmet sich das Museum der Alpsennerei, der Flachsverarbeitung und dem Nagelschmiedehandwerk, das bis zur Schließung der nahe gelegenen Erzgruben am Grünten Mitte des 19. Jh. eine wichtige Nebenerwerbsquelle der hiesigen Bauern darstellte.

Adresse/Öffnungszeiten Sonnenstr. 1, ✆ 3300. Di, Mi, Do, Sa und So 15–18 Uhr. Eintritt 2 €/Erw., 1 €/Ki.

Ökologischer Kurpark: Am Hang des Kalvarienberges mit Blick auf die Bergkette lädt ein kleines Feuchtbiotop mit seltenen heimischen Pflanzen zum Spazieren, Entspannen und Schlummern ein.

Egga-Spiel

Es herrscht Ausnahmezustand in Sonthofen: Ein Haufen Verkleideter mit bizarren holzgeschnitzten Masken hat die Macht ergriffen und pflügt, eggt, sät und erntet mit seltsam verfremdeten Werkzeugen an allen möglichen Orten der Stadt. Dann erscheint plötzlich eine grässliche Hexe: Sie stiehlt, zerstört, zertritt und vernichtet, bis die Bauersleute aufspringen und eine Hetzjagd beginnt. Erst wenn die unberechenbare Vandalin eingefangen ist, kehrt wieder Friede ein, der mit Tanz und Trunk gebührend gefeiert wird.

Der Egga-Spiel-Brunnen

Das Egga-Spiel ist ein uralter Fasnachtsbrauch heidnischen Ursprungs, der seit 1955 alle drei Jahre wieder zum Leben erwacht. Das pantomimische Schauspiel versinnbildlicht die Auseinandersetzung der Menschen mit den Naturkräften. Die Gestalt der Hexe verkörpert die dämonischen Kräfte, die die tägliche Arbeit der Bauern stören und erschweren – daher auch der Name "Egga", der von "aneggen" = "misslingen" abgeleitet ist.

Wanderung 6: Witzlehrpfad

(s. Karte S. 111)

Wer glaubt, dass Lehrpfade immer nüchtern und trocken sind, hat sich gehörig geirrt! Denn die kleine Wanderung durch Bergwiesen und Wäldchen, die auch Kindern Spaß macht, aktiviert nicht nur die Bein-, sondern auch die Lachmuskeln.

Route: Kranzegg (11 km nordwestlich von Sonthofen) – Café Deubele – Berggasthof Kranzegg – Kranzegg

Wanderzeit: 1–1,5 Stunden

Höhenunterschied: 400 m

Einkehrmöglichkeiten: Berggasthof Kranzegg, Café Deubele

Ausgangspunkt ist der **Parkplatz am Ortseingang von Kranzegg** (Talstation des Grüntenlifts, 680 m). Von hier aus geht man in den Ort, nach der Kirche rechts und verlässt hier die Vorfahrtstraße nach leicht rechts in ein kleines Teersträßchen. Auf diesem wandert man bergauf bis zum Café Deubele. Wenige Meter nach dem Café zweigt der ausgeschilderte Witzlehrpfad (gelber Pfeil) von der Teerstraße ab und führt über Geiß-Alpe, Schwarz-Alpe zum Berggasthof Kranzegg und am Wildbach entlang zum gleichnamigen Ort zurück.

Wanderung 7: Durch die Starzlachklamm

(s. Karte S. 111)

Tosend und schäumend stürzt sich die Starzlach über Felsen in die Tiefe, macht in kleinen Gumpen und Kehren eine kurze Verschnaufpause, um sich danach mit neuer Kraft ohrenbetäubend ihren Weg durch die Felswände zu bahnen.

Route: Winkel (2 km nordöstlich von Sonthofen) – Starzlachklamm – Gasthof Alpenblick (990 m) – Winkel

Wanderzeit: 2,5 Stunden

Höhenunterschied: 220 m

Einkehrmöglichkeit: Gasthof Alpenblick, Brotzeitstube am Klammeingang

Ausgangspunkt ist der **Parkplatz am Ortsende von Winkel.** Hier überquert man die Starzlach und folgt dem ausgeschilderten Weg über Bergwiesen zur Klamm (Eintritt 1,50 €/Erw., 0,80 €/Ki.). Am Ende der Klamm führt der markierte Weg in Serpentinen hoch zum Berggasthof. Auf der Straße geht man links und biegt nach rund 200 m am Waldrand wieder nach links ab. Ein kurzes Stückchen geht es leicht bergauf, dann über eine Weide bergab und weiter durch den Wald zurück nach Winkel.

Der Süden
Karte S. 99

Der Grünten: "Wächter des Allgäus"

Markant und mächtig ragt der nördlichste Berg der Allgäuer Alpen aus der hügeligen Landschaft hervor – wer an ihm vorbeizieht, hat das Tor zur Bergwelt durchschritten!

Der "Wächter des Allgäus", wie der Grünten häufig genannt wird, ist mit seinen 1.738 m zwar nicht der höchste Berg der Region, aber trotzdem war er es, der jahrhundertelang alle Blicke auf sich zog. Das begann spätestens im 15. Jh., als Erzfunde an seiner Südseite die Wirtschaftsstruktur der Region umkrempelten und sich das Gebiet um den Grünten zu einem blühenden Eisenindustrierevier entwickelte. Da die eisenerzhaltigen Schichten stark gefaltet sind, war der Abbau sehr zeit- und kostenaufwendig. So wurde der Bergbau Mitte des 19. Jh. eingestellt, als mit Beginn des Eisenbahnzeitalters besseres und billigeres Eisen ins Allgäu kam. Seinem Ruf als "Liebling der Allgäuer", wie es in einem Reisebericht aus dem 19. Jh. heißt, tat das aber keinen Abbruch. Denn manch hoher Herr hatte schon frühzeitig

Gefallen an dem Berg gefunden. So ließ sich beispielsweise Kurfürst Clemens Wenzeslaus im Jahr 1774 in einer Sänfte auf den Grünten tragen: Für dieses Unternehmen benötigte er 51 Pferde und 56 Bauern! Prinzregent Luitpold von Bayern schätzte das Massiv als Jagdrevier, und auch der Käsespezialist Carl Hirnbein verliebte sich in den breiten Bergrücken und errichtete 1851 auf knapp 1.400 m Höhe das Grüntenhaus – die erste touristische Unterkunft in den Allgäuer Bergen.

Seit dieser Zeit ist der Grünten eines der beliebtesten Ziele für Bergtouren im Allgäu, und das zu Recht! Denn kaum ein anderer Berg bietet einen so abwechslungsreichen Rundblick: im Norden das sanft hügelige Voralpenland mit Kempten und Memmingen, im Westen der Alpsee und im Osten bzw. Süden der erste Blick auf die Bergkette mit dem Säuling, den Tannheimer Dolomitbergen und dem Gottesackerplateau, um nur einige Gipfel zu nennen.

Wanderung 8: Auf den Grünten

Der stetig ansteigende, zum Teil recht steile, aber ungefährliche Aufstieg führt zum Großteil durch schattigen Hochwald, während der Abstieg immer wieder einen Blick auf das Bergpanorama freigibt.

Route: Burgberg (752 m, 2 km nördlich von Sonthofen) – Grüntenhaus (1.535 m) – Übelhorn (1.738 m) – Sendestation – Alpe Obere Schwand – Gasthof Alpenblick – (Starzlachklamm – Winkel) – Burgberg

Wanderzeit: etwa 5 Stunden, mit Starzlachklamm-Variante etwa 6 Stunden

Einkehrmöglichkeit: Grüntenhaus (kein Ruhetag, im November geschlossen), Alpe Obere Schwand (Juni–September und an schönen Wochenenden geöffnet), Gasthof Alpenblick (Mo Ruhetag), Klammhütte (Mai–November geöffnet)

Wegbeschreibung

Ausgangspunkt ist das **Rathaus von Burgberg.** Von dort aus geht man steil die Grüntenstraße hinauf, hält sich an der Abzweigung "An der Halde" links und wandert weiter bergan bis zum Schützenhaus. Wenige Meter oberhalb des Schützenhauses geht der Weg links weiter **Richtung Grüntenhaus.**

Der in Serpentinen ansteigende Weg führt durch schattigen Hochwald, bis er zwischen Burgberger Hörnle und Stuhlwand nach einem Gatter auf eine Alpweide zuläuft, die sich v. a. im Frühjahr als ein einziges Blütenmeer präsentiert. Von hier aus ist es nicht mehr weit bis zum fast ganzjährig bewirtschafteten Grüntenhaus (1.535 m), wo man sich bei Bedarf stärken kann.

Am Grüntenhaus hält man sich links, steigt hinauf zur **Sendestation des Bayerischen Rundfunks** und geht daran vorbei bis zum Jägerdenkmal auf dem **Übelhorn** (1.738 m).

Vom Gipfel des Übelhorns führt der Weg zurück zur Sendestation. Von dort wandert man hinab **Richtung Alpe Obere Schwand.** In Serpentinen geht es durch Hochwald und über Alpwiesen, bis man auf den geteerten, aber für Autos gesperrten **Höfleweg** trifft. Diesem folgt man nach rechts zum Gasthaus Alpenblick und weiter bis zur **Abzweigung Bachtelweg.** Der Wanderweg führt links von der Straße weg hinab nach Burgberg.

Variante

Wer noch etwas Kondition hat, sollte auf jeden Fall die lohnendere Variante durch die wildromantische Starzlachklamm wählen, die rund eine Stunde länger dauert. Diese führt kurz vor dem Gasthaus Alpenblick links durch eine Wiese und über mehrere Kehren zur Klamm hinab. An den wild tosenden Wassermassen entlang und auf Stegen und Brücken über Gumpen und Strudel führt der ausgeschilderte Weg am Ende der Klamm zunächst leicht

bergauf, dann aber stetig bergab zum **Parkplatz in Winkel.** An der Parkplatzeinfahrt geht man rechts, überquert nochmals die Starzlach und wandert dann etwa 1,5 km auf der geteerten Straße zurück nach **Burgberg.**

Wanderung 9: Kleiner Hörnerweg

Die Vorstellung, "richtige" Berge müssten immer schroffe Felsmassive sein, widerlegt die Hörnergruppe eindrucksvoll. Ihr Charme liegt in den sanft geschwungenen Formen und den üppigen Weideflächen, die in allen erdenkbaren Grünvariationen schimmern – zu Recht ist diese Wanderung parallel des Illertals als "Panoramaweg" ausgewiesen. Nach einem etwas anstrengenden Aufstieg verläuft der Weg gemächlich in leichtem Auf und Ab über Hörner und Sättel. Abgeschiedenheit und Einsamkeit findet man hier allerdings nicht so leicht.

Wegbeschreibung

Ausgangspunkt ist der Parkplatz der **Weltcup-Express-Bahn in Ofterschwang.** Von hier aus wandert man am ausgeschilderten Weg entlang in Kehren bergauf zum modernen **Allgäuer Berghof** (1.206 m). Hinter der Hotelanlage geht man auf dem

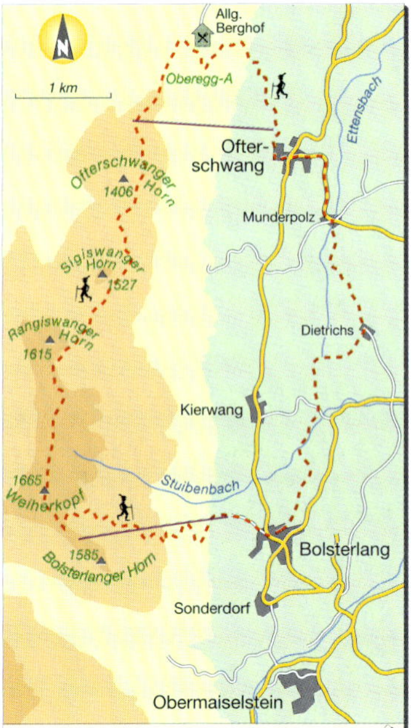

Wanderung 9:
Kleiner Hörnerweg

Forstweg hinauf zur Kammhöhe, wo der **Panoramaweg** beginnt.

Am bzw. auf dem Kamm verläuft die Forststraße durch Blumenwiesen über die Oberegg und Horn Alpe zum **Ofterschwanger Horn** (1.406 m). Wenige Meter südlich des Gipfels geht die Fahrstraße in einen Fußpfad über, der weiterhin immer Richtung Süden führt. Es geht vorbei am **Sigiswanger** (1.527 m) und am **Rangiswanger Horn** (1.615 m, schöner ausgeschilderter Abstecher zum Gipfel, der ca. eine halbe Stunde mehr in Anspruch nimmt) bis zum **Weiherkopf** (1.665 m).

Wenige Meter nach dem Gipfel hält man sich links bergab bis zu einer weiteren Gabelung: hier wieder scharf links (geradeaus geht es zum Bolsterlanger Horn) und in einem Bogen unter den Liften durch zum **Hörnerhaus** (1.362 m; wer sich die Stunde steilen Abstiegs sparen will, hat die Möglichkeit, mit der Bahn hinunterzufahren).

Route: Ofterschwang (864 m) – Ofterschwanger Horn (1.406 m) – Rangiswanger Horn (1.615 m) – Weiherkopf (1.665 m) – Bolsterlang (892 m) – Dietrichs – Ofterschwang

Wanderzeit: 6–7 Stunden, bei Rückfahrt mit dem Bus 5 Stunden, Variante über Riedbergerhorn 9–10 Stunden

Höhenunterschied: 750 m

Einkehrmöglichkeiten: Allgäuer Berghof, Hörnerhaus, Fahnegehren Alpe (Mai–September)

Anmerkungen: Hörnerbahn 8.30–16.30 Uhr, 9,50 €/Erw. (einfach)

In Serpentinen führt der Weg weiter bergab nach **Bolsterlang** (892 m). Von hier aus fahren Linienbusse zurück nach Ofterschwang. Alternativ bietet sich natürlich auch die Möglichkeit, die Rundtour per pedes zu beenden. Hierfür geht man ebenfalls zur Hauptstraße von Bolsterlang. Unterhalb der Kirche (jenseits der Haltestelle) verlässt man die Vorfahrtstraße nach links, dem Wanderwegweiser **Richtung Ofterschwang** folgend. An der kleinen Gabelung hält man sich rechts und folgt dem Wanderweg durch Wiesen und ein Wäldchen. Der ausgeschilderte Weg überquert eine Fahrstraße, führt danach einige Meter an einem Bächlein entlang, macht eine scharfe Rechtskurve, bis er schließlich in **Dietrichs** mündet. Hier hält man sich links und wandert weiter geradeaus in den Wald, dann an einem Golfplatz vorbei bis zu einer Querstraße: Hier orientiert man sich nach links bergauf zur Kirche von **Ofterschwang,** durchquert den Ort und kommt so zurück zum Parkplatz.

Radtour 6: Auf dem Königssträßchen zum Rottachsee

(s. Karte S. 99)

Auf den ersten Kilometern tolles, zum Greifen nahes Bergpanorama (was aber auch heißt, dass man immer wieder ganz schön in die Pedale treten muss), einsame, aber gute Sträßchen, steile, blumenübersäte Wiesen. Später dann der Rottachsee, dessen erfrischendes, kühles Wasser für so manchen Schweißtropfen entschädigt.

Route: Burgberg (752 m, 2 km nördlich von Sonthofen) – Gasthof Alpenblick (990 m) – Königssträßchen – Buchenberg – Petersthal – Vorderburg – Rettenberg (806 m) – Burgberg

Länge: 40 km

Höhenunterschied: 330 m

Wegbeschreibung

Ausgangspunkt ist das **Rathaus von Burgberg.** Von hier aus fährt man die Grüntenstraße bergauf und folgt nach ca. 300 m dem Schild **Richtung Berggasthof Alpenblick** nach links. Die Straße führt weiter bergauf an dem Ausflugslokal (2,5 km) vorbei und gabelt sich direkt nach dem Gasthaus. Hier hält man sich links und weiter bergauf **Richtung Königssträßchen** bis zur nächsten Gabelung nach wenigen Metern. An dieser fährt man – wieder der Beschilderung **"Königssträßchen"** folgend – weiter nach rechts. Es geht leicht bergab durch blühende Wiesen und lichte Wäldchen. Das für Autos gesperrte Sträßchen führt um den Grünten herum.

An der kleinen Kreuzung nach einer Schranke (9,5 km) hält man sich leicht rechts bergab und bleibt auf der Straße parallel zur Starzlach. Nach 12 km endet das Königssträßchen und trifft auf eine befahrene Querstraße, in die man links einbiegt. Schon nach wenigen Metern biegt man nach rechts in das Sträßchen **Richtung Binzeler** ab und fährt dieses (schwitzend) bergauf, kommt durch Brosisellegg hindurch und radelt weiter bis Binzeler (16 km).

Dort orientiert man sich nach links **Richtung Petersthal** und folgt der in Kurven steil bergab führenden Straße durch **Holz** bis zur T-Kreuzung in Petersthal (20 km). Auf der Vorfahrtstraße biegt man nach links ab und gleich wieder (noch vor der Kirche) nach rechts. Auf dem Weg um die Kirche herum kommt man hinunter zum **Rottachsee.**

Nach einer ausgiebigen Badepause fährt man wenige Meter zurück und überquert am Beginn der Teerstraße die Brücke rechter Hand, dem ausgeschilderten **Seerundweg** folgend. Anfangs führt der Weg am See entlang, dann an der Straße. Man überquert eine kleine Kreuzung und hält sich an der Querstraße nach der Brücke links **Richtung Kranzegg.**

Immer auf der Vorfahrtstraße bleibend, passiert man **Rieder, Großdorf, Vorderburg** (25 km) sowie **Emmereis** und fährt dann nach **Engelpolz.** Dort geht es vor der Kapelle rechts von der Vorfahrtstraße weg **Richtung Bommen, Sterklis.** Die Abzweigungen ignorierend, radelt man durch die Weiler nach **Rettenberg** (30,5 km). Beim Rathaus trifft man auf eine Vorfahrtstraße, der man nach rechts in Kurven durch den Ort folgt.

Kurz vor Ortsende verlässt man die Straße nach links **Richtung Altach, Wagneritz.** Die Straße führt durch die zwei Ortschaften. Am Ende von Wagneritz zweigt man nach links ab (dem kleinen Holzschild **"Agathazell"** folgend) und fährt an einem Bächlein entlang bis zur Querstraße. An dieser hält man sich links und kommt so zurück nach **Burgberg.**

Grandioser Blick ins Ostrachtal

Bad Hindelang

5.000 Einwohner • 830–1.140 Meter ü. NN

Blühende Wiesen und weiße Berge, erholsame Kuren und abenteuerliche Sport-Events – Bad Hindelang hat viele Gesichter und erfreut sich deswegen bei Touristen größter Beliebtheit.

Die Gemeinde präsentiert sich ihren Besuchern in "zweigeschossiger Lage". Landschaftsarchitekten des "unteren Stockwerks" waren Gletscher und die Ostrach, die sich mit vereinten Kräften im Laufe der Jahrtausende ein liebliches Tal freigeräumt haben. Hier unten liegen der Hauptort Hindelang sowie Bad Oberdorf und Hinterstein mit ihren urtümlichen dunklen Schindelhäusern und den kleinen bunten Blumengärten. Bewacht werden die Ortschaften vom Hirschberg (1.456 m), dem Imberger Horn (1.656 m) und dem Breitenberg (1.887 m). Kurbelt man die kurvenreiche Jochpassstraße 300 m hinauf in den "zweiten Stock", sieht manches ganz anders aus: Oft liegt hier oben noch Schnee, wenn unten schon die ersten Blumen blühen – und das ist gut so, denn die "obergeschossigen" Gemeindemitglieder Oberjoch und Unterjoch sind v. a. im Winter in ihrem Element: Mit 15 Skiliften, Langlaufloipen und zahllosen Winterwanderwegen warten sie mit allem auf, was Freunde der kalten Jahreszeit sich wünschen.

Geschichte: In alemannischer Zeit lebten die Hindelanger mehr schlecht als recht von der Landwirtschaft. Dank der Erzfunde im Tal (15. Jh.) und einer billigen Energieversorgung durch die Bergflüsse entwickelte sich die Eisenverarbeitung zu einem höchst lukrativen Gewerbe. Bald waren es nicht nur Pfannen und Kessel, die hier gefertigt wurden, sondern auch Lanzen und Schilde: Hindelang wurde zur "Waffenschmiede Deutschlands"! Heute kann man noch in Bad Oberdorf zwei Hammerschmieden besichtigen.

Etwa zeitgleich wurde die wichtige Handelsstraße zwischen Tirol und dem Bodensee verlegt, sodass sie von nun ab über den Jochpass durch Hindelang führte. Zahlreiche Wirtshäuser sowie Wagner- und Sattlerwerkstätten schossen aus dem Boden, deren Betreiber gewaltig von den Handelsreisenden profitierten. Als dann Mitte des 19. Jh. die Heilquelle in Bad Oberdorf eingefasst und öffentlich zugänglich gemacht wurde, war das der Startschuss für den Kurbetrieb im großen Stil. Bis heute hat sich Hindelang mit einer Million Übernachtungen pro Jahr zum zweitgrößten Kurort des Allgäus entwickelt. Und seit Dezember 2001 ist Hindelang ein staatlich anerkannter Kneippkurort und darf sich "Bad Hindelang" nennen.

Touristeninformation/Freizeitangebot

- *Postleitzahl* 87541
- *Vorwahl* 08324
- *Touristeninformation* **Gästeinformation,** Am Bauernmarkt 1, ✆ 8920, ✆ 8055, www.badhindelang.de. Mo–Fr 8.30–17.30, Sa 9–13 und 14–17, So (im Sommer) 14–17 Uhr. Elektronische Zimmervermittlung am Parkplatz unterhalb der Gästeinformation. Weitere Gästeinformationen: **Bad Oberdorf,** ✆ 351, ✆ 1450; **Oberjoch,** ✆ 7709, ✆ 7191; **Unterjoch,** ✆ 7607, ✆ 7549; **Hinterstein,** ✆ 81118, ✆ 8783.
- *Angeln* **Rohrmoser,** Richard-Mahn-Str. 12, ✆ 456.
- *Baden* **Freibad,** Ostrachstr. 18, Hindelang, ✆ 400. Beheizt, Juni–September 8.30–19 Uhr. Eintritt 3 €/Erw.

"Prinze-Gumpe" (im Kneipp-Kurgarten), Auf dem Buck, Hinterstein. Kleines Naturbecken. Eintritt frei.

Hochmoor-Schwimmbad, Passstr. 49, Oberjoch. Eintritt frei.

Hallenbäder: Hotel Prinz-Luitpold-Bad, Andreas-Gross-Str. 7, Bad Oberdorf, ✆ 8900, Mo–Fr 9–17 Uhr (schöne Wasserlandschaft); Kurhotel Schofer, Bad Oberdorfer Str. 20, Hindelang, ✆ 8990, Mo–Sa 8–18 Uhr. Eintritt mit Saunabenutzung (3 Std.) 12,50 €.

- *Bergbahnen* **Gondelbahn Hornalpe,** ✆ 2404. Berg- und Talfahrt 10 €/Erw., 7 €/Ki. (bis 16 J.), günstigere Familienkarte: für zwei Erw. und ein Kind Berg- und Talfahrt 22,50 €.

Iseler-Sessellift, ✆ 973784. Berg- und Talfahrt ein Erw. und ein Kind 13 €.

- *Eissport* Natureisplatz bei der Talstation der Sesselbahn Hornalpe/Hindelang, ✆ 2404.
- *Fahrradverleih* **natour-pur,** Am Bauernmarkt 1, ✆ 8080; **Sport Waibel** (auch MBs), Unterer Buigenweg, ✆ 2528; **Weber** (auch MBs), Im Schlauchen, Hinterstein, ✆ 8161; **Hoiser's Fahrradverleih,** Steinebergweg 29, Unterjoch, ✆ 901699.
- *Kegelbahn* **Alpengasthof Rosenstuben,** Jörg-Lederer-Straße 17, ✆ 2370; **Alpenhotel,** Am Prinzenwald 3, Oberjoch, ✆ 7090.
- *Kinderprogramm* Für die Sommer- und Herbstferien bietet die Gästeinformation ein vielseitiges Programm an, z. B. Basteln mit Heu, Lagerfeuer, Theatertage usw.
- *Kino* Zillerbachstr. 22, Hindelang, ✆ 2260.
- *Reiten & Kutschfahrten* **Kappler,** Winkelgasse 23, Vorderhindelang, ✆ 8061, Kutschfahrten für 7 Pers. (1,5 Std.) 75 €; **Bentele,** Ornachstr. 29, Oberjoch, ✆ 7698, pro Pers. 10 €.
- *Tennis* **Tennis- & Fitnesspark,** Ostrachstraße 18 a, ✆ 555; außerdem zwei Freiplätze in Unterjoch, ✆ 7119.
- *Sport-Events* **natour-pur,** Am Bauernmarkt 1, ✆ 8080. Geführte Touren: Rafting, Canyoning, Hochseilgarten, Klettergarten, MB-Touren u. v. m.
- *Wandern/Radwandern* **Allgäuer Bergführerbüro,** Am Bauernmarkt 1, ✆ 953650. Jede Woche verlockende Angebote, z. B. Hochvogel (44 €/Pers.).

BergWaldWeg Hindelang, die Beschreibung gibt's bei der Gästeinformation. Start ist beim Café Polite, Schindackerweg. Sie benötigen 2,5 Stunden für die 14 interessant aufgemachten Stationen. Bei der Gästeinformation erhalten Sie eine Panorama-Wanderkarte mit Radtouren, in der eine Menge Vorschläge enthalten sind (einschließlich der Schwierigkeitsgrade).

Der Süden
Karte S. 99

Übernachten/Essen und Trinken

- *Hotels* **Hotel Sonne,** Marktstr. 15, Hindelang, ✆ 8970, ✆ 897499. DZ ab 102 €. Gepflegtes Vier-Sterne-Hotel mit familiärer Atmosphäre mitten im verkehrsberuhigten Ortsteil Hindelang.

Im Kutschenmuseum

Alpenhotel Oberjoch, Am Prinzenwald 3, ☏ 7090, 📠 709200. DZ ab 122 €. Große, luxuriöse Hotelanlage, die keine Wünsche offen lässt (mit angeschlossener Klinik).

Hotel Prinz-Luitpold-Bad, Andreas-Gross-Str. 7, Bad Oberdorf, ☏ 8900, 📠 890379. DZ ab 126 €. Etwas abseits gelegenes großes Vier-Sterne-Hotel in teils klassischem, teils Allgäuer Stil.

Krone, Sorgschrofenstr. 1, Unterjoch, ☏ 982010, 📠 9820199. DZ ab 74 €. Neu renoviertes Familienhotel mit Ponyhof und guter regionaler Küche.

• *Gasthöfe* **Hirsch,** Kurze Gasse 18, Bad Oberdorf, ☏ 308, 📠 8193. DZ ab 60 €, Ferienwohnung ab 45 €. Fernab von einer anonymen, standardisierten Hotelatmosphäre verführt jedes Zimmer mit seinem ganz eigenen Charme.

Wildbachstuben, Dorfstr. 9, Bad Oberdorf, ☏ 630, 📠 1666. DZ ab 52 €, Ferienwohnung ab 45 €. Nette, moderne Zimmer gibt es in diesem Gasthof, der zusätzlich noch eine gute Küche hat.

• *Privatzimmer* **Lipp,** Badstr. 6, Hindelang, ☏ 626. DZ ab 35 €. Einfache, nette Zimmer in familiärer Atmosphäre. Aufenthaltsraum, Garten, Grillmöglichkeit.

Haus Berktold, Fam. Brutscher, Gerberweg 2, Hindelang, ☏ 621. Hier sind einfache ländliche DZ ab 30 € und Ferienwohnungen ab 34 € im Angebot. Schöner Bergblick.

• *Ferien auf dem Bauernhof* **Haflingerhof Kematsried** (Bioland-Hof und Gasthof), Ornachstr. 29, Oberjoch, ☏ 7698, 📠 7160. DZ ab 50 €, Ferienwohnung ab 40 €. Neu erbauter Bauernhof mit schönen Zimmern und allem, was man sich von einem Urlaub auf dem Bauernhof nur erträumen kann: Kühe und Pferde, eine eigene Käserei, Heu- und Molkebäder.

Beßler (Landhaus und Bauernhof), Hintersteiner Str. 11, Bad Oberdorf, ☏ 93060, 📠 930630. DZ ab 38 €, Ferienwohnung ab 33 €. Günstige Zimmer mit herrlichem Bergblick. Liegewiese.

Erlenhof, Erlenweg 20 u. 22, Unterjoch, ☏ 7153, 📠 7286. Zentral gelegener Bauernhof. DZ ab 40 €, Ferienwohnung ab 35 €.

Bergbauernhof Weber, Steinebergweg 31, Unterjoch, ☏ 7545, 📠 901629. Ferienwohnung ab 37 €.

• *Camping* Passstr. 60, Oberjoch, ☏ 7108. Für zwei Personen, Auto und Caravan etwa 14 €. Wohnmobilstellplätze am Sportplatz Hindelang.

• *Café* **Café Sonja,** Sebastian-Kneipp-Str. 4, Hindelang, ☏ 642, 📠 8761. Ländliches Gästehaus am Ortsrand mit tollem Bergblick (auch Übernachtungsmöglichkeit: DZ ab 45 €).

Sehenswertes

Kirche Mariä Himmelfahrt und St. Jodok: Unerwartete Kunstwerke verstecken sich in diesem Gotteshaus in Bad Oberdorf, das 1937 errichtet wurde: ein filigran geschnitzter Hochaltar, die "Krönung Mariens", das Hauptwerk des Kaufbeurer Künstlers Jörg Lederer von 1519, ein ebenfalls geschnitzter Palmesel aus dem 15. Jh. und ein Marienbild ("Unsere liebe Frau vom Ostrachtal") von Hans Holbein d. Ä. aus derselben Zeit.

Kutschenmuseum: Keine großen Hallen, kein streng blickendes Personal, keine Absperrungen – hier ist alles anders! Eine einsame kleine Scheune, umgeben von Bergwiesen, ein kleines, liebevoll gestaltetes Gesamtkunstwerk, das jeden, der dazu bereit ist, in eine Welt der Farben und Klänge, der Träume und der Phantasie entführt.

Wegbeschreibung/Öffnungszeiten Vom Parkplatz in Hinterstein sind es etwa 10 Minuten zu Fuß. Ganzjährig Mo–So 8–20 Uhr. Eintritt frei.

Schaukäsereien: Zwei kleine Käsereien gibt es noch in der Gemeinde, in denen der Kunde nicht nur ein eingeschweißtes "Stückchen Gelb" in die Hand bekommt, sondern durch eine Glasscheibe die Entwicklung von der Milch zum Käse leibhaft miterleben kann. Natürlich stammt die Milch ausschließlich von Kühen, die das gesunde, würzige Gras der nahen Bergwiesen gefressen haben – künstliche Zusatzstoffe werden nicht verwendet!

Adressen **Obere Mühle,** Bad Oberdorf, Ostrachstr. 40, ✆ 2857, tägl. 10–13 und 14–18 Uhr. **Alpe Kematsried,** Ornachstr. 33, Oberjoch, ✆ 7698, Mo–Fr 9–12 und 14–18 Uhr.

Öko-Modell Hindelang

Auch in den Berggebieten gibt es schon lange keine unberührte Naturlandschaft mehr. Vielmehr ist die abwechslungsreiche Allgäuer Landschaft das Ergebnis eines jahrtausendelangen Prozesses, in dem der Mensch die Umwelt nach seinen Bedürfnissen gestaltet hat. Um diese besondere ökologische Vielfalt zu erhalten, bedarf es einer permanenten Pflege der entstandenen Kulturlandschaft, die sich an traditionellen Bewirtschaftungsmethoden orientiert. Lukrativ ist diese Arbeit nicht, denn an den steilen Hängen ist meistens kein Maschineneinsatz möglich, und der Verzicht auf Kunstdünger reduziert die Erträge. Trotz alledem beschlossen die Hindelanger, sich gemeinsam für den Erhalt der gewachsenen Kulturlandschaft einzusetzen. Unterstützt vom Bund Naturschutz und von der Gemeinde gründeten die Landwirte Ende der 80er Jahre den Landschaftspflegeverein "Hindelang – Natur und Kultur". Alle Bauern traten bei und verpflichteten sich dadurch, nach den Kriterien des ökologischen Landbaus zu wirtschaften.

Bisher wurde diese Bewirtschaftungsweise vom Freistaat Bayern und Sponsoren aus der Wirtschaft finanziell unterstützt. Dass solche Quellen schnell versiegen können, war den Landwirten von Anfang an bewusst. Deshalb begannen sie frühzeitig damit, effektive Direktvermarktungsstrategien für ihre ökologisch erzeugten Lebensmittel aufzubauen. In einem ersten Schritt entwickelten sie hierzu ein eigenes geschütztes Qualitätslabel, das die Echtheit ihrer Produkte garantiert. Danach nahmen sie Kontakt zu den umliegenden Gastronomen auf und warben einige Partner-Gaststätten ("Partner von Hindelang – Natur und Kultur"), die sich verpflichteten, regelmäßig die in der Region hergestellten Produkte abzunehmen. In einem dritten Schritt richteten die Landwirte in Hindelang einen Bauernmarkt ein, auf dem sie ihre ökologisch produzierten Milch- und Fleischwaren verkaufen.

Damit war ein Regelkreis zwischen Landwirtschaft und Tourismus geschlossen: Die Gäste können sich weiterhin in einer intakten Landschaft erholen, die Bauern ihr Einkommen durch die direkte Vermarktung stabilisieren – alles in allem sicherlich ein unterstützenswertes Projekt.

Der Süden
Karte S. 99

"Heufamilie" bei Hindelang

Wanderung 10: Auf den Hirschberg und den Spieser

Wie viel der steilflankige Hirschberg und sein Nachbar, der Spieser, zu bieten haben, lässt sich von unten kaum erahnen: ein gemütlicher Anstieg, bunte Blumenwiesen, ein Hochmoor, eine prächtige Aussicht auf die tief unten liegenden Täler und die sich stolz erhebende Bergkette, ein Tobel, der tosend in die Tiefe stürzt, und ein bei weitem nicht nur für Fachleute interessanter geologischer Lehrpfad.

Route: Hindelang – Klankhütte – Spieser (1.649 m) – Hirschalpe (1.493 m) – Hirschbachtobel – Hindelang

Wanderzeit: 5 Stunden, Kurzvariante ca. 4 Stunden

Höhenunterschied: 700 m

Einkehrmöglichkeiten: Hirschbergalpe, Café Polite

Varianten: vom Hirschberg direkt zum Hirschbachtobel

Anmerkung: Bei feuchter Witterung wird der Weg am Tobel schnell zur gefährlichen Rutschpartie!

Wegbeschreibung

Ausgangspunkt ist die **Gästeinformation am Bauernmarkt.** Von dort geht's hinauf zur Poststraße, hier links und nach wenigen Metern rechts weiter hinauf **Richtung Gailenberg.** Der Weg führt aus dem Ort heraus und überquert in einer scharfen Linkskurve ein Bächlein. Nach wenigen Metern mündet rechts ein Alpweg ein. Diesem folgt man in breiten Serpentinen bergauf. Dabei kommt man an einer Kapelle vorbei und erreicht schließlich die unbewirtschaftete **Klankhütte** (1.400 m), an der der Alpweg endet.

Ein ausgeschilderter Pfad führt von der Hütte aus nach rechts direkt zum Gipfel des **Hirschbergs** (1.456 m). Eilige oder Müde können von hier aus entweder über steile Serpentinen oder am Tobel entlang zurück nach Hindelang wandern (Abzweigung direkt am Gipfel, einige Meter oberhalb des Kreuzes). Wer weiterwill, der kehrt zurück zur **Klankhütte,** geht links an

ihr vorbei und folgt dem Fußweg zum Spieser.

Der Pfad verläuft zunächst geradeaus, überquert ein Hochmoor, auf dem ein paar halb verfallene Heustadel stehen, und führt dann in einem Bogen am West- und Südhang des Spiesers (1.649 m) entlang. (Der ausgeschilderte Weg zum 150 m höher gelegenen Gipfel zweigt hier nach links ab.) Müde und Hungrige folgen dem Weg weiter bis zur **Hirschalpe** (1.493 m), die anderen halten sich an den zwei kurz aufeinander folgenden Gabelungen jeweils rechts und kommen so auf einen Pfad, der etwas oberhalb eines kleinen Bächleins bergab führt.

Man trifft auf einen Querweg, hält sich hier links, bis man zum Wendeplatz eines Forststräßchens gelangt. Hier beginnt rechts der Steilabstieg in den Hirschbachtobel, der als **geologischer Lehrpfad** gestaltet ist. (Bei feuchter Witterung sollte man auf der Forststraße weitergehen, die ebenfalls nach Hindelang führt.) Am Ende des Lehrpfades folgt man der ausgeschilderten Abzweigung nach rechts zum **Café Polite** (950 m), geht links an ihm vorbei und durch die Wiesen nach **Hindelang** zurück.

Wanderung 11: Aufs Imberger Horn und zur Strausberg-Hütte

Blick frei für Berg und Tal! Hoch über Ostrach- und Illertal durch blühende Wiesen und schattige Wäldchen kann man das Allgäu hier von seiner sanften, hügeligen Seite kennen lernen – eine leichte Wanderung für die ganze Familie auf bequemen Wegen!

Wegbeschreibung

Ausgangspunkt ist die **Talstation der Horn-Alpe-Gondelbahn in Hindelang** beim Freibad. Von hier aus per Bahn hinauf zur Bergstation (1.300 m). Oben an der Bergstation hält man sich auf dem Alpweg rechts in westlicher Richtung. Gipfelstürmer folgen bei der Gabelung nach etwa 1 km dem Wegweiser nach links **Richtung Imberger Horn.** Deutlich steiler führt der Pfad auf den Gratrücken und weiter zum Gipfel des Imberger Horns (1.656 m).

Denselben Weg wieder zurück zur Weggabelung, hier links und nach wenigen

Metern wieder rechts, am **Zwölferkopf** (1.355 m) vorbei. Der Wanderweg mündet in ein Teersträßchen, das zur **Strausberg-Hütte** führt (1.211 m). Auf der Mautstraße weiter kommt man direkt hinunter nach **Imberg** (900 m). In der Ortsmitte hält man sich rechts Richtung Hindelang. Der Weg führt geradeaus durch **Groß,** an **Liebenstein** vorbei (nicht nach links in den Ort abbiegen) und hinunter zur Ostrachbrücke. Noch vor der Brücke folgt man dem Pfad nach rechts entlang der Ostrach, der zurück zur Gondelbahn führt.

Route: Hindelang(825 m) – Imberger Horn (1.656 m) – Strausberg-Hütte – Imberg (900 m) – Liebenstein (800 m)

Wanderzeit: mit Gipfelbesteigung knapp 4 Stunden

Höhenunterschied: 500 m ohne Gipfel, 850 m mit Imberger Horn, davon jeweils 450 m mit der Gondelbahn

Einkehrmöglichkeiten: Lift-Gaststätte, Strausberg-Hütte

Anmerkungen: Gondelbahn "Horn Alpe" 8.45–17 Uhr, 7 €/Pers. (einfache Fahrt)

Variante: Zu Fuß zur Bergsstation des Liftes entweder via Wanderweg (in Serpentinen unter dem Sessellift hindurch) oder auf dem Alpenrosenweg entlang der Rodelbahn, was beides etwa 1,5 Stunden mehr in Anspruch nimmt, landschaftlich allerdings nicht allzu viel bietet. Wer lieber bergauf als bergab geht, sollte diese Wanderung in umgekehrter Richtung machen.

Wanderung 12: Auf Bschießer und Ponten (s. Karte S. 119)

Bschießer und Ponten: Die zwei Brüder werden immer in einem Atemzug genannt und (fast) immer in einem Rutsch bestiegen. Als mächtiger Höhenzug, der die zwei großen Flusssysteme Iller und Wertach voneinander trennt, thronen die beiden Zweitausender hoch über den Tälern und geben einen herrlichen Blick auf ihre "Verwandten" Zugspitze, Aggenstein und Hochvogel frei. Nach einem steilen, aber anfangs immerhin schattigen Aufstieg am Bach entlang führt der Höhenzug ohne schweißtreibendes Auf und Ab über die Gipfel und anfangs steil, dann gemütlich wieder bergab. Obwohl die Tour nicht schwierig ist, sollten wegen des steilen Anstiegs etwas Kondition und Zeit mitgebracht werden.

Route: Hinterstein (860 m, 7 km sündöstlich von Hindelang) – Zipfels-Alpe (1.534 m) – Bschießer (1.999 m) – Ponten (2.045 m) – Willers-Alpe (1.459 m) – Hinterstein

Wanderzeit: 6–7 Stunden

Höhenunterschied: 1.200 m

Einkehrmöglichkeiten: Zipfels-Alpe, Willers-Alpe

Wegbeschreibung

Ausgangspunkt ist der **Gasthof gegenüber der kleinen Kapelle am Ortsende von Hinterstein** (860 m). An ihm geht man links vorbei und folgt dem ausgeschilderten Weg nach links zu den **Wasserfällen.** An der Gabelung hält man sich rechts und überquert den Zipfelsbach. Jenseits des Gewässers steigt man in Serpentinen hinauf **Richtung Iseler** zur **Zipfels-Alpe** (1.534 m), die auf der anderen Seite des Baches liegt.

Der Weg führt hinter der Alpe weiter, überquert abermals den Zipfelsbach (Abzweigung nach rechts vor der Bachüberquerung ignorieren) und trifft auf einen Querweg. Hier hält man sich rechts und kommt so zum Stuibensattel und zur **Oberen Stuiben-Alpe** (1.613 m), an der die deutsch-österreichische Grenze verläuft.

Am Sattel angekommen, orientiert man sich nach Süden und gelangt so über den Kamm nach einem steilen Anstieg zum Gipfel des **Bschießers** (2.000 m) und wei-

Wilde Mändle

ter über einen Sattel zum **Ponten** (2.044 m). (Wer sich die letzten Höhenmeter zum Gipfel sparen will – etwa 15 Minuten –, hält sich an der Gabelung rechts, dem Wegweiser zur Willers-Alpe folgend.) Nach einem kurzen, steilen Abstieg vom Gipfel mündet der Weg auf einen Querweg, der nach links zum **Zirleseck** (1.827 m) führt.

Direkt am Gipfel hält man sich rechts und verlässt nach wenigen Metern den Kamm erneut nach rechts bergab zur **Willers-Alpe** (1.459 m). An der Alpe vorbei marschiert man in den Wald, und dann geht es im Zickzack am Willersbach entlang. An der Gabelung (wenige Meter nach der Bachüberquerung) geht man rechts zu den bizarren Höhlenbildungen des sagenumwobenen **Wildfräuleinsteins** (1.120 m, Karstverwitterungen) und weiter bergab zum Ausgangspunkt in **Hinterstein** zurück.

Oberstdorf

11.000 Einwohner • 815 Meter ü. NN

Oberstdorf ist fest in den Händen der Touristen. Souvenirgeschäfte reihen sich an Dirndlstuben, Restaurants an Cafés, Hotels an Pensionen. Doch trotz des Rummels: Die atemberaubende Lage und das vielfältige Freizeitangebot machen Oberstdorf zu einem lohnenden Urlaubsziel.

Der Ort erstreckt sich in einem windgeschützten Talkessel zwischen den idyllischen Flüsschen Breitach, Stillach und Trettach, umgeben von so berühmten Berggipfeln wie dem Fellhorn (2.038 m), der Mädelegabel (2.645 m), der Höfats (2.258 m) und dem Nebelhorn (2.224 m). Zusammen mit dem benachbarten Kleinwalsertal bildet die Region um Oberstdorf das größte Wander- und Bergsportgebiet am Nordrand der Alpen. Im Sommer ist hier vom schweißtreibenden Gipfelsturm über leichte Touren in einem der autofreien Täler bis hin zu Kajaktouren auf den Flüssen oder Gleitschirmflügen in schwindelerregenden Höhen so ziemlich alles möglich. Und wer in der kalten Jahreszeit anreist, kann sich auf den vielen Abfahrtspisten und Langlaufloipen austoben und ganz nebenbei einmal bei den Profis vorbeischauen: etwa bei der alljährlichen Vierschanzentournee, deren Auftakt traditionell in Oberstdorf stattfindet, oder bei einem Weltcupspringen auf der berühmten Heini-Klopfer-Skiflugschanze.

Pilotprojekt "autofreies Oberstdorf"

Das Problem ist jedem bekannt: Durch den ständig anwachsenden PKW-Verkehr drohen viele Gemeinden in Lärm und Abgasen zu ersticken. Gerade in Urlaubsregionen, in denen die Gäste neben Mobilität auch Entspannung und Ruhe erwarten, birgt diese Entwicklung häufig ein immenses Konfliktpotenzial in sich. Die Oberstdorfer stellen sich dieser Herausforderung (unterstützt vom Umweltministerium) seit 1992 mit dem innovativen Projekt "autofreies Oberstdorf". Konkret bedeutete das den Bau einer Umgehungsstraße, die Schaffung von Parkflächen am Ortsrand, Verteuerung der Parkplätze im Zentrum und v. a. den Einsatz von schadstofffreien Bussen, die im 15-Minuten-Takt die Haltestellen miteinander verbinden (weltweit erster Linienbus, der mit Brennstoffzellen und Wasserstoff angetrieben wird). Mit der Einführung des neuen Verkehrskonzeptes konnte Oberstdorf wieder aufatmen: Schon in den ersten zwei Jahren halbierte sich der Autoverkehr im Ortskern, und ein Luftgütegrad von 1 (= beste Luftqualität) konnte wieder erreicht werden.

Geschichte: Auch wenn das Tal und die Höhen bis 1400 m schon in der Mittelsteinzeit besiedelt waren, wurde das "oberste Dorf" selbst erst von den Alemannen im 6. Jh. gegründet. 911 wird erstmals die Pfarrei Oberstdorf erwähnt. Es dauerte noch 200 Jahre, bis die Pfarrkirche St. Johannes 1141 durch den Augsburger Bischof eingeweiht wurde. Ihren Freiheitswillen bekundeten die Oberstdorfer 1448, als sich 28 Bauern mit ihren Familienangehörigen für 3100 Gulden von ihrem bisherigen Herrn, dem Ritter Ulrich von Heimhofen, freikauften. 1495 erhielt Oberstdorf das Marktrecht. Vom gleichzeitig verliehenen Befestigungsrecht hat der Ort nie Gebrauch gemacht, weil die Oberstdorfer meinten, dass ihre Lage abseits der großen Welt Sicherheit genug biete. 1632 errichteten die Oberstdorfer zum Schutz gegen die Schweden die noch heute so genannte Walserschanz. Da auf Gras kein Zehnt erhoben wurde, stellten die Bauern 1641 von Getreide- auf Graswirtschaft um. Doch wegen der langen, strengen Winter kam man in der Landwirtschaft nie so recht auf einen grünen Zweig. Auch am Handel konnte man in der "längsten Sackgasse Europas" nicht partizipieren. Doch 1658 geschah etwas Außergewöhnliches: Als nach der Fertigstellung der Loretto-Kapelle dort die erste heilige Messe gefeiert wurde, soll dank der "wundertätigen Muttergottes" ein eben verstorbenes Kind wieder zum Leben gekommen sein. Dies war der Anfang des Wallfahrerwesens. Als 1814 noch das Schwefelbad in Tiefenbach bei Oberstdorf in Mode kam, setzte alsbald auch der Bädertourismus ein. Ab 1850 kamen regelmäßig Touristen nach Oberstdorf. Die Oberstdorfer ließen sich auch von der verheerenden Feuersbrunst, die 1865 fast die Hälfte der Häuser vernichtete, nicht irre machen. So fürchterlich der Brand auch war, er barg eine Chance zum Neubeginn. Es setzte ein enormer Bau- und Modernisierungsboom ein, der sich bereits an den Interessen des immer stärker werdenden Tourismus orientierte. Denn schon damals hatte sich herumgesprochen, welch faszinierende Landschaft sich hier ausbreitet.

Touristeninformation/Freizeitangebot

- *Postleitzahl* 87561
- *Vorwahl* 08322, 08326 (Reichenbach und Schöllang)
- *Touristeninformation* **Kurverwaltung,** Marktplatz 7, ✆ 7000, 📠 7000236, www.oberstdorf.de. Mo–Fr 8–18, Sa 9.30–12 Uhr.

Quartiervermittlung am Bahnhofsplatz, ✆ 700217. Mo–Fr 8.30–20, Sa 9–20, So 9–18 Uhr.

- *Angeln* **Sporthaus Schuster,** Oststr. 4, ✆ 4415.
- *Baden* **Kristall-Therme,** Kur- und Freizeitbad, Promenadenstr. 3, ✆ 986010. Mo, Mi, Do 10–22, Di, Fr 10–23 Uhr (ab 20 Uhr FKK), Sa 9–23 Uhr. Eintritt 7,50 €/Erw., mit Sauna 11 €/Erw. Neues Wellenbad mit verschiedenen Saunen, Sole-Heilbecken, großzügigem Innen- und Außenbereich und allem, was das Herz von Wasserratten begehrt.

Freibergsee-Badeanstalt, ✆ 4857. Eintritt 2,80 €/Erw., 1,50 €/Ki.

Moorbad Oberstdorf, Am Rauhen 3 (beim Moorweiher), ✆ 4863. Liegewiese, Kinderbecken mit Springbrunnen und Spielplatz. Eintritt 2,40 €/Erw., 1,50 €/Ki.

Moorbad Reichenbach, Reichenbach 70, ✆ 1509. Liegewiese, Kinderbecken und kleiner Spielplatz. Eintritt 2,40 €/Erw., 1,50 €/Ki.

- *Bergbahnen* Erreichen kann man die Bergbahnen (dem Verkehrsleitsystem folgend) mit dem PKW, aber auch problemlos mit den regelmäßig pendelnden Bussen. Da die Benutzung der Bahnen nicht ganz billig ist, lohnt es sich auf jeden Fall, nach Sparkarten für Vielfahrer, Familien, Kinder etc. zu fragen! Betriebszeiten: 8.30–16.50 Uhr. Die folgenden Preise gelten für Berg- u. Talfahrt: **Fellhornbahn,** 20 €/Erw.; **Nebelhornbahn,** bis 1.300 m 13 €/Erw., bis 1.900 m 19 €/Erw., bis zum Gipfel 22 €/Erw.; **Söllereck,** 11,50 €/Erw.; **Skiflugschanze,** 5 €/Erw.
- *Bungeejumping* Aus 72 m Höhe von der Skiflugschanze, ✆ 08321/26218 oder 0172/8308636. 75 €.
- *Drachen- und Gleitschirm-Tandemflüge* **OASE Gleitschirmschule,** Peter Geg, Bahnhofsplatz 3, ✆ 7538; **Robert Blum,** Rohrmooserstraße 10, Tiefenbach, ✆ 8139 (nur Tandemflüge). Jeweils ca. 20–25 Min. zu 99 € (zuzüglich Bergbahnkosten).
- *Eissporthalle* Rossbichlstr. 2–6, ✆ 915130. Eintritt 3 €/Erw.
- *Fahrradverleih* **Heckmair,** Nebelhornstr. 46, ✆ 2210; **Hasselberger,** Hauptstr. 7, ✆ 4467; **Kreittner,** Fischerstraße 8, ✆ 3533 (auch So und Feiertage). Sehr gute (kostenlose) Radkarte bei der Kurverwaltung.
- *Golf* 9-Loch-Platz, Gebrgoibe 1, ✆ 2895 u. 98695.

Grenzenloses-Urlaubs-Ticket: "1-mal bezahlen, 8 Attraktionen für 7 oder 14 Tage"

So oft Sie möchten, können Sie z. B. die Buslinien und Bergbahnen oder die Kristall-Therme benutzen. Für sieben Tage 59 €/Erw. und 29 €/Ki. (Familien zahlen nur für ein Kind). Verkaufsstellen an den Bergbahnstationen in Oberstdorf und Kleinwalsertal.

- *Kahnfahren* Auf dem Freibergsee, Strandbad, ✆ 986818.
- *Kinder-Ferienprogramm* Das liebevoll gestaltete Programmheft erhalten Sie bei der Kurverwaltung.
- *Kegeln* **Schützenhaus,** Rossbichlstr. 8, ✆ 4813; **Tennispark,** Karweidach 1, ✆ 6300.

Der Süden
Karte S. 99

Schnitzfigur an der Skiflugschanze

• *Kinos* **Kurfilmtheater am Kurpark,** ✆ 2325; **Kinos an der Ludwigstraße 7,** ✆ 978970. Aktuelle Kinoinformation unter ✆ 3456.

• *Klettern* **Klettergarten Sulzburg,** in Tiefenbach (Näheres bei der Kurverwaltung); **Kletterwand im Eissportzentrum,** Rossbichlstr. 2–6, ✆ 915130.

• *Kutschfahrten* **Boxler,** Am Dummelsmoos 37, ✆ 96210; **Geißler,** Oststr. 21, ✆ 4846. Jeweils ab 16 € für einen Halbtagesausflug.

• *Minigolf* Fuggerpark, ✆ 6208, tägl. 10–22 Uhr, Eintritt 2 €/Erw.; Oststr. 48 (an der Nebelhornbahn), ✆ 80389, tägl. 10–22 Uhr.

• *Oberallgäuer Marktbähnle* Ein tolles Angebot mit Rund-, Abend- und Besichtigungsfahrten. Infos bei der Kurverwaltung.

• *Reiten* **Alpenhotel Vollmann,** Lochwiesen 2, Tiefenbach, ✆ 7020; **Ponyhof Boxler,** Am Dummelsmoos 37, ✆ 96210.

• *Sauna & Solarium* **Alpenhotel Vollmann,** Falkenstr. 15, Tiefenbach, ✆ 7020; **Kristall-Therme,** Promenadenstr. 3, ✆ 986010.

• *Tennis* **Tennispark,** Karweidach 1, ✆ 6100.

• *Veranstaltungen* Das Angebot ist groß und reicht von Tanzpartys über Operetten- und Musical-Abende bis hin zu Mountainbike-Marathon-Touren.

• *Wintersportausrüstungsverleih* **Sportgeschäft Brutscher,** Nebelhornstr. 33 a, ✆ 98333; **Grenzenlos Snowboardcenter,** Söllereckbahn-Talstation, ✆ 6594.

Übernachten/Essen und Trinken/Abends

Die Oberstdorfer sind gerüstet für ihre 2,5 Millionen Gäste: Unterkunftsmöglichkeiten gibt es hier wie Sand am Meer. Sowohl im Zentrum als auch in den umliegenden Ortschaften findet man von Sanatorien über Hotels und Pensionen bis zu Privatzimmern (ab 10 €) reichlich Adressen. Sehr hilfreich ist das bebilderte Gastgeberverzeichnis, das bei den Verkehrsämtern kostenlos erhältlich ist. Ähnlich ist es auch in der Gastronomie: Man stolpert geradezu auf Schritt und Tritt über Restaurants und Gasthäuser, die sich kaum voneinander unterscheiden.

• *Hotels* **Filser Kur- und Ferienhotel,** Freibergstr. 15, ✆ 7080, 📠 708530. DZ ab 120 €. Komfortables Vier-Sterne-Hotel mit allem Drum und Dran in Ortsrandlage. Auch Ferienwohnungen im **FerienHaus Höfats,** ✆ 7080. Ab 77 €.

Birgsauer Hof Hotel, Birgsau 9, ✆ 96900, 📠 969060. DZ ab 74 €. Im verkehrsberuhigten Stillachtal idyllisch gelegenes Drei-Sterne-Hotel.

Sonnenhof, Kornau 48, ✆ 2602, 📠 8099048. Rustikales Hotel garni mit familiärer Atmosphäre in der kleinen Ortschaft Kornau (3 km südwestlich von Oberstdorf). DZ ab 70 €.

Naturhotel Waldesruhe, Alte Walserstr. 20, ✆ 6010, 📠 601100. DZ ab 71 €. Am Hang gelegenes Drei-Sterne-Hotel mit schöner Aussicht auf den Ort.

• *Privatzimmer/Ferienwohnungen*

Gerberhof, Zweistapfenweg 5, 7, 9, ✆ 7070, 📠 707100. Hotel garni, Apartments und Ferienwohnungen in Ortsrandlage ab 67 €.

Bergruh, Im Ebnat 2, Tiefenbach, ✆ 9190, 📠 919200. Drei-Sterne-Hotel mit modernen Allgäuer Zimmern (DZ ab 70 €) und Ferienwohnungen ab 38,50 €.

Spielmannsau, Spielmannsau 4, ✆ 3015, 📠 8860. Abgelegener Landgasthof im romantischen Trettachtal, umgeben von steil ansteigenden Berghängen. Ferienwohnungen ab 40 €.

Gruben, Gruben 1 a, ✆ 3354, 📠 8499. DZ ab 61 €. Top-Adresse für alle Radl-Freunde, denn hier locken nicht nur die idyllische Lage im Trettachtal am Ortsrand und der tolle Bergblick, sondern auch der kompetente Service rund ums Rad (Tourenberatung, geführte Touren, Kartenmaterial, kleine Werkstatt etc.).

Kaufmann, Oststr. 21, ✆ 4846. DZ ab 23 €. Zentrale Lage.

• *Jugendherberge* Kornau 8, ✆ 2225, 📠 80446 (3 km südwestlich von Oberstdorf). Übernachtung und Frühstück 12 €.

• *Camping* **Camping Oberstdorf,** Rubingerstraße 16, ✆ 6525, 📠 89760. Stellplatz und zwei Personen 15 €.

• *Essen und Trinken* **Weinklause,** Prinzenstr. 10, ✆ 2346, 📠 8720. Ganz zentral im verkehrsberuhigten Ortskern gelegen. Gutes Restaurant im Allgäuer Stil.

Traube, Hauptstr. 6, ✆ 4648. Das rustikale Lokal zählt zu den besten am Platz – nicht zuletzt wegen seines großen, gemütlichen Biergartens.

Wilde Männle, Oststr. 15, ✆ 4829. Traditionelles Restaurant mit guter Allgäuer Küche. Di Ruhetag.

Fisch-Meister, Oststr. 26, ✆ 95130. Für alle, die mal eine Abwechslung suchen, gibt's hier original norddeutsche Küche.

St.-Loretto-Kapellen

• *Abends* **Irish Pub,** Oststr. 1, ✆ 2209. Mo–So 19–3 Uhr, gelegentlich Livemusik.

Dampfbierbrauerei, Bahnhofsplatz 6–8, ✆ 8908. Nettes Bistro mit kleinem Biergarten, in dem fast jeden Abend von Kabarett bis Livemusik etwas geboten wird.

Der Süden
Karte S. 99

Sehenswertes

Heimatmuseum: Es riecht nach Holz, Flachs und Keller – so wie man sich das in einem Heimatmuseum vorstellt! Die kleine, liebevoll gestaltete Ausstellung vermittelt einen plastischen, aber nicht verklärenden Eindruck vom Leben vergangener Generationen. Glanzstück ist der größte Schuh der Welt!

Adresse/Öffnungszeiten Oststr. 13, ✆ 5470. Di–Sa (und an Sonn- und Feiertagen bei Regenwetter) 10–12 und 14–17.30 Uhr. Eintritt 2,50 €/Erw.

Pfarrkirche St. Johannes d. T.: Der ursprüngliche, wahrscheinlich aus dem 10. Jh. stammende Bau fiel leider dem großen Brand von 1865 zum Opfer. Der Neubau, mit dem sofort begonnen wurde, präsentiert sich im neugotischen Stil und ist kunsthistorisch v. a. wegen der Marienfiguren und der Passionsbilder (1710) interessant.

St.-Loretto-Wallfahrtskapellen: Auf dem Weg von Oberstdorf nach Birgsau liegen die drei Kapellen aus den 17. Jh. (Appachkapelle, Kapelle Maria Loretto und Josephskapelle) malerisch wie Perlen an einer Kette aufgereiht in der Landschaft.

Breitachklamm: Dieses Werk elementarer Naturgewalten gehört zu den schönsten und spektakulärsten Felsenschluchten Mitteleuropas: Senkrechte Felswände, die sich zu beiden Seiten der Schlucht auftürmen, Strudellöcher, gewaltige, vom Geröll ausgeschliffene Wassermulden erzählen von der unablässig gestaltenden Kraft des Wassers. Beginnen Sie das Abenteuer von der Nordseite hinter Tiefenbach. Wenn Sie aufwärts gehen, erleben Sie die Klamm gewaltiger.

Lage/Öffnungszeiten 5 km südwestlich von Oberstdorf, ✆ 4887. Im Sommer täglich 8–17, im Winter 9–16 Uhr, im Frühjahr (während der Schneeschmelze) gesperrt. Eintritt 2,50 €/Erw., 1,20 €/Ki.

Hoch oben in den Bergen von Oberstdorf

Sturmannshöhle: Weit und breit die einzige begehbare Naturhöhle! 300 m steigt man hinab in eine jahrmillionenalte Welt aus steilen Felskaminen, feuchten Seitenhöhlen, schmalen Toren und einem tief unter der Erdoberfläche liegenden See.
Lage/Öffnungszeiten 1 km südlich von Obermaiselstein, ✆ 08326/38309. Mai–Oktober geöffnet, stündl. Führungen zwischen 9.30 und 16.30 Uhr (30 Minuten Dauer). Eintritt 3 €/Erw., 1,50 €/Ki.

Umgebung von Oberstdorf

Die vor Oberstdorf liegenden Dörfer Balderschwang, Bolsterlang, Fischen, Obermaiselstein und Ofterschwang haben sich zur "Ferienregion Hörnergruppe" zusammengeschlossen. Besonders zu empfehlen ist der 220-Einwohner-Ort **Balderschwang** (1044 Meter ü. NN), der abseits der großen Touristenströme in einem wunderschönen, nebelfreien Hochtal liegt (von Fischen fahren Sie über Obermeiselstein die recht steile Riedberg-Passstraße nach Balderschwang hoch). Zu allen Jahreszeiten bietet der Ort in seiner bezaubernden naturbelassenen Landschaft Erholung pur. Im Sommer können Sie nach Herzenslust wandern, Mountainbike-Touren unternehmen und sieben Bergsennereien besuchen, im Winter bietet der für seine Schneesicherheit bekannte Ort 40 km gespurte Langlaufloipen und ein hervorragend präpariertes Skigebiet mit zehn Liften und 30 km Abfahrtspisten für alle Qualitätsstufen.

• *Touristeninformationen* **Gästeinformation Bolsterlang,** Rathaus, Rathausweg 4, ✆ 08326/8314, 📠 08326/9406. Mo–Fr 8–12 und 13.30–17 Uhr, Sa 9–10.30 Uhr.

Kurverwaltung Fischen, Am Anger 15, ✆ 08326/3646-0, 📠 08326/364656. Mo–Fr 8.30–17.30, Sa/So u. Feiertage 10–12 Uhr.

Tourismus-Gästeinformation Obermaiselstein, Am Scheid 18, ✆ 08326/277, 📠 08326/9408. Mo–Fr 8–17, Sa 15.30–17.30 Uhr.

Verkehrsamt Ofterschwang, im Rathaus, Sigishofen 31, ✆ 08321/89019 und 82157, 📠 08321/89777. Mo–Fr 8–12 und 13.30–17 Uhr,

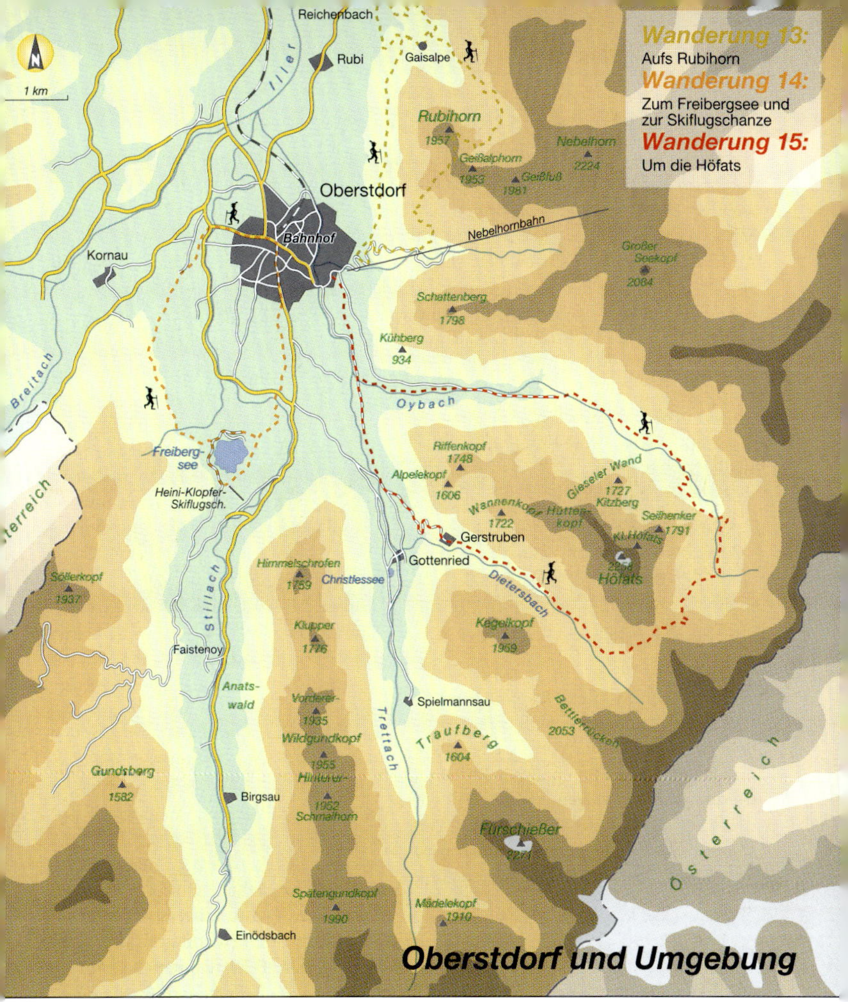

Fr 13.30–16 Uhr, Mittwochnachmittag geschlossen.

Verkehrsamtaußenstelle Ofterschwang, Dorfstraße 12, ✆ 08321/26741. Mo–Fr 9–12 Uhr.

Verkehrsamt Balderschwang, ✆ 08328/1056, 📠 08328/265, www.balderschwang.de. Mo–Fr 9–12 und 14–16.30 Uhr. Elektronischer Zimmernachweis (8–23 Uhr) am Ortseingang links neben dem Feuerwehrhaus. Im Verkehrsamt erhalten Sie Routenbeschreibungen für MB-Touren, Wandervorschläge, Wanderkarten, einen Veranstaltungskalender, ein Verzeichnis aller bewirtschafteten Hütten und Sennalpen, die Gästezeitung "Kleeblatt" u. v. m.

- *Fahrradverleih/Balderschwang* **Almhof Lässer,** ✆ 08328/1018 (auch MBs).
- *Wohnmobilstellplatz/Balderschwang* Schwabenhof 23, ✆ 08328/924060.
- *Ferienwohnung/Balderschwang* **Landhaus Bilgeri,** Haus Nr. 31 ½, ✆ 08328/371. Ab 41 €. Kleiner Hofladen, Reitplatz, Ponyreiten, Kinderspielplatz.

Die zahlreichen Übernachtungsmöglichkeiten und Freizeitangebote in den übrigen oben genannten Gemeinden erfragen Sie bitte bei den Verkehrsämtern.

Wanderung 13: Aufs Rubihorn

(s. Karte S. 127)

Die wuchtig aus dem Illertal ragende zerklüftete Felspyramide schaut gefährlicher aus, als sie ist. Die Besteigung des Rubihorns, vorbei an den idyllisch zwischen Felswänden eingebetteten Gaisalpseen, ist keine allzu schwere Tour. Nur das letzte Stück zum Gipfel erfordert auf dem teils abschüssigen und schotterigen Gelände Aufmerksamkeit und Trittsicherheit. Da es wenig Schatten gibt, lohnt es sich, früh aufzubrechen, um den Anstieg nicht gerade in der Mittagshitze machen zu müssen. Wer seinen Knien etwas Gutes tun will, der nimmt Wander- bzw. Teleskopstöcke mit, denn der Abstieg ist streckenweise ganz schön steil!

Route: Reichenbach (867 m) – Gaisalpe (1.149 m) – Gaisalpsee (1.509 m) – Rubihorn (1.957 m) – Wallrafweg – Reichenbach

Wanderzeit: 6–7 Stunden

Höhenunterschied: 1.000 m

Einkehrmöglichkeiten: Gaisalpe, Richteralpe, Seealpe, Breitenberg-Alpe

Wegbeschreibung

Ausgangspunkt ist der Parkplatz am südlichen Ortseingang der kleinen Ortschaft **Reichenbach** (867 m, knapp 5 km nördlich von Oberstdorf). Von hier aus folgt man dem beschilderten Weg **Richtung Gaisalpe.** Nach wenigen Metern hat man die Wahl, entweder links des Baches den steileren, aber wesentlich romantischeren Tobelweg zu gehen oder auf dem breiten, aussichtsreichen Fahrweg zu bleiben, bis sich bei der Gaisalpkapelle die beiden Varianten wieder vereinen.

Vorbei an der Kapelle, an der rechts der "Wallrafweg" mündet, führt der Weg weiter sachte bergauf zur **Gaisalpe** (1.149 m). Nach der Alpe hält man sich rechts nach Südosten (links führt der Oberallgäuer Rundwanderweg vorbei), geht auf die Einsattelung zwischen Entschenkopf und Rubihorn zu, wo der Gaisalpbach sprudelnd herabstürzt, und weiter bis zum glasklaren, spiegelglatten, von fruchtbaren Matten umgebenen **Gaisalpsee** (1.509 m). An der Gabelung wählt man den rechten Weg direkt am Ostufer des Sees entlang (links geht's zum Oberen Gaisalpsee und weiter zum Nebelhorn). Durch Latschen und Geröll geht es – teilweise in Serpentinen – auf die Scharte am Niedereck südlich des Gipfels zu.

Von hier aus verläuft der Abstecher zum Gipfelkreuz rechts auf dem markierten Gratweg zum **Rubihorn** (1.957 m). Der Abstieg führt zunächst einige Meter denselben Weg zurück bis zur Scharte und weiter geradeaus auf dem Grat, bis nach wenigen Metern eine Abzweigung nach rechts den Weg nach Oberstdorf weist. In Serpentinen führt der Weg durch Latschen über den **Rossbichel** (1.466 m) bergab und weiter bis zur Station **Seealpe** der Nebelhornbahn. (Müde Beine können sich die letzte Stunde sparen und mit der Bahn nach Oberstdorf und weiter mit dem Bus zurück nach Reichenbach fahren.)

Der weitere Abstieg verläuft zunächst in Serpentinen auf dem Forstweg bergab, bis nach knapp 3 km rechts der Wallrafweg abzweigt. Dieser führt (vorbei am Gasthof Breitenberg) am Westhang des Rubihorns entlang zur **Marienkapelle.** Von hier geht es auf dem Tobelweg zurück nach **Reichenbach.**

Wanderung 14: Zum Freibergsee und zur Skiflugschanze

(s. Karte S. 127)

Gemütliche und beliebte Wanderung vor einem Panorama aus den schönsten "Zacken" der Allgäuer Alpen. Ein Naturlehrpfad geleitet entlang sanfter Berghänge zum dunkelgrünen, von Wald umgebenen Freibergsee. Zur weltbekannten Skiflugschanze ist es von hier aus nur noch ein Katzensprung!

Route: Oberstdorf (813 m) – Gaststätte Bergkristall (1.020 m) – Freibergsee (931 m) – Unterer Renksteg – St. Loretto (820 m) – Oberstdorf

Wanderzeit: 2,5 Stunden

Höhenunterschied: 200 m

Einkehrmöglichkeiten: Gasthaus Waldesruh, Gasthaus Bergkristall, Naturfreundehaus, Gasthaus Seeblick

Variante: Schön ist der Abstecher ins Stillachtal: von der Skiflugschanze nicht nach Norden am Seeufer entlang, sondern nach Süden über Schwand und Ringang nach Faistenoy

Wegbeschreibung

Ausgangspunkt ist die Ortsmitte von **Oberstdorf** (813 m). Von hier folgt man der **Weststraße** bis zur Schlechtenbrücke, die über die Stillach führt. Direkt hinter der Brücke hält man sich auf der Teerstraße links und an der unmittelbar folgenden Gabelung rechts. Nach wenigen Metern endet der Fahrweg, und der weitere Weg führt leicht bergauf durch Wiesen und Mischwald zum **Gasthof Waldesruh** und weiter zur **Gaststätte Bergkristall** (1.020 m), wo der Weg in den Naturlehrpfad ("Probstweg") einmündet.

Der "Probstweg" führt – am Naturfreundehaus vorbei – zum **Freibergsee,** der zu einem Badestopp einlädt (Badeanstalt, Bootsverleih und Strandcafé am Nordufer). Hier hält man sich rechts, sodass man bei seiner Umrundung an der hoch aufragenden **Skiflugschanze** vorbeikommt (vom Aussichtsturm oben prächtiger Rundblick).

Der Anlaufturm der Skiflugschanze

Nordöstlich des Sees verlässt man den Rundweg und steigt bergab durch Mischwald zum **Unteren Renksteg.** Hier hat man die Wahl: Entweder man wandert am rechten Stillachufer entlang zurück zur Schlechtenbrücke, oder (was v. a. Kunst- und Kirchenfreunden empfohlen sei) man geht von der Brücke geradeaus zu den **Lorettokapellen** und erreicht nach weiteren 10 Minuten den Marktplatz von **Oberstdorf.**

Wanderung 15: Um die Höfats

(s. Karte S. 127)

"Wie eine Flamme schießt der wilde Berg empor, seine Formen sind schlank und aufstrebend wie die Linien eines gotischen Domes. Von der Morgensonne beschienen, erglänzt der Grasmantel des Berges in einem eigenartigen Grün, das in allen Schattierungen spielt, vom dunklen Meergrün bis zum zarten Hellgrün." Dieses alte

Zitat taucht fast immer auf, wenn von dem felsig-markanten Grasberg, dem Wahrzeichen der Allgäuer Bergwelt, die Rede ist. Auch wenn diese Liebeserklärung an die Höfats etwas arg pathetisch klingt, eindrucksvoll ist die Höfatsgruppe zweifelsohne. Während eine Besteigung dieses legendären Berges immer wieder (Todes-) Opfer forderte, ist seine Umrundung eine einfache, wenn auch Ausdauer erfordernde, abwechslungsreiche Tour durch Wald, Wiesen und Wasserfälle, die die Vielfalt der Bergwelt eindrucksvoll widerspiegelt.

Route: Oberstdorf (813 m) – Oytalhaus (1.010 m) – Käseralpe (1.400 m) – Älpelesattel (1.780 m) – Dietersbachalpe (1.325 m) – Gerstrubner Alpe – Gerstruben – Gruben – Oberstdorf

Wanderzeit: 6–7 Stunden

Höhenunterschied: knapp 1.000 m

Einkehrmöglichkeit: Oytalhaus, Käseralpe, Dietersbachalpe, Gerstruben, Gruben

Wegbeschreibung

Ausgangspunkt ist die **Ortsmitte von Oberstdorf** (813 m), von wo aus man entlang der Trettach auf die Talstation der Nebelhornbahn zugeht. Am Ostufer der Trettach führt der geteerte Weg weiter Richtung Süden ortsauswärts nach **Gruben.** Direkt bei der Oybachmündung hält man sich links und folgt dem Wanderweg ("Dr.-Hohenadel-Weg"), der nach ca. 25 Minuten auf die Fahrstraße zum **Oytalhaus** (1.010 m) stößt.

Der Weiterweg führt vorbei an der **Unteren Gutenalpe** bis zum Talschluss (Prinzenkreuz). Anschließend steigt der Weg in Serpentinen – vorbei an den gischtschäumenden **Stuibenwasserfällen** – steil an und führt nach einer Talsohle direkt zur **Käseralpe** (1.400 m). Von hier aus zieht sich der gut sichtbare Weg weiter zum **Älpelesattel** (1.780 m), dem höchsten Punkt der Wanderung.

Danach beginnt der Abstieg durch die steilen Grashänge zur **Dietersbach-Alp** (1.325 m) und am gleichnamigen Bach entlang über die **Gerstrubner Alpe** in die kleine denkmalgeschützte Höhensiedlung **Gerstruben** (1.146 m). Vom Gasthof aus folgt man der asphaltierten Straße wenige hundert Meter, bis links der Wanderweg durch den Hölltobel abzweigt.

Am Ende der Klamm trifft der Weg auf eine Fahrstraße, der man nach rechts bis kurz vor die Brücke über die Trettach folgt. Dort zweigt man rechts ab und läuft den Fluss entlang nach **Gruben,** bis man bei der Einmündung des Oybachs in die Trettach auf den Hinweg trifft.

Wanderung 16: Aufs Gottesackerplateau

Einer einmaligen Laune der Natur ist diese bizarr geformte Berglandschaft zu verdanken. Neben der markanten Gestalt des Hohen Ifen (2.232 m) gehören die Oberen Gottesackerwände (1.963 m), das Toreck (2.029 m) und die Unteren Gottesackerwände (1.856 m) zum Ifen-Stock. Zwischen den Gipfeln breitet sich eine rund neun Quadratkilometer große Ebenen aus: das Gottesackerplateau. Diese von Rissen und Dolinen zerfurchte Karstlandschaft zeugt eindrucksvoll von der Erosionskraft der Niederschläge. In den vielen kleinen Felsritzen sammelt sich Humus, der den Nährstoff für eine kleine, aber farbenfrohe Pflanzenwelt liefert. Diese Tour durch eine landschaftlich einmalige Felsformation bedarf auf jeden Fall ausgeprägter Trittsicherheit, denn die Scharten und Risse auf dem Plateau sind geradezu prädestiniert für "Bänderrisse & Co". Längere steile Anstiege bleiben einem zwar erspart, aber trotzdem sollte man aufgrund der Länge der Tour eine gute Kondition mitbringen. Vorsicht: Auf keinen Fall bei Nebel losgehen, da es dann so gut wie unmöglich ist, sich auf dem Plateau zu orientieren!

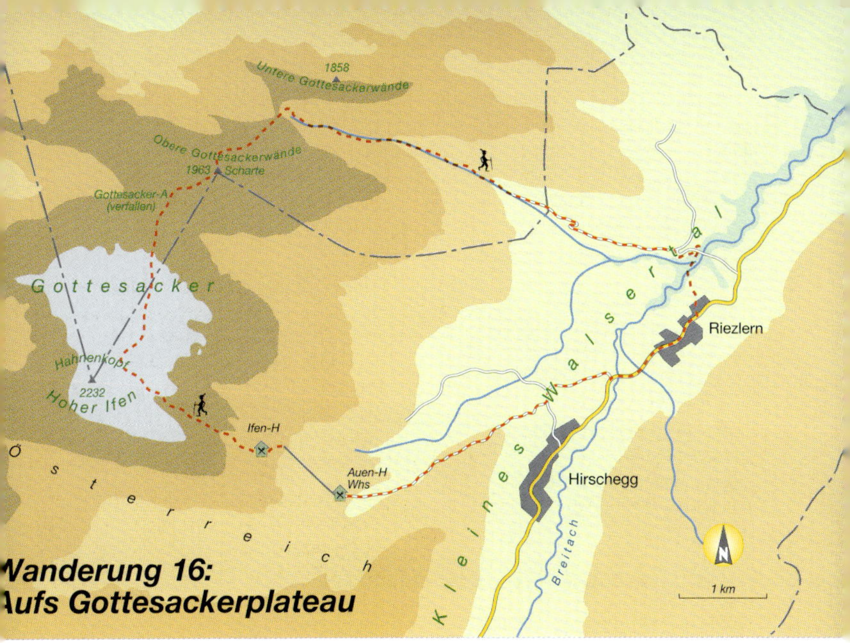

Wanderung 16: Aufs Gottesackerplateau

Der Süden
Karte S. 99

Route: Riezlern (1.086 m, 9 km südwestlich von Oberstdorf) – Auenhütte (1.275 m) – Gottesackerplateau (ca. 1.900 m) – Mahdtal – Riezlern

Wanderzeit: rund 8 Stunden

Höhenunterschied: insgesamt rund 1.000 m, davon 500 m mit Bus bzw. Bahn

Variante: Abstieg von der Gottesackeralpe durch das Kürental ins Wäldle (ca. 6 Stunden)

Anmerkungen: halbstündliche Busverbindung von Riezlern zur Auenhütte; Ifen-Bergbahn 8.45–16.30 Uhr, 4,50 €/Pers. (einfach)

Einkehrmöglichkeit: Ifen-Hütte, Bergadler (unterhalb des Hahnenköpfle), Mahdtalhaus

Wegbeschreibung

Ausgangspunkt ist **Riezlern** (1.086 m), von wo aus man mit dem Bus zur **Auenhütte** (1.275 m) und weiter mit der Sesselbahn hinauf zur Ifen-Hütte fährt. Von hier aus führt der ausgeschilderte Weg in ca. 1,5 Stunden zum **Hahnenköpfle,** wo ein herrlicher Panoramablick für die Mühen entschädigt.

Vom Gipfel folgt man dem markierten Weg weiter, zunächst leicht abwärts direkt nach Norden durch das **Gottesackerplateau** (rund 1.900 m), dann geradeaus an der verfallenen **Oberen Gottesacker-Alpe** (1.835 m) vorbei und schließlich auf die sich auftürmenden Oberen Gottesackerwände zu. Durch die **Scharte** (1.967 m, Markierungsstange), eine Einsattelung westlich des **Torecks** (2.029 m), überquert man die Oberen Gottesackerwände, die sich wie eine riesige Treppe nach Norden hin absenken.

Jenseits der Scharte führt der Weg nun abwärts durch zwei kleine Talkessel zum **Windecksattel** (1.751 m), wo sich das höchstgelegene Hochmoor Deutschlands befindet. Hier zweigt der Weg nach rechts ins Mahdtal ab (der Weg geradeaus hinauf führt über die Unteren Gotteswände hinab ins Rohrmoostal), das hinunter nach **Riezlern** führt. Unterwegs kommt man am bekannten **Hölloch** vorbei, der größten Höhle des Allgäus.

Schloss Hohenschwangau

Der Osten

Das Ostallgäu teilt sich landschaftlich auf in den eher flachen nördlichen Bereich mit mittelalterlichen Städtchen und das stärker reliefierte und wesentlich dichter touristisch erschlossene Gebiet zwischen Neuschwanstein und Nesselwang im Süden.

Mindelheim ist einen kulturellen Zwischenstopp wert. Bad Wörishofen stellt den Inbegriff des Kurmassentourismus dar – es ist die Stadt Pfarrer Kneipps. Die ehemalige freie Reichsstadt Kaufbeuren wurde äußerst hübsch saniert, zum Umherschlendern ideal. Südlich von hier wird die Landschaft zunehmend hügeliger und damit auch spannender für Radler (man sollte mit einer möglichst kleinmaßstabigen Karte unterwegs sein, sonst kann man sich auf den verzweigten Wirtschaftswegen leicht verlieren). Die architektonischen Highlights sind die Schlösser Neuschwanstein und Hohenschwangau im "Königswinkel" – König Ludwig ist hier überall präsent.

Wandermenü mit vielen Gängen

Wie in einer überdimensionalen Freiluftarena wird die Kulturlandschaft von einem großen Bogen Berge umrahmt. Als Blickfang schon von weitem sichtbar, bilden sie die natürliche Grenze im Osten und Süden und erstrecken sich von Halblech über Schwangau bis hinunter nach Füssen und von dort über Pfronten hinüber zum Wertachtal bei Nesselwang. Sicher, die Ostallgäuer Gipfel glänzen nicht gerade mit sensationellen Höhen. Doch immerhin ragen manche mehr als 1.000 m in den Himmel – hoch genug, um einen weiten Ausblick gewähren zu können.

Die große Besonderheit dieser Bergregion liegt jedoch in ihrer unglaublichen Vielfalt:

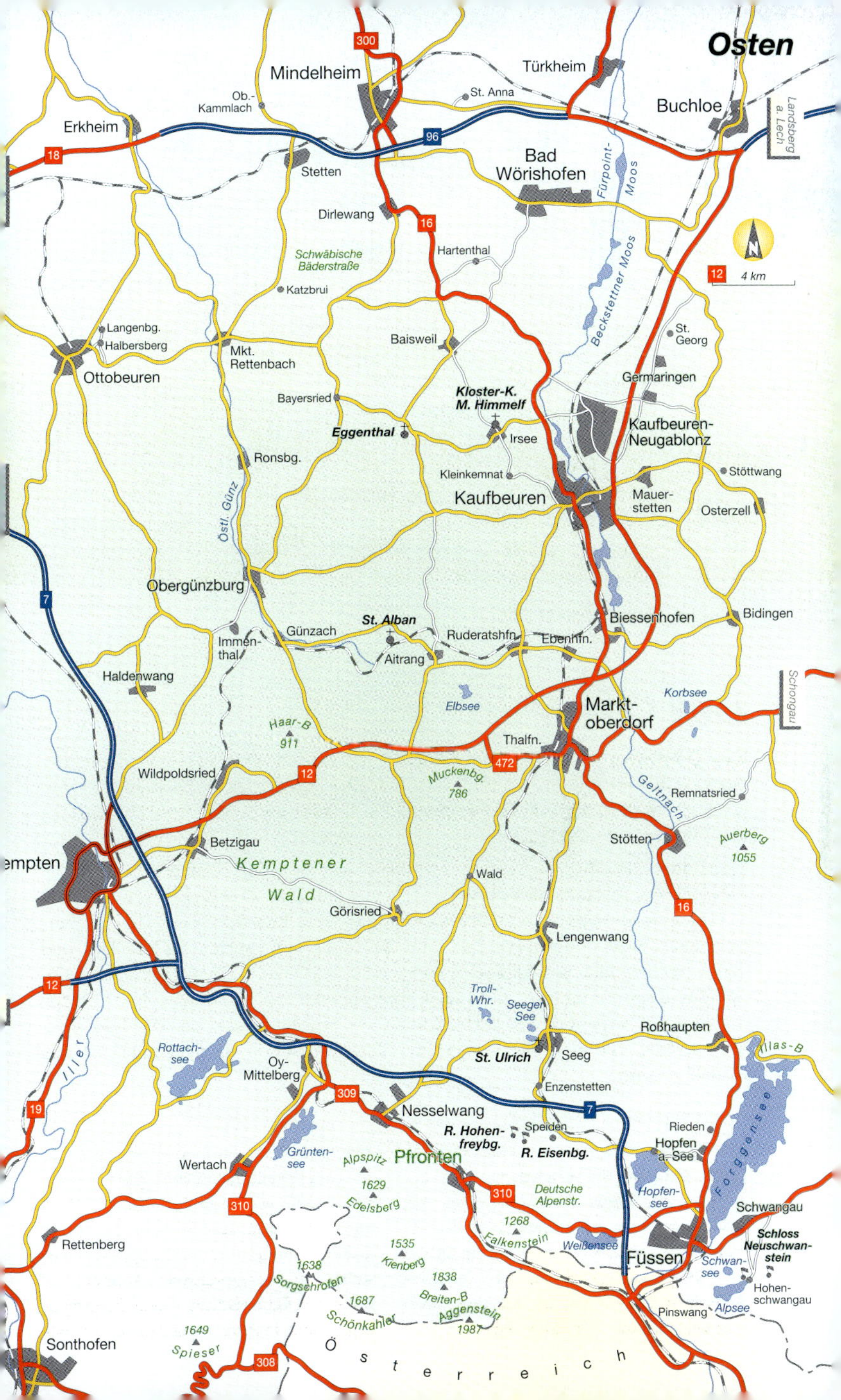
Osten
Mindelheim
Türkheim
Buchloe
Landsberg a. Lech
Ob.-Kammlach
St. Anna
Erkheim
Stetten
Bad Wörishofen
Fürpoint-Moos
Dirlewang
Hartenthal
Schwäbische Bäderstraße
Katzbrui
Beckstettner Moos
4 km
Langenbg.
Halbersberg
Ottobeuren
Mkt. Rettenbach
Baisweil
St. Georg
Germaringen
Bayersried
Kloster-K. M. Himmelf
Eggenthal
Irsee
Kaufbeuren-Neugablonz
Ronsbg.
Kleinkemnat
Stöttwang
Kaufbeuren
Mauer-stetten
Osterzell
Östl. Günz
Obergünzburg
St. Alban
Biessenhofen
Bidingen
Günzach
Immen-thal
Ruderatshfn.
Ebenhfn.
Aitrang
Haldenwang
Elbsee
Korbsee
Schongau
Markt-oberdorf
Haar-B
911
Thalfn.
Wildpoldsried
Muckenbg.
786
Geltnach
Remnatsried
Stötten
Auerberg
1055
Betzigau
empten
Kemptener
Wald
Wald
Görisried
Lengenwang
Troll-Whr.
Seeger See
Roßhaupten
Rottach-see
Iller
Oy-Mittelberg
St. Ulrich
Seeg
Illas-B
Enzenstetten
Nesselwang
Speiden
Rieden
R. Hohen-freybg.
R. Eisenbg.
Hopfen a. See
Wertach
Grünten-see
Alpspitz
1629
Pfronten
Edelsberg
Deutsche Alpenstr.
Hopfen-see
Forggensee
Schwangau
1268
Falkenstein
Weißensee
Schloss Neuschwan-stein
Rettenberg
1535
Kienberg
Füssen
Schwan-see
1638
Sorgschrofen
1838
Breiten-B
Hohen-schwangau
1687
Pinswang
Alpsee
Schönkahler
Aggenstein
1987
1649
Spieser
Sonthofen
Österreich
300
96
18
16
12
7
472
309
310
19
308

sanfte Hügelketten, große Seen und weite Wälder, aber auch zackige Gipfel mit stolzem Relief. Dazwischen liegen Alpweiden und viele Einzelhöfe, Charakteristikum alemannisch-bajuwarischer Streusiedlungen. Kurz: eine Landschaft, die zu Recht mit dem Attribut "märchenhaft" bedacht wird und doch mehr aufzuweisen hat als märchenhaftes Ambiente und eine im wahrsten Sinne des Wortes königliche Vergangenheit.

So unterschiedlich die Berge sind, so verschieden sind auch die Möglichkeiten, sie zu erkunden: kurze Verdauungsspaziergänge in den mit Ruhe- und Aussichtsbänken gespickten Tallagen und um die Seen, daneben einfache Wanderungen in der Alpregion, aber auch hochalpine Touren, die – Erfahrung, Trittsicherheit und Kondition vorausgesetzt – mit prachtvoller Aussicht und echter Gipfelfreude großzügig die Aufstiegsmühen entlohnen. Greifen Sie zu, das Wandermenü ist angerichtet!

Mindelheim

13.900 Einwohner • 607 Meter ü. NN

Ein von Stadtmauern, Toren und Türmen umgebener mittelalterlicher Stadtkern, prachtvolle Kirchen und Kapellen, stolze Bürgerhäuser und verträumte Altstadtwinkel sind die Markenzeichen Mindelheims.

Hinzu kommen einige interessante Museen und eine bemerkenswerte Gastronomie mit schönen Biergärten. Kulturelle Höhepunkte im Jahr sind das Frundsbergfest (siehe Kasten) und die Mindelheimer Fasnacht, im Rahmen derer sogar einige Türme ihr Narrengewand anlegen. Bedauerlicherweise ist die Maximilianstraße, die mitten durch die Altstadt führt, noch nicht zur Fußgängerzone erklärt worden, sodass der – wenn auch mäßige – Verkehr die Flanierlaune etwas trübt.

Viel Aufhebens um Ritter Frundsberg

Zwischen 1467 und 1586 wurden die Geschicke der Stadt von den Herren von Frundsberg bestimmt. Zur Erinnerung an diese Zeit wird alle drei Jahre ein historisches Altstadtfest veranstaltet, dessen Höhepunkt ein bunter Festzug ist. Zehn Tage kehrt die Stadt ins späte Mittelalter zurück bzw. fällt, wie die Veranstalter werben, in ein kollektives Frundsbergfieber. Die zentrale Figur der Festlichkeiten ist Georg von Frundsberg (1473–1528), der als "Vater der Landsknechte und Sieger von Pavia" in die Geschichte einging (im Auftrag Karls V. befreite er die Stadt von der Belagerung durch die Franzosen). Zwar wird immer wieder der Einwand laut, man dürfe solch ein Fest keinem zweifelhaften Krieger und Söldneranführer widmen, doch im Grunde ist man zufrieden, dass das kleine Mindelheim ein solches geschichtliches Highlight zu bieten hat. Infos zum Fest bekommt man unter ✆ 5584 oder ✆ 738441.

Geschichte: Im 7. Jh. gab die alemannische Besiedlung der Stadt ihren Namen: "Heim an der Mindel". Schon in fränkischer Zeit existierte hier ein Reichshof, der 1046 zum ersten Mal erwähnt wurde. Begünstigt wurde die Entwicklung der Stadt durch die alten Handelsverbindungen, vor allem die Salzstraße. Das Stadtrecht erhielt Mindelheim 1250. Die ehemalige Stadtbefestigung stammt aus dem 15./16. Jh. In dieser Zeit wurde auch die Mindelburg erbaut. Die Reformation konnte sich hier nicht durchsetzen, da die Herrscher stets katholisch waren – die Herren von

Frundsbergfest

Frundsberg ebenso wie später der Bayernherzog Maximilian, der zur Festigung der Macht und des Glaubens die Jesuiten hierher holte. Zwischen 1710 und 1715 war Mindelheim kurioserweise in englischen Händen: Der Herzog von Marlborough wurde vom Kaiser mit der Stadt belehnt. Was folgte, war ein Hin und Her der politischen Verhältnisse. Mal gehörte der Ort zu Bayern, mal zu Österreich. Seit 1801 ist Mindelheim konstant bayerisch.

Touristeninformation/Freizeitangebot

- *Postleitzahl* 87719
- *Vorwahl* 08261
- *Touristeninformation* **Verkehrsbüro,** Maximilianstraße 27 (dem Rathaus gegenüber), ✆ 737300, 📠 737929, www.mindelheim.de. Mo–Fr 10–12 und 15–17 Uhr.
- *Führungen* Mai–Oktober am zweiten und letzten Samstag im Monat **kostenlose Stadtführungen.** Treffpunkt 14.30 Uhr am Theaterplatz.

Darüber hinaus werden **Wanderungen zur Mindelburg** sowie **thematische Führungen** angeboten: "Mindelheim von Frauen, für Frauen, über Frauen"; Führungen für Familien; "Kunst und Kuriositäten"; "Reise in Mindelheims Gedächtnis". Diese Führungen werden in Gruppen durchgeführt und kosten etwa 30 €. Anfragen beim Verkehrsbüro. Hier erhalten sie auch einen Stadtführer für 2,50 €. Sechsmal im Jahr erscheint der Veranstaltungskalender, den Sie ebenfalls hier bekommen.

- *Baden* **Freibad,** Tiergartenstraße 9, Sprungturm, im Sommer täglich 8–19 Uhr.
- *Fahrradverleih* **Radpavillon Steinmaier,** Landberger Straße 36, ✆ 6722; **Bikeshop Mutzel,** Bahnhofstr. 50, ✆ 8397.
- *Feste/Veranstaltungen* Frundsbergfest (alle drei Jahre, zum nächsten Mal Juni/Juli 2003, s. Kasten auf S. 134); Töpfermarkt (Anfang September); Jazz-Festival (März/April); Mindelheimer Christkindlesmarkt (Ende November bis Anfang Dezember); großer Faschingsumzug am "Gumpigen Donnerstag"; Theaterfestival (Juni/Juli); Stadtfest und Kunsttage (Juli).
- *Tennis* Öffentlich zugänglich sind der **Tennis- und Squash-Park** in der Werner-von-Siemens-Straße 4, ✆ 3081, und die **Tennisanlage des TC Mindelheim,** Tiergartenstraße.

Der Osten
Karte S. 133

Übernachten

4 Zur Laute
7 Alte Post
10 Gasthof Stern

Essen und Trinken

1 Zum Reichsadler
2 Weinstube Dietz
3 Im Hasen
5 Eiscafé Dolomiten
6 Brasserie Glocke
8 American-Sports-Bar-Ricks
9 Weberhaus

Übernachten/Essen und Trinken/Abends

• *Gasthöfe/Hotels* **Gasthof Stern (10),** Frundsbergstraße 17, ✆ 5055. Ein für Allgäu-Verhältnisse relativ großes Haus. DZ ab 65 €.
Alte Post (7), Hotel-Restaurant, Maximilianstraße 39, ✆ 760760, ℻ 7607676. Erstes Haus am Platze. DZ ab 62 €. Sie speisen bei gehobenen Preisen sehr gut. Kein Ruhetag.
Zur Laute (4), Lautenstr. 8, ✆ 3958, ℻ 5391. Liegt in einer ruhigen Seitenstraße. DZ 74 €. Die variationsreiche Küche bietet große Auswahl, gehobene Preisklasse. Do Ruhetag.

• *Ferienwohnungen* Es gibt ein halbes Dutzend Ferienwohnungen, darunter:
Müller, Karl, Westernach, Berghausen 6 (3,5 km nördlich von Mindelheim), ✆/℻ 5373. Radlerfreundliches Haus, Fahrradverleih, Garten, 26 €.
Stempfle, Erika, Nordenstraße 8, ✆ 4167. Ebenfalls radlerfreundlich, Garten, Ferienwohnung 30 €, EZ mit Frühstück 15,50 €.

• *Camping* Einen richtigen Campingplatz gibt es leider nicht, nur eine Stellmöglichkeit in der Geishornstraße 8 (Richtung Autobahn, südlich der Stadt). Sanitäre Einrichtungen (mit Entsorgungsstation) sind vorhanden.

• *Essen und Trinken* **Weberhaus (9),** Restaurant und Café, Mühlgasse 1 (direkt am Bach), ✆ 3635. Eindeutig *der* kulinarische Tipp im Ort. Das alte Mehlhändlerhaus hätte fast einem Parkplatz weichen müssen, es kam aber zum Glück anders. Seit 1983 führt G. Rehse das Lokal; er nannte es nach seinem Vorgänger kurzerhand Weberhaus. Es gibt zwei Speisekarten: Im Obergeschoss isst man Gerichte der gehobenen Preiskategorie, die immer wieder – je nach den Einkäufen des Chefs – neu zusammengestellt werden. Auf der Terrasse und im Erdgeschoss gibt's Gerichte mittleren Preisniveaus. Geschätzt bei Reisenden sind vor allem die "Schwäbischen G'schichtle", zwei Schweinesteaks mit Champignon-Rahmsoße auf Kässpatzen. Di Ruhetag.
Im Hasen (3), Kornstraße 17, ✆ 739096. Grieche, nicht gerade preiswert, aber gut. Freisitz in der Fußgängerzone. Mi Ruhetag.

Brasserie Glocke (6), Maximilianstraße 16, ✆ 738142. Exquisite französische Flammkuchen. Küche bis 23 Uhr. So Ruhetag.

Weinstube Dietz (2), Kornstraße 18, gegenüber dem "Hasen", ✆ 8400. Nette Atmosphäre in holzgetäfelten Stuben.

Taverne "Zum Reichsadler" (1), Westernacher Straße 2, ✆ 735333. Idyllischer Biergarten.

Eiscafé Dolomiten (5), Landberger Straße 5. Modernes Café, leider an einer befahrenen Straße.

Konditorei-Café Engel, Maximilianstr. 8–10. Auch zum Draußensitzen.

• *Abends* **Amercan-Sports-Bar-Ricks (8),** Maximilianstr. 57. Kneipe mit schönem Sitzkreis im Garten. Mo–Do 10–1, Fr/Sa 10–3, So 14–1 Uhr.

Turmuhr

Stadtrundgang

Start ist das **Untere Tor** neben der ehemaligen Jesuitenkirche im Westen der Stadt. Früher war das Tor – eines von dreien in der Stadt – vom Feuerwächter bewohnt, heute lagert hier das Stadtarchiv. Die **Jesuitenkirche Mariä Verkündigung** präsentiert sich in typisch süddeutschem Barock. Auffallend sind die stuckierten figürlichen Szenen an der Decke mit Motiven aus dem Marienleben. Über der erlesenen Kanzel (1722) erhebt sich die Figur des Ordensgründers Ignatius von Loyola, am Fuß die Sinnbilder der vier Evangelisten. Die Volutenpyramide ist mit Putten besetzt, die die vier damals bekannten Erdteile verkörpern. Interessant ist das Bild unter dem Hauptaltar im Antependium: "Christus in der Kelter". Christus, der Schmerzensmann, wird ausgepresst, und sein Blut erlöst die Welt. Gleichzeitig ist er der Überwinder der sieben Todsünden, die allegorisch dargestellt werden und z. B. für Geiz, Faulheit, Eitelkeit und Völlerei stehen. Die rechte Seitenkapelle ist dem Jesuitenpater Franz Xaver gewidmet und zeigt Motive seiner Missionsreisen nach Indien. Im ehemaligen Jesuitenkolleg (Eingang Hermelestraße 4) sind drei Museen untergebracht: Vorgeschichts-, Krippen- und Textilmuseum (s. u.).

Zurück zur Hungerbachstraße. In der ehemaligen Silvesterkirche (Hausnummer 9) ist das Turmuhrenmuseum untergebracht (s. u.). Der Rundgang führt Sie weiter (am Einlasstor vorbei) zum **Franziskanerinnenkloster Hl. Kreuz,** in dem sich seit 1456 die Franziskanerinnen der Krankenpflege verschrieben haben. Deshalb wurde es im Rahmen der Säkularisation auch nicht aufgelöst. Das Kloster verfügt über wertvolle Reliquiare und Kunstgegenstände, die hier seit der Auflösung anderer Klöster und Kirchen vor der Zerstörung oder dem Verkauf bewahrt wurden. Außerdem hat hier das Heimatmuseum seine Bleibe (s. u.).

Gleich daneben steht die **Stadtpfarrkirche St. Stephan,** die 1416 errichtet wurde, aber wiederholt Umbauten erfuhr. 1860/67 wurde sie einheitlich im neuromanischen Stil gestaltet. Die letzte Innenrestaurierung von 1984 differenzierte die Farbgebung dezent im Sinne des 19. Jh. Die Kirche hat in künstlerischer Hinsicht

Der Osten
Karte S. 133

In der Altstadt

einiges zu bieten, so z. B. die hochwertigen Goldschmiedearbeiten am linken Seitenaltar aus der Mitte des 18. Jh. In der kreuzrippengewölbten Turmkapelle ist das prachtvolle, in rotem salzburgischem Marmor gehaltene Doppelgrabmal (1430) des Herzogs Ulrich v. Teck und seiner zweiten Gemahlin Ursula eine Besichtigung wert.

In der Mitte der Altstadt schließlich ist das 1897 historisch erneuerte **Rathaus** (ehemals Zunfthaus der Weber) hervorzuheben, an dessen Seite das Bronzestandbild Georgs von Frundsberg über den Marienplatz schaut.

Museen und Mindelburg

Heimatmuseum: Das Museum wurde zum Zeitpunkt der Recherche umgestaltet und soll zur Feier des hundertjährigen Bestehens 2003 wiedereröffnet werden. Den Besucher erwarten dann Erinnerungen an den Mindelheimer Ehrenbürger, Schriftsteller, Zeichner und Scherenschneider Arthur Maximilian Miller sowie Dokumente zur Frömmigkeitsgeschichte, zum Brauchtum und zum Handwerk.

Turmuhrenmuseum: In der ehemaligen Sylvesterkirche, die 1409 im Auftrag der Herzogin Anna von Polen erbaut wurde und 1763 den schönen 48 m hohen "Kappelturm" erhielt, sind ca. 50 Turmuhren aus der Zeit von 1562 bis 1933 ausgestellt. "Der Tod ist sicher – die Stunde unsicher", so lautete das Motto der Uhrmacher. Ganzer Stolz des Museums ist die barocke Konventuhr aus Füssen, die ein Franziskanerpater aus Schwaz in Tirol im Jahre 1750 kunstvoll schmiedete. Aber noch viele andere Zeigerpaare und Räderwerke sind sehens- und hörenswert. Der Initiator dieser reichhaltigsten Turmuhrenausstellung Deutschlands ist der engagierte Lehrer Wolfgang Vogt, der sie in langjähriger Sammlertätigkeit aufgebaut hat und weiterhin ehrenamtlich betreut. Eine von ihm geleitete Führung ist ein Erlebnis.

Adresse/Öffnungszeiten Ehemalige Silvesterkirche, Hungerbachstraße 9. Mi 14–16 Uhr. Eintritt 1,50 €.

Vorgeschichtemuseum, Krippenmuseum, Textilmuseum: Drei Museen unter einem Dach: Das Vorgeschichtemuseum im zweiten Obergeschoss des ehemaligen Jesuitenkollegs (Ostflügel) wurde 1994 eingerichtet und widmet sich der Besiedlungs- und Kulturgeschichte Südschwabens von der Eiszeit bis zum frühen Mittelalter. Das 1989 eröffnete Krippenmuseum im ersten Obergeschoss präsentiert die Entwicklungsgeschichte der Krippendarstellung bis in die heutige Zeit. Das Textilmuseum von 1986 schließlich besitzt eine so umfangreiche Sammlung, dass ein großer Teil der Stücke in Wechselausstellungen gezeigt werden muss.

Adresse/Öffnungszeiten Jesuitenkolleg, Hermelestraße 4. Täglich außer Mo 10–12 und 14–16 Uhr. Eintritt 1,50 €.

Mindelburg: Die Burg, deren älteste Teile auf das 12 Jh. zurückgehen, wurde im 19 Jh. im altdeutschen Stil umgebaut. Nach wechselvoller Geschichte ist sie heute an einen Gewerbebetrieb verpachtet. Der Burgfried ist begehbar (120 Stufen, April–Oktober täglich 8–17 Uhr). Zu Fuß kann man die Burg von der Stadt aus in 20 bis 25 Minuten erreichen (Beschilderung "Mindelburgweg").

Essen und Trinken **Burgschenke,** ✆ 1473. Restaurant-Café mit Terrasse und gutbürgerlicher Küche. Di Ruhetag.

> Mindelheim birgt noch einen besonderen Schatz: seine Kapellen. Besorgen Sie sich in einer der Kirchen den ausgezeichneten Führer "Die Kirchen von Mindelheim", in dem auch die 17 Kapellen beschrieben werden. Wir weisen nur auf die westlich der Altstadt gelegene Liebfrauenkapelle hin, in der das berühmte spätgotische Holzrelief der "Mindelheimer Sippe" von 1510 zu sehen ist.

Bad Wörishofen

14.700 Einwohner • 650 Meter ü. NN

Der Ort besteht aus einem Kloster und unzähligen Kureinrichtungen. Besonders attraktiv ist der Kurpark mit Aroma- und Rosengarten. Ansonsten beherrscht Pfarrer Kneipp das Stadtbild: Fast an jeder Laterne prangt sein Konterfei, der Monsignore ist sozusagen der Übervater der Stadt.

Wer aus Deutschlands Norden kommt, hat hier weniger Verständigungsprobleme mit Schwäbischsprechenden – eher wird man Berlinerisch zu hören bekommen, und zwar nicht nur von den gegenwärtigen Kurgästen, sondern auch von ehemaligen, die hier ihr Altersdomizil bezogen haben. Entsprechend leidet Wörishofen ein wenig unter seinem Ruf als Rentnerdomizil. Allerdings zählen auch Mutter-und-Kind-Kuren und Kindererholungen zum hiesigen Angebot.

Geschichte: Die erste Erwähnung des Ortes stammt von 1067. Auf einer Schenkungsurkunde des Augsburger Bischofs ist als Zeuge ein Otthalm de Werineshova vermerkt, was beweist, dass Wörishofen damals eine eigene Herrschaft war. Ihre letzte Inhaberin übergab ihre Besitzungen in und um Wörishofen dem Dominikanerorden, und so wurde das Kloster St. Katharina zu Augsburg Grundherr von Wörishofen. 1719 gründete das Mutterkloster hier eine Filiale. 1802 kam das Kloster in den Besitz des bayerischen Staates. Die Klosterfrauen durften verbleiben. 1842 genehmigte der bayerische König Ludwig I. die Wiederherstellung des Klosterstatus, 1855 zog Sebastian Kneipp als Beichtvater in das Kloster ein. 1920 verlieh der bayerische Staat dem Kurort das Prädikat "Bad".

Touristeninformation/Freizeitangebot

- *Postleitzahl* 86825
- *Vorwahl* 08247
- *Touristeninformation* **Kurverwaltung,** Luitpold-Leusser-Platz 2, ✆ 99330, ℻ 993359, www.bad-woerishofen.de. Mo–Fr 9.30–18, Sa/So 9.30–12.30 Uhr. In der Broschüre "Informationen von A–Z" finden Sie eine Menge Angebote zur Freizeitgestaltung.
- *Baden* Per Rad oder im Rahmen eines kleinen Spaziergangs bestens zu erreichen ist das **Freibad am Sonnenbüchl** mit sehr schönem Park. Täglich 8–18 Uhr (Mi erst ab 9.30 Uhr). Bei schlechtem Wetter verkürzte Öffnungszeiten. Eintritt 2,50 €/Erw., 1,50 €/Ki.

Hallenbad, Kaufbeurer Str. 26, ganzjährig Di–Fr 10.30–20.30 und Sa/So 10–17 Uhr. 3 €/Erw., 1,50 €/Ki.

Die Therme: Im Herbst 2003 wird ein einzigartiges Thermen- und Saunaparadies eröffnen. Schon heute wird es mit vielen Superlativen angepriesen. Lassen Sie sich überraschen!

- *Erlebnispark* **Skyline Park**, Hartfeld 1 (ca. 6 km nördlich von Bad Wörishofen), ✆ 96690. Ein Erlebnispark für die ganze Familie. Geöffnet Mitte März bis Anfang November tägl. 9.30–18 Uhr, im Sommer bis 20 Uhr. 13 €/Erw., 11.50 €/Ki. (100–140 cm).
- *Fahrradverleih* **Heckl,** Hauptstraße 15, ✆ 7293; **Osswald,** Rosenstraße 1, ✆ 6838; **Rohner,** Hauptstraße 35, ✆ 2424; **Zweirad Trübenbacher**, Türkheimer Str. 1 a, ✆ 8800 (auch Reparatur und Verkauf).
- *Segeln* Auf dem Wörishofener Stausee, Ansprechpartner ist **Herr Zettler,** ✆ 08241/ 2218. Kein Bootsverleih.
- *Tennis* Insgesamt 22 Freiplätze, Näheres in der Kurverwaltung.

Übernachten/Essen und Trinken

Es gibt unzählige Übernachtungsmöglichkeiten in Bad Wörishofen (z. T. im Internet zu besichtigen), auch viele Restaurants. Unsere kleine Auswahl berücksichtigt v. a. familienfreundliche Ferienwohnungen und günstige Privatzimmer. Fast alle Unterkünfte haben ihre eigenen Kneippeinrichtungen, sodass Sie im Bademantel zu den morgendlichen Anwendungen gehen können. Hochinteressant sind die verschiedenen Pauschalangebote in vielen Häusern. So kostet z. B. in der Kurpension Linder eine Woche "Kneipp zum Kennenlernen" 300 € pro Person.

Sebastian-Kneipp-Denkmal im Kurpark

- *Hotels/Kurheim* **Le petit chateau Fontenay,** Eichwaldstraße 10, ✆ 3060, ℻ 306185. 85 stilvolle Zimmer. DZ ab 104 €.

Hartenthaler Hof, Kurhotel garni in Hartenthal, ✆ 39000, ℻ 390090. Gemütliches Haus mit hübscher Terrasse. Hausschlachtung. Eigenes Hallenbad. DZ ab 56 €.

Kurheim Linder, nahe der Fußgängerzone in der Bachstraße 7, ✆ 5279, ℻ 8427. Kneipp-Anwendungen, Zimmer 21 €, Anwendungen für eine Woche 80 €. Für die Qualität des Hauses spricht das "Standvermögen" eines über 70-jährigen Stammgastes, der bereits mit 25 Jahren erstmals hier logierte und seitdem immer wiederkehrt.

- *Ferienwohnungen* **Detmar,** Mindelheimer Straße 18 a, ✆ 2593. Ab 30 €/Tag. Nichtraucher erwünscht.

Schwaier, Bachstraße 14, ✆ 2598. Ab 28 €/Tag.

Hermine, Fam. Hamp, Hermann-Aust-Straße 5, ✆ 7038, ✆ 5501. Ab 47 €/Tag.

Gästeheim Leimer, Fam. Schuster, Wiesenweg 2, ✆ 5754. Fünf Minuten zum Zentrum. DZ 26 €.

Bauernhof K. Huber, Schöneschach, nicht weit westlich der Stadt, ✆ 5803. DZ 26 €.

• *Camping* **Kur-Campingplatz Frick-Eichinger,** Gottlieb-Daimler-Straße 5, ✆ 5446, ✆ 8565. Zwei Personen mit Stellplatz ca. 15 €.

Die ungewöhnliche Lehre eines Pfarrers

"Wörishofen selbst ist ein schöner Ort, in welchem die Gebäude in einem guten Zustand sind. Die Bewohner haben viele, aber recht magere Felder, und deshalb sind sie zum großen Teile mit Feldarbeiten in Anspruch genommen", schrieb einst Pfarrer Sebastian Kneipp. Dass sich dies geändert hat, ist vor allem ihm selbst zu verdanken; er beharrte immer wieder darauf, "daß Wörishofen die Pflegestätte meiner Methode bleibe". Und so ist es gekommen. Wie alles anfing? Kneipp (1821–1897) interessierte sich nicht für die regionstypische Leinenweberei, er wollte studieren. Selbst an einer Lungentuberkulose erkrankt, las der gebürtige Stephansrieder in jungen Jahren Bücher mit Titeln wie "Unterricht von Krafft und Wirkung des frischen Wassers in die Leiber der Menschen, insbesondere der Kranken", auf die er dann seine Lehre aufbaute. Diese beruhte auf den folgenden fünf "Säulen": Hydro-, Bewegungs-, Phyto- (Heilkräuter), Ernährungs- und Ordnungstherapie (frühe Form meditativer Selbstfindung, spielt heute kaum noch eine Rolle).

1852 wurde Kneipp zum Priester geweiht. 1855 schickte ihn der Augsburger Bischof nach Wörishofen, um die seit der Säkularisation von 1802 niedergegangene Klosterwirtschaft wieder aufzubauen. So beschäftigte er sich mit Entwässerungsfragen in der Landwirtschaft, führte neue Kleesorten ein, erwarb sich einen Ruf als Imker und konnte Erfolge in der Bekämpfung der Maul- und Klauenseuche vorweisen. Er verfasste zwischen 1874 und 1877 fünf landwirtschaftliche Schriften.

1881 übernahm Kneipp die Pfarrei St. Justina in Wörishofen. Die Behandlung von Kranken war für Kneipp die ganzen Jahre über ein zentrales Anliegen gewesen. Seine Methode wurde bald bekannt, zunächst durch Mundpropaganda, später durch seine eigenen einschlägigen Veröffentlichungen. Als die Waschküche des Pfarrhofes nicht mehr ausreichte, um die Kranken zu behandeln, wurden ein Männer- und ein Damenbad errichtet. Berühmte Gäste kamen, und Wörishofens Entwicklung zum heutigen Kurort war nicht mehr aufzuhalten.

Sebastian-Kneipp-Museum: im Dominikanerinnenkloster, Zugang Schulstraße. Vom 15. Januar bis 15. November täglich außer Mo 15–18 Uhr. Eintritt 2 € (Kurgäste frei).

Der Osten
Karte S. 133

Essen und Trinken/Abends

• *Essen und Trinken* **Brauereigasthof Löwenbräu,** Hermann-Aust-Straße 2, ✆ 96840, ✆ 32051. Zentral gelegen, mit Biergarten unter alten Kastanien. Happy Hour mit Bier und Weißwurst. Spezialität sind einige Biergerichte (von der Biersuppe bis zum Braumeistermenü). Mo Ruhetag (auch Übernachtungsmöglichkeiten: DZ ab 77 €).

Hotel-Gasthof Adler, Hauptstraße 40 (unweit des Kurhauses), ✆ 96360. Biergarten, gutbürgerliche Küche. Erster und ältester Gasthof am Ort, seit 1492. Fr Ruhetag.

Badische Weinstube, kleine Kneipe in der Hauptstraße 24, ✆ 5465. Ab 19 Uhr geöffnet.

Landgasthof Hartenthaler Hof, Harthenthal 2, ✆ 39000. Wunderschöner Garten,

Die einladende Kurpromenade

sonntags meist überfüllt. Schwäbische Spezialitäten (selbst gebackenes Holzofenbrot, eigene Schlachtung, täglich frischer Apfelstrudel). Täglich 9–19 Uhr. Fr Ruhetag.

Katzbruimühle, in Katzbrui, ✆ 08269/575. Die alte Mühle ist ein beliebtes Ausflugsziel – so beliebt, dass man anbauen musste. Im alten Gebäude ist es aber immer noch sehr gemütlich. Mühlenmuseum ab 11 Uhr geöffnet. 16 km westlich vom Zentrum.

Neubrand's Stüble, Bahnhofsplatz 4 a, ✆ 7451. Biergarten, auch Vollwert- und vegetarische Gerichte. Mo/Di Ruhetag.

• *Abends* Im Ort gibt es einige Kneipen: **Mezzo** und **Beck** nahe dem Bahnhof sowie **Extrablatt** und **Sonne** (Cocktailbar) nahe dem Kloster.

Sehenswertes

Pfarrkirche St. Justina: Hier wirkte Pfarrer Kneipp zwischen 1881 und 1897. In einem neubarocken Deckenfresko von 1936 im Westteil des Langhauses ist die Verehrung der Dreifaltigkeit durch die Hl. Justina und andere Heilige dargestellt. Auch eine Predigtszene mit Pfarrer Kneipp ist zu sehen. Die Kirche von 1519/20, die direkt gegenüber dem vierflügeligen Dominikanerinnenkloster steht, geht auf einen romanischen Vorgängerbau zurück. Ihr spätgotischer Backsteinturm dominiert das Stadtbild.

Dominikanerinnenkloster: Mit dem Bau wurde 1718 begonnen, 1721 war der Südflügel bereits bezugsfertig. Die Klosterkirche "Maria Königin der Engel" war 1722 vollendet. Als Baumeister wirkte der Vorarlberger Franz Beer. Die Stuckaturen führte der berühmte Dominikus Zimmermann aus, sein Bruder Johann Baptist Zimmermann malte die Fresken. Den Hochaltar, die Seitenaltäre, die Kanzel und zwei Beichtstühle schuf 1722 der Klosterbruder Valentin Zündter, ein Conventual aus Augsburg.

Wandern, Radeln und Baden

Die Broschüre "Radeln, Wandern, Sport" mit 15 Wandervorschlägen, sechs Terrain-Kurwegen (dosiertes Kreislauftraining auf eigens vermessenen und bezeichneten Wegen) und 27 Radwanderungen erhalten Sie bei der Kurverwaltung. Dazu kommen noch die geführten Wanderungen zu bestimmten Themen, wie "Wanderung mit dem Förster", "Wanderung zum Bauernhof", "Abendwanderung", "Kräuterwanderung" u. v. m. Erkundigen Sie sich bei der Kurverwaltung. Beliebte Ausflüge führen nach **Untergammenried** mit seiner Kapelle oder nach **Hartenthal,** wo der oben beschriebene Gasthof neben einer guten Aussicht selbst gebackenes Bauernbrot und Dickmilch ("Schlotter") bietet. Ein weiteres Ausflugsziel ist der **Waldsee im Süden,** der leider nicht mehr bewirtschaftet ist. Neu beschildert ist der 8,6 km lange **Kneipp-Wald-Weg.**

Irsee

1.400 Einwohner • 755 Meter ü. NN

Die Keimzelle des Ortes Irsee ist das ehemalige Benediktiner-Kloster, welches heute als Tagungs- und Bildungseinrichtung genutzt wird. Die Anlage ist äußerst gepflegt und umfasst neben der barocken Klosterkirche einen Brauereigasthof und ein Brauereimuseum.

Um das Kloster herum hat sich eine bescheidene Siedlung mit eigener Gemeindeverwaltung entwickelt. Viele Künstler leben hier in herausgeputzten, alternativ gehaltenen Häusern. Irsee ist zudem ein äußerst geglücktes Beispiel ökologischer Dorferneuerung. Einen Besuch wert ist das Kleinkunst-Festival, an dem schon Größen wie Gerhard Polt oder Georg Ringsgwandl teilgenommen haben. Ein kleiner Badegeheimtipp ist der Oggenrieder Weiher. Zudem kann man sich auf einem landwirtschaftlichen Lehrpfad die Beine vertreten.

Geschichte: Vermutlich hat ein Römer mit Namen Ursinus auf der Höhe des Ortes die erste Ansiedlung Ursin begründet. 1182 wurde das Kloster an der Stelle einer Einsiedelei im Wald gegründet. 1692 hatten die Irseer Mönche den Höhepunkt ihrer Macht erreicht: Dem Fürststift Kempten hatte man die Rechte über das Gebiet abgekauft, und Kaiser Joseph I. belehnte Irsee 1706 mit der hohen Obrigkeit und dem Blutbann. Die Äbte saßen im Reichstag, entrichteten Reichssteuer und hatten im Kriegsfall Soldaten zu stellen. Knapp ein Jahrhundert später hatte die Herrlichkeit ein Ende: Nach über 600 Jahren Klosterbetrieb (abgesehen von Unterbrechungen im Bauernkrieg und im Dreißigjährigen Krieg) wurde Irsee säkularisiert. Zwischen 1849 und 1972 wurde das Klostergebäude als Heil- und Pflegeanstalt für Geisteskranke genutzt. Auf dem ehemaligen Friedhof steht seit 1981 ein Denkmal für die Euthanasieopfer des Nationalsozialismus.

Kloster Irsee

Nachdem 1972 die Zweigstelle der Nervenklinik Kaufbeuren aufgelöst worden war, beschloss der Bezirkstag von Schwaben, das herrliche, aber doch arg heruntergekommene Klostergebäude zu sanieren und in ihm ein Schwäbisches Bildungszentrum unterzubringen. Man besann sich auf die jahrhundertelange Tradition des Klosters und gab die Räumlichkeiten auch für die Begegnung mit Künstlern, ihrer Betreuung und zur Förderung der Dichtung, Kunst und Musik frei. Darüber hinaus halten hier politische Gremien sowie wirtschaftliche und gesellschaftliche Verbände ihre Veranstaltungen ab.

Der Osten
Karte S. 133

Touristeninformation/Freizeitangebot

- *Postleitzahl* 87660
- *Vorwahl* 08341
- *Touristeninformation* **Rathaus,** Meinrad-Spieß-Platz 1, ✆ 2214, www.irsee.de.
- *Führungen/Veranstaltungen* Galerie und Kleinkunstbühne im "Altbau" mit zahlreichen Programmen (Infos zu den Veranstaltungen unter ✆ 2766, Kartenvorverkauf bei der Allgäuer Zeitung, ✆ 08341/809634); Irseer Töpfer- und Kunsthandwerksmarkt (Ende Juni); Orgelvespern (Juni–Oktober); Kirchen- und Klosterführungen (Anmeldung unter ✆ 90600); Schwäbischer Kunstsommer (Juli/August, Infos unter ✆ 906661); Klang & Raum Festival (August–September, Infos unter ✆ 906699).

Übernachten/Essen und Trinken/Abends

Brauereigasthof und Hotel, ✆ 432200, 📠 432269. Die Hausspezialitäten sind insbesondere die mit Bier hergestellten Gerichte, z. B. Bierbrotsuppe, Spanferkelkrustenbraten mit Starkbiersoße mit Bayerisch Kraut und Kartoffelknödel. Dazu ein Bier der Irseeer Klosterbrauerei in einem schönen Krug. DZ ab 74 €.

Gleich daneben liegt das urige Kellergewölbe der **Taverne.** Di–Sa ab 18, So ab 11 Uhr. Nach Absprache ist eine **Brauereiführung** möglich. Das **Brauereimuseum** ist von 9 bis 19 Uhr geöffnet, ✆ 432260.

Kneipe und Café "Altbau", geöffnet tägl. ab 19.30 Uhr, So ab 14 Uhr. Sehr gemütlicher Biergarten inmitten von Kunstwerken.

Sehenswertes

Klosterkirche und heutige Pfarrkirche Maria Himmelfahrt und Peter und Paul: Von 1699 bis 1704 wurde die Kirche nach Plänen von Franz Beer errichtet. Das klar gegliederte zweigeschossige Langhaus ist in fünf Joche unterteilt. In seltener Reinheit zeigt Irsee, was unter "Lichtrahmenschicht" (ein Charakteristikum des Vorarlberger Baumeisters Beer) zu verstehen ist. Für die Emporen wählte Beer größere Fenster, damit der Kirchenraum in einen strahlenden Lichtrahmen gestellt wird. Die Gebrüder Franz und Josef Schmuzer schufen die phantasievollen (teils figürlichen) Stuckaturen. Berühmt ist die Kirche wegen der Rokoko-Korbkanzel (1724/25) in Form eines Schiffbugs. Sie symbolisiert die Kirche "auf dem Ozean der Geschichte in den Stürmen der Zeit". Weithin sichtbare dreigeschossige Türme rahmen die Fassade und verleihen ihr Monumentalität.

Einen Blick wert ist auch das daneben liegende Bildungszentrum mit seinem herrlichen Treppenhaus mit zarten Bandwerkfigurationen aus Stuck und dem großen Deckenfresko. Die Stuckdekoration gilt als eine der besten aus der Wessobrunner Schule.

Die Kirche ist immer geöffnet. Sehr empfehlenswert ist der aufliegende Kirchenführer.

Kaufbeuren

44.000 Einwohner • 680 Meter ü. NN

Ein kulturell aktives Städtchen und zugleich ein Beispiel gelungener Stadtsanierung. Das Wahrzeichen der ehemaligen freien Reichsstadt ist der Fünfknopfturm, das kulturelle Highlight aber bildet das mittelalterliche Tänzelfest.

Die Kaiser-Max-Straße ist die gute Stube der Stadt. Die historischen Häuser mit ihren verzierten Fassaden bilden die malerische Kulisse für das geschäftige Treiben zu ihren Füßen: Hier wird Markt gehalten und eingekauft, hier treffen sich die Bürger und Gäste in den hübschen Cafés und einladenden Wirtshäusern, hier wird flaniert und gemeinsam gefeiert – der urbane Mittelpunkt einer traditionsreichen, lebendigen, anregenden und "jungen" Stadt. Kaufbeuren ist vom Fremdenverkehr noch nicht so richtig entdeckt und somit ein idealer Ausgangspunkt für Ausflüge und Radtouren im Ostallgäu.

Eine Besonderheit Kaufbeurens ist der auf dem Reißbrett entstandene **Stadtteil Neugablonz,** fast eine eigene Stadt im Kleinen, die teilweise auf dem Gelände eines ehemaligen Pulver- und Sprengstoffwerks liegt. Hier siedelten sich nach dem Zweiten Weltkrieg vertriebene Sudetendeutsche aus Gablonz an. Die Gablonzer hatten sich schon in ihrer alten Heimat ein verflochtenes Produktionssystem im Bereich des Schmuckhandwerks aufgebaut und führten diese Tradition hier weiter. Noch heute gibt es im Stadtteil eine Glashütte und eine Ausbildungsstätte. Neugablonz war lange Zeit ein nur halbherzig eingegliederter Teil Kaufbeurens. Heute kann man guten Gewissens behaupten, dass die Stadt es geschafft hat, die Problematik der Vertriebenen- und Flüchtlingsintegration zu bewältigen.

Blick auf die Altstadt

Die Heilige Crescentia von Kaufbeuren (1682–1744)

In der Diözese Augsburg wird wohl kaum eine Heilige so unmittelbar verehrt wie die Kaufbeurer Klosterfrau Crescentia Höß. Durch die Heiligsprechung am 25. November 2001 bestätigte die katholische Kirche offiziell, wovon die Menschen dieser Region und weit darüber hinaus längst überzeugt waren. Wer ist diese Crescentia, die einem in Kaufbeuren so oft begegnet? Sie wollte Ordensschwester im Kloster werden, aber die hierfür nötige Mitgift konnte ihr Vater nicht aufbringen. Nur durch die hilfreiche Vermittlung des evangelischen Bürgermeisters gelang es, dass sie im Jahre 1703 als Schwester Crescentia (= die Wachsende) in das Kloster der Franziskanerinnen aufgenommen wurde. Im Kloster hatte sie es anfangs nicht einfacher. Sie wurde zunächst nicht als gleichwertig akzeptiert, aber durch ihre Ausdauer und ihre beispiellose Frömmigkeit konnte sie sich durchsetzen. Sie wurde zunächst Pfortenschwester, übernahm die Betreuung und Pflege kranker Mitschwestern, formte als Novizenmeisterin die jungen Schwestern für das Leben im Kloster und wurde schließlich sogar einstimmig zur Oberin gewählt. Bald wurde sie auch außerhalb Kaufbeurens verehrt und um Rat gebeten, vom einfachen Volk ebenso wie von geistlichen und weltlichen Größen, von den Äbten in Ottobeuren und Kempten oder von der Kurfürstin Amalie von Bayern und von Kaiserin Maria-Theresia. Heute wird sie als Volksheilige verehrt, und manche Kaufbeurer tragen ein Bildchen oder eine Medaille von ihr im Geldbeutel.

Geschichte: 1116 wurde der Ort erstmals urkundlich erwähnt. 1167 starb das damalige Herrschergeschlecht aus, und die Siedlung wäre an Ottobeuren gefallen, hätten die Welfen sie nicht in Besitz genommen. Schon 10 Jahre später wurde der Ort allerdings staufisch, und damit beginnt die eigentliche Stadtgeschichte. Um 1200 erfuhr die Stadt "Bueron" eine planmäßige Erweiterung und erhielt den ersten Stadtmauerring. Die heutige Kaiser-Max-Straße wurde angelegt und dazu die hinteren Gässchen mit den Handwerkerhäusern. 1268, nach dem Ende der Staufer, fiel die Stadt an das Reich. Aus dem "Bueron" der staufischen Urkunde wurde 1301 "Kufburun" und 1467 endgültig "Kaufbeuren", womit sich die Bedeutung der Stadt als Ort von Kauf und Verkauf im Namen weitertradiert. Der wirtschaftliche Aufschwung im 15. Jh. zeigte sich in einer regen Bautätigkeit, die der Stadt ihr Gesicht gab und ihr bis heute den gotischen Charakter bewahrt hat. Wirtschaftliche Grundlage bildeten die Leinenherstellung, das Schmiedehandwerk, das auch Waffen herstellte, und die Papierfabrikation. Die neue Lehre Luthers wurde vermutlich einerseits durch die Nähe der Reichsstadt Memmingen, andererseits durch das gemeinsame Studium zweier Kaufbeurer Bürgersöhne mit Martin Luther in Erfurt ab 1520 in der Stadt verbreitet. Calvinisten und Wiedertäufer kamen her, und reformatorische Predigten sind schon aus der Zeit vor Luthers Thesenanschlag in Wittenberg belegt.

An der Wende vom 16. zum 17. Jh. gingen die Zeiten der blühenden Reichsstadt endgültig vorbei. Im 18. Jh. erholte sich das Gewerbe langsam wieder. 1802 wurde Kaufbeuren bayerisch.

Touristeninformation/Freizeitangebot

- *Postleitzahl* 87600
- *Vorwahl* 08341
- *Touristeninformation* **Verkehrsverein Kaufbeuren,** Kaiser-Max-Straße 1 (im historischen Rathaus), ✆ 40405, ✆ 73962, www.kaufbeuren.de. Mai–Oktober Mo, Di, Do, Fr 9.30–17 Uhr, Mi 9.30–14 Uhr, Sa 9.30–12 Uhr. Die Mitarbeiterinnen sind ausgesprochen hilfsbereit.
- *Führungen* **Altstadtführung** finden von Mai bis Oktober samstags und jeden 2. und 4. Mittwoch im Monat um 11 Uhr statt. Treffpunkt ist das historische Rathaus.

Führung durch Neugablonz werden ebenfalls von Mai bis Oktober jeden 2. Samstag um 15 Uhr veranstaltet. Treffpunkt ist das Gablonzer Haus, Marktgasse 8.

Klosterführung mittwochs und jeden ersten und letzten Samstag im Monat um 15 Uhr.

Außerdem gibt es den **Literarischen Spaziergang, Kinderführungen** ("Geschichtsdetektive unterwegs", "Von Turm zu Turm") und den **Rundgang "Hexenwahn und Poesie"** (auf den Spuren der Kaufbeurer Frauen). Alles kostenlos.

- *Angeln* Angelkarten bei **Angelsport Endler,** Hirtenstraße 4, ✆ 64731.
- *Baden* Das **Hallenbad** (Kernzeit 9–19 Uhr) und das **Freibad** (9–20 Uhr) befinden sich im Jordan-Badepark, Berliner Platz 4.

Freibad Neugablonz, Gewerbestraße 83. Eintritt in allen Bädern je 2.50 €/Erw., 1.50 €/Ki.

- *Eislauf* **Kunsteisstadion,** Berliner Platz 10, ✆ 3300 (Kaufbeuren hat eine bekannte Eishockey-Mannschaft!).
- *Fahrradverleih* **Neuner Zweiradcenter,** Schraderstr. 9, Nähe Parkhaus Süd, ✆ 12088.
- *Fallschirmspringen* Infos über Kurse und Sprünge erhält man beim **Luftsportverein** unter ✆ 924343.
- *Feste/Veranstaltungen* Alljährlich im Juli findet das Tänzelfest statt, das älteste Kinderfest Bayerns. Im Mittelpunkt steht Kaiser Maximilian (s. Kasten auf S. 150). Im Mai wird das Frühlingsfest begangen, und im Herbst stehen die Kaufbeurer Theatertage auf dem Programm.
- *Indoor-Karting* Auf 6000 qm und bis zu 600 m Streckenlänge die größte und modernste Hallenkartbahn im Allgäu. Daniel-Kohler-Straße 2 (Gewerbepark-Kreisverkehr B 12). Mo–Sa 15–24 Uhr, So ab 10 Uhr. Trainingsfahrt vormittags 10 €, nachmittags 7,50 €, Tagesticket 70 €.
- *Kinos* **Multiplexkino Corona,** Daniel-Kohl-Straße 1, ✆ 994899; **Melodrom,** Neuer Markt 4, ✆ 62119.

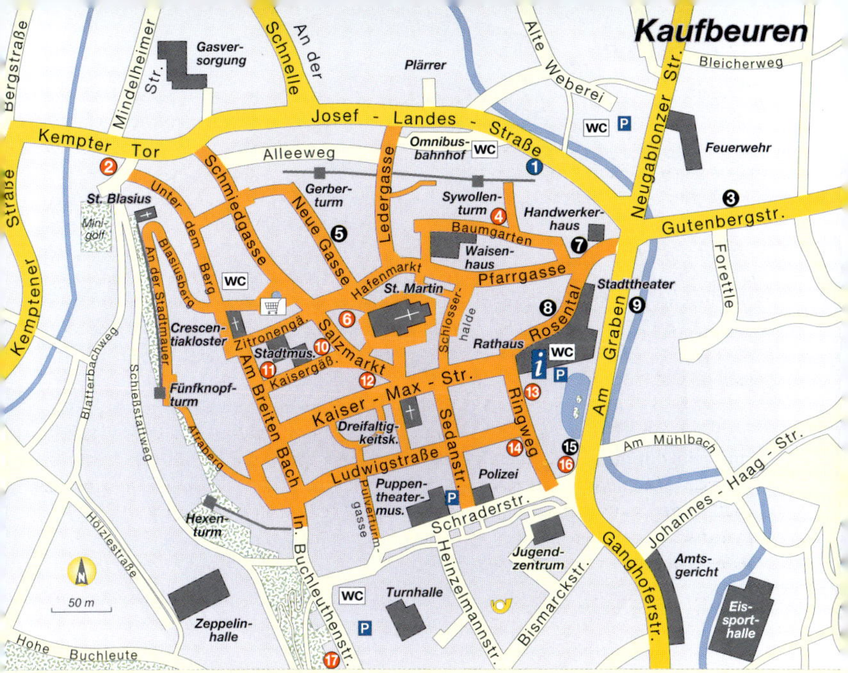

Übernachten

1 Hotel am Turm

Essen und Trinken

2 Gasthof Häring
4 Kirschkern
6 La Piazetta
10 Venezia
11 Paradiso
12 Café Weberhaus
13 Lamm
14 Zum Suppentopf
16 La Trattoria
17 Bobby´s Pizza Stuben

Nachtleben

3 Life
5 Platzl
7 Dicker Hund
8 El Greco
9 River Side
15 Piccolo

- *Reiten* **Reit- und Fahrverein,** Ziegelstadel, ✆ 362; **Reitschule Gut Steigerhof,** Alte Steige, ✆ 01727862483; **Reiterhof Nieberle,** Stöttwang-Gennachhausen, Bidinger Straße 2, ✆ 1598.

Übernachten

- *Hotels/Gasthöfe* **Flair-Hotel "Am Kamin" – Superior,** Füssener Straße 62, ✆ 9350, ✆ 935222. Adrette DZ ab 71 €.

Hotel "Am Turm" Garni (1), Josef-Landes-Straße 1, ✆ 93740, ✆ 937460. DZ ab 61 €.

Gasthof Engel, Oberbeuren, Hauptstraße 10, ✆ 2124, ✆ 8412. DZ ab 44 €. Guter Mittelklasse-Gasthof. Frische heimische Gerichte aus Pfanne und Rohr. Kastanienbiergarten.

Landgasthof Hubertus, Apfeltrang, Wenglinger Straße 2 (6 km südlich von Kaufbeuren), ✆ 81976, ✆ 12747. DZ ab 46 €. Hervorragende, kreative Küche. Bitte anmelden!

- *Ferienwohnungen/Ferien a. d. Bauernhof* Aus dem reichhaltigen Angebot (beim Verkehrsamt erfragbar) zwei Beispiele:

Hacker, Elisabeth, Augsburger Str. 83, ✆/✆ 100556. Eigener Hauseingang, Grundpreis für 2 Pers. ab 18 €.

Ferienhof Weber, Heimenhofen 3, Rudratshofen (7 km südöstlich), ✆ 08343/346, ✆ 08343/923746. Reitmöglichkeit, Swimmingpool, Waschmaschine. Grundpreis für 2 Pers. ab 38 €.

- *Camping* **Campingplatz Elbsee,** Am Elbsee 3, 87648 Aitrang (12 km von Kaufbeuren), ✆ 08343/248. Viele Dauercamper, Bootsverleih. 2-Personen-Stellplatz 17 €, Hund 1,50 €. Gute Sanitäranlagen.

Essen und Trinken (siehe Karte S. 147)

• *Restaurants* **Lamm (13),** Ringweg 1, neben dem historischen Rathaus. Sehr beliebte, preiswerte Lokalität (u. a. Grillspezialitäten und Fischgerichte).

La Trattoria (16), Ringweg 23, ✆ 12854. Typischer Italiener, nicht billig, aber lecker.

Gasthof Hirsch, Germeringen (einige Kilometer nordöstlich von Kaufbeuren), ✆ 67114. Eine urige Wirtschaft für Freunde von Kalbs- und Schweinshaxen. Mo Ruhetag.

Skihütte, im Ortsteil Oberbeuren, Richtung Friesenried, nach der ersten Kurve gleich rechts den Berg hinauf. ✆ 2848. Tiroler Küche. Große Sonnenterrasse mit herrlichem Blick auf die Stadt und die Alpen. Mo Ruhetag.

Gasthof Häring (2), Kemptener Straße 9, ✆ 2895. Sehr zu empfehlende jugoslawische und internationale Küche.

Zum Suppentopf (14), Ludwig-Straße 1. Tägl. wechselnde Suppen (2 €) und Eintöpfe (4 €), auch vegetarische Gerichte. Selbst ein Suppenkasper kann hier nicht widerstehen.

La Piazetta (6), Münzhalde 1, ✆ 100864. Italienisches Restaurant und Pizzeria, fast wie an einer italienischen Piazza. Günstige Pizzen.

Bobby's Pizza-Stuben (17), Innere Buchleuthe 14, ✆ 2162. Pizzen, Steaks.

• *Cafés/Eisdielen* **Märzenburg,** Äußere Buchleuthe 35, ✆ 40242. Gute Salate, verschiedene Crêpes.

Kirschkern (4), Kaffeebar im Kunsthaus. Gemischtes Publikum, Frühstück bis 15 Uhr, leckere Mittagsgerichte um die 5 €, die besonders gut im Biergarten schmecken.

Venezia (10), Kaisergässchen 2; **Paradiso (11),** gegenüber dem Kloster; **Café Weberhaus (12),** Kaiser-Max-Straße 22.

Abends (siehe Karte S. 147)

Dicker Hund (7), Spitaltor 7, ✆ 7878. Kleine Gerichte, sehr gemütliches Gewölbe, auch draußen Tische. Mo Ruhetag.

Piccolo (15), Hafenmarkt 16, ✆ 16986. Freundliches Café für jüngeres Publikum. Sa/So Ruhetag.

River Side (9), Am Graben 16, ✆ 100522. Täglich 19–1 Uhr. Bekannt für Cocktails, die man auf einer kleinen Terrasse oberhalb des Flüsschens schlürfen kann. Publikum um die 30 Jahre.

El Greco (8), Rosental 23 (in der Altstadt), ✆ 3034. Meist rappelvoll, abends "hip" bei den jungen Kaufbeurern.

Brasil, Gürtlerstraße 9 in Neugablonz, ✆ 68130. Kneipe, laute Musik, oft Independent.

Platzl (5), Neue Gasse 8 (in der Altstadt), ✆ 16161. Ab 19 Uhr. Rustikal-urige Kneipe, besonders im Winter, wenn mit Holz gefeuert wird. Hier ist alles aus Holz, nur das Bier wird in Steinkrügen serviert. Publikum ab etwa 30 Jahre.

Fun, Disko, daneben das **Lollipop** (bekannt für Schlagermusik) in der Sudetenstraße 12, ✆ 991960.

Life (3), Gutenbergstraße 23, ✆ 2131. Disko, wo sich zum Schluss alle zum Chill-out ab 2 Uhr treffen, vorher Teenagertreff. So/Mo Ruhetag.

Uncle Satchmo's, Kemnater Straße 2, ✆ 2441. Jazz, Kleinkunst, eher die alternative Szene Kaufbeurens. Mo/Di Ruhetag.

Stadtrundgang

Ausgangspunkt ist die **Touristeninformation im Rathaus.** Im Treppenhaus kann man sich Hinterglasmalereien mit Motiven zur Stadtgeschichte anschauen, oben befinden sich der sehenswerte historische Sitzungssaal und das Trauzimmer, beide leider nur bei Führungen zugänglich. Im Trauzimmer (ehemals Magistratssaal) hängt – mitten in Bayern – ein großes Gemälde, das den preußischen Kaiser Wilhelm I. zeigt. Es wurde im vorletzten Jahrhundert von einer deutschnationalen Familie gestiftet. Das historische Rathaus ist von 1879 bis 1881 nach Plänen von Georg Haubenrisser im Stil der Neurenaissance erbaut worden. Dieser Architekt entwarf übrigens auch den Neubau des Münchener Rathauses im neugotischen Stil.

Der Rundgang führt weiter nach Norden durch das Rosental zum **Spitaltorbereich.** In der Kneipe "Dicker Hund" sind noch die alten Gewölbe des Krankenhauses zu bewundern. Vom Spitaltor erreicht man in wenigen Schritten das moderne **Kunsthaus** aus den 90er Jahren, das für Wechselausstellungen genutzt wird.

Die Gasse "Im Baumgärtle" führt zum Bereich des früheren Jesuitenkollegs. Es wurde im Zuge der Säkularisation aufgelöst und beherbergt heute noch die alte Bibliothek. Kurz darauf erreicht man die **Stadtpfarrkirche St. Martin.** Die ursprünglich romanische Basilika (Hauptportal, Taufbecken) wurde Mitte des 15. Jh. im gotischen Stil umgebaut. Die Barockisierung der Kirche erfolgte um 1700. Gegen Ende des 19. Jh. wurde das Gotteshaus nochmals im Stil der Neugotik umgestaltet. Mit dem Bau des über 68 m hohen Turmes wurde 1403 begonnen.

Ein Abstecher führt von der Kirche hinab zu den **"Erostischen Damen"** von Peter Müller, einem Brunnen mit stilisierten nackten Grazien (mit Rost patiniert), die von einem Voyeur beobachtet werden.

Erostische Damen

Das "Engele" kommt

Das Allgäu ist in weiten Teilen noch der katholischen Tradition verbunden geblieben. In vielen Stadtmuseen sind Krippen ausgestellt, manche Ortschaften haben sogar ein separates Krippenmuseum, z. B. Mindelheim. Aber auch andere liebenswerte Bräuche haben sich entwickelt: Am ersten Adventstag abends kommt in Kaufbeuren das "Engele". Richtig gelesen: nicht das Christkind, sondern das "Engele". Es kommt – nach dem Läuten einer Glocke – meist in Gestalt der Mutter und macht den Kindern eine Freude: "G'schichtle" werden dann erzählt.

Ein weiteres Familienhighlight in der Vorweihnachtszeit ist ein Fackellauf durch den angrenzenden Wald, der sich in den wenigen Jahren seines Bestehens bereits zu einer ansehnlichen Attraktion entwickelt hat. Termin: das letzte Wochenende vor Weihnachten. Zu dieser Zeit wird auch die "Lebendige Krippe" in einem Stadel im Wald südlich von Kaufbeuren gern besucht.

Oberhalb der Stadt erreicht man die **Blasiuskapelle,** deren markanter Rundturm nicht zu übersehen ist. Es handelt sich um den ältesten Stadtmauerturm der Stadt. Der kunstvolle Altar (1518) von Jörg Lederer, dem großen Sohn der Stadt, gilt als das "Schatzkästlein" Kaufbeurens. Weitere Sehenswürdigkeiten sind das Kruzifix an einem Astkreuz (14. Jh.) und die 66 Bildtafeln (15. Jh.) mit sehr realistisch gemalten Legendenzyklen aus dem Leben der Apostel und der Heiligen Blasius, Ulrich und Antonius Eremita (täglich außer Montag 10–11 und 14–16 Uhr geöffnet).

Der Osten
Karte S. 133

Die Stadtmauer kann begangen werden, das Verkehrsamt gibt die Schlüssel heraus. Geht man den Wehrgang entlang, stößt man nach einigen Metern auf den **Fünfknopfturm,** das Wahrzeichen der Stadt aus dem Jahr 1420. Der Enkel des letzten Türmers wohnt hier mit seiner Familie.

Linker Hand führt ein kleiner Abhang wieder zurück in die Stadt. Am Kappeneck fällt ein kleines Haus auf: ein **"Hochzeitshäuschen"**, mit dem es eine besondere Bewandtnis hat: Um heiraten zu dürfen, musste man in früheren Zeiten Wohnung und Arbeit vorweisen können; meist haperte es an der Wohnung. Und so kam es, dass man findigerweise ein winziges Haus in eine freie Ecke der Stadt hineinklemmte, das von Heiratswilligen gekauft wurde, um der Forderung zu genügen. Nach der Heirat wurde das Hochzeitshäuschen natürlich flugs wieder verkauft.

Museen und Ausstellungen

Die Erinnerungsstücke der Ordensschwester Crescentia Höß (1682–1744) zeigt das gleichnamige **Kloster** am Obstmarkt 5, welches zu einem Wallfahrtsziel geworden ist (kostenlose Führungen mittwochs um 15 Uhr).

Das ehemalige Gablonzer Industrie- und Schmuckmuseum im Gablonzer Haus (Marktstraße 8) wird voraussichtlich im Frühjahr 2003 unter dem Namen **Iser-Gebirgsmuseum Neugablonz** neu eröffnet werden.

Das **Kunsthaus,** Spitaltor 2, präsentiert ganzjährig Wechselausstellungen mit Schwerpunkt auf internationaler zeitgenössischer Kunst (Di–Fr 10–17, Do 10–20, Sa/So 11–17 Uhr. 4 €/Erw.).

Darüber hinaus laden zum Besuch ein: Das **Puppentheater-Museum** in der Ludwigstraße 41 a (Do–Sa 10–12 und 14.30–17 Uhr, So 10–12 Uhr), das **Stadtmuseum** im Kaisergässchen 12–14 (Di–Sa 9–12 und 14–17 Uhr, So 9–12 Uhr), das auch an den in Kaufbeuren geborenen Schriftsteller Ludwig Ganghofer (1855–1920) erinnert, und das **Feuerwehrmuseum,** Neugablonzer Straße (jeden 1. Sa im Monat 10–12 Uhr). Eintritt je 2 €.

Das Tänzelfest

Fast jedes Kind hat in Kaufbeuren schon mal den Einzug des Kaisers in die Stadt begleitet. Gemeint ist Maximilian I. (1459–1519), der sich gerne als den "letzten Ritter Deutschlands" sah. Vor dem Rathaus wird in einer Spielszene die angebliche Stiftung des Festes durch den Kaiser dargestellt. Aber die Gruppe um den Monarchen ist nicht die einzige. Etwa ein Dutzend sind es insgesamt, jede Gruppe steht für eine Epoche: vom Mittelalter über die Renaissance bis zum Trommlerkorps des 19. Jh. 1.600 Kinder ziehen durch die Altstadtgassen. Dazu wird ein buntes Rahmenprogramm von historischen Tänzen bis zum Fahnenschwingen angeboten. Im Grunde ist das Fest eine riesige Kostümschau. Historisch dürfte es aus den Festivitäten der mittelalterlichen Zünfte hervorgegangen sein. Im 16. Jh. jedenfalls, so viel wissen wir, war der "Tänzeltag" schon ein Kinderfest.

Seit einigen Jahren werden auch die Erwachsenen mit einbezogen: Im Rahmen eines historischen Lagerlebens, das von den Kaufbeurer Vereinen organisiert wird, finden Theater- und Gauklervorführungen statt.

Wandern, Radeln, Baden

Die **"Via Aqua"**, ein ca. 8 km langer Spazierweg, widmet sich mit zahlreichen Hinweistafeln dem Thema Wasser und Umwelt im Bereich der Kaufbeurer Quellen.

Einzug Kaiser Maximilians beim Tänzelfest

Näheres erfährt man in der Touristeninformation. Dort erhält man auch Auskunft zur **Radtour zum Elbsee** und zur **"Dampflokrunde"**, einer Radwanderung auf ehemaligen Bahndämmen.

Die nächsten Badeseen sind der kleine **Oggenrieder Weiher** in Irsee (Wiese, kein Kiosk). Gewöhnlich fährt man aber zum **Elbsee**, einem sehr schön gelegenen moorigen See südlich der Stadt (mit Kiosk, 3 € Eintritt), der vor allem von Familien aufgesucht wird. Die jungen Leute zieht es oft ein Stückchen weiter weg zum **Forggensee.**

Umgebung von Kaufbeuren

St.-Georgs-Kirche auf dem Georgiberg in Untergermaringen (8 km nördlich von Kaufbeuren): Der massive romanische Bau, weit sichtbar auf der Höhe, wurde um 1180 errichtet. Beim Eintritt in die Kirche steht der Besucher vor einem Christopherusfresko, das um 1420 gemalt wurde. Einmalig in Schwaben ist die nahezu vollständig erhaltene romanische Apsismalerei aus dem 12. Jh. (Schlüssel bei Frau Schuster, Am Hofanger 1).

St. Gordian und Epimachus in Stöttwang (7 km östlich von Kaufbeuren): Der Volksmund nennt die Kirche aus den Jahren 1744/45 die "kleine Wies". Als Stuckateur arbeitete hier der berühmte Franz Xaver Feichtmayr, der auch die Kanzel schuf. Als Maler wirkte 1749 Franz Xaver Georg Hermann aus Kempten. Der prachtvolle Hochaltar stammt von Ägidius und Placidus Verhelst aus Augsburg.

Marktoberdorf

18.500 Einwohner • 730 Meter ü. NN

Die Stadt verfügt mit dem Schloss, der herrlichen Rokokokirche St. Martin und der Kurfürstenallee über ein einzigartiges, in sich geschlossenes Kunst- und Naturdenkmal in Bayern.

Marktoberdorf ist seit 1953 eine Stadt. Spötter behaupten allerdings, das "-dorf" im Ortsnamen habe weiterhin seine Berechtigung. Wichtigste Wirtschaftsfaktoren sind die Fendt-Traktorenwerke und der Tourismus, für den der zentral gelegene Ort ein günstiger Ausgangspunkt ist. Zudem ist es hier billiger und weniger überlaufen als im nahe gelegenen Füssen. Der kulturelle Mittelpunkt ist das städtische Veranstaltungszentrum MODEON. Theateraufführungen und Musikdarbietungen verschiedener nationaler und internationaler Ensembles wechseln hier in rascher Folge. Hoch über den Dächern der Stadt hat im Schloss die Bayerische Musikakademie ihren Sitz.

Geschichte: Oberdorf erhielt 1453 vom Kaiser das Marktrecht und heißt seitdem "Markt Oberdorf". Das ehemals im gotischen Stil erbaute Schloss wurde 1722 abgerissen; an seiner Stelle errichtete man einen Barockbau, der den Fürstbischöfen von Augsburg bis 1803 als Jagd- und Sommerresidenz diente. Aus dem landwirtschaftlich orientierten Dorf entwickelte sich im 19. Jh. eine von Industrie und technischen Betrieben geprägte Gemeinde. Nach dem Zweiten Weltkrieg stieg die Bevölkerungszahl durch einen starken Flüchtlings- und Aussiedlerstrom aus dem deutschen Osten rasch an.

Touristeninformation/Freizeitangebot

- *Postleitzahl* 87616
- *Vorwahl* 08342
- *Touristeninformation* **Touristikverein,** Jahnstraße 1 (im zweiten Stock des Rathauses), ✆ 400845, Fax 400865, www.marktoberdorf.de. Mo–Fr 8–12, Mo–Mi 14–16, Do 14–17 Uhr. Das Büro hat vielfältige Angebote im Programm: z. B. Ostallgäuer Wanderwege,

Einer von Hunderten ...

Dampflokrunde mit dem Rad, Prälatenweg zu Fuß oder mit dem Rad, Stadtführungen, Volksmusikabende, Kindererlebnis-Tage auf der Buchel, Walderlebnispfad auf der Buchel, Edelweiß- und Enzianschnitzkurse, Gästepreisschießen u. v. m.

• *Baden* **Hallenbad Marktoberdorf,** Bahnhofstraße 42, ✆ 2365. 25-Meter-Becken, Whirlpool, Sauna, Außenbecken mit Liegewiese. 3 €/Erw., 1 €/Ki. (eine Stunde).

• *Betriebsbesichtigungen* **Traktorenwerk Fendt,** Johann-Georg-Fendt-Str. 4, ✆ 770. Juni, Juli, September, Oktober jeweils Mi 13 Uhr.

Privatbrauerei Sailer, MOD/Leuterschach, Schwendenerstr. 18, ✆ 96470, Juli und August Di 10 Uhr, 3 € (inkl. Bierprobe).

Töpferei Edeltraud Simmes, MOD/Sulzenschneid, Tirolerstr. 5, ✆ 08349/737. Januar–September Mo 10 Uhr. Auch Übernachtungsmöglichkeit: DZ 67 €.

• *Fahrradverleih* **Bodo's Bike Verleih,** ✆ 08341/94770. Fahrrader werden gebracht und wieder abgeholt! **Radsport Buhler,** Gschwendenerstr. 8, ✆ 41386.

• *Konzerte* Im Konzertsaal der **Musikakademie Marktoberdorf** finden regelmäßig Konzerte statt. Kurfürstenstraße 19, ✆ 96180.

• *Minigolf* Schwabenstraße, Nähe MODEON.

• *Reiten* **Lucky Luke Ranch,** MOD/Geisenried, ✆ 2504.

Übernachten/Essen und Trinken

• *Ferienwohnungen/Ferien a. d. Bauernhof* Das Touristenbüro empfiehlt Ihnen eine große Auswahl in MOD und Umgebung. Zwei Beispiele:

Hiemer, Erich (Café Greinwald), Georg-Fischer-Str. 22, ✆ 2605, 📠 95261. Ferienwohnung ab 40 €, Kinderspielgeräte.

Gebler, Erich, Burk 21, ✆/📠 5212. Ferien auf dem Bauernhof mit Bergblick, Fitnessraum, Grillmöglichkeit, Gartenhäuschen und Reitmöglichkeit. Ab 41 €.

• *Essen und Trinken* **Gasthof "Zum Burger",** Georg-Fischer-Straße 23, ✆ 2674, 📠 7930. Schwäbische und bayerische Gerichte aus eigener Metzgerei, Wild aus heimischen Wäldern, patentierter Wirsingstrudel, Biergarten.

Brauerei-Gasthof Sailerbräu, Marktplatz 6, ✆ 2954, 📠 898459. Alteingesessene Gastwirtschaft direkt an der Kirche. Mittags- und Abendmenü für 5,45 €. Am Freitag "Spanferkel satt" für 8,20 €, bis Sie nicht mehr können.

Landgasthof Voglerwirt, MOD/ Leuterschach, Mühlbichl 24, 5 km südlich von MOD, ✆ 2507. Hausschlachtung mit eigener Wursterei, Fleisch nur aus der Region, Wildbret aus eigener Jagd (auch Übernachtungsmöglichkeiten: DZ 40–70 €).

Alte Mühle, Mühlenweg 4, Rieder, ✆ 40125 (3 km südlich an der B 16). Herr Bäuerle verkauft frische und geräucherte Forellen sowie Saiblinge aus eigener Fischzucht. Mo–Fr 9–13, Sa 9–11 Uhr.

Café AHA, Marktplatz 11, ✆ 95696. Bistro-Einrichtung mit Terrassenbetrieb. Bürgerliche Küche, am Freitag gibt's Cocktails. Im gleichen Haus im Obergeschoß: **Upstairs Billard-Café,** ab 17 Uhr geöffnet.

Stadtcafé, Marktplatz 7, ✆ 2641. Liebevoll eingerichtet, eigene Konditorei.

Evi's Weinstüberl, Georg-Fischer-Str. 9, ✆ 42537, So 11–14 Uhr. Brunch in schönem Ambiente.

Die Kleine Kneipe, Eberle-Kögl-Straße 12, ✆ 5203. Urige Kneipe für 1860-München-Fans. An der Decke hängt bäuerliches Handwerkszeug.

Zum Philosoff, Georg-Fischer-Straße 23, ✆ 40434. In der Kellerbar des Gasthofs "Zum Burger" (s. o.) gibt es verschiedene Bierspezialitäten. Di Ruhetag.

Eiscafé Pinoccio, Georg-Fischer-Straße 9, ✆ 914340.

Sehenswertes

Pfarrkirche St. Martin: Das Gotteshaus wurde zwischen 1732 und 1738 nach Plänen des in Marktoberdorf geborenen Baumeisters Johann Georg Fischer errichtet. Die zarten, vom Barock zum Rokoko überleitenden Stuckaturen in Bandelwerk-, Gitter- Laub- und figürlichen Formen schuf 1733 ein Mindelheimer Künstler, die Fresken malte 1733–35 Franz Georg Hermann.

Stadtmuseum: In 18 Räumen wird die Entwicklung der Stadt von einer Alemannensiedlung bis in die Gegenwart dargestellt. Zu den Exponaten gehören ein Modell eines Salzstocks, ein alter, aber noch funktionsfähiger Fendt-Traktor und eine Semmel (!) aus dem Hungerjahr 1916.

Adresse/Öffnungszeiten Eberle-Kögl-Straße 11, ✆ 41982. So 10–12 und 14–16, Mi 14–16 Uhr. Eintritt frei.

Riesengebirgsmuseum: Nach dem Zweiten Weltkrieg haben sich viele Heimatvertriebene aus dem Riesengebirge im Raum Marktoberdorf niedergelassen. Mit der umfangreichen Sammlung regionaltypischer Gebrauchsgegenstände, Trachten, Urkunden, Karten usw. soll die Erinnerung an ihre Heimat wach gehalten werden.

Adresse/Öffnungszeiten Eberle-Kögl-Straße 11. Fr 10–12 Uhr, 1. So im Monat 10–12 Uhr. Eintritt frei.

Eisenbahn-Museum & -Laden: In dem liebevoll restaurierten Jugendstilhaus erleben Sie die Faszination der Eisenbahn mit historischen Modellen und einer schön gestalteten Modellbahnanlage.

Adresse/Öffnungszeiten MOD/Thalhofen, Am Hörtnagel 2, ✆ 916160. Di–Fr 10–12.30 und 14–18 Uhr, Sa/So 10–17 Uhr. Auf Wunsch Führungen.

Des Weiteren beherbergt Marktoberdorf das **Paul-Röder-Museum** in der Eberle-Kögl-Straße 11 (Gemälde, exotische Waffen, Stilmöbel; geöffnet jeden 2. und 4. Sonntag im Monat 14–16 Uhr), die **Galerie im Dr.-Geiger-Haus** mit Werken schwäbischer Kunst des 20 Jh. (Kemptener Straße 5, am 1. und 3. Samstag im Monat 15–17 Uhr) und das **Heimatmuseum** im Hartmannhaus, ein komplett eingerichtetes Bauernhaus mit Schusterwerkstatt, Wintersportsammlung u. a. (Meichelbeckstraße 16, ✆ 08342/1501, 1. und 3. Samstag im Monat 15–17 Uhr). Der Eintritt ist jeweils frei.

Baden

Möglichkeiten bestehen am **Ettwieser Weiher,** einem 3 km südlich gelegenen Moorsee mit Kiosk, rustikalen Umkleidekabinen und Duschen (kein Eintritt), sowie am **Kuhstallweiher** in Kohlhunden. Letzterer liegt ebenfalls 3 km südlich, und zwar an der Straße nach Lengenwang. Hier gibt's eine Liegewiese, weitere Einrichtungen sind nicht vorhanden (kein Eintritt).

Füssen

16.000 Einwohner • 800 Meter ü. NN

Der Name der Stadt mit den prachtvollen Barockbauten ist untrennbar mit den nahe gelegenen Königsschlössern Neuschwanstein und Hohenschwangau verbunden.

Doch trotz der Besuchermassen aus dem In- und Ausland, die von hier aus zur Besichtigungstour aufbrechen (zu den Schlössern siehe Seite 168 bzw. 169) oder der neuesten Attraktion, dem Besuch des Musicals "Ludwig II. – Sehnsucht nach dem Paradies" entgegenfiebern (siehe S. 171), lassen sich in den verwinkelten Gassen der mittelalterlichen Altstadt noch viele ruhige und beschauliche Ecken finden. Am besten, Sie lassen Ihr Auto auf einem der zentrumsnahen Parkplätze stehen.

Wer sich die Stadt und ihr Umland einmal aus der "Vogelperspektive" anschauen möchte, tut dies am besten vom Kalvarienberg aus. Um den Aussichtspunkt zu erreichen, geht man über die Lechbrücke bei der Heilig-Geist-Spitalkirche, folgt der Tiroler Straße in Richtung Reutte und biegt bei der *Kirche zu Unserer Lieben Frau* am Berg links ab. Nach einem kurzen Spaziergang durch den Wald bietet sich ein herrlicher Blick auf die Stadt, den Forggensee, die Königsschlösser mit Alpsee und auf den Säuling. Auf dem Rückweg lohnt sich ein kleiner Umweg zum Lechfall. Kurz bevor der Lech Füssen erreicht, stürzt er sich mit ohrenbetäubendem Lärm etwa 15 m in die Tiefe. Beobachten kann man das Schauspiel vom Maxsteg aus, der direkt an der B 17 liegt und auch vom Stadtzentrum in einem kurzen Fußmarsch erreicht werden kann. Oberhalb des Maxstegs sieht man rechts neben dem

Füssener Reichenstraße

Der Osten
Karte S. 133

Parkplatz ein kleines Felsmassiv. Wenn dieses erklommen wird, kann man den "Magnustritt", den Fußabtritt des Hl. Magnus, im Stein sehen. Als er von den Ungläubigen verfolgt wurde, setzte er von hier mit einem gewaltigen Sprung über den Lech. So erzählt es die Legende.

Geschichte: Zur Sicherung der Fernstraße Via Claudia Augusta von Norditalien nach Augsburg errichteten die Römer gegen Ende des 3. Jh. ein Militärlager auf dem heutigen Schlossberg. Entscheidend für die weitere Entwicklung der Stadt war der St. Gallener Mönch Magnus, der sich für Füssen als Ausgangspunkt für die Missionierung des Allgäus entschied und hier 725 eine Zelle gründete. 1295 erhielt Füssen das Stadtrecht, das aber bereits wenig später von Kaiser Heinrich VII. an das Bistum Augsburg verpfändet wurde, sodass die Stadt fortan den dortigen Fürstbischöfen unterstand. Durch die günstige Verkehrslage an der Via Claudia Augusta entwickelte sich die Stadt im 15. und 16. Jh. zu einem bedeutenden Umschlagplatz für den Italienhandel. Eine herausragende Berufsgruppe war die der Lautenmacher. Deren Handwerkskunst – in Verbindung mit den hochwertigen Hölzern der Region – sorgte dafür, dass Füssen europaweit als Hochburg des Lauten- und Geigenbaus galt.

Nach dem Niedergang im Dreißigjährigen Krieg rückte die Region erst wieder durch den Bau der Königsschlösser Hohenschwangau und Neuschwanstein in den Blickpunkt. Der damals einsetzende Fremdenverkehr dominiert bis heute die Wirtschaftsstruktur der Stadt.

Touristeninformation/Freizeitangebot

- *Postleitzahl* 87629
- *Vorwahl* 08362
- *Touristeninformation* **Tourist Information Füssen,** Kaiser-Maximilian-Platz 1. Mo–Fr 8.30–18.30, Sa 9–12.30, So 10–12 Uhr. ✆ 93850, ℻ 9385-20, www.fuessen.de.

Vor der Tourist Information ist der interessante **"Sieben-Steine-Brunnen"** zu sehen. Der Wasserdruck bewegt die "Kopfsteine".

> **"1, 2, 3 – Parkstunden frei!"** Bei einem Einkauf für mindestens 15 € in den so gekennzeichneten Geschäften parken Sie auf den Parkplätzen P 3 und P 5 kostenlos.

- *Stadtführungen* Durch die historische Altstadt geht es jeden Sa um 9.30 Uhr und im Sommer 14-tägig am Mo um 20 Uhr kostenfrei für Kurkartenbesitzer und Musicalbesucher (sonst 3 €). Treffpunkt ist die Tourist Information.

Audio-Stadtführungen: Individueller Stadtrundgang mit einer CD und einem tragbaren Abspielgerät. Ausleihe in der Tourist Information (5 € für max. 5 Stunden).

- *Angeln* In verschiedenen Gewässern: Forggensee, Alatsee, Faulenbacher See, Weißensee, Oberer Lech. Information beim **Kreisfischerverein Füssen,** ✆ 7540. Tageskarte ca. 5 €.
- *Baden* **Hallenbad Füssen,** Feistlestraße 5, ✆ 7124. 25-Meter-Becken, Mehrzweckbecken, Sprungturm, Sauna, Solarium.

In Bad Faulenbach: Städtisches Freibad am Obersee, ✆ 39281, und Städtisches Freibad am Mittersee, ✆ 7777.

Weitere Bademöglichkeiten in den verschiedenen herrlich gelegenen Seen: Weißensee, Alatsee, Schwansee, Alpsee, Bannwaldsee, Forggensee.

- *Eislauf/Eisstockschießen/Eishockey* **Bundesleistungszentrum für Eishockey,** Am Kobelhang, ✆ 50750. Publikumslauf täglich 10–20 Uhr, Mo 20–21.30 Uhr Diskolauf; auch Schlittschuhverleih. Kein Eisbetrieb von Ende April bis Ende Juni. Eislaufen im Winter auf dem Mitter- und Obersee in Bad Faulenbach.
- *Fahrradverleih* **Radsport Zacherl,** Kemptener Straße 119, ✆ 3292; **Jeti's Mountain-Bike-Shop,** Abt-Hess-Str. 11, ✆ 39712; **Fahrrad Kinzl,** Spitalgasse 16 a, ✆ 7478; **Kurhotel Berger,** Alatseestraße 26, ✆ 91330; **Hotel Füssen,** Alatseestraße 18, ✆ 3551.
- *Forggensee-Schifffahrt* Mitte Juni bis Anfang Oktober. Ein Erlebnis! Die große Rundfahrt (Abfahrt 10, 12.30, 15 Uhr) dauert

zwei Stunden und kostet 8 €/Erw. und 4 €/Ki. Die kleine Rundfahrt (Abfahrt ab 10.30 bis 16.30 Uhr etwa stündlich) dauert 50 Minuten und kostet 5.50 €/Erw. und 3 €/Ki. Abfahrt in Füssen am Bootshafen. Fahrradtransport nur begrenzt und gegen Entgelt möglich! Infos unter ✆ 921363 oder 903131.

- *Kinderprogramm* In den Ferienzeiten wird Kindern ein umfangreiches Programm geboten. Infos bei der Tourist Information.
- *Kino* **Alpenfilmtheater,** Augustenstraße 15, ✆ 7690.
- *Marathon* Jedes Jahr findet der **König-Ludwig-Marathon** um den Forggensee statt. Infos bei der Tourist Information.
- *Minigolf* An der Alatseestraße in Bad Faulenbach und am Bootshafen, Weidachstraße.
- *Mountainbike-Touren* Die Tourist Information bietet etliche interessant Routen an. Infos dort.
- *Reiten* **Bauernhof Poppler,** Augsburger Straße 35, ✆ 91510. Auch Kutschfahrten.
- *Skilift* Am Galgenbichl (in der Nähe des Hallenbades) und am Tegelberg.
- *Skifahren Bergführer* **Berg- und Skilanglaufschule Ostallgäu,** Weidachstraße 54, ✆ 6464.
- *Ski- und Schlittschuhverleih* **Sport Keller,** Reichenstraße 1, ✆ 921071.
- *Squash* **Sportstudio Füssen,** Abt Hafner-Straße 2, ✆ 921290.
- *Tennis* Freiplätze beim **Tennis-Club Füssen** in Bad Faulenbach, Badseeweg 3, ✆ 7411.

In der Altstadt: Giebelblicke

Übernachten/Essen und Trinken

In der Reichenstraße sind zahlreiche Cafés und Restaurants zu finden, die zum Teil allerdings auf touristische Massenabfertigung ausgerichtet sind.

- *Hotels* **Zum Hechten,** Ritterstraße 6, ✆ 91600, ✆ 916099. Ruhiges, gemütliches Hotel mitten in der Altstadt (mit Parkplatz). Restaurant mit guter bayerischer Küche. Spezialität: Hecht in allen Variationen. DZ ab 70 €.

Hotel Garni Elisabeth, Augustenstraße 10, ✆ 6275. Die ehemalige Privatvilla in Zentrumsnähe ist sicher eines der interessantesten Hotels Füssens. Die Besitzerin hat einige Zimmer mit alten Bauernmöbeln ausgestattet, im Salon stehen Sessel aus dem 19. Jh., und im großen Garten werden Begonien gezüchtet. DZ 46 €.

Hotel Hirsch, Kaiser-Maximilian-Platz 7, ✆ 93980, ✆ 939877. Bayerisches Ambiente mit rustikalen Bauernschränken und Truhen. In manchen Zimmern kann man im Himmelbett schlafen. Sechs Restaurants mit bayerischer Küche, Biergarten. DZ ab 72 €.

Hotel Kurcafé, Bahnhofstraße 4, ✆ 6369, ✆ 39424, mitten in Füssen. Raucher- und Nichtraucherzimmer, DZ ab 70 €. Die Konditorei im Haus war ehemals königlich-bayerischer Hoflieferant. Im Restaurant mit Wintergarten werden regionale Spezialitäten und Vegetarisches angeboten.

- *Ferienwohnungen/Privatzimmer* **Ferienhaus und Bauernhof Poppler,** Augsburger Straße 35 u. 37, ✆ 91510, ✆ 915141. Ferienwohnungen in ruhiger Lage und trotzdem in unmittelbarer Stadtnähe, eigene Reitpferde. 31–77 €.

Der Osten
Karte S. 133

Haus Antonie, Alatseestraße 20, Füssen/Bad Faulenbach, ✆ 2195, 📠 940138. Ferienwohnungen in der Nähe der Bad Faulenbacher Seen zu 29–81 €.

Haus Reiter, Alatseestraße 5, Füssen/Bad Faulenbach, ✆ 2076. Ferienwohnungen 29–57 €. Sauna im Haus.

• *Jugendherberge* Mariahilfer Straße 5, ✆ 7754.

• *Camping* **Wohnmobilplatz,** Abt-Hafner-Straße 9, ✆ 940104, 📠 925829. 10 € pro Nacht.

• *Essen und Trinken* **Infooday Wunschbuffet,** Ritterstraße 6, ✆ 7906. Beim Hotel "Zum Hechten". In dem Selbstbedienungsrestaurant können Gäste ihren Teller aus einer Vielzahl von täglich wechselnden Gerichten selbst zusammenstellen, bezahlt wird nach Gewicht. Mo–Fr 10.30–18.30, Sa 10.30–16 Uhr.

Franziskaner Stüberl, Kemptener Straße 1. Wenn Sie auf ofenfrische Schweinshaxen stehen, könne Sie hier aus 10 Varianten auswählen.

Gasthof Woaze, Am Schrannenplatz, ✆ 6312. Herrlicher Biergarten im Hinterhof mit alten Gerätschaften. Der Gasthof gibt sich bayerisch in Einrichtung und Speisekarte. Fr Ruhetag.

Pizzeria Il Pescatore, Franziskanergasse 13, ✆ 924343. Etwas versteckt an der Stadtmauer, beliebtes Restaurant mit vielseitiger italienischer Karte, günstige Mittagsmenüs. Ruhiger Freisitz neben einem Brunnen.

Pizzeria La Perla, Drehergasse 44. Gediegene Atmosphäre, romantischer Innenhof am Seilerturm und an der Stadtmauer.

Tiroler Weinstube, Franziskanergasse 1, ✆ 6259. Insider sagen "Quattro". Urige Bierstube im Erdgeschoss, in den gemütlichen Räumen im ersten Stock sind die Decken mit Weinetiketten beklebt. Neben einer großen Auswahl an Weinen gibt's Brotzeiten und Allgäuer Küche. So Ruhetag.

Stadt-Café, in der Reichenstraße in der Fußgängerzone (neben dem Magnus-Brunnen). Im 1. Stock erwartet Sie ein fast echtes "Wiener Café" mit Lüster, weiten Vorhängen und Holzvertäfelung.

• *Abends* **Club-Discothek "Big Apple",** Kemptener Straße 127, ✆ 922555. 21–3 Uhr geöffnet. Mo/Di Ruhetag.

Stadtrundgang

Unser Rundgang beginnt im Zentrum der Fußgängerzone, der **Reichenstraße** mit ihren dicht gedrängten Bürgerhäusern aus dem 15./16 Jh., der Blütezeit der Stadt. Mitten zwischen den Läden und Cafés der Hauptgeschäftsstraße befindet sich die unauffällige **Krippkirche St. Nikolaus,** die 1717 von Johann Jakob Herkomer erbaut wurde. Zu beachten ist der Stuckmarmor-Hochaltar, ein Frühwerk von Dominikus Zimmermann. Am Ende der Reichenstraße steht der 1968 errichtete **Stadtbrunnen** mit einer Bronzefigur des Hl. Magnus.

Von dort sind es nur wenige Meter zum beeindruckenden Komplex von **Kirche und Kloster St. Mang.** Die Ursprünge des ehemaligen Benediktinerklosters reichen bis auf die im 8. Jh. vom Hl. Magnus gegründete Zelle zurück. Das heutige barocke Bauwerk wurde von Johann Jakob Herkomer Anfang des 18. Jh. teilweise auf frühromanischem Fundament erbaut, von dem noch die Krypta in der Kirche zeugt. Zu den eindrucksvollsten Repräsentationsräumen des Klosters gehören der prachtvoll ausgeschmückte Festsaal und die im Oval gebaute Bibliothek mit einer Galerie. In der **St.-Anna-Kapelle** befindet sich mit dem "Füssener Totentanz" ein weiteres herausragendes Kunstwerk innerhalb der Klostermauern. Das berühmte Gemälde des Malers Georg Hiebeler setzt sich in 20 Einzeldarstellungen mit der Vergänglichkeit des Menschen auseinander. Ein Teil der außergewöhnlich schönen Barockräume sowie die St.-Anna-Kapelle können über das **Museum der Stadt Füssen** besichtigt werden, das im Klostergebäude untergebracht ist (s. u. Museen).

Die **Stadtpfarrkirche St. Mang** ist ebenfalls ein Werk Herkomers. In herrlichen Deckenfresken von Franz Georg Hermann wird an Lebensstationen des Hl. Magnus erinnert. Über dem von Anton Sturm gestalteten Hochaltar hängt der in ein Glaskreuz eingefasste Magnusstab, dem in der Vergangenheit Heilkräfte gegen Mäuse-

und Ungezieferplagen zugeschrieben wurden. Die Drachenleuchter rechts und links des Altars symbolisieren die Stärke Gottes – auch das Böse muss hier Licht tragen.

Der Weg vor der Kirche führt zum **Hohen Schloss.** Der Bau wurde 1269 von Herzog Ludwig von Bayern begonnen und, als die angefangene Burg 1292 an die Bischöfe von Augsburg fiel, von diesen bis 1323 vollendet und als Sommerresidenz genutzt. Um 1500 war es Bischof Friedrich II. von Zollern, der dem Schloss, das zu den bedeutendsten spätgotischen Schlossanlagen Deutschlands zählt, seine heutige Gestalt gab. Die Fassadenmalerei von Fidelis Eichele vermittelt dem Besucher die Illusion, in einem Schlosshof mit zahlreichen Erkern zu stehen.

Die Bibliothek

Gegenüber dem Kloster St. Mang befindet sich der Brotmarkt, wo der **Lautenmacherbrunnen** an die Bedeutung Füssens als eine der Wiegen des Saiteninstrumentenbaus erinnert. Geht man die Lechhalde hinunter, springt einem die Rokokofassade der **Heilig-Geist-Spitalkirche** ins Auge. Die riesigen Fresken stellen den Hl. Florian und den Hl. Christophorus, den Schutzpatron der Flößer, dar. Die Kirche wurde 1748 von Baumeister Franz Karl Fischer errichtet, nachdem ein zuvor hier stehender spätgotischer Kirchenbau 1733 abgebrannt war. Das Innere dieses farbenfrohen Gotteshauses wurde zum großen Teil vom Kaufbeurer Maler Anton Josef Walch gestaltet, die aufwendigen Stuckarbeiten stammen von Joseph Fischer aus Faulenbach.

Folgt man dem Weg am Lechufer entlang, kommt man am **Bleichertörle** vorbei. Durch dieses Tor gingen die Bleicher zur Stadtbleiche, um die selbst gewobenen Leinentücher auszulegen. Der Stadtrundgang endet an der **Kirche St. Sebastian,** einem spätgotischen Bau, der nach Plänen von Johann Jakob Herkomer ab 1721 umgestaltet wurde. Eine ganz eigene Atmosphäre strahlt der zur Kirche gehörende und unter Denkmalschutz stehende **Sebastiansfriedhof** aus. Die unübersichtlich angeordneten Gräber zwischen den zahlreichen Bäumen sind ein wahres Friedhofsidyll, eingerahmt von Teilen der alten Stadtmauer. Auf den historischen Grabsteinen ist so manch ungewöhnliche Inschrift zu entdecken.

Museen und Galerien

Museum der Stadt Füssen: Das Museum im Kloster St. Mang dokumentiert in liebevoll zusammengestellten Details die Geschichte des Klosters. Eine Sammlung alter Streichinstrumente erinnert an die Zeit der Renaissance, als Füssen ein Zentrum des Lauten- und Geigenbaus in Europa war.

Adresse/Öffnungszeiten Lechhalde 3. April–Oktober 10–17 Uhr, November–März 13–16 Uhr, Mo geschlossen. Eintritt 2,50 €/Erw.

Staatsgalerie im Nordtrakt des Hohen Schlosses: Die Räumlichkeiten des Schlosses, insbesondere der Rittersaal mit seiner prunkvoll geschnitzten Kassettendecke, bieten das passende Ambiente für die ausgestellten Tafelbilder und Skulpturen der Spätgotik aus dem bayerischen und schwäbischen Raum. In einem anderen Flügel befindet sich die **Städtische Gemäldegalerie,** die sich auf Werke des 19. Jh. spezialisiert hat.

Adresse/Öffnungszeiten Magnusplatz 10. April–Oktober 11–16 Uhr, November–März 14–16 Uhr, Mo geschlossen. Eintritt 2,50 €/Erw.

Wanderung 17: Rund um den Tegelberg und den Branderschrofen

Als Aussichtsberg erster Klasse – 1.000 m über den Ostallgäuer Seen – sind der Tegelberg und dessen höchster Punkt, der Branderschrofen, weit übers Allgäu hinaus bekannt. Dementsprechend komplex ist auch die touristische Infrastruktur mit Seilbahn, Wanderwegen auf allen Seiten und zwei hochinteressanten und didaktisch hervorragend aufbereiteten Lehrwegen zu den Besonderheiten von Natur- und Kulturraum. Deswegen ist aber leider auch der Zustrom von Wanderern, Drachenfliegern und anderen Ausflüglern beträchtlich. Doch trotz des ganzen Rummels bietet der Tegelberg schöne Wanderungen in exklusiver Lage und mit Paradeaussicht. Sehenswert ist auch das Römerbad an der Talstation der Tegelbergbahn.
Die vorgeschlagene Route schreit förmlich nach freier Gestaltung. All diejenigen, die sich aufs reine Wandern beschränken wollen und den Kulturlehrpfad noch nicht kennen, sollten über diesen zum Tegelberg aufsteigen, auch wenn die Verlockung der Seilbahnauffahrt wirklich groß ist. Es lohnt sich, denn man erfährt viel Wissenswertes und gehört dann am Gipfel zudem zur exklusiven Minderheit der echten Fußgänger.

Wegbeschreibung

Beide Aufstiegswege nehmen den gleichen Anfang: Von der Talstation aus an der **Sommerrodelbahn** (netter Spaß für Kinder) entlang und zunächst über eine breite Wegtrasse aufwärts. Bei der zweiten Lehrtafel zweigt der Weg durch die Gelbe Wand rechts ab (Wegweiser). Ein Warnschild deklariert ihn als leichten **Klettersteig,** der ungeübte Besucher fernhalten soll. Der Steig gestaltet sich allerdings äußerst kurzweilig und ist bei Trittsicherheit durchaus zu empfehlen. Allerdings besteht – v. a. wenn viele Leute auf dem Steig sind – auch Steinschlaggefahr (darauf achten, dass man nichts lostritt!).

Der Weg wird mit der Zeit spürbar schmaler, bleibt aber hervorragend markiert. In einer Rechtsschleife führt er an die Schrofen heran und quert dann unter gelb-schwarzen Überhängen nach links. Hier beginnen auch die Ketten und Drahtseile, die den Weg durch die Schrofen leiten. Oben erreicht man durch eine schluchtartige Verengung den Weg, der von der Marienbrücke bei Neuschwanstein hierher führt.

Auf besten Wegen nun den Wegweisern zum **Tegelberg** folgen. Wer mag, kann als "richtigen" Gipfel noch den Branderschrofen dranhängen. Auf jeden Fall überwältigend ist die grandiose Aussicht: im Westen und Norden und um stolze 1.000 m tiefer die Seen des Ostallgäus, daran anschließend der ganze große Bergbogen vom Nesselwanger Edelsberg über Breitenberg, Aggenstein und die Parade der Tannheimer Hauptgipfel; nach Süden schließen sich der nahe Säuling und dahinter die Lechtaler und Mieminger Berge an; im Osten dominiert der eckige Zugspitzstock, und im Norden schachteln sich die Gipfel der Ammergauer aneinander.

Ammergebirge Süd
Wanderung 17: Tegelberg und Branderschrofen
Wanderung 18: Pöllatschlucht/Alpsee
Wanderung 19: Säuling/Pilgerschrofen
750 m
FÜSSEN
Lechvorstadt
Forggensee
Schwangau
Kienberg
996
König-Ludwig-W.
Schwan-see
Alpsee
Sperbersau
Israelitfelsen
Rundw. Ostallgäu-Tirol
Kitzberg
1058
Marienbuche
Schloss Hohenschwangau
Hohenschwangau
Gipsmühle
Schloss Neuschwanstein
Pöllatschlucht
Marienbrücke
Römische Ausgrabungen
Sommerrodelbahn
Tegelbergkabinenbahnen
Hornburg
1164
Schulzengel
Rohrkopf
1059
Drehhütte
Pechkopf
1429
Zwirnkopf
1331
Weißer Rißkopf
1488
Schönleitenschrofen
1703
1327
Roßscharte
Spitzigschröfle
Lobentalbach
Gelber Wandschrofen
1533
Grüble
Torkopf
Tegelbergkopf
1567
Tegel-berg-haus
Naturpfad
1880
Branderschrofen
Branderfleck
Drei Männle
Tegelberg
Tegelbergg.
Ahornspitze
1780
Ahorngraben
Ahornsattel
Deutenhauser Bach
Naturpfad, Ahornreitweg
Ahorn-Jagdhütte
1768
Straußbergköpfl
Bennaköpfl
1586
Hoher Straußberg
1933
Gassen-thomaskopf
1365
Pöllat
Brunnenstuben- oder Wasserleitungsweg
Älpeleskopf
1579
Wildsulzhütte
Diensthütte
Pilgerschrofen
1759
Gemswiese
Säulinghaus
2047
Säuling
Brunstgrat
Bleckenau (Königshaus)
NSG-Ammergebirge
Vorgesäßgraben
Zunderkopf
1721
Schlagstein
1679
Ochsenälpelekopf
(Ochsenkopf)
1905
Österreich
16
17
309

Pöllatschlucht

Die **Abstiegsroute** gestaltet sich recht gemütlich und beginnt an einer unübersehbar aufgestellten Infotafel. Zunächst geht es ohne großen Höhenverlust unter dem Branderschrofen entlang zum **Branderfleck,** an dem der Blick nach Nordosten ins Lobental frei wird. Wie das Gegenstück Kulturlehrpfad auf der anderen Seite des Berges gestaltet sich auch der Naturlehrpfad äußerst interessant (behandelt werden "Klassiker" wie der Steinadler als König der Lüfte, aber auch aktuelle Themen wie Waldsterben und Sturmschäden). Der Wegverlauf selbst gerät dabei beinahe etwas in den Hintergrund, was bei der Bequemlichkeit des ehemaligen Reitweges allerdings auch nicht verwundert: Er wurde um 1850 von König Max II. angelegt, um einen leichten Zugang zu den königlichen Jagdrevieren und zum Jagdhaus auf dem Tegelberg zu erhalten.

Im **Pöllattal** angekommen, kann man nun 15 Minuten bachaufwärts zum Königshaus in der Bleckenau investieren.

Route: Talstation Tegelberg (820 m) – über Gelbe-Wand-Steig zum Tegelberg (1.720 m) – evtl. Abstecher zum Branderschrofen – über Reitweg/Naturlehrpfad ins Pöllattal – entweder in 15 Minuten zum Gasthaus Bleckenau und von dort mit dem Bus ins Tal oder zu Fuß über die Fahrstraße durch die Pöllatschlucht und zur Talstation zurück

Wanderzeit: 5,5 Stunden bis Bleckenau, zur Talstation eine weitere Stunde

Höhenunterschied: 920 m, mit Branderschrofen 1.060 m

Besonderheiten: Allgemein bestens gepflegte, unkomplizierte Wanderwege. Der Aufstieg über die Gelbe Wand und die Gipfelfelsen des Branderschrofens erfordern allerdings Trittsicherheit und alpine Erfahrung. Jahreszeit-Empfehlung: Mai–November, die Wege in unmittelbarerer Seilbahnnähe meist ganzjährig.

Varianten: Dank der Dichte des Wegenetzes sind die Möglichkeiten mannigfaltig: z. B. Aufstieg über Kulturlehrpfad, Direktaufstieg von der Marienbrücke bei Neuschwanstein, Übergang zum Schönleitenschrofen oder – ganz simpel – Halbierung der Tour durch Seilbahnauffahrt.

Seilbahn/Bus: Tegelbergbahn. Bus: Hohenschwangau–Bleckenau (Mai–Oktober, letzte Talfahrt 17.30 Uhr).

Einkehrmöglichkeiten: Tegelberghaus, Rohrkopfhütte (im Sommer bewirtschaftet), Gasthaus Bleckenau (Mai–Oktober, Busverkehr von Hohenschwangau, ✆ 08362/81181).

Variante

Wenn man 2 km Teerstraße in Kauf nimmt, kommt man in den Bereich des Königsschlosses Neuschwanstein. Den schönsten Blick auf das Schloss erhascht man von der 92 m hohen **Marienbrücke,** die nur zwei Minuten rechts des Weges liegt. Man folgt dem Fußweg nach Hohenschwangau und zweigt nach ein paar hundert Metern nach rechts zur **Pöllatschlucht** ab (Wegweiser). Der Weg – mit

Stegen teilweise direkt über das Wasser "geklebt" – folgt den faszinierenden Kaskaden talabwärts. Vom Schluchtausgang an ist es nun völlig eben, und man kann relativ zügig am artenreichen Auwald der Pöllat (Weißdorn, Erle, Buche, Ahorn, Trauerweide etc.) entlang zurück zum Ausgangspunkt gehen.

Wanderung 18: Durch die Pöllatschlucht und rund um Neuschwanstein

(s. Karte S. 161)

Diese bestens beschilderte Route – ein leichter Spaziergang auf gut gepflegten Fußwegen, Stegen und Forststraßen – verbindet die beeindruckenden Wasserkaskaden der Pöllatschlucht mit den schönsten Aussichtspunkten auf Alpsee und Schloss Hohenschwangau (Aussichtspunkt "Jugend") sowie auf Schloss Neuschwanstein (Aussichtspunkt "Marienbrücke"). Man folgt damit den Wegen König Ludwigs, und man wird am Ende nachvollziehen können, dass man sein Herz an dieses Stück Land verlieren kann.

Route: Hohenschwangau (810 m) – von der Ortsmitte auf Weg Nr. 1 in nordöstlicher Richtung zur Gipsmühle – nach rechts in die Pöllatschlucht – durch die Schlucht und kurz vor der Marienbrücke rechts den Hang hoch zum breiten Weg – entweder nach rechts zum Schloss Neuschwanstein oder nach links zu den Aussichtspunkten "Jugend" und "Marienbrücke" – über einen der zahlreichen Wege zurück nach Hohenschwangau

Wanderzeit: 1,5 Stunden

Höhenunterschied: 174 m. Höchster Punkt ist die Marienbrücke (984 m).

Besonderheiten: Jahreszeit-Empfehlung: alle Wege ab Mai, im Winter speziell gepflegte Wege

Varianten: Nach Belieben erweiterbar, z. B. durch eine Wanderung über den Wasserleitungsweg in die Bleckenau (von der Wegverzweigung bei der Marienbrücke aus beschildert) oder durch die Runde um den Alpsee; schön auch als krönender Abschluss einer Tegelberg- oder Säuling-Tour.

Bus: Haltestelle des Bleckenau-Busses an der Wegverzweigung bei der Marienbrücke

Einkehrmöglichkeiten: mannigfaltig in Hohenschwangau (von der Imbissbude bis zum Restaurant gehobener Preisklasse)

Wanderung 19: Auf den Säuling und den Pilgerschrofen

(s. Karte S. 161)

Aufgrund seiner Höhe, der exponierten Lage und seiner charakteristischen Form bereits von weit draußen im Allgäuer Vorland gut sichtbar, ist der Säuling der westliche Eckpfeiler der Ammergauer Berge. Auch wenn die schroffe Felsformation, die mit vielen Türmen (den "zwölf Aposteln") zum Pilgerschrofen abfällt, nicht danach aussieht, kann der Berg doch auch von Norden relativ unkompliziert bestiegen werden. Obwohl der Südanstieg von Pflach im Lechtal etwas kürzer ist, bietet die beschriebene Rundtour doch die größte landschaftliche Vielfalt und die schönsten Ausblicke. Denn der Schweiß, den der recht lange Aufstieg von Hohenschwangau (immerhin stolze 1.200 Höhenmeter) kostet, wird durch ein brillantes Rundum-Panorama und schöne Tiefblicke reichhaltig entlohnt. Nicht zu vernachlässigen ist auch ein anderer Aspekt des großen Grenzganges (Bayern/Tirol) hoch über den Königsschlössern: Der Säuling ist und bleibt ein ehrlich verdienter Gipfel,

Der Osten
Karte S. 133

unberührt von Seilbahnen und Liften. Entsprechend tief ist auch der Eindruck, den diese Tour hinterlässt.

Wer den Abstecher zum Pilgerschrofen unternimmt, wird einen richtig kühnen und selten besuchten Gipfel erleben, der einen atemberaubend schönen Blick auf den fast 1.000 m tiefer liegenden Alpsee erlaubt. Für dieses Erlebnis verlangt der Pilgerschrofen allerdings auch eine ordentliche Portion Trittsicherheit und Erfahrung in grasigem Steilschrofengelände, mit einem Wort: ein gerütteltes Maß an alpiner Erfahrung.

Route: Hohenschwangau (810 m) – Wegverzweigung bei der Marienbrücke – Älpelewiesen – Wildsulzhütte (1.420 m) – Gamswiesen (1.930 m) – Säuling (2.048 m) – Säulinghaus (1.693 m) – Pilgerschrofensattel (1.520 m) – evtl. Pilgerschrofen (1.759 m) – Wildsulzhütte – Hohenschwangau

Wanderzeit: ohne Pilgerschrofen 6,5 Stunden, mit 90 Minuten länger

Höhenunterschied: 1.238 m zum Säuling, mit dem Pilgerschrofen sind 250 Höhenmeter dazuzurechnen.

Besonderheiten: Alpine Ganztagesbergtour, die Trittsicherheit für steinige Bergpfade und drahtseilgesicherte Felspassagen erfordert. Schrofengelände am Gipfelaufbau bei Nässe oder Neuschnee äußerst unangenehm. Jahreszeit-Empfehlung: Juni–September. Ob am nordseitigen Gipfelaufbau Schnee liegt, kann man vom Tal aus gut erkennen.

Einkehrmöglichkeit: Säulinghaus, Ostern–Oktober, 70 Schlafplätze (50 Lager, 20 Betten), ✆ 0043-6642524415

Wegbeschreibung

Vom **Infozentrum in Hohenschwangau** folgt man den Schildern zum Neuschwanstein-Aussichtpunkt "Marienbrücke". Dieser und der davor am Weg liegende Aussichtspunkt "Jugend" bieten die schönsten Nahblicke auf die Schwangauer Schlösser, sodass man einen guten Einstieg in die Wanderung hat. An der Wegverzweigung bei der **Marienbrücke** (Haltestelle des Bleckenau-Busses, Wegweiser) nimmt man den mittleren Forstweg, der als Wasserleitungsweg ausgeschildert ist.

Schon nach wenigen Metern hat man die letzten Neuschwanstein-Besucher hinter sich gelassen und kann nun die angenehme Stille des Bergmischwaldes genießen. Nach ein paar hundert Metern zweigt rechts in spitzem Winkel ein Forstweg ab. Auf diesem geht es in weit gezogenen Kehren hinauf zu einer ebenen Lichtung, den **Älpelewiesen.** (Da man auch beim Abstieg wieder hier vorbeikommt, kann man sich den "Forsthatscher" hierher mit dem Rad verkürzen.) Hier nun nicht der Linkskurve der Forststraße folgen, sondern geradeaus auf kleinem Pfad in den Wald und in einer weit ausholenden Rechtskehre zu einem kleinen Grenzwacht-Hüttchen, der **Wildsulzhütte,** hinauf. Hier ist schon etwa die Hälfte des Gipfelaufstiegs geschafft.

Weiter geht es auf dem linken Steiglein (Wegweiser) durch einen von Wiebke & Co schwer sturmgeschädigten Fichtenforst. Nach oben hin wird der Wald lichter, und durch einen kurzen Latschengürtel quert man dann unter den Nordabstürzen des Säulings einige hundert Meter nach links. Türkenbund, Gelber Eisenhut, Trollblume, Teufelskralle, Fuchs' Knabenkraut, Mücken-Händelwurz und andere botanische Leckerbissen sorgen zudem für viel Abwechslung.

Nun zweigt rechts ein kleiner Steig ab, der über eine Leiter und ein paar Meter drahtseilgesicherte Schrofen in einen weiten Grassattel die **Gamswiesen** hinauf leitet. Weil sie an die Wanderer längst gewöhnt sind, stehen die Namensgeber meistens schön brav zur allgemeinen Begutachtung bereit. Ein kleines Schild und ein Grenzstein weisen darauf hin, dass über diesen Kamm die Grenze zwischen Bayern und Tirol verläuft. Von hier nun in etwa 15 Minuten über die breite Geröllzunge nach

Forggensee mit Säuling

links zum Kreuz auf dem Westgipfel des **Säulings.**

Den wenige Meter höheren Ostgipfel schenken sich die meisten, da er etwas Feingefühl in steilen Grasschrofen verlangt. Aber ganz egal, auf welchem der beiden Kulminationspunkte man steht, die Aussicht ist einfach brillant: im Süden (1.200 m tiefer) das Becken von Reutte im Lechtal und im Südwesten die von hier besonders hervortretende Gehrenspitze und die ganze Parade der Tannheimer Hauptgipfel. Dahinter die markante Pyramide des Hochvogels (knapp links hinter der Gehrenspitze) und die anderen Gipfel der Allgäuer Hochalpen. Wenn man den Blick weiter gen Nordwesten schweifen lässt, blickt man, dem Verlauf des Vilstales folgend, weit hinüber und hinaus ins Allgäuer Vorland und die Ostallgäuer Seenlandschaft. Im Norden beherrschen der nahe Tegelberg und weiter gen Osten das Ammergebirge den Ausblick. Rechts davon rundet der Zugspitzstock das grandiose Rundum-Panorama ab.

Nach der obligatorischen Gipfelrast, die sich bei dieser Kulisse beachtlich in die Länge ziehen kann, geht es zurück zu den Gamswiesen und dort nach links über die südseitigen, mit glitzernden Metallketten gesicherten Schrofen zum **Säulinghaus** hinunter. Wer mag, kann in dieser schönen Naturfreunde-Hütte über dem Lechtal auch übernachten und so die Tour auf zwei Tage verteilen. Der Weiterweg zieht sich leicht absteigend unterhalb des vielzackigen Verbindungsgrats von Säuling und Pilgerschrofen hinüber in die **Pilgerschrofen-Scharte.**

Von der Pilgerschrofen-Scharte aus führt der Weg – nun wieder auf bayerischem Boden und mit Blick in den Schlösserwinkel – unter den Nordabstürzen des Pilgerschrofens hindurch. Dann ein kleiner Gegenanstieg – versprochen: es wird wirklich der letzte sein –, und schon geht es nur noch abwärts. Ab der **Wildsulzhütte** ist der Weg bereits vom Aufstieg bekannt.

Wenn man sich dann – kräftig verschwitzt und gezeichnet von einem langen Bergtag – am Ende der Tour wieder in die Neuschwanstein-Touristen (in Spitzenzeiten bis zu 10.000 pro Tag!) einreiht, kann es zwar sein, dass man beäugt wird, als gehöre man zum alpinen Inventar wie Kuh, Almbauer, Gams und Steinadler. Aber man braucht nur über die Schulter zu blicken und die schönen Erlebnisse dort oben noch einmal auf der geistigen Mattscheibe vorbeiwandern lassen, um diese Blicke genüsslich ertragen zu können. Eine Bergtour, die man lange in Erinnerung behalten wird.

Variante

Überschreitung des Säuling-Stockes nach Süden; dazu steigt man vom Säulinghaus direkt nach Pflach ab. Von dort geht es per Bus oder Daumen zum Ausgangspunkt zurück.

Wanderung 20: Vom Füssener Lechufer zum Alatsee und über den Saloberkamm zur Ruine Falkenstein (s. Karte S. 190)

Diese Tour führt von Füssen nach Pfronten über den Bergkamm zwischen Vils und Alpenvorland. Geboten werden prachtvolle Blicke auf die hohen Berge des Allgäus und weit hinaus über die Ostallgäuer Seenplatte. Das Ganze verläuft auf gemütlichen Wegen ohne nennenswerte Steigungen und mit Ruhebänken in kurzen Abständen. Am Saloberkamm muss man dann zwar durchaus auch mal bergauf laufen, wird dafür ab mit exzellentem Panorama belohnt und gelangt auf diese Weise zu Deutschlands höchstgelegener Ruine (zu der man auch von Pfronten aus mit dem Auto hinauffahren kann).

Wegbeschreibung

In Füssen schlendert man vom Bahnhof oder den diversen Großparkplätzen aus zunächst genüsslich durch die schöne Altstadt nach Bad Faulenbach am südwestlichen Stadtrand, oder man parkt direkt in **Faulenbach.** Bestens beschildert geht es von hier (vorbei an den Badeseen) durch beinahe parkartig gepflegte Biotope und über den Trimm-dich-Pfad zum **Alatsee.** Auch wenn man die letzten Meter auf der Fahrstraße laufen muss, wird diese Wegstrecke als nette, leicht verdauliche Wanderkost (sage und schreibe 60 m Höhendifferenz!) in Erinnerung bleiben. Wer sich trotzdem die Füße heiß gelaufen hat, dem hilft die Kneippanlage am Ostufer des Alatsees. Der See selbst bietet – auf allen Seiten von Wald umgeben und mit glasklarem, türkis schimmerndem Wasser – eine wunderhübsche Szenerie und kann auf einem 1,7 km langen Uferweg umrundet werden.

Für den Weiterweg über den Saloberkamm folgt man dem Sträßlein nach rechts bis zum Wanderparkplatz am nördlichsten Punkt des Sees und biegt dort dann nach links in einen Forstweg ein (Wegweiser). Auf diesem die 224 Höhenmeter hinauf zur **Salober Alm** (kurzzeitig sogar mit ordentlicher Steigung), die mit großer Sonnenterrasse und Bewirtung sehr bereitwillig alle Wanderer wieder aufpäppelt. Auf der breiten Passhöhe westlich der Hütte zweigt der kleine beschilderte Weg über den **Salobergrat** ab.

Er führt zunächst ein paar Meter nördlich der Kammhöhe durch den Bergwald. Dieser lichtet sich mit der Zeit ein wenig und gibt am "Vier-Seen-Blick" die Sicht hinunter ins Ostallgäu und (von links nach rechts) auf Weißensee, Hopfensee, Forggensee und Bannwaldsee frei. Weiter geht es nun in leichtem Auf und Ab auf schmalen Waldpfaden über **Zirmgrat** (1.288 m) und **Zwölferkopf** (1.287 m) zum **Einerkopf** (1.260 m). Hier wird nun der Blick nach Süden über das Vilstal zur Großen Schlicke, zum Brentenjoch und den anderen Gipfeln der Tannheimer Berge frei.

Der Weiterweg führt nun wieder nordseitig hinüber zur Straße, die die Lauffaulen von Pfronten-Meilingen aus auf den Falkenstein bringt. Auf diesem Sträßlein nach links und über ein paar Serpentinen zum Burghotel und zur **Ruine Falkenstein** hinauf (s. u.).

Für den Abstieg bieten sich verschiedene Wege an, die allesamt markiert sind. Entweder direkt vom Hotel weg über die **Schlossanger Alp** und den Manzengratenweg nach Pfronten-Steinach oder zunächst ein Stück die Fahrstraße abwärts und dann rechts zur **Mariengrotte** und weiter nach Pfronten-Steinach, wo man in der Nähe des Bahnhofes ankommt.

Weitere Alternative: Man steigt nach Norden und damit näher zum Ausgangsort ab. Dazu läuft man auf dem Falkenstein-Sträßlein bis zur Linkskehre und dort dann geradeaus in den Wald hinein. Bei einer Verzweigung hält man sich links und kommt so auf den Wiesen oberhalb von Roßmoos heraus. Nun wieder rechts gehen, und man gelangt schnell in den nahen Ort und zur dortigen Bushaltestelle.

Sehenswertes auf der Tour

Burgruine Falkenstein: Die Burg wurde vermutlich im 11. Jh. errichtet. Im 14. Jh. ging der Falkenstein an die Augsburger Vögte, die ihn nur notdürftig instand hielten. Im ausgehenden Mittelalter war die Burg von Raubrittern besetzt, die wegen ihrer Überfälle an der nahen Handelslinie Ulm–Kempten–Venedig berüchtigt und gefürchtet waren. 1646 wurde die Burg wie viele andere in der Region niedergebrannt, um sie nicht an die heranrückenden Schweden fallen zu lassen.

Dass auch König Ludwig II. an diesem Ort Gefallen fand, ist bei der Lage der exklusiven Aussichtsloge gut nachzuvollziehen. Denn Falkenstein bietet freie Sicht in alle Richtungen: auf die Berge des Allgäus (besonders eindrucksvoll auf den direkt gegenüberliegenden Aggenstein), hinunter auf die 13 Dörfer der Gemeinde Pfronten und weit hinaus ins Alpenvorland. König Ludwig II. soll des Öfteren nachts zur Ruine hochgeritten sein, um Pläne für das Traumschloss, das er hier errichten wollte, zu schmieden. Dass aus dem Bau letztlich nichts wurde und der Falkenstein heute nur von Ruinen gekrönt ist, lag am frühen Tod des Märchenkönigs, mit dem die bereits in Angriff genommenen Arbeiten eingestellt wurden. Heute stehen nur noch die Grundmauern des Hauptgebäudes der Burg.

Route: Füssen (797 m) – Bad Faulenbach – an Badeseen und Faulenbach entlang zum Alatsee (865 m) – Saloberalm (1.120 m) – über den gesamten Saloberkamm (Zirmgrat, Zwölferkopf, Einerkopf) zur Ruine Falkenstein (1.267 m) – Abstieg nach Pfronten-Steinach (850 m) oder Roßmoos (848 m), hierfür stehen mehrere beschilderte Wege zur Auswahl. Zurück zum Startpunkt mit der RVA-Buslinie.

Wanderzeit: bis Falkenstein 4 Stunden

Höhenunterschied: Höchster Punkt ist das Zirmgrat (1.288 m).

Besonderheiten: Bis zum Alatsee ebene, bestens gepflegte Spazierwege. Über den Saloberkamm leichte, aber sehr reizvolle Wanderung. Jahreszeit-Empfehlung: ganzjährig (wenn auch etwas mühsamer bei viel Schnee im Winter).

Varianten: Wem die ganze Überschreitung zu weit ist, der kann ohne weiteres nur Teile begehen und z. B. von Alatsee oder Salober nach Norden zum Weißensee oder nach Süden ins Vilstal absteigen. Wer dagegen am Schluss noch ein paar Meter laufen will, dem sei der Abstieg über Roßmoos zum Weißensee und der wunderschöne Süduferweg zurück nach Füssen empfohlen.

Einkehrmöglichkeiten: Saloberalm auf 1.089 m (fast ganzjährig bewirtschaftet, ✆ 0043-5677/8788), Burghotel auf dem Falkenstein

Anfahrt für Ausflügler: Um Falkenstein zu erreichen, folgt man in Pfronten-Meilingen dem König-Ludwig-Weg bis zum Parkplatz bei der Schlossanger Alp. Von dort sind es noch ca. 40 Minuten zur Burgruine.

Wanderung 21: Rund um den Weißensee (s. Karte S. 190/191)

Ein paar Kilometer westlich von Füssen schmiegt sich der Weißensee eng an den Saloberkamm, dessen Wälder am südlichen Ufer direkt ans Wasser reichen. Der besondere Reiz des 2,3 km langen und 600 m breiten Sees liegt in den landschaftlichen Gegensätzen: felsiges Ufer in Süden, weite Schilf- und Moorflächen im Nordosten und dazu ein Strandbad und bei gutem Wind meist auch ein paar Surfer – ein schönes, beschauliches Ambiente, das zu einer ganz gemütlichen Umrundung auf einem schmalen, aber gut angelegten Uferweg (teils direkt am Wasser) einlädt. Besonders reizvoll früh am Morgen oder am Abend, wenn im Landschaftsschutzgebiet Weißensee wieder Ruhe einkehrt und die Sonne mit schrägem Licht quer übers Wasser blinzelt.

Route: in beliebiger Richtung um den See, nicht zu verfehlen

Wanderzeit: 2 Stunden

Besonderheit: Ganzjährig möglich, im Hochwinter kann die Runde meist quer über den See hinweg variiert werden.

Varianten: gut mit Saloberkamm und Alatsee kombinierbar

Bus: RVA-Linie von Füssen zum Weißensee

Einkehrmöglichkeiten: in den Ausgangsorten

Die Königsschlösser

"Dies ist einer der schönsten Orte, die zu finden sind", schrieb der kunstversessene "Kini" Ludwig II. seinem Freund Richard Wagner und ließ bei Schwangau einen Traum zu Stein werden. Neben Neuschwanstein ist das Königsschloss Hohenschwangau eine weitere Touristenattraktion, die dem Füssener Land die heutigen Besucherströme beschert.

Ludwig II. von Bayern hat es sich erlaubt, seine Phantasien zu verwirklichen, trotz leerer Kassen und starker Widerstände. Er baute Schlösser, die als poetische Zufluchtsorte fungierten, in denen er die politischen Realitäten vergessen und sich ganz seiner wahren Liebe, der Kunst, hingeben konnte. Hatte man zu Lebzeiten Ludwigs II. wenig Verständnis für dessen Ausschweifungen, so profitiert heute eine ganze Region von den Ideen des königlichen Träumers – die Besichtigung der Königsschlösser steht auf dem Programm fast jedes Allgäubesuchers.

Schloss Hohenschwangau

Die Geschichte von Schloss Hohenschwangau begann im 12. Jh., als das Rittergeschlecht der Edlen von Schwangau an der Stelle des heutigen Schlosses eine Burg baute. Nach dem Aussterben des Geschlechts im 16. Jh. und dem weitgehenden Zerfall der Burg erstand der Augsburger Kaufmann Johann Baumgartner das Anwesen (1535) und ließ durch den italienischen Baumeister Lucio di Spazzi ein mächtiges Schloss mit Wehrmauern, Türmen und Bastionen errichten. In der Folgezeit wechselte mehrmals der Besitzer, bis schließlich Kronprinz Maximilian II. das in den napoleonischen Kriegen weitgehend zerstörte Schloss erwarb und die Ruine zwischen 1832 und 1836 nach Entwürfen des Malers Dominik Quaglio restaurieren ließ. Schloss Hohenschwangau war ein eher privater Ort der Königsfamilie. Ludwig II. verbrachte hier den größten Teil seiner Kindheit und Jugend.

Das Märchenschloss Neuschwanstein

Die Innenausstattung ist geprägt von romantisch verklärter Geschichte und germanischer Sagen- und Ritterwelt. So wird im Schwanrittersaal in verschiedenen Gemälden die Lohengrinsage erzählt und im Schlafzimmer in Wandbildern an die Reise Maximilians durch die Türkei erinnert. Eine Besonderheit bietet das Schlafzimmer Ludwig II.: transparente Sterne an der Decke, die mit Öllampen beleuchtet werden konnten und dem König die Illusion eines freien Sternenhimmels vermitteln sollten.

Schloss Neuschwanstein

Schloss Neuschwanstein ist sicher das bekannteste Bauwerk Ludwig II. Verspielt, aber auch trutzig thront es auf einem schmalen Felsgrat über einer einzigartigen Szenerie aus Bergen, Seen und Wäldern.

Inspiriert von einem Besuch der Wartburg bei Eisenach reifte in Ludwig II. der Wunsch, eine eigene Burg zu bauen. Zunächst ließ er die Ruinen der Doppelburg Vorder- und Hinterschwangau abtragen und beauftragte Künstler, die bereits in der Wartburg beschäftigt waren (Julius Hofmann, Michael Welter), mit der Umsetzung seines Planes. Schloss Neuschwanstein sollte im Stil der alten deutschen Ritterburgen errichtet werden. Von 1869 an, dem Jahr der Grundsteinlegung, bis zum mysteriösen Tod Ludwig II. im Jahr 1886 wurden Torbau, Hauptbau und der Großteil des Ritterhauses fertig gestellt und die königlichen Wohnräume und Festsäle nahezu vollständig ausgestattet. Zur Vollendung des Bauwerks kam es allerdings nicht mehr. Nach dem Tod des Monarchen wurden nur noch einige bereits angefangene Abschnitte des Schlosses vollendet, viele der Innenräume blieben aber bis heute im Rohbau stehen.

Um der Verehrung seines Freundes Richard Wagner Ausdruck zu verleihen, gestaltete Ludwig II. einige Zimmer nach den Opern des Komponisten. Szenen aus

Der Osten
Karte S. 133

"Tristan und Isolde", "Lohengrin", "Parzival" und anderen Werken Wagners finden sich auf zahlreichen Gemälden in den Räumen des Schlosses.

Touristeninformation/Führungen/Konzerte

Schloss Neuschwanstein erlebt in den Sommermonaten einen täglichen Ansturm von etwa 9.000 Besuchern. Dass die Königsschlösser in Japan und den USA als Inbegriff deutscher Kultur gelten, stellt man spätestens auf den Großparkplätzen in Hohenschwangau fest. Der in dem kleinen Dorf herrschende Trubel sollte allerdings niemanden von einem Besuch dieser einzigartigen Bauwerke abhalten. Man muss sich jedoch v. a. in der Hochsaison auf Wartezeiten einstellen, egal ob beim Ticketkauf, in den Restaurants oder beim Bustransfer nach Neuschwanstein. Für die Besichtigung beider Schlösser sollten etwa sechs Stunden eingeplant werden. Das Fotografieren ist in den Schlössern verboten! Bitte beachten Sie: Im Verlauf der Führung auf Schloss Neuschwanstein müssen insgesamt ca. 300 Stufen bewältigt werden!

• *Touristeninformation* **Informationsstelle Hohenschwangau,** am Ortseingang bei der Bushaltestelle, ✆ 08362/819765. Tägl. 9–17 Uhr.

• *Spazierwege zu den Schlössern* **Schloss Hohenschwangau** kann erreicht werden über einen Waldweg, der bei der Informationsstelle im Ort beginnt (10 Minuten), über einen steilen Weg hinter dem Hotel Müller (Alpseestraße, 10 Minuten), indem man dem Fahrweg ab Parkplatz Alpsee folgt (15–20 Minuten) oder mit der Pferdekutsche ab Ticket-Center (Bergfahrt 3,50 €, Talfahrt 1,50 €).

Für die kleine Wanderung nach **Schloss Neuschwanstein** stehen ebenfalls verschiedene Wege zur Wahl: Entweder man folgt der Straße hinter dem Hotel Lisl (ca. 30 Minuten) oder man nimmt den kürzeren, aber steilen Aufstieg ab Café Kainz (ca. 30 Minuten). Sehr reizvoll ist der zehnminütige Weg vom Schloss zur Marienbrücke, die über den Wasserfall der Pöllatschlucht führt. Von der Brücke bietet sich eine herrliche Aussicht auf Schloss Neuschwanstein und den Forggensee. Beim Aussichtspunkt "Jugend" (ganz in der Nähe der Marienbrücke) rücken Schloss Hohenschwangau und der Alpsee ins Blickfeld.

Darüber hinaus kann Schloss Neuschwanstein noch mit der Pferdekutsche (Bergfahrt 5 €, Talfahrt 2,50 € ab Hotel Müller) und mit Bussen ab Schlosshotel Lisl zu den Aussichtspunkten Jugend bzw. Marienbrücke (Berg- und Talfahrt 2,60 €) erreicht werden.

• *Führungen* Die etwa 35-minütige **Hohenschwangau-Tour** führt den Besucher durch die Privaträume von Königin Marie in der ersten Etage und anschließend durch das zweite Stockwerk, das von König Maximilian II. und – nach dessen Tod 1864 – von Ludwig II. bewohnt wurde.

Bei der ebenfalls etwa halbstündigen **Führung durch Schloss Neuschwanstein** erhält man einen Einblick in die Phantasiewelt Ludwigs II. Den Besucher erwarten die prunkvoll ausgestatteten, teilweise überladen wirkenden Gemächer des Königs, die manche Überraschung bereithalten. Zu den Höhepunkten zählen sicherlich der im Stile einer byzantinischen Kirche errichtete Thronsaal im dritten Stock und die sog. Grotte, eine Nachbildung einer Tropfsteinhöhle, die in Anlehnung an die Tannhäusersage geschaffen wurde.

• *Tickets* Im Ticket-Service mitten im Ort müssen die Eintrittskarten für beide Schlösser erworben werden. Auf den Tickets ist Ihre Einlasszeit am Schloss vermerkt. Zu dieser Zeit müssen Sie an den Drehkreuzen am Schlosseingang sein, da das Ticket nur für diese Führung gilt! Erwachsene zahlen einschließlich Führung 7 € je Schloss. Das Königsticket für beide Schlösser kostet 13 €. Sie können auch per Telefon oder Fax Karten reservieren lassen (Gebühr 1,60 €/pro Person!). ✆ 08362/930830, ℻ 9308320. Onlinebestellung: www.ticket-center-hohenschwangau.de.

• *Öffnungszeiten* April–September 9–18, Do bis 20 Uhr, Oktober–März 10–16 Uhr. Am 24. Dezember geschlossen. Schloss Neuschwanstein ist zusätzlich am 1. Januar, am Faschingsdienstag sowie am 25. und 31. Dezember geschlossen.

• *Parken* Fünf Großparkplätze in Hohenschwangau, 4 € für sechs Stunden.

• *Schlosskonzerte* Ein Highlight im Veranstaltungskalender sind die regelmäßig im September stattfindenden Konzerte klassischer Musik im prunkvoll ausgestatteten Sängersaal auf Schloss Neuschwanstein. Auskünfte zum aktuellen Programm und Kartenbestellungen bei der Tourist-Information Schwangau, ✆ 08362/8198-31, ℻ 08362/ 819825.

Übernachten/Essen und Trinken

Schlosshotel Lisl und Jägerhaus, mitten im touristischen Geschehen in Hohenschwangau, Neuschwansteinstraße 1–3, 87643 Hohenschwangau, ✆ 08362/8870, ✆ 08362/81107. DZ ab 110 €. Im Hotel gibt es ein Restaurant mit gutbürgerlicher Küche und ein Abendrestaurant der gehobenen Kategorie. Spezialität sind flambierte Gerichte.

Café Restaurant Kainz, im Ortszentrum, Brotzeiten und Bodenständiges.

Bräustüberl, auf dem Weg zum Alpsee gelegenes Selbstbedienungsrestaurant mit Biergarten. Traditionelle Livemusik zwischen Juni und September. In dem an sich gemütlichen Gewölbe kann es um die Mittagszeit recht hektisch werden.

Das Musical zum Märchenkönig

Etwa 45 Millionen Euro Investitionsvolumen, 45.000 qm Grundstücksfläche, 420 Aufführungen pro Jahr – das sind die beeindruckenden Zahlen der jüngsten Attraktion des Allgäus, des Musicals über Ludwig II. Es ist sicher kein einfaches Unterfangen, dem Leben des "Bayern-Kini", der den Besuchern tagsüber von zahllosen Bierkrügen und selbst von Klobrillen entgegenlächelt, in einem Musical gerecht zu werden – doch die Gratwanderung scheint gelungen. Der Spiritus Rector, Stephan Barbarino, Autor und Intendant des Projekts, hat ein Singspiel auf die Bühne gebracht, das sowohl von Kritikern als auch vom Publikum weitgehend positiv aufgenommen wurde. Das Musical handelt von den Visionen des träumerischen Königs, die er gegen eine kleinkarierte Ministerriege durchzusetzen sucht. Dabei ist das Musical alles andere als schwermütig. In einer Mischung aus Witz, Ironie und Ernsthaftigkeit erlebt man Ludwig II. u. a. bei einer Schlittenfahrt mit echten Schimmeln, auf einer Ballonfahrt um die Welt und bei einer Privataufführung einer Wagner-Oper. Die Musik setzt sich bewusst vom angloamerikanischen Klischee ab und bietet auch Musicalkennern einiges Ungewohnte. Komponist Franz Hummel kombiniert verschiedenste Stilmittel von Oper und Operette (inklusive Polka und bayerischem Lederhosen-Stepp). Unbestritten ist die Qualität des Bühnenbildes von Heinz Hauser, das immer wieder überraschende Szenerien hervorbringt.

Doch trotz dieser unbestrittenen künstlerischen Qualitäten ist das Musical-Projekt jüngst ins Gerede kommen. Sinkende Besucherzahlen und die Verpflichtung zur Rückzahlung von Millionenkrediten verursachten eine schwere Finanzkrise, die sogar ein juristisches Nachspiel hatte. Bei Redaktionsschluss dieses Buches bemühte man sich in Verhandlungen mit den Banken und dem Freistaat Bayern darum, Wege zur Behebung der Finanzierungsengpässe zu finden, um die Zukunft des Musicals langfristig zu sichern.

Information: Musical Theater Neuschwanstein, Im See 1, Füssen (direkt an der B 16 am Westufer des Forggensees). Vorstellungen finden außer montags täglich statt, Dauer ca. 3 Stunden (inkl. 40 Minuten Pause). Di–Fr um 15 und 16, Sa/So um 11 und 12 Uhr werden Backstage-Touren angeboten (Eintritt 7 €/Erw.). Neben einem Souvenirshop befinden sich zahlreiche gastronomische Einrichtungen in dem Theaterkomplex. Reservierungen unter Ticket-Hotline ✆ 01805/583944 bzw. www.ludwigmusical.com. Eintritt 45–120 €.

Der Osten
Karte S. 133

Schwangau

3.800 Einwohner • 800 Meter ü. NN

Wer dem Rummel in Hohenschwangau entgehen will, findet in Schwangau und Umgebung weit ruhigere Übernachtungsmöglichkeiten. Der heilklimatische Kurort und seine am Ufer des Forggensees gelegenen Ortsteile Horn, Waltenhofen und Brunnen bieten vom luxuriösen Kuraufenthalt bis zum Urlaub auf dem Bauernhof ein breites Beherbergungsangebot mit zahlreichen Möglichkeiten zur Freizeitgestaltung am See und in den nahen Bergen.

Geschichte: In der "Manessischen Handschrift" aus dem Jahre 1300, die in der Universitätsbibliothek Heidelberg aufbewahrt wird, sind 23 gemütvolle Minnelieder des jungen Ritters Hiltebold verwahrt, der als "Her Hiltebold von Swanegoei" auf einer schwangauischen Burg gelebt hat. Sein Wappen: ein silberfarbener Schwan auf rotem Grund. Die Welfenherzöge und Stauferkaiser herrschen im Mittelalter in Schwangau-Hohenschwangau als die Edlen von Schwangau.

Touristeninformation/Freizeitangebot

- *Postleitzahl* 87645
- *Vorwahl* 08362
- *Touristeninformation* **Tourist-Information Schwangau,** Münchener Straße 2, ✆ 81980, ✆ 819825, www.schwangau.de. Mo–Fr 8–18, Sa 8–12, So 10–12 Uhr.
- *Angeln* Angelmöglichkeiten bestehen in fast allen Seen und Flüssen der Region. Ausgabestellen von Erlaubnisscheinen: **Forggensee/Bannwaldsee und Mühlberger Ache:** Schuhgeschäft F. Griesmann, Schwangau, ✆ 8301; **Alpsee:** Büro Wittelsbacher Ausgleichsfonds, Hohenschwangau, ✆ 81127; **Faulenbacher Seen/Füssen:** Fischerhütte (Achmühle), ✆ 7540.
- *Ballonfahren* **Firma on Tour,** Tegelbergstraße 33, ✆ 983647.
- *Bootsverleih* Ruderboote im **Gasthof am See,** Waltenhofen, ✆ 93030; Ruder- und Tretboote am Alpsee, ✆ 8782, und am **Campingplatz Bannwaldsee,** ✆ 93000; Ruder-, Segelboote, Kanus und Familienkanadier bei der **Surfschule Forggensee** in Brunnen, ✆ 924386.
- *Feste* Das jedes Jahr am zweiten Sonntag im Oktober stattfindende **Colomansfest** mit einer großen Pferdeprozession bildet den Höhepunkt des Brauchtumsjahres in Schwangau.
- *Drachen- und Gleitschirmfliegen* **Aktiv Flugschule & Events,** Tegelberg-Talstation, ✆ 921457; **Firma on Tour,** Tegelbergstraße 33, ✆ 983647. Beide bieten auch Tandemflüge an.
- *Fahrradverleih* **Aktiv Flugschule & Events,** Tegelberg-Talstation, ✆ 921457 (nur MBs); **Braun,** Horn, Füssener Straße 112, ✆ 986580; **AVIA-Tankstelle,** Münchener Straße 11, ✆ 9877; **Hengge,** Wittelsbacher Weg 3, ✆ 81306; **Mayr,** Mitteldorf 3, ✆ 81458; **Sillmann,** Waltenhofen, König-Ludwig-Straße 74, ✆ 81323; **Radl-Stadl,** Brunnen, Seestraße 61, ✆ 93800 (auch MBs).
- *Golf* Golfübungsanlage und Golfschule Neuschwanstein, Bullachbergweg 34 a, ✆ 983041.
- *Kinderprogramm* Die Kurverwaltung Schwangau stellt jede Saison ein umfangreiches Kinderprogramm zusammen.
- *Kultur- und Naturlehrpfad* Der Kulturlehrpfad beginnt an der Talstation, der Naturlehrpfad an der Bergstation der Tegelbergbahn. Jeweils ca. 2,5 Stunden Gehzeit.
- *Kutsch- und Pferdeschlittenfahrten* **Josef Kotz,** Seestraße 74, Schwangau-Brunnen, ✆ 8581. Fahrt zur Wildfütterung, besonders eindrucksvoll im Winter. Auf Anfrage auch Nachtfahrten mit Fackeln. **Otto Kotz,** Unterdorf 5, ✆ 8094.
- *Königliche Kristall-Therme* Kurpark, Schwangau, ✆ 819630. Das aufwendig gestaltete Solenthermalbad bietet eine umfangreiche Saunalandschaft, Hamam und Farblichttherapie. 7 €/Erw., 4 €/Jugendl. Mo–So 9–22 Uhr, Di und Fr ab 19 Uhr FKK.
- *Märchen- und Literaturstube* Deichelweg 1, Rückgebäude Rathaus. Kinderprogramm Mi–So 15–17 Uhr, 2,50 €; Erwachsenenprogramm Do 20 Uhr, 3 €.
- *Motorrollerverleih* **Braun,** Horn, Füssener Straße 112, ✆ 986580.
- *Segeln* Am Forggensee bei den Segelclubs in Waltenhofen (✆ 941285) und in Brunnen (✆ 6375).

* *Sommerrodelbahn* An der Tegelbergbahn. Erwachsene 2,50 €, Kinder 2 €.
* *Surfen* Am Forggensee, ✆ 924386.
* *Tennis* **Tennisplatz Hohenschwangau,** Schwangauer Straße 45, ✆ 81210.
* *Veranstaltungen* Alphornblasen, Dorfführungen, Dorffeste, Bauerntheater, Heimatabende, Radwanderungen, Tanzveranstaltungen – ein Riesenangebot. Machen Sie sich bei der Tourist-Information schlau!

Übernachten/Essen und Trinken

* *Hotels/Gasthöfe* **Hotel König Ludwig,** Kreuzweg 11–15, Schwangau, ✆ 8890, ✆ 81867. Großzügige Hotelanlage mit Kurbetrieb, in der Nähe des Forggensees gelegen (an der Straße nach Waltenhofen). Gutbürgerliche Küche und vegetarische Gerichte. DZ ab 88 €, auch Ferienwohnungen ab 36 €.

Hotel Weinbauer, Füssener Straße 3, Schwangau, ✆ 9860, ✆ 986113. Alteingesessener Familienbetrieb an der Hauptstraße. DZ ab 60 €. Traditionelle Küche der gehobenen Preisklasse.

Kur-Ferienpension Steiger, Frauenbergstraße 52 b, Schwangau-Horn, ✆ 81067, ✆ 88228. Sehr ruhige Lage mit Blick auf die Füssener Altstadt. DZ ab 54 €.

Hotel Rübezahl, Am Ehberg 31, 87645 Schwangau-Horn, ✆ 8888, ✆ 81701. Gemütliche Zimmer und Restaurant. Umfangreiches Programm für Gäste. DZ ab 78 €.

* *Ferienwohnungen* **Landhaus Gellerhof,** Frauenbergstraße 48, Schwangau-Horn, ✆ 8328, ✆ 987197. Gemütliche 1-Zimmer-Apartments und Ferienwohnungen mit viel Grün ums Haus, geeignet für Familien. Ab 37 €.

Siehe auch Hotel König Ludwig (oben) und Café-Pension Gerlinde (unten).

* *Ferien auf dem Bauernhof* **Ponyhof Fischer,** Seestraße 37, Schwangau-Brunnen, ✆ 8281, ✆ 81455. 400 m vom Forggensee entfernt. Gestresste Eltern können ihre Kinder auch mal für einen halben Tag zum Reiten und Stallausmisten abgeben. Geführte Ausritte ca. 60 Minuten auf Haflingern 12 €, Ponyführen ab 5 €. DZ ab 30 €.

Jägerhof, Frauenbergstraße 26, Schwangau-Horn, ✆ 88227. Der Bauernhof am Ortsrand von Horn bietet v. a. Kindern viele Entdeckungsmöglichkeiten. Ferienwohnung ab 31 €.

Familie Kotz, Seestraße 74, Schwangau-Brunnen, ✆ 8581. In der Hauptsaison viele Familien. DZ ab 34 €.

* *Camping* **Campingplatz Brunnen,** Seestraße 81, Schwangau-Brunnen, ✆ 8273, ✆ 8630. Direkt am Forggensee mit neu erbauten Sanitäranlagen. Stellplatz und zwei Personen 17 €.

Campingplatz Bannwaldsee, Münchener Straße 151, ✆ 93000, ✆ 930020. Unmittelbar am See gelegen. Neues Komfort- und Sanitärgebäude. Stellplatz und zwei Personen 17 €.

Frühzeitige Buchung bei beiden Plätzen erbeten!

* *Essen und Trinken* **Gasthof Hanselewirt,** Mitteldorf 13, ✆ 8237, ✆ 81738. Im Landhausstil renovierter, traditionsreicher Gasthof. Hanseles schwäbische Hausspezialitäten sind geschmacklich und preislich sehr empfehlenswert (auch Übernachtungsmöglichkeiten: DZ ab 48 €).

Café-Gasthof-Hotel am See, Forggenseestraße 81, Waltenhofen, ✆ 93030, ✆ 930339. Direkt am See gelegen. Terrasse, Liegewiese, Ruderbootverleih, Restaurant mit regionaler Küche. Di Ruhetag (auch Übernachtungsmöglichkeiten: DZ ab 51 €).

Huberhof – Restaurant-Hotel-Café, Seestraße 67, 87645 Schwangau-Brunnen, ✆ 81362, ✆ 81811. Das Hotel, das aus einem ehemaligen Schwangauer Bauernhof aus dem 16. Jh. hervorgegangen ist, liegt ca. 500 m vom Forggensee entfernt. Biergarten, Sauna, rollstuhlgerechte Zimmer, schwäbische Küche, gutes Preis-Leistungs-Verhältnis. Mo Ruhetag (auch Übernachtungsmöglichkeiten: DZ ab 50 €).

Café-Pension Gerlinde, Waltenhofen (neben der Kirche). Großes Café mit Terrasse unter einem Kastanienbaum. Bayerische Brotzeiten und hauseigene Konditorei. Mo Ruhetag (auch Übernachtungsmöglichkeiten: Ferienwohnung ab 45 €, DZ ab 54 €).

Sehenswertes

St. Coloman: Von Norden kommend, fällt kurz vor Schwangau die frei stehende Wallfahrtskirche St. Coloman ins Auge. Etwa im Jahr 1000 hat der irische Pilger Coloman auf dem Weg nach Jerusalem bei Schwangau Station gemacht. Als er kurz darauf ermordet wurde, sind – so die Legende – einige Wunder in der Region

Der Osten
Karte S. 133

geschehen. Coloman zu Ehren, der heute als Schutzpatron des Viehs verehrt wird, wurde die Barockkirche 1673–78 errichtet. Auffällig an der Kirche ist der schlanke, hohe Turm mit seiner eleganten Zwiebelhaube (1682). Der stilreine hochbarocke Stuck des Meisters Johann Schmuzer aus der Wessobrunner Klosterschule schmückt das Innere. Reichhaltige figürliche Ausstattung.

Öffnungszeiten Täglich 14.30–16.30 Uhr, Führungen jeden Do 15 Uhr, Sonderführungen mit Pfarramt Waltenhofen unter ✆ 8207 vereinbaren. Colomansfest am 2. So im Oktober.

Das Römerbad am Tegelberg: Fundamente eines römischen Badegebäudes sind freigelegt worden. Sie können ganzjährig kostenfrei von 9 bis 17 Uhr besichtigt werden.

Wanderungen in der östlichen Umgebung

Weite, sanfte Waldhügel bilden die nördlichen Ausläufer der Ammergauer Berge und verleihen dem **Hohen Trauchberg** seine milden Züge. Dunkle Wälder, ab und an eine Lichtung, auf allen Seiten kleine Bächlein, dazu oft große Waldeinsamkeit – die Trauchberge stehen für romantischen Landschaftsgenuss abseits des Seilbahnrummels auf meist bequemen Wegen in moderaten Höhen. Das Gebiet ist bestens geeignet auch fürs Mountainbike: Wer hier ein paar Schweißtropfen investiert, darf sich auf kilometerlange Abfahrten freuen.

Zackige Felsgipfel über weiten Wäldern bilden den Kern des **Naturschutzgebiets Ammergauer Berge.** Eine unglaubliche Landschaftsvielfalt und eine große Auswahl an spannenden, gut präparierten Wegen auf engstem Raum (mitunter mit hohen Steigen und großen Wänden) machen das Gebiet zu einem exklusiven Tummelplatz für Besucher aller Gangarten. Die schroffen Kalkberge über der Kenzenhütte bieten eine faszinierende Hochgebirgsszenerie.

Rund um den Forggensee

Die Begeisterung der Bevölkerung hielt sich in Grenzen, als 1950 damit begonnen wurde, das Flussbett des Lechs zwischen Füssen und Roßhaupten in einen riesigen Stausee umzugestalten. Kein Wunder, da durch die Aufstauung nicht nur die artenreiche Flora und Fauna der Lechauen verloren ging, sondern sich auch zahlreiche Bauern, deren Höfe und Äcker überflutet werden sollten, eine neue Heimat suchen mussten. Vom Weiler Forggen, einem der untergegangenen Orte, erhielt der See schließlich seinen Namen. An dieser Stelle entstand allerdings nicht zum ersten Mal ein See. Schon in der Nacheiszeit, vor etwa 10.000 Jahren, staute ein Moränenzug beim heutigen Roßhaupten das abfließende Schmelzwasser.

Der Forggensee, mit 16 qkm der fünftgrößte See Bayerns, hat im Wesentlichen zwei Aufgaben. Im Kraftwerk an der Staumauer werden ca. 153 Millionen kWh Strom pro Jahr erzeugt. Außerdem konnte der Hochwasserschutz durch einen kontrollierten Abfluss entscheidend verbessert werden. Im Frühjahr wird Schmelzwasser aus den Alpen aufgefangen, sodass der See erst ab Mitte Juni seine volle Stauhöhe erreicht. Nach dem Ablassen des Wassers im Herbst taucht aus dem See eine wilde Steinwüste auf, und Überreste einer alten Römerstraße und der überfluteten Bauernhöfe werden wieder sichtbar. Der Forggensee ist nicht zuletzt eine touristische Attraktion, durch die das Freizeit- und Sportangebot der Region enorm gesteigert werden konnte – ein Argument, das auch Kritiker des Stauprojektes hat verstummen lassen.

Rieden

Stadt Füssen • 1.200 Einwohner • 840 Meter ü. NN

Inmitten einer malerischen Landschaft liegt Rieden, ein gemütlicher, kleiner Erholungsort, der in puncto Familienfreundlichkeit ganz groß ist. Zu Rieden gehören die beiden Ortsteile Osterreinen und Dietringen am Westufer des Sees. Wem Füssen oder Hopfen zu quirlig sind, dem bietet die Umgebung von Rieden reichlich Gelegenheit, um Ruhe und Entspannung zu finden. Und wer mag, kann die Landschaft hautnah auf den vielen markierten Wegen erwandern oder erradeln.

Geschichte: Um 1300 wird der Ort erstmals erwähnt. Wie viele Orte in dieser Gegend gehörte Rieden lange Zeit den Augsburger Fürstbischöfen. Ende des 16. Jh. brachte Rieden mehrere gute Lautenmacher hervor, die durch ihr Können und Geschick in ganz Europa bekannt waren.

- *Postleitzahl* 87669
- *Vorwahl* 08362
- *Touristeninformation* **Tourismusbüro,** Lindenweg 4, ✆ 7935, ✆ 923887, www.rieden.de. Mo–Fr 8–12, Mo–Do 14–17 Uhr.
- *Angeln* Angelkarten beim **Kreisfischerverein,** ✆ 37569, oder beim **Campingplatz Warsitzka,** ✆ 08367/406.
- *Baden* Vielerorts am Forggensee zwischen Roßhaupten und Osterreinen. Ein Juwel ist der **Faulensee** westlich von Rieden.
- *Besuch beim Imker* Schau-Bienenstand, Treff bei der Segelschule Dietringen, Seestraße 10 (jeden So im Sommer um 19 Uhr). Anmeldung unter ✆ 01713436212 erforderlich.
- *Bootsverleih* **Forggensee Yachtschule,** Dietringen, Seestraße 10, ✆ 08367/471; **Campingplatz Warsitzka,** ✆ 08367/406; **Guggemos,** Dietringen, Almstraße 1, ✆ 08367/474.
- *Fahrradverleih* **Kattler,** Faulenseestraße 14, ✆ 3387; **Richy's Sportshop,** Brunnenstraße 15, ✆ 925262.
- *Gleitschirm-Schule* **Fischer,** Brunnenstraße 35, ✆ 37038, ✆ 38873.
- *Puppenmuseum* Hintere Schöne 4, ✆ 3470. Öffnungszeiten telefonisch erfragen.
- *Segeln* Am Forggensee finden zahlreiche Regatten statt. Information bei den Segelclubs.

Forggensee-Yacht- und Surfschule Gruber und Jürgensen, Dietringen, Seestraße 10, ✆ 08367/471, ✆ 08367/530. Die Chefs kümmern sich noch persönlich um ihre Schüler (alle Segelscheine, Sportbootführerschein, Schnupperkurse, Mitsegeln für Landratten, Segelbootverleih).

Osterreiner Segelclub, Osterreinen, ✆ 5182. Hafen und Krananlage.

- *Tennis* In Rieden, Mo–Sa 9–12 Uhr. Anmeldung bei der Raiffeisenbank Rieden.
- *Veranstaltungen* Standkonzert jeden Di (im Sommer), Bauerntheater.
- *Übernachten* Aus dem reichen Angebot eine kleine Auswahl. Erkundigen Sie sich beim Tourismusbüro nach Pensionen, Privatzimmern und Ferienwohnungen (auch auf dem Bauernhof).

Haus Bergland, Faulenseestraße 9, ✆ 1822, ✆ 507122. Gemütliche Gästezimmer in einem Haus am Rande von Rieden. DZ ab 36 €.

Gästehaus Alpenrose, Brunnenstraße 19, ✆ 37332, ✆ 819216. Ein kinderfreundliches alpenländisches Landhaus. Ferienwohnung ab 29 €.

Ferienhof "Beim Sima", Rieden, St. Urban 2, ✆ 1465, ✆ 925390. Nichtraucherwohnungen in einem Bauernhof in ruhiger Einzellage mit Kühen und Kleintieren. Ferienwohnung ab 39 €.

- *Camping* In der Hauptsaison ist bei allen Campingplätzen unbedingt Voranmeldung notwendig. Zwei Personen und Stellplatz/Zelt in der Hauptsaison etwa 15–20 €.

Campingplatz Warsitzka, Rieden-Roßhaupten am Forggensee, ✆ 08367/406, ✆ 08367/1256. Bootsverleih, kleine Hafenanlage.

Camping Magdalena, Osterreinen, Bachtalstraße 10, ✆ 4931, ✆ 941333.

- *Essen und Trinken* **Dreimäderlhaus,** Restaurant-Bistro-Pizzeria, Osterreiner Straße 1, ✆ 922677. Hervorragende Küche mit italienischem Touch. Zu empfehlen ist eine Piccata Milanese in Parmesanhülle. Oder mögen Sie eine Pizza Allgäu mit Speck, Emmentaler, Zwiebeln und Knoblauch? Täglich außer Di 18–24 Uhr.

Gasthof Rössle, Lindenweg 2, ✆ 38044. Biergarten mitten im Dorf unter Linden. Preiswerte heimische Gerichte und appetitliche Brotzeiten. Kein Ruhetag.

Roßhaupten vor dem Forggensee

Sehenswertes

Pfarrkirche "Zu den fünf Wunden": Der Chor der fein renovierten Kirche war ursprünglich seit 1687 eine Bruderschaftskapelle; erweitert wurde er nach Plänen von Johann Jakob Herkomer. 1721 fügte Johann Georg Fischer das quadratische Schiff an. Im Deckenfresko des Chores ist eine Pietà, die sog. Mutter von Rieden, mit einem Pestkranken und dem Säuling im Hintergrund dargestellt.

Roßhaupten

2.000 Einwohner • 815 Meter ü. NN

Roßhaupten am nördlichen Ende des Forggensees ist ein kleiner, verschlafener Ort, der seinen dörflichen Charakter noch teilweise bewahrt hat. Obwohl der Fremdenverkehr natürlich auch hier seine Spuren hinterlassen hat, fahren noch deutlich mehr Traktoren durch den Ort als anderswo. Nutzen Sie ihn als preiswertes Urlaubsziel und Standort für vielseitige sportliche Aktivitäten sowie Ausflüge in die touristischen Zentren im Süden und im Osten (z. B. Kloster Steingaden und die Wieskirche).

Geschichte: In der "Vita S. Magni" aus dem 9. Jh., die die Lebensgeschichte des Hl. Magnus aufzeichnete, wurde das Dorf bereits in lateinischer Sprache als "Caput Eguei" (Pferdekopf) bezeichnet. Die Legende berichtet, dass Magnus hier einen großen, furchtbaren Drachen getötet haben soll. Der steinerne Drache mit der Magnuskapelle an der Brücke über das "Tiefe Tal" nach Füssen erinnert noch heute daran. 1206 wurde der Ort erstmals urkundlich erwähnt. Damals hieß er "Roßhoubet". Der größte Sohn Roßhauptens ist wohl der Maler, Bildhauer, Stuckateur und Baumeister Johann Jakob Herkomer, der 1648 im nahe gelegenen Sameister geboren wurde.

- *Postleitzahl* 87672
- *Vorwahl* 08367

- *Touristeninformation* **Verkehrsamt,** Hauptstraße 10, ✆ 364, ℻ 1267 oder 642, www.rosshaupten.de. Mo–Fr 8.30–12 und 13–17 Uhr. Elektronisches Gästeinformationssystem tägl. 8–22 Uhr.

• *Angeln* Angelkarten für den Forggensee und Schmuttersee gibt's im **Verkehrsamt** oder am **Campingplatz Wasitzka,** ✆ 406.

• *Baden* **Schwimmbad "Wette",** idyllisches Freibad. Eintritt frei.

Schmuttersee, naturbelassener See in unberührter Landschaft, ca. 6 km nordöstlich von Roßhaupten gelegen.

• *Fahrradverleih* **Stefans Sporteck,** Hauptstr. 22, ✆ 622 (auch Verkauf und Reparatur); **Landmaschinen Zündt,** Augsburger Straße 18, ✆ 552.

• *Informationszentrum Wasserkraft* Im Informationszentrum beim Kraftwerk Roßhaupten können sich hydrologisch Interessierte über das Staudammprojekt Forggensee informieren. Mo–Do 7–15, Fr 7–14, Sa/So (Juni–September) 7–17 Uhr.

• *Kutschfahrten* Ganzjährig Di und Do 10 Uhr. Anmeldung beim Verkehrsamt.

• *Reiten* **Landgasthof Haflingerhof,** Vordersulzberg, ✆ 08364/98480, ✆ 08364/984828. Der Chef des Hauses ist ein ambitionierter Haflingerzüchter. Angeboten werden Reitkurse, Wanderritte, Kutsch- und Schlittenfahrten.

• *Tennis* Freiplätze beim Schwimmbad. Info bei **Stefans Sporteck,** Hauptstraße 22.

• *Veranstaltungen* Standkonzerte (Juni–August jeden Mi 20 Uhr am Dorfplatz); Dorffeste mit dem Trachtenverein und der Musikkapelle (Juli/August jeden Fr 19 Uhr am Dorfplatz); Alphornblasen (Juni–August jeden Mo 20 Uhr am Dorfplatz).

• *Übernachten/Essen und Trinken* **Gasthof Jörg,** Füssener Straße 6, ✆ 220, ✆ 1273. Komfortable Gästezimmer. DZ ab 60 €. Zu empfehlen ist das Restaurant mit wechselnder Karte. Die Wirtin bringt von ihren Reisen (vor allem aus dem asiatischen Raum) immer wieder neue Rezepte mit nach Roßhaupten. Fr Ruhetag.

Gasthof zur Post, Hauptstraße 4, ✆ 308, gegenüber der Sparkasse. Deftige Allgäuer Gerichte, aber auch Pizza. Di Ruhetag.

Landgasthof Haflingerhof, Vordersulzberg 1, ✆ 08364/98480, ✆ 08364/984828. Vordersulzberg ist ein kleiner Weiler an der Straße von Roßhaupten nach Seeg. Im Reitstall stehen über 60 Haflinger aus eigener Zucht. Restaurant mit gutbürgerlicher Küche und vielen Spezialitätenbuffets. Stallgassenfeste mitten im Pferdestall. Die großzügigen DZ kosten ab 33 €, Apartments bekommt man ab 56 €.

Bistro Vis-à-Vis, Raiffeisenstraße 3, 50 m von gleichnamiger Bank entfernt, ✆ 329. Einige Tische im Freien, Pizzen, Salate, Toasts. Ab 18 Uhr.

Gasthof Schwägele, Hauptstraße 15, ✆ 305. Traditionsreiches Haus, Zimmer im ländlichen Stil. Auf der Karte werden Fisch, Wild und Brotzeiten angeboten. Biergarten. DZ ab 55 €. Do Ruhetag.

Ferienhof Schuster, Wettenweg 4, ✆ 804, ✆ 1377. Ruhige Lage am Ortsrand. DZ ab 36 €.

Sehenswertes

Pfarrkirche St. Andreas: Anfang des 18. Jh. wurde die 1630 erbaute Kirche barockisiert. Im Chordeckengemälde (gemalt von Johannes Heel 1727) wie auch im Hochaltarbild wird das Martyrium des Kirchenpatrons Andreas dargestellt.

Kapelle "Mariä Sieben Schmerzen": Die kleine Kapelle ist ein besonderes Schmuckkästchen. Sie liegt an der Straße von Roßhaupten nach Lechbruck im Weiler Sameister (ca. 5 km außerhalb des Ortes). Der berühmte Baumeister Johann Jakob Herkomer hat hier an seinem Geburtsort 1685 eine Familienkapelle erbaut und ausgemalt (deswegen auch "Herkomer-Kapelle" genannt). Inspiriert durch die Lehrjahre in Italien, gestaltete er das zierliche Gotteshaus im Stil venezianischer Kirchen. 1717 starb Herkomer im Kloster in Füssen und wurde hier begraben. Neben dem wunderschönen Altarbild und Fresken der Heiligen Familie mit der Darstellung einer sehr jugendlichen und innigen Muttergottes ist die hinter dem Altar angebaute Heilig-Grab-Kapelle sehenswert. 1985 wurde die Kapelle als "schutzwürdiges Kulturgut" unter den internationalen Denkmalschutz gestellt. Leider ist das Kirchlein verschlossen. Doch in der Nachbarschaft ist der Schlüssel erhältlich.

Dorfmuseum: Das im Pfannerhaus untergebrachte Museum an der Hauptstraße informiert über die Vergangenheit des Ortes. Im Erdgeschoss befindet sich das Via-

Der Osten
Karte S. 133

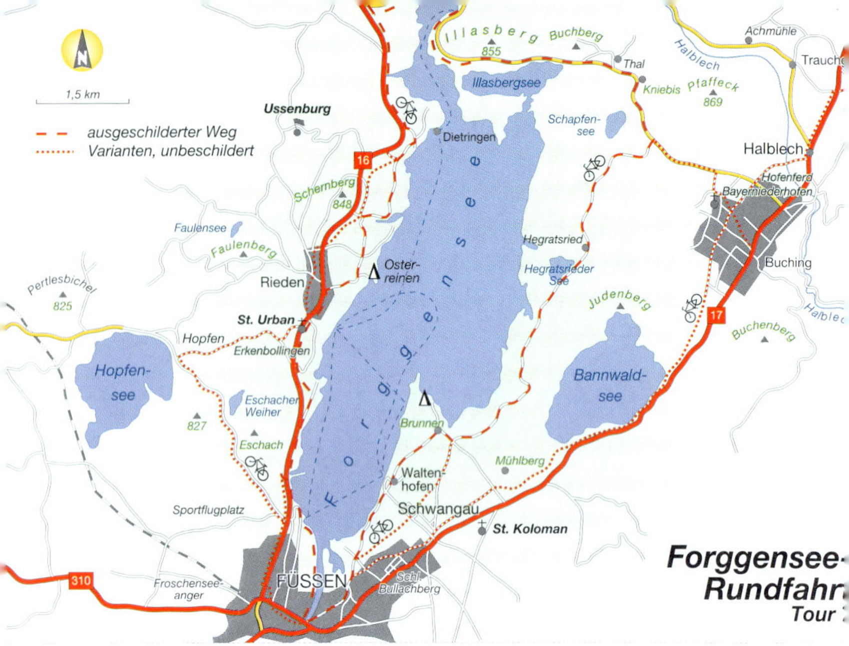

Claudia-Augusta-Infozentrum. Eine große Reliefübersicht zeigt den gesamten VCA-Verlauf von Norditalien bis nach Bayern. Mit Hilfe moderner Computertechnik erhält man Einblicke in die Geschichte der einzelnen Regionen an der ehemaligen VCA.

Öffnungszeiten Mi und Sa 16–18 Uhr. Eintritt frei.

Radtour 7: Forggensee-Rundfahrt

Saftig grüne Wiesen, das Läuten der Kuhglocken und die Berge mit den Königsschlössern im Blick – eine Radtour durch das Landschaftsschutzgebiet um den Forggensee erfüllt nahezu alle Erwartungen, die man an einen Aufenthalt im Allgäu stellt. Die Strecke ist fast ausschließlich geteert und führt über meist wenig befahrene öffentliche Straßen und Radwege an der beeindruckenden Kulisse der Tannheimer Berge und des Ammergebirges vorbei. Sie können die Radtour jederzeit abkürzen und an einer der sieben Haltestellen dem Forggensee-Schiff zusteigen.

Von Füssen aus geht es gegen den Uhrzeigersinn um den Stausee herum. Ab **Brunnen** beginnt das sanfte Auf und Ab durch eine leicht wellige Grundmoränenlandschaft. Vorbei am Bannwaldsee und am Hegratsrieder See erreicht man nach ca. 11 km **Greith.** In dem idyllischen Weiler lebt die Bevölkerung noch weitgehend von der Landwirtschaft, der Tourismus spielt keine Rolle.

Kurz hinter Greith kommt man am **Kühmoossee** vorbei. Ein Bad in dem Moorsee soll der Gesundheit förderlich sein! Direkt am See bietet sich das Gasthaus Seerose für eine Rast an, eine nette kleine Wirtschaft mit Kinderspielplatz, an der Radfahrer gerne Halt machen.

An kleinen Weilern und Einsiedelhöfen vorbei geht's am Nordufer des **Illasbergsees** (Badestrand) weiter bis zum Staudamm an der Nordspitze des Forggensees.

Kurz darauf folgt ein kleiner Kunstpark mit einigen Holz- und Metallskulpturen am Weg. Zwischen Roßhaupten und Osterreinen bieten mehrere öffentliche Strände weitere Gelegenheit für einen Sprung in den Forggensee. Ein Geheimtipp zum Baden ist der **Faulensee** (Liegewiese, Kiosk), der mit dem Rad in ca. 15 Minuten von Rieden erreicht werden kann. Dieser Moorsee ist umgeben von Wäldern, über denen ein Gipfel der Tannheimer Gruppe hervorlugt.

Von **Rieden** sind es noch 6 km auf Radwegen entlang der B 16 (am Musical-Theater Neuschwanstein vorbei) zurück nach Füssen.

Variante

Auf dem letzten Abschnitt bietet sich ein kleiner Umweg über den Hopfensee an. Kurz hinter Rieden geht die Straße rechts ab, und man erreicht nach ca. 2 km **Hopfen.**

Seeg

2.800 Einwohner • 855 Meter ü. NN

Das Alpenpanorama, das man von vielen Standpunkten genießen kann, und die nahen Seen machen den auf einem Moränenhügel thronenden Luftkurort Seeg zu einem beliebten Feriendomizil. Bis zum Strandbad Schwaltenweiher mit Bootsverleih sind es vom Zentrum kaum mehr als 2 km, und wer sich eher aufs Wandern verlegen will, findet insgesamt 144 km markierte Rundwanderwege vor. Darüber hinaus kann man sich die durchaus beachtliche Pfarrkirche St. Ulrich anschauen oder sich beim Alphornblasen, beim Viehscheid im Herbst, bei Fackelwanderungen und Standkonzerten vergnügen. Denn das Allgäuer Brauchtum gehört in Seeg zum Jahresablauf wie das Amen in der immer vollen Dorfkirche.

Geschichte: 1187 wird Seeg erstmals als "Seecka" urkundlich erwähnt ("In den Seggen" bedeutet: Ansiedlung im Schilfland, in den Riedgräsern). 1525 beteiligte sich der "Seeger Haufen" am Bauernkrieg. 1725 wurde das im Dreißigjährigen Krieg zerstörte Gotteshaus neu erbaut. Das Prädikat "Luftkurort" erhielt die Gemeinde 1988.

Touristeninformation/Freizeitangebot

- *Postleitzahl* 87637
- *Vorwahl* 08364
- *Touristeninformation* **Verkehrsamt,** Hauptstraße 39, ✆ 983033, ✆ 987315. Mo–Fr 8.30–12 Uhr, Mo–Do 15–17 Uhr, im Sommer auch Fr 15–17 Uhr, Sa 10–12 Uhr. Elektronische Zimmervermittlung mit Ortsinformation, geöffnet von 7 bis 23 Uhr.
- *Angeln* Vom Ufer des Schwaltenweihers, Auskünfte im Verkehrsamt.
- *Baden* Strandbad Schwaltenweiher, etwa 2 km westlich von Seeg; Hallenbad im Ferien- und Kurhotel Seeg, ✆ 880.
- *Bootsverleih* Ruderboote beim **Strandbad Schwaltenweiher.**
- *Eislauf* Bei entsprechender Witterung auf dem Schwaltenweiher und dem Seeger See möglich.
- *Eisstockschießen* Drei Sommerbahnen im Kurgarten.
- *Fahrradverleih* **Auto Opitz,** Rothelebuch 14, ✆ 986780.
- *Feste* Jahrmarkt (am letzten Schultag vor den Sommerferien), Dorfangerabend (im Sommer alle zwei Wochen), Viehscheid (2. Sa im September).
- *Kinderprogramm* Märchenstunden, Ponyreiten, Heubasteln u. a. Veranstaltungskalender bei der Touristeninformation.
- *Kneipp-Anlagen* Armbade- und Wassertretbecken: im Kurpark, in Hitzleried, in der Lobach beim Waldhaus.
- *Minigolf* Im Kurgarten.
- *Pferdekutsch- und Schlittenfahrten* Anmeldung bei **Familie Scherzer,** ✆ 8792, und **Barnsteiner** in der Metzgerei Rück, ✆ 1411.
- *Rodeln* Ein Kleinkinder-Rodelhang befindet sich im Kurgarten.
- *Tennis* Drei Sandplätze in der Hitzlerieder Straße 27, ✆ 8100.
- *Wandern* Alle markierten Seeger Spazier- und Rundwanderwege sind auf einer Länge von 144 km medizinisch anerkannte Terrain-Kurwege. Außerdem: Kräuterwanderungen (Lotter, ✆ 82479), Walderlebnisspiele mit dem Förster, Fackelwanderungen zur Alpe Beichelstein u. a. m. Wanderbroschüre im Verkehrsamt.
- *Wasser- und Wintersportgeräteverleih* **Sport-Toni,** Hauptstraße 22, ✆ 444.

Der Osten
Karte S. 133

Übernachten/Essen und Trinken

Seeger Wappen

• *Hotel/Pensionen* **Ferien- und Kurhotel Seeg,** Wiesleutener Straße 9, ☏ 880, 📠 88608. Größtes Hotel am Ort mit Schwerpunkt Kur und Wellness. Restaurant mit regionalen Spezialitäten und Diätküche. DZ 70 €, Ferienwohnung ab 35 €.

Pension Heim, Aufmberg 8, ☏ 258, 📠 1051. Am Ortsausgang in Richtung Füssen die letzte Straße rechts. Ruhige Lage mit Alpen- und Seeblick. Der Seniorchef ist ein profunder Kenner der Dorfgeschichte und gibt Interessierten bereitwillig Auskunft. DZ ab 66 €.

Henkelhof, Aufmberg 32, ☏/📠 269. Von dem Bauernhof haben Sie einen herrlichen Blick auf die Alpen, Kinderspielplatz. DZ ab 32 €.

Café-Pension Panorama, Seeleuten 62, Rückholz, ☏ 248, 📠 8469. Der Straße Aufmberg am südl. Ortsende von Seeg etwa 2 km folgen. Kaum zu überbietender Alpenblick, große Zimmer ab 52 €. Hauseigene Fischgewässer mit Angelmöglichkeiten für Gäste.

• *Essen und Trinken* **Gasthof Hirsch,** Kirchplatz 3, ☏ 353. In der Küche steht der Chef und kocht deftige bayerische Gerichte. Schöner Biergarten (auch Übernachtungsmöglichkeiten: DZ ab 48 €).

Pension-Landgasthof Gamshof, Wildfarm, Langegg 248, ☏ 666, 📠 986687. Di Ruhetag. Tägl. Wildfütterung.

Alpe Beichelstein, ☏ 397. Die Alpe, zwischen Seeg und Hopfen am See auf 1.000 m Höhe an der Flanke des Senkele gelegen, ist ein lohnendes Ausflugsziel. Brotzeiten, kleinere warme Speisen, Kaffee und Kuchen – Panoramablick gratis.

Café/Brotzeitstube am Schwaltenweiher, beim Strandbad, ☏ 416. Kleinere Gerichte, Kaffee und Kuchen.

Sehenswertes

Pfarrkirche St. Ulrich: Nicht zu Unrecht wird dieses Meisterwerk des Barock, das zum großen Teil von Johann Jakob Herkomer Anfang des 18. Jh. errichtet wurde, die "kleine Wies" genannt (wie im Übrigen auch die Kirche St. Gordian und Epimachus in Stöttwang, siehe S. 152). Die ausgezeichneten Rocaille-Stuckaturen schuf ab 1768 der Mindelheimer Andreas Henkel. Der Turm und das Kreuzgewölbe stammen noch aus der romanischen Zeit. Das Hauptfresko im Mittelschiff des schwäbischen Künstlers J. B. Enderle zeigt die Schlacht von Lepanto, das Chorfresko von Balthasar Riepp die Schlacht auf dem Lechfeld.

Heimatmuseum Seeg: Das Herzstück des Museums bildet eine Sammlung von Uhrwerken der Seeger Turmuhrenbauerfamilie Barnsteiner, die zahlreiche Kirchen des Allgäus mit Uhren ausstattete. Eine andere Abteilung zeigt die Skiausrüstung der aus Seeg stammenden Epple-Schwestern. Im Nebenhaus erhält man Antwort auf die Frage, wie es zum Sprichwort "Da beißt die Maus keinen Faden ab" kam. Wer sich darüber hinaus über den Wandel vom blauen zum grünen Allgäu, vom Flachsanbau zur Grünlandwirtschaft, informieren will, ist hier genau richtig.
Öffnungszeiten April–Oktober Do und So 14–17. Eintritt 2,60 €.

Hopfen

1.000 Einwohner • 800 Meter ü. NN

Am Nordende des Hopfensees liegt der Kneipp- und Luftkurort Hopfen. Die Uferpromenade mit seinen zahlreichen Cafés und Restaurants strahlt südländisches Flair aus. Die "Riviera des Allgäus" bietet einen phantastischen Blick auf die gesamte Bergwelt des Königswinkels.

Der Fremdenverkehr spielt hier schon lange eine wichtige Rolle. Die Traumlage des Ortes mit seinen stilvollen Villen und romantischen Landhäusern prägt das sonnig-südliche Ambiente. Vom Ufer steigt das Gelände stetig an, weshalb sich von fast überall der herrliche Blick auf den See und die dahinter liegende Alpenkette eröffnet. Die ausgedehnten Wiesen und Wälder um Hopfen bieten vielfältige Möglichkeiten für Wanderungen und Radtouren, und auf dem See kommen Wassersportler zu ihrem Recht. Zu einem Spaziergang lädt der als "Walking Parcours" ausgewiesene Rundweg um den Hopfensee ein (knapp 7 km).

Der etwa 2 qkm große **Hopfensee** liegt in einem durch den Lechgletscher in der letzten Eiszeit (Würmeiszeit) geformten Becken, in dem nach Abschmelzen dieses Gletschers Restseen zurückblieben (Toteisseen). Wegen seiner geringen Wassertiefe erwärmt sich der See im Frühsommer recht schnell und ist mit seinen 20–25 °C einer der wärmsten bayerischen Vorgebirgsseen. Zahlreiche Wasservögel (z. B. Haubentaucher, Blesshühner und Wildenten) nisten hier. Dazu kommen herrlich blühende Pflanzen wie gelbe und weiße Seerosen, Trollblumen, Schusternägele und das breitblättrige Knabenkraut.

Geschichte: Urkundliche Erwähnung findet Hopfen am See erstmals im Jahre 1172 durch die "Herren von Hopfen", die auf der Burg von Hopfen ihren Wohnsitz hatten. Die verschiedenen Schreibweisen von Hopfen (Hopphe, Hopfin, Hoiphen, Hophen) lassen keine schlüssige Deutung über die Herkunft des Ortsnamens zu. Ausgeschlossen wird inzwischen eindeutig die Vermutung, dass hier einst ein Hopfenanbaugebiet war. 1978 wurde die selbständige Gemeinde Hopfen aufgelöst und ist seitdem ein Stadtteil Füssens.

Touristeninformation/Freizeitangebot

- *Postleitzahl* 87629
- *Vorwahl* 08362
- *Touristeninformation* **Tourist Information,** Uferstraße 21. Mo–Fr 8–12 und 14– 18 Uhr, Sa/ So 9–12 Uhr. Sie erhalten hier einen schön gestalteten Urlaubs- und Wanderbegleiter. Außerdem werden Ausflugsfahrten angeboten.
- *Angeln* Angelkarten für den Hopfensee gibt es bei der Tourist Information und beim **Bootsverleih Selbach,** Uferstraße, nähe Strandbad, ✆ 7164.
- *Baden* Im **Freibad Hopfensee** am Westende des Ortes, ✆ 6540. Täglich 9–19 Uhr. Eintritt 1,50 €.
- *Bootsverleih* Elektro-, Tret- und Ruderbootverleih bei **Lutz Selbach** an der Uferstraße in Hopfen, ✆ 7164.
- *Fahrrad- und Wintersportgeräte-Verleih* **Flori's Rad- und Skiverleih,** Parkplatz am Campingplatz am östlichen Ende von Hopfen, ✆ 7172 u. 39770.
- *Führungen* **Sennerei Lehern,** südlich Hopferau, ✆ 7512. Der Käsermeister führt Sie in die Geheimnisse der Käsekunst ein. Termine telefonisch erfragen.

Schloss Hopferau (ältestes Schloss im Königswinkel): Schlossführungen jeden Do 17–18 Uhr. Eintritt 3 €/Erw. Anmeldung unter ✆ 08364/8548.

- *Minigolf* Neben dem Freibad am westlichen Ortsausgang.
- *Reiten* **Reiterhof Hartung,** Enzensberger Straße 20, ✆ 50550.
- *Segel- und Windsurfschule* **Lutz Selbach,** Uferstraße, Anmeldung ab 20 Uhr, ✆ 08364/1487.

Der Osten
Karte S. 133

Der Anlegesteg in Hopfen

- *Tennis* **Tennis-Club Hopfen am See,** ✆ 7164. Platzreservierungen bei der Tourist Information.
- *Veranstaltungen* Bauerntheater, Heimatabende, Kurkonzerte, Diavorträge u. v. m. finden regelmäßig im **Haus Hopfensee,** Höhenstr. 14, statt. ✆ 6752.

Übernachten/Essen und Trinken

- *Hotel* **Hotel Geiger,** Uferstraße 18, ✆ 7074, 38838. Direkt am See gelegen, bietet das Hotel gediegene Atmosphäre, eine gute Küche und einen gut sortierten Weinkeller. DZ 68 €.
- *Ferien a. d. Bauernhof* **Haus Guggemoos,** Uferstraße 42, ✆ 3334. Ferien auf dem Bauernhof in gemütlicher Atmosphäre bei Fam. Guggemoos. Ferienwohnung und DZ ab 36 €.
- *Camping* Camping auf dem Bauernhof, Uferstraße 42, ✆ 3334. Auf der Wiese hinter ihrem Hof, dem letzten am Westende des Dorfes, hat **Familie Guggemoos** einen kleinen Campingplatz eingerichtet. Die Ausstattung ist nicht ganz so großzügig wie auf anderen Campingplätzen, dafür ist man hier aber etwas gelassener.

Camping Hopfensee, der Fünf-Sterne-Platz bietet allen Komfort. Zelte sind nicht erlaubt. Reservierung erforderlich. 2 Erw. und Stellplatz ab 25 €.

- *Essen und Trinken* **Fischerhütte,** Uferstraße 16, ✆ 91970, 919718. Das auffällige holzgetäfelte Haus ist das einzige Restaurant auf der seewärtigen Seite der Uferstraße. Spezialität sind Fisch- und Fleischgerichte. Mittleres Preisniveau. Herrliche Sonnenterrasse am See.

San Marco, Pizzeria, Restaurant, Uferstraße 13, gegenüber dem Restaurant Fischerhütte, ✆ 38858. Zum südländischen Flair gehört auch ein "Ristorante". Es ist entsprechend eingerichtet und bietet eine breite Sonnenterrasse zur Straße hin. Spezialität ist eine gegrillte Fischplatte ab 2 Personen.

Sehenswertes

Burgruine Hopfen: Auf dem Burgberg stehen die Reste einer ehemals bedeutenden Burg, in der im 12. Jh. die Herren von Hopfen als welfische Dienstmannen residierten. Im 18. Jh. wurden die Steine der schon lange unbewohnten Ruine abgetragen und für den Bau der Kirche St. Mang nach Füssen geschafft. Zur Ruine kommt man einerseits über einen steilen Pfad durch den Wald, der bei der Kurverwaltung an der Uferstraße beginnt (ca. 20 Minuten), oder andererseits, indem man dem Schotterweg am Westende des Ortes vom Parkplatz Vilser den Berg hinauf folgt (ca. 25 Minuten). Schon wegen der herrlichen Aussicht lohnt sich der Weg.

Pfronten

8.000 Einwohner • 850 Meter ü. NN

Den Ort Pfronten gibt es eigentlich gar nicht – die Gemeinde besteht aus dreizehn zum Teil zusammengewachsenen Dörfern ohne einen richtigen Ortskern.

Die unmittelbare Nähe zu den Bergen und ein breites Wintersportangebot sorgen auch in der kalten Jahreszeit für ausgebuchte Hotels. Eine Besonderheit ist die Pfrontener Heukur: Das ungedüngte Bergwiesenheu enthält eine Vielzahl an Heilkräutern, die mittels Heuwickel ihre Wirkung auf den Kurgast entfalten sollen. Lohnenswert ist ein Ausflug zur Ruine Falkenstein (siehe Wanderung 20 auf S. 167).

Geschichte: Der Name Pfronten leitet sich von ahd. *phruonta* = Rodung ab. Mit zunehmender Rodung des Talraumes entstanden neue Siedlungen, die auch neue Dorfnamen erhielten, doch der gemeinsame Name für die ganze Rodung ist geblieben. Die Pfrontener waren immer mit zahlreichen außergewöhnlichen Sonderrechten ausgestattet, in der Art einer freien Bauernrepublik. Im Jahre 1850 waren an den Bächen noch viele Gipsmühlen in Betrieb, in denen der Gips für Stuck und Kirchenbau gebrannt und gemahlen wurde. Die Zunftfreiheit ließ manche Initiative für vielseitige handwerkliche Geschicklichkeit zu ("Mächelertum"). Pfronten brachte z. B. im 17. und 18. Jh. zahlreiche Künstler (Baumeister, Bildhauer, Stuckateure und Maler) hervor, und später kam noch die feinmechanische Fertigung von Messgeräten hinzu.

Touristeninformation/Freizeitangebot

- *Postleitzahl* 87459
- *Vorwahl* 08363
- *Touristeninformation* **Haus des Gastes,** Pf.-Ried, Vilstalstraße 2, ✆ 69888, ✆ 69666, www.pfronten.de.
- *Angeln* Angelkarten für die umliegenden Seen sind im Haus des Gastes erhältlich.
- *Baden* **Alpenbad Pfronten,** Falkensteinstr. 14, Ortsteil Meilingen. 73-Meter-Wasserrutsche, beheizte Freibäder Heißwasserbecken, Sauna, Eltern-Kind-Bereich u. v. m. Tägl. 9.30–20.30 Uhr, Erw. 3.50 €/3 Std., Kinder ab 7 J. 2 €.
- *Bergführer* Reinhart Beck, ✆ 5475; Toni Freudig, ✆ 5364; Wolfgang Mayr, ✆ 1225; Hartmut Münchenbach, ✆ 5432; Thomas Osterried, ✆ 5634.
- *Eislauf* Eissporthalle in Pf.-Heitlern (am Kurpark), ✆ 1635. Eislaufen, Eishockey und Eisstockschießen. September–März.
- *Fahrradverleih* **Boarders Paradise,** Ortsteil Ried, Allgäuer Str. 26, ✆ 1642; **Flick-Flack,** Ortsteil Steinach, Achtalstraße 111, ✆ 94091; **Sport-Manhard,** Ortsteil Ösch, Tiroler Straße 65, ✆ 7182; **Radl-Schopf,** Ortsteil Ösch, Römerweg 1, ✆ 8754.
- *Feste/Veranstaltungen* Ostermarkt und Mittelalterjahrmarkt (am letzten Sonntag im August mit Auftritten verschiedener historischer Gruppen); Oldtimer-Treffen im Juli. Am 2. Samstag im September ist Viehscheid: Neben der Übergabe der Tiere, die von der Alp ins Tal getrieben wurden, findet auf dem Viehscheidgelände neben der Hauptschule ein Fest mit Krämermarkt statt.
- *Flugsport* Die **Ostallgäuer Fliegerschule** am Breitenberg im Ortsteil Steinach bietet Gleitschirmkurse an, ✆ 08342/899405.
- *Heukuren* Infos beim **Heu-Kurverband e.V. Pfronten,** Norbert Wieneser, Falkensteinweg 13, Pf.-Meilingen, ✆ 911365.
- *Kinderrückentragen- und Buggy-Verleih* **Spielwaren Schaffrath,** Meilinger Straße 9, Ortsteil Ried, ✆ 92303.
- *Kinderspielstube* Weglänge 26 im Ortsteil Dorf, ✆ 6116. Mo–Fr 8–12 Uhr. Geringe Gebühr.

Der Osten
Karte S. 133

Nikolaus-Kirche vor dem Breitenberg

- *Kino* Im Ortsteil Ried, Theaterstraße 2, ✆ 8300.
- *Konzerte* **Sommerabendkonzerte** mit Kapellen aus Isny und Umgebung. Jeden Mittwoch 19 Uhr.
- *Minigolf* Im Ortsteil Steinach, Unterer Hauswang, ✆ 6294.
- *Naturkostladen* **Kräuterweible,** Ortsteil Ried, Vilstalstraße 3, ✆ 6235.
- *Reiten und Kutschfahrten* **Fohlenhof Sengmüller,** Ortsteil Weißbach, ✆ 8521.
- *Skischulen* **Skischule Pfronten Ostallgäu,** Zirmenweg 11, ✆ 372; **Ski- und Snowboardschule Breitenberg,** Tirolerstr. 111, Ortsteil Steinach, ✆ 94091.
- *Tennis* Tennishalle in Pf.-Ried, Vilstalstraße 94, ✆ 1878 (auch Squash). Tennisplätze: Pf.-Dorf, Gschönweg, ✆ 5456; Pf.-Weißbach, Rehbichler Straße, ✆ 1234; Pf.-Heitlern, Rappenschrofenweg, ✆ 8026.
- *Theater* Auf dem Spielplan der **Bauernbühne Pfronten** stehen jedes Jahr einige meist humoristische Theaterstücke. Die Aufführungen finden im Pfarr- und Jugendzentrum in Pf.-Ried statt. Infos zum Programm im Haus des Gastes.
- *Wassertretbecken* Pf.-Heitlern im Kurpark, Pf.-Steinach im Alpengarten, Pf.-Kappel am Steinebach.
- *Wintersportgeräteverleih* **Sport Kolb,** Allgäuer Straße, Pf.-Ried, ✆ 92130; **Sporthütte Asprion,** Weglänge, Pf.-Ösch, ✆ 245; **Flick-Flack Skiverleih,** Tiroler Straße 111, Pf.-Steinach, ✆ 94091.

Übernachten/Essen und Trinken/Abends

- *Hotels* **Burghotel Falkenstein,** Auf dem Falkenstein 1, ✆ 914540, Fax 9145444. Der exklusivste Ort in Pfronten liegt direkt unter der Ruine Falkenstein. Hotel für gehobene Ansprüche. Vom Pavillon hat man einen spektakulären Fünf-Seen-Blick. Die Küche ist regional ausgerichtet. Auf der Terrasse sind auch Wanderer, die die Ruine besichtigen, willkommen. DZ ab 104 €. Hinter dem Haus gibt es eine Kletterwand!

Berghotel Schlossanger Alp, Am Schlossanger 1 (beim Parkplatz auf halbem Weg zur Ruine Falkenstein), ✆ 914550, Fax 9145555. Natur pur, mitten im Wald gelegen. Hervorragende Küche mit exklusiven regionalen Gerichten. DZ ab 118 €.

- *Ferienwohnungen/Urlaub a. d. Bauernhof* Eine Vielzahl von Ferienwohnungen in allen Preisklassen (ab 20 €) mit den verschiedensten Ausstattungen sind im Haus des Gastes zu erfragen. Drei Beispiele:

Huber, Annemarie, Rosenweg 1, Pfronten-Ried, ✆ 8171 u. 5901, Fax 92392. Zentrale Lage, 3 Min. zum Bahnhof, Haustiere sind willkommen! Kostenlose Räder. Ferienwohnung ab 20 €.

Landhaus Wohlfahrt, Römerweg 42, Pfronten-Steinach, ✆ 5303, Fax 926866. Pferdehof, biologisch ausgebaut, Bastelwerkstatt. Ferienwohnung ab 26 €.

Höß, Georg, Kirchsteige 20, Pfronten-Berg, ✆ 8527. Zentral gelegener Bauernhof mit herrlicher Bergsicht. Ferienwohnung ab 25 €, ÜF/Pers. 10 €.

- *Camping* Im Ortsteil Steinach, Tiroler Straße 109, ✆ 8353 und 377. Zwei Personen mit Stellplatz 15 €, auch Hunde sind willkommen.
- *Essen und Trinken* **Gasthof zum Engel,** Am Hörnle 2, Pf.-Berg, ✆ 1886, Fax 6890.

Blick auf die Burgruine Eisenberg

Neben der Pfarrkirche St. Nikolas, ruhige Lage, abgesehen von den Kirchenglocken. Die Spezialität des Hauses sind bayerische Gerichte, z. B. Entenbraten (auch Übernachtungsmöglichkeiten: DZ 52 €).

Wirtshaus zum Türmer, Allgäuer Straße 15, Pf.-Ried, ✆ 927880. Gemütliches kleines Wirtshaus gegenüber der Sparkasse. Steaks, Salate, deftige Brotzeiten, Weine aus biologischem Anbau. Hier können Sie sich satt essen an Kässpatzen aus der Pfanne (ab 2 Personen), außer Sie sind scharf auf ein Straußensteak.

Kellers Käskuche, Café-Restaurant, Pf.-Kappel, Kappelerstr. 10, ✆ 263. Urig traditionell eingerichtet. Eigene Butter- und Brotherstellung mit Käseverkauf.

Tenne, Pf.-Ried (von der Hauptstraße etwas nach hinten versetzt, bei der Sparkasse), ✆ 94379. Eher ein Trinklokal: Weine, Longdrinks, zu essen gibt's Kleinigkeiten.

Konditorei Café Fuchs, Allgäuer Straße 29, Pf.-Ried, ✆ 416. Großes Café mit eigener Konditorei an der Hauptstraße. Di Ruhetag.

• *Abends* **Genesis,** Pf.-Berg, ✆ 92340. Disko.

Sehenswertes

In Pfronten-Berg kann man sich die **Pfarrkirche St. Nikolaus** anschauen, deren eleganter und reich gegliederter Turm schon von weitem sichtbar ist. Am Bau der Kirche (1689–1696) war der berühmte Barockbaumeister Johann Jakob Herkomer beteiligt. Die Innenausstattung – und darauf ist man im Ort besonders stolz – stammt ausschließlich von Pfrontener Künstlern.

Der Osten
Karte S. 133

Wanderung 22: Zu den Ruinen Eisenberg und Hohenfreyberg

Auf einem kleinen, beinahe unscheinbaren Höhenrücken namens Schlossberg, einige Kilometer nördlich von Pfronten, liegen die zwei altehrwürdigen Burgruinen Eisenberg und Hohenfreyberg. Mit wenig Aufwand und auf kurzen Wegen entführt die kleine Burgruinen-Runde in die längst vergangene Welt von kühnen Rittern

Was übrig blieb ...

Route: Zell (902 m; 4 km nördlich von Pfronten-Kreuzegg) – Schlossbergalpe (985 m) – Ruine Eisenberg (1.055 m) – Ruine Hohenfreyberg (1.041 m) – Zell

Wanderzeit: 1–1,5 Stunden

Höhenunterschied: 153 m

Varianten: beliebig verlängerbar, z. B. durch einen Umweg zum Schlossweiher und nach Schweinegg

Einkehrmöglichkeiten: Schlossbergalpe auf 985 m (ganzjährig bewirtschaftet), Burghotel Bären in Zell, Mariahilfer Sudhaus in Speiden

Wegbeschreibung

In Zell an der Kirche rechts (Richtung Eisenberg) und nach der Ortschaft links auf

und adretten Burgfräulein. Und das alles in einer Lage, wie sie schöner kaum zu finden ist: mit begeisternd prächtiger Frontalansicht der hohen Allgäuparade und freiem Blick quer übers Ostallgäu. Aufgrund der spannenden, die Phantasie auf Trab bringenden Ruinen und der kurzen Entfernungen werden gerade auch Kinder ihre Freude an dieser Wanderung haben.

schmalem Sträßlein zur schon von weitem sichtbaren **Schlossbergalpe** hinauf. Dort dann links (Wegweiser) in den Wald und zu einer **Wegverzweigung.** Von hier nun in jeweils wenigen Minuten nach links zur Ruine Eisenberg und nach rechts zur Ruine Hohenfreyberg.

Der Weg zurück nach Zell zweigt einige Meter rechts (also Richtung Hohenfreyberg) von der genannten Wegverzweigung ab und führt Sie über Weideland nach Zell zurück.

Sehenswertes auf der Tour

Die **Ruine Eisenberg** (siehe Bild) ist die ältere und war schon um 1100 im Besitz der Herren von Rettenberg. Im 14. Jh. ging die Burg an Österreich, 1525 wurde sie im Bauernkrieg von Aufständischen erobert. In den letzten 20 Jahren wurde behutsam versucht, die Ruine zu restaurieren.

Ruinen-Führungen werden vom Verkehrsamt Eisenberg angeboten. ✆ 08364/240.

Die Schwesternburg **Hohenfreyberg** wurde erst in der Zeit von 1418 bis 1432 von Friedrich von Freyberg errichtet. Dafür konnte sie im Bauernkrieg aufgrund der massiveren Befestigungsanlagen nicht eingenommen werden. Allerdings wurde auch diese Burg eingeäschert, als 1646 im Dreißigjährigen Krieg die Schweden im Anmarsch waren, denen man keine festen Stützpunkte bieten wollte. Heute stellt Hohenfreyberg die größte Burgruinen-Anlage des Allgäus dar.

Burgenmuseum in Zell: Das Museum in der Ortsmitte (an der Straße nach Schweinegg) hat nur am Wochenende und an Feiertagen geöffnet (13–16 Uhr im Winter, 14–17 Uhr im Sommer). Für Gruppenbesucher Anmeldung im Burghotel Bären in Zell, ✆ 08363/5011.

Noch ein Tipp: Machen Sie auf dem Heimweg von Zell einen ganz kleinen Umweg, und fahren Sie ca. 5 Minuten östlich nach **Speiden.** Wenn Sie einen Blick in die herrliche **Wallfahrtskirche** geworfen haben, empfehlen wir Ihnen dringend, im **Sudhaus** der Kössel-Privat-Brauerei Platz zu nehmen und ein naturtrübes, halbdunkles Mariahilfer Vollbier zu genießen. Dazu suchen Sie sich an der warmen oder kalten Theke ein deftiges Essen aus, z. B. eine Haxe auf Kraut (für 7,60 €) oder einen "Obazdn" (3,30 €). Brot können Sie nehmen, so viel Sie wollen. Bringen Sie einen großen Hunger mit! Nach Voranmeldung können Sie auch beim Bierbrauen zuschauen. ✆ 08364/8556. Di–Fr 15.30–24, Sa/So 10–24 Uhr. Mo Ruhetag.

Wanderung 23: Überschreitung des Pfrontener Breitenbergs

(s. Karte S. 190/191)

Wenn man aus dem Talkessel von Pfronten den Blick nach Süden in die Berge richtet, ist eine massige, mächtige Berggestalt nicht zu übersehen: der Breitenberg. Sein Name sagt bereits viel über sein Erscheinungsbild – von der Steinacher Ache im Westen bis zum Reichenbach im Osten misst der Bergstock über 5 km. Da er zudem das Pfrontener Becken um 1.000 m überragt, ist er als Aussichtsloge ersten Ranges weithin bekannt.

Die grandiose Aussicht und die exponierte Lage als "natürliches Sonnenstudio" haben ihn berühmt und die Erschließung mit Seilbahnen und Liften überlaufen gemacht. Wer hier Bergeinsamkeit sucht, hat es nicht ganz leicht und wird vermutlich zunächst enttäuscht sein. Wie die Erfahrung zeigt, beschränkt sich der jahrmarktähnliche Rummel allerdings meist auf den Bereich der unmittelbaren Seilbahnumgebung rund um die Hochalpe. Zudem zieht der nahe und als Berg attraktivere Aggenstein einen Großteil der Seilbahntouristen ab. Dafür bietet der Breitenberg eine ganze Palette schönster Wandermöglichkeiten, die durch die Bahn schnell und vor allem bequem zu erreichen sind. Dies macht ihn zum idealen Ausgangspunkt für Touren zum Aggenstein und weit hinein in die Tannheimer Berge. Die vorgeschlagene Rundtour überschreitet den Breitenberg von West nach Ost und verbindet so die Vorzüge des Aussichtsgipfels mit landschaftlichem Wandergenuss (Reichenbachklamm!).

Wegbeschreibung

In Pfronten-Steinach geht man entlang der Steinacher Ache (von der Breitenbergbahn-Talstation ein paar Meter Richtung Ortszentrum) bachaufwärts bis zum **Gasthaus Fallmühle** (Sie erreichen es auch per Bus und sparen eine Stunde). Ein paar Schritte südlich des Gasthauses überqueren Sie die Ache und beginnen den eigentlichen Aufstieg.

Das Steiglein (Weg Nr. 1) kürzt einen lang gezogenen Rechtsschwenk der Forststraße geradeaus ab und zweigt, nachdem man wieder auf dem Forstweg ist, nach 200 m rechts ab. Allmählich steigt der Weg ordentlich an. Das kostet zwar ein paar Schweißtropfen, hat aber auch den Vorteil, dass man in den engen Serpentinen schnell an Höhe gewinnt und auf kurzer Strecke 600 Höhenmeter überwindet. Und nun erreicht man – quasi zur Belohnung – auch schon bald die sog. **"Kanzel",** einen ganz hervorragenden Aussichtspunkt am Beginn des felsbesetzten Westkammes. Dieser Kamm gibt nun den weiteren Weg vor. Die Steigung lässt zwar bis zum Westgipfel (1.753 m) nur wenig nach, aber dafür

Route: Pfronten-Steinach (850 m; Talstation der Breitenbergbahn) – Fallmühle (926 m) – über den Westrücken auf den Breitenberg (1.838 m) – Hochalpe (Bergstation der Breitenbergbahn) – Abstieg über die Reichenbachklamm nach Pfronten-Steinach

Wanderzeit: 6 Stunden für die komplette Tour

Höhenunterschied: 988 m

Besonderheiten: Leichte, wenn auch nicht ganz kurze Bergwanderung. Am felsigen Gipfelkamm des Breitenbergs ist etwas Trittsicherheit ratsam, vor allem bei Nässe. Jahreszeit-Empfehlung: Juni–Oktober.

Varianten: Das dichte Wegenetz und die am Breitenberg allgegenwärtige Verlockung der Bahnen eröffnen vielfältige Möglichkeiten. So kann auch die Wegstrecke der vorgeschlagenen Rundtour durch Benutzung der Seilbahn und des Sesselliftes halbiert werden; hierbei kann frei nach eigenem Gusto für den Auf- oder Abstieg der Weg über die Fallmühle oder durch die Reichenbachklamm bzw. (kürzer, aber weniger lohnend) auch der Direktabstieg vom Unteren Breitenberg unter der Seilbahntrasse gewählt werden. Als Varianten bieten sich auch die Touren am Aggenstein und bis hinüber zum Füssener Jöchle an.

Seilbahn: Breitenberg-Kabinen-Seilbahn von Pfronten-Steinach auf den Unteren Breitenberg (1.500 m); in Betrieb Mai bis Anfang November und Weihnachten bis eine Woche nach Ostern (jeweils nach Bedarf von 8.30 bis 17 Uhr, ✆ 08363/5820, www.breitenbergbahn.de). Doppelsessellift von der Bergstation der Kabinen-Seilbahn über die Hochalpe hinweg auf 1.680 m hinauf (Betriebszeiten an Kabinen-Seilbahn gekoppelt, nur bei schönem Wetter).

Einkehrmöglichkeiten: Berghaus Allgäu (1.500 m) an der Bergstation der Breitenbergbahn, ✆ 08363/486; Berggasthaus Hochalpe auf 1.509 m auf gleichnamigem Alpboden, ✆ 08363/1654; Ostlerhütte auf dem Gipfel des Breitenbergs (1.838 m), ✆ 08363/424 (Übernachtungsmöglichkeit); Gasthaus Fallmühle an der Steinacher Achе (926 m). Allesamt ganzjährig bzw. bei Seilbahnbetrieb bewirtschaftet.

bekommt man auch einiges geboten: steile Waldflanken, Alpenrosenfelder, vom harten Klima gezeichnete Bäume und eine nach oben immer besser werdende Aussicht auf die im Süden Parade stehenden Allgäuer Hochalpen. Nun sind es nur noch etwa 20 Minuten hinüber zum **Mittelgipfel** (1.821 m); von da ist es nicht mehr weit zur **Ostlerhütte,** die im Übrigen eine der ältesten Schutzhütten des Allgäus ist. Ein paar Meter östlich der Hütte liegt der höchste Punkt des Breitenbergkammes (1.838 m).

Beim **Gipfelkreuz** ist ein Fernrohr installiert. Die beeindruckend schöne Aussicht reicht zu mehr als hundert Gipfeln! Im Südwesten, auf der anderen Seite des Engetals, sieht man den Einstein und dahinter die Allgäuer Hauptketten, im Westen die Appenzeller, im Osten die Ammergauer Berge und dahinter den Wetterstein, im Südosten die Mieminger Berge, dann – weit im Hintergrund – einzelne Gipfel der Ötztaler Berge, die Lechtaler Alpen und davor die zackigen Felsgipfel der Tannheimer Hauptberge um Kellenspitze und Gimpel.

Nun weiter auf ausgetretenem Pfad hinunter zur Bergstation des Sesselliftes im weiten Almboden zwischen Breitenberg und Aggenstein. Während man beim Aufstieg (wenn überhaupt) nur ab und an jemandem begegnet ist, sind nun die Wege aufgrund der nahen Seilbahn meist recht belebt. Über strapazierte Wiesen, die im Winter den Skizirkus und im Sommer Wanderer und Kühe aushalten müssen, leitet der Weg unter dem wenig reizvollen Ambiente von Liftkabeln die Hochalpe abwärts – zweifelsohne das am wenigsten reizvolle Stück der ganzen Rundtour. Doch keine Angst, man ist recht schnell am **Berggasthof Hochalpe** (kurz vor der Bergstation der Breitenbergbahn), und

Der wolkenverhangene Gimpel

dort wendet man dem größten Rummel bereits wieder den Rücken zu und folgt den Trittspuren hinunter zur Talstation des Mittagslifts in südöstlicher Richtung.

Wenn man tatsächlich absteigen und nicht zur Bad Kissinger Hütte weitergehen will, sollte man aufpassen, dass man den unteren der zwei kleinen, von der Hauptwegtrasse auf der Hochalpe abzweigenden Wege erwischt. An der **Talstation** des Mittagsliftes ist man nun wieder im Wald und quert taleinwärts und leicht absteigend zum Weg hinüber, der von der Bad Kissinger Hütte kommt. Auf diesem nach links und hinunter in die Reichenbachklamm. Die wild quirlenden Wildbachtobel sind ein sehenswertes Naturphänomen und runden die vielfältigen Eindrücke der Breitenberg-Überschreitung ab. Denn danach geht es recht zügig zu einer Weggabelung und dort nach links über die Talwiesen hinaus nach Pfronten-Steinach und zur Talstation der Breitenbergbahn.

Wanderung 24: Über den Aggenstein (s. Karte S. 190/191)

Der nordwestliche Eckpfeiler der Tannheimer Felsberge ist die unangefochten schönste Berggestalt über Pfronten. Der Aggenstein ist ein Berg, der vielen verschiedenen, beinahe widersprüchlichen Ansprüchen gerecht wird und für jeden etwas zu bieten hat: Die Südwandplatten für Genusskletterer, die Couloirs der winterlichen Nordwand für Mixed-Kletterer und wunderschöne, unkomplizierte Wege für Wanderer. Und nicht zuletzt ist der frei stehende Gipfel auch als Aussichtskanzel für gehobene Ansprüche berühmt geworden. Die Seilbahnnähe hat ihn aber auch zum mit wenig Zeitaufwand erreichbaren Modegipfel gemacht. Und daher geht es an schönen Sommertagen meist recht lebhaft zu. Die vorgeschlagene Überschreitung von Nord nach Süd verknüpft die schönsten Wege am Aggenstein miteinander. Die Tour ist trotzdem nicht besonders lang und kann daher sehr

Der Osten
Karte S. 133

schön mit anderen Touren kombiniert werden. Besonders attraktiv ist ein Aufstieg zum Sattel zwischen Aggenstein und Breitenberg oder der Weg von der Bad Kissinger Hütte (ehemalige Pfrontener Hütte) über den Tannheimer Höhenweg.

Wegbeschreibung

Von der Bergstation der Breitenbergbahn entweder gleich mit dem Sessellift oder zu Fuß weiter über die Hochalpe zu der Bergstation am Rande des breiten Almbodens zwischen Aggenstein und Breitenberg.

Wer der Versuchung der Seilbahn widerstehen kann und ganz klassisch vom Tal aus aufsteigt, verlängert zwar die Tour um einige Stunden, darf sich aber des schönen Gefühls sicher sein, zu einer kleinen, beinahe schon exklusiven Minderheit zu gehören.

Vom Ausgangspunkt der Wanderung, dem **Sattel südlich des Breitenbergs,** präsentiert sich der Aggenstein gleich einmal mit wuchtiger Felsgestalt in seiner Paradeansicht. Doch keine Angst, die mächtige Nordwand weist eine "Schwachstelle" auf, über die man zwar steil, aber ohne technische Probleme zum Gipfelkamm gelangt. Wer seinen Blick an der beeindruckenden Wandflucht entlangwandern lässt, wird ein

Route: Pfronten-Steinach (850 m; Talstation der Breitenbergbahn) – Unterer Breitenberg (1.500 m; Bergstation der Kabinenseilbahn) – über Hochalpe zur Bergstation des Sesselliftes (1.670 m) – über den Hohen Strich auf den Aggenstein (1.987 m) – Bad Kissinger Hütte – entweder Abstieg nach Süden nach Enge und mit dem Bus zurück nach Pfronten oder Abstieg über die Reichenbachklamm nach Pfronten-Steinach oder Weiterweg über den Tannheimer Höhenweg zum Füssener Jöchle (1.816 m; Bergstation der Sesselbahn von Grän)

Wanderzeit: ab der Bergstation der Kabinenseilbahn ca. 6 Stunden

Höhenunterschied: Etwa 500 m Aufstieg. Höchster Punkt ist der Aggenstein (1.987 m).

Besonderheiten: Auf den letzten Metern zum Gipfel (mit Ketten gesicherte Felsschrofen) erhöht Trittsicherheit und Schwindelfreiheit den Genuss deutlich. Der Aggenstein ist aufgrund seiner exponierten Lage ein ganz hervorragender Blitzableiter und sollte daher bei Gewitter tunlichst gemieden werden! Jahreszeit-Empfehlung: Juni–Oktober.

Varianten: vielfältig, alle anderen Wege rund um Breitenberg, Aggenstein und Füssener Jöchle

Seilbahn: Breitenberg-Kabinenseilbahn von Pfronten-Steinach auf den Unteren Breitenberg (1.500 m), in Betrieb Mai bis Anfang November und Weihnachten bis eine Woche nach Ostern (jeweils nach Bedarf von 8.30 bis 17 Uhr, ✆ 08363/392, www.breitenbergbahn.de). Doppelsessellift von der Bergstation der Kabinenseilbahn über die Hochalpe hinweg auf 1.680 m hinauf (Betriebszeiten an Kabinen-Seilbahn gekoppelt, nur bei schönem Wetter).

Einkehrmöglichkeit: Berghaus Allgäu, 1.500 m, an der Bergstation der Breitenbergbahn, ✆ 08363/486; Berggasthaus Hochalpe auf 1.509 m auf gleichnamigem Alpboden, ✆ 08363/1654; Bad Kissinger Hütte (1.788 m), bewirtschaftet und Übernachtungsmöglichkeit Mitte Mai bis Mitte Oktober, ✆ 0043-676/3731166.

Der Osten
Karte S. 133

Wolkenspiel in den Bergen

breites Band, den sog. langen Strich, entdecken, das sich schräg links nach oben zieht und die Wand in zwei Bereiche teilt.

Vom Sattel aus führt der Weg erst ein paar Meter gerade hoch, steigt über die **Weideabgrenzungen** und schlängelt sich dann in vielen kurzen Serpentinen aufwärts. Dabei kann man durchaus ins Schwitzen kommen, denn der Weg ist steil. Doch schon auf halber Höhe hat man eine grandiose Aussicht, und der Klang der Kuhglocken und das Rauschen der Reichenbachklamm dringt die Wand herauf. Recht zügig gelangt man aufwärts, und wenn man dann oben am Kamm zwischen Ost- und Hauptgipfel aus der schattigen Nordseite in die Sonne tritt, sind die Mühen des Aufstiegs ohnehin schnell vergessen. Ein Schild weist hier auf eines der höchstgelegen Naturschutzgebiete Bayern hin; zudem verläuft über den Gipfelkamm auch die Grenze zu Österreich. Auf diesem Kamm wendet man sich nach rechts und erreicht – nun zusammen mit dem Anstieg von Süden – in wenigen Minuten das **Gipfelkreuz** auf dem nahen Hautgipfel. Diese letzten Meter (felsige Steilschrofen) sind mit langen Ketten gesichert und erfordern vor allem bei Nässe Vorsicht.

Begeisternd schön ist das Gipfelpanorama, das der Aggenstein in alle Richtung bietet. Die Sicht ist ähnlich der vom nahen Breitenberg allerdings mit dem kleinen Unterschied, dass kein höherer Nachbarberg die Sicht versperrt und der Blick frei hinunter ins Tannheimer Tal reicht. Der Aggenstein nimmt im Übrigen in geologischer Hinsicht eine Sonderrolle in den Tannheimer Bergen ein: Obwohl er nur 6 km Luftlinie von den Tannheimer Hauptgipfeln entfernt ist, besteht er nicht wie diese aus Wettersteinkalk, sondern aus dem Hauptdolomit der Lechtaldecke aus der Zeit des Trias. Damit ist er den Obersdorfer Hochalpen verwandter als den Tannheimer Bergen, zu denen er in der Regel gezählt wird.

Der Abstieg nach Süden ist meist schnell erledigt, und auf der Terrasse der **Bad Kissinger Hütte** (ehemalige Pfrontener Hütte) lässt sich beim vorzüglichen Apfelstrudel von Hüttenwirtin Andrea ganz hervorragend die Aussicht auf die charakteristische Pyramide des Hochvogels und die Allgäuer Hauptkämme genießen. Dabei kann man sich dann in aller Ruhe überlegen, was man mit dem Tag noch anfangen will. Für den Weiterweg bieten sich nämlich verschiedene Wege an: Der kürzeste Abstieg führt über die Südhänge hinunter nach Enge. Von dort verkehren im Sommer (bis auf Sonntag) Busse zurück nach Pfronten. Die genauen Abfahrtszeiten erfragt man am besten vorher in Pfronten. Wer dorthin direkt zurückwandern will, wählt den landschaftlich besonders reizvollen Abstieg nach Norden durch die Reichenbachklamm zur Talstation der Breitenbergbahn in Pfronten-Steinach. Und wer noch ein paar Meter weiterlaufen will, geht über den Tannheimer Höhenweg zum Füssener Jöchle hinüber. Alle Wege sind bestens beschildert und markiert und teilen sich ein paar Meter östlich der Hütte an einem Wegweiser.

Nesselwang

3.500 Einwohner • 867 Meter ü. NN

Nesselwang, ca. 18 km von Füssen entfernt gelegen, ist einer der bekanntesten Erholungsorte des Ostallgäus. Mit seinen vielen Ferienwohnungen – auch in Bauernhöfen – und dem großen Feriendorf Reichenbach eignet sich der Ort als Familienreiseziel, denn für Kids lässt sich die Gemeinde jedes Jahr ganz schön was einfallen.

Unmittelbar hinter dem Dorf hohe Berge, einige Badeseen in der Nähe, vielfältige Sportmöglichkeiten und ein umfangreicher Veranstaltungskalender – ein idealer Urlaubsort. Die Autobahn in Richtung Füssen/Reutte führt nördlich an Nesselwang vorbei, und der Durchgangsverkehr bleibt dem Ort weitgehend erspart. In den Straßen und Gassen geht es dementsprechend beschaulich zu.

Geschichte: Die Römer bauten ihre Hauptverkehrsader, die Via Claudia, durch das spätere Siedlungsgebiet von Nesselwang. Im 11. Jh. wurde die Nesselburg erbaut. 1429 erhielt der Ort das Marktrecht. Mitte des 18. Jh. verlegten sich die Bewohner Nesselwangs immer mehr auf die Viehwirtschaft.

Touristeninformation/Freizeitangebot

- *Postleitzahl* 87464
- *Vorwahl* 08361
- *Touristeninformation* **Tourist-Information,** Lindenstraße 16, ✆ 923040, 923044, www.nesselwang.de. Mo–Fr 8–12 und 14–18 Uhr, während der Hauptsaison Sa/So 9.30–12.30 Uhr. Info-Terminal 6–23 Uhr.
- *Angeln* Erlaubnisscheine bei der Tourist-Information.
- *Alpspitzbahn* Mit zwei Sesselliften (Gesamtlänge 2400 m) werden 600 Höhenmeter überwunden. Von der Bergstation (1.500 m, Sportheim Böck) wandern Sie in 30 Minuten bis zur Alpspitze (1.575 m) oder in 45 Minuten zum Edelsberg (1.629 m). Fahrzeiten der Alpspitzbahn: 9–17 Uhr. Berg- und Talfahrt 10 €/Erw., 6 €/Ki.
- *Fahrradverleih* **Sport 2000,** An der Riese 28, ✆ 1473.
- *Golf* **Golfanlage Alpenseehof,** Attlesee, ✆ 637. Driving-Range, Putt- und Pitchgreen. Range-Fee 7 €.

Rund ums Bier

Die Lage an der ehemaligen Römerstraße und Haupthandelsroute über die Alpen hat die wirtschaftliche Entwicklung Nesselwangs geprägt. Es waren Kaufleute, Händler und Handwerker, weniger die Landwirte, die im Mittelalter das Geschehen des Ortes bestimmten. Bis zu fünf Brauerei-Gasthöfe bildeten Stützpunkte für die Reisenden, boten Unterkunft und sorgten sich um deren Pferde. Die beiden noch existierenden Brauereien sind bestrebt, die Tradition lebendig zu halten. Insbesondere der Brauerei-Gasthof "Hotel Post" bietet Bierliebhabern ein umfassendes und teilweise kurioses Programm rund um den Gerstensaft. Angeboten werden Bierseminare, Brauereibesichtigungen, Weißbierwochenenden, Bierbäder, Biershampoos u. v. m. Bei einer Brauereiwanderung durch den Ort können die wichtigsten Stationen zum Thema Bier besichtigt werden.

Brauerei-Museum: im Keller des Brauerei-Gasthofs "Hotel Post", ✆ 30910. Führung jeden Mo um 18 Uhr. 5 €/Erw., 3 €/Ki.

Brauerei-Wanderweg durch Nesselwang: 20 Stationen führen Sie ein in die jahrhundertealte Tradition des Bierbrauens in Nesselwang. Mit einer anschaulichen Wegbeschreibung (in der Tourist-Information erhältlich) können Sie sich selbst auf Entdeckungsreise begeben.

Der Osten Karte S. 133

• *Kinderprogramm* Der "Florian", so heißt das Nesselwanger Kinder- und Jugend-Ferienprogramm, organisiert von Mai bis Oktober Nachtwanderungen, Ausflüge mit der Bergwacht, Besuche bei den Holzfällern u. v. m. Auskünfte bei der Tourist-Information.

• *Kletterwand* An der Südseite des Feuerwehrhauses. Infos bei der Tourist-Information.

• *Minigolf* Am Badeseeweg.

• *Reiten* **Allgäuer Reiterhof,** Gschwend 26, ✆ 3271 (im Freien oder in der Halle). Voranmeldung notwendig.

• *Rodeln* Naturrodelbahn bei der Alpspitzbahn, ca. 4 km lang. Rodelverleih an der Talstation.

• *Schwimmbäder* **Alpspitz-Badecenter,** Badeseeweg 11. Großes Erlebnisbad mit Strömungskanal, Whirlpool, Saunalandschaft u. v. m. Die Attraktion für Kinder ist sicher "Crazy Bob", eine 115 m lange Wasserrutsche. Mo–Fr 10–22, Sa/So 9–22 Uhr. Eintritt für Erw. 5 €/45 Min., 12 €/Tag, für Ki. 3 €/1,5 Std., 6 €/Tag. Naturbadeseen: z. B. **Attlesee, Grüntensee, Kögelweiher.**

• *Skischule* **Hans-Georg Allgaier,** Schwalbenweg 11, ✆ 752. Auch Skiverleih.

• *Sommerrodelbahn* Von der Mittelstation der Alpspitzbahn mit Speed ins Tal. Längste Sommerrodelbahn im Allgäu mit über 1.000 m Länge. Bei gutem Wetter tägl. ab 9.30 Uhr. 5 €/Erw., 3.50 €/Ki. Infos unter ✆ 771.

• *Tennis* Drei Plätze am Badeseeweg, ✆ 660, zwei Plätze im Feriendorf Reichenbach, ✆ 616.

Übernachten/Essen und Trinken/Abends

• *Hotels* **Hotel Krone,** Hauptstraße 30, ✆ 658, Fax 1045. Obwohl direkt an der Hauptstraße, sind die Zimmer im hinteren Teil ruhig. Auch für größere Gruppen geeignet. Tanzabende, gutbürgerliches Restaurant. DZ ab 56 €.

Hotel Restaurant Sonnenhof, Kirchweg 3, 87466 Maria-Rain, ✆ 92140, Fax 921440. 3 km außerhalb bei der Wallfahrtskirche Maria Rain, ruhige Lage, Kinderprogramm, Kutschfahrten, organisierte Ausflugsfahrten. DZ ab 62 €.

• *Ferienwohnungen* **Feriendorf Reichenbach,** ca. 2 km westlich von Nesselwang (in der Nähe des Grüntensees). Große Anlage mit 98 Ferien- und vier Apartmenthäusern, großzügige Infrastruktur und viele Möglichkeiten zur Freizeitgestaltung. Vermietung über Sonnenhäuser-Verwaltungs-GmbH, Bürgermeister-Martin-Straße 8, 87484 Nesselwang-Reichenbach, ✆ 616, Fax 3191. Ferienwohnungen und Ferienhäuser ab 34 €.

• *Ferien auf dem Bauernhof* **Alpenseehof,** Attlesee 14, ✆ 637, Fax 925835, direkt am Attlesee. Der Bauernhof mit Kühen, Ziegen und eigener Pferdezucht ist ideal für Familien. Gästekinder können reiten, im Stall mithelfen, im Attlesee baden und haben auch sonst viele Möglichkeiten, sich auszutoben. Apartments oder Ferienwohnungen ab 29 €.

Ferienhaus Kögel, Thal 17, ✆/Fax 3295. Ferienwohnungen am Ortsrand in Richtung Seeg ab 30 €. Ponyreiten.

Ferienhof Erd, Gschwend 8, ✆/Fax 675. Bauernhof mit Pferden, Kühen und anderem Viehzeug in einem Weiler ca. 2 km westlich von Nesselwang. Ferienwohnungen ab 28 €.

• *Caravans* Für Motorcaravans sind Stellplätze am Festplatz "An der Riese" in der Nähe der Alpspitzbahn-Talstation reserviert. 20 Stromanschlüsse. 5 €/Tag.

• *Essen und Trinken* **Brauerei-Gasthof Hotel Post,** Hauptstraße 25, ✆ 30910, Fax 30973. Traditionsreiches Haus mit eigener Brauerei gegenüber der Kirche. Hervorragende Küche. Eine Besonderheit sind die Brauer-Schmankerln. Auch sonst bietet der Gasthof ein vielfältiges Programm rund ums Bier, z. B. eine Bierprobe: vier verschiedene Sorten für 6,40 € (auch Übernachtungsmöglichkeiten: DZ ab 72 €).

Brauerei-Gasthof Bären, Hauptstr. 3, ✆ 3255. Jeden Mo ab 18 Uhr "Allgäuer Buffet – satt" mit Unterhaltungsmusik, dazu frisch vom Fass die süffigen Bierspezialitäten aus der hauseigenen Brauerei. Mi Ruhetag.

Bistro Hexenbar, Von-Lingg-Straße 14, ✆ 1021. Typische Bistroküche, italienische und südafrikanische Weine. So/Mo Ruhetag.

Café Bistro Hoigarte, "am Stachus von Nesselwang" in der Poststraße 2 (ca. 100 m von der Gästeinformation), ✆ 627. Große Auswahl an Weinen und Bistro-Gerichten. Spezialität sind Reispfannen in verschiedenen Variationen.

Pizzeria Il Castello, Bahnhofstraße 5, ✆ 8040. Restaurant in einer herrlichen Villa mit strahlend weißer Fassade aus der Zeit der Jahrhundertwende. Di Ruhetag.

Eis-Cafe Paradiso, im Erdgeschoss der obigen Pizzeria. Selbst gemachtes Eis.

Café Paulus, Von-Lingg-Straße 17, ✆/Fax 3100. 100 m von der Kirche. Selbst gemachte Kuchen, kleine Terrasse.

Nesselwang im Frühling

• *Abends* **Diskothek Räuberhöhle,** Hauptstraße 22 (im Gasthof Hirsch), ✆ 416. Fr/Sa 22–4 Uhr.

Rebstöckle, Von-Lingg-Straße 14, ✆ 1021. Fr/Sa 20–2.30 Uhr.

Sehenswertes

Pfarrkirche St. Andreas: Das Äußere der Kirche ist im Stil des italienischen Barock gehalten, das Innere glänzt in Rokoko-Pracht. Doch lassen Sie sich nicht täuschen: Die Kirche wurde erst Anfang des 20. Jh. (1904–1906) errichtet, nachdem mehrere Vorgängerbauten abgebrochen worden waren. In der Kirche sind kulturhistorisch sehr wertvolle Zunftzeichen zu sehen, die aus dem 17. und 18. Jh. stammen. Man kann an Kirchenführungen mit Orgelmusik teilnehmen (Infos bei Tourist-Information).

Heimathaus-Museum: In dem ehemaligen Bauernhaus erhält man einen Einblick in das Leben, Wohnen und Arbeiten in der Region ab dem 19. Jh. Im Erdgeschoss ist eine Glaserei eingerichtet.

Adresse/Öffnungszeiten Füssener Straße 13. Mi 16–18 Uhr. Eintritt frei.

Ostereier-Ausstellung: Eine Sammlung von Ostereiern aus aller Welt befindet sich im Brauerei-Gasthof "Hotel Post". Besichtigung von Mitte Februar bis Ende April täglich oder nach Vereinbarung unter ✆ 30910.

Wallfahrtskirche Maria Trost: Die auf 1.122 m Höhe liegende barocke Wallfahrtskirche auf dem Wank ist in etwa einer Dreiviertelstunde zu Fuß von Nesselwang zu erreichen. Das Muttergottesbild auf dem Hochaltar hat eine aufregende Geschichte vorzuweisen. Nachdem es 1633 einen Brand im niederbayerischen Markt Regen unbeschadet überstanden hatte, kam es über Salzburg 1658 nach Nesselwang. Das heute verehrte Gnadenbild ist allerdings nur eine Kopie, nachdem das Original wieder nach Salzburg zurückgekehrt ist.

Der Osten
Karte S. 133

Sonnenaufgang in den Bergen

Wallfahrtskirche Maria Rain: Die etwa 3 km nordwestlich von Nesselwang gelegene Kirche von 1496 wirkt von außen unscheinbar; innen ist sie dagegen prachtvoll ausgestattet (Mitte des 18. Jh.). Besonders hervorzuheben ist der Hochaltar, der Stilrichtungen aus drei Jahrhunderten zu einem harmonischen Ganzen in sich vereint. Ebenfalls sehenswert ist die Rokoko-Kanzel, deren Träger als "der schönste Engel des Allgäus" bezeichnet wird.

Ruine Nesselburg: Von der im 11. Jh. gegründeten Burg auf 1.038 m Höhe sind nur noch einige Mauerreste vorhanden. Aufstieg ca. 30 Minuten über das Schlossbachtal südlich von Nesselwang.

Wanderung 25: Auf die Alpspitz und den Edelsberg

Diese beiden Berge sind für anspruchsvolle Alpinisten lediglich milde Hügel, denen durch Seilbahn- und Liftanlagen und ein dichtes Wegenetz das Gebirgs-Ambiente fast vollständig geraubt wurde, die aber dafür dennoch recht nette Spaziergänge bieten. Am Edelsberg erklärt eine Panoramaplatte die Gipfel im weiten Rund, die man bei klarem Wetter sehen kann (angeblich 350, doch die Zahl ist stark zu bezweifeln). Die Berge sind ideal gerade für Familien mit Kindern, da man die ohnehin nicht besonders anstrengende Tour auch noch durch Benutzung des Sesselliftes stark verkürzen kann. Die vorgeschlagene Rundtour beginnt bei der Talstation des Sesselliftes und führt – parallel zum Lift – über Kronenhütte und Enzianstüble und die freie Aussichtsfläche beim Sporthotel Böck in den Sattel zwischen den beiden Gipfeln. Zum Abstieg bietet sich der Weg über die Kappeler Alpe (Wegweiser bei der Bergstation) und die Wallfahrtskirche Maria Trost zurück zum Ausgangsort.

Route: Nesselwang, Talstation des Sesselliftes (867 m) – Enzianstüble (1.194 m) – Sporthotel Böck – Alpspitz (1.574 m) – Edelsberg (1.629 m) – Kappeler Alpe (1.340 m) – Wallfahrtskirche Maria Trost (1.122 m) – Nesselwang

Wanderzeit: mit beiden Gipfeln 4,5 Stunden

Höhenunterschied: bei Liftbenutzung 762 m, mit Alpspitz zusätzlich 100 Höhenmeter

Besonderheiten: Bequeme, meist auch breite Wege und Forststraßen. Bei Abstieg unterhalb der Kappeler Alpe nur schmaler, allerdings markierter Weg. Jahreszeit-Empfehlung: beinahe ganzjährig, im Winter bei viel Schnee etwas mühsam.

Varianten: Vielfältig – das dichte Wegenetz (s. Panoramakarte mit allen Wegen an der Talstation des Sesselliftes) und die Benutzung des Sesselliftes machen es möglich (Verkürzung des Aufstiegs durch Sessellift um etwa 1,5 Stunden).

Seilbahn: Sessellift von Nesselwang zur Hochfläche oberhalb des Sporthotels Böck, ✆ 1270, www.albspitzbahn.de.

Einkehrmöglichkeiten: Alle halbe Stunde kommt man an einer bewirtschafteten Alp o. Ä. vorbei. Wenn man überall einkehrt, kann man die Wanderung zum prallen Ganztagesunternehmen ausbauen.

Wertach

3.000 Einwohner • 915 Meter ü. NN

Wertach, der höchstgelegene Marktflecken Süddeutschlands, liegt im Tal des gleichnamigen Flusses, umgeben von Moränenhügeln, Gras- und Waldbergen – eindrucksvoll im Westen der Grünten, der "Wächter des Allgäus", und im Süden der felsige Sorgschrofen.

Wertach schmiegt sich kuschelig in die grüne Landschaft, ein staatlich anerkannter Luftkurort und vom ADAC als familienfreundlicher Urlaubsort empfohlen. Auf die meisten Sonnentage Süddeutschlands und das gesunde Reizklima lassen sich viele Gäste ein. Sie schätzen aber auch die abwechslungsreichen Wanderwege, das erfrischende Bad im **Grüntensee**, das reichhaltige Veranstaltungsprogramm (auch für Kinder), die freundliche Gastlichkeit oder eine urige Brotzeit in einer der Alphütten.

Geschichte: Die Römer durchzogen das Gebiet und latinisierten den ursprünglichen Ortsnamen "Virdo" (gesprochen "Werdda") zu "Viridis Aqua" ("grünes Wasser"). Ende des 19. Jh. zeigte sich, dass sich hier die reine Grünlandwirtschaft, d. h. Viehzucht und Milchwirtschaft, am besten rentierte. Die Spezialisierung ermöglichte die Herstellung von Emmentaler. Außerdem wurde 1874 durch einen Zufall der "Weißlacker", ein überaus würziger Käse, erfunden, ohne den die echten Kässpatzen undenkbar sind.

Touristeninformation/Freizeitangebot

- *Postleitzahl* 87497
- *Vorwahl* 08365
- *Touristeninformation* Rathausstraße 3, ✆ 266, 📠 1538, www.wertach.de. Mo–Fr 8–12, 14–17 Uhr, Sa 9.30–11.30 Uhr. Vierteljährlich erscheint der informative Veranstaltungskalender.
- *Angeln* Fischerhütte am Grüntensee, ✆ 444. Kartenverkauf 7–10 und 16.30–18.30 Uhr.
- *Beachvolleyballplatz* Bei der Tennishalle.
- *Bootsverleih* **Grüntensee Camping International** Ruder- und Tretboote), ✆ 375. Außerdem an der Fischerhütte, ✆ 444.
- *Fahrradverleih* Auskunft und Verleih im **Skistadel** (auch Mountainbikes), Marktstraße 9, ✆ 1235.
- *Feste* Viehscheid mit Krämermarkt und Festzeltprogramm (Mitte September), Brauchtumsabende, Bauerntheater, Musikfeste u. v. m. Siehe Veranstaltungskalender bei der Touristeninformation.

Der Osten
Karte S. 133

Viehscheid bei Wertach

• *Grillplatz* Am Schießbachtobel, Richtung Vorderschneid.

• *Käseprobe* Auf dem **Bauernhof Knoll,** Marktstraße 10, ✆ 1333. Besichtigung der Bergbauernsennerei, Käseprobe 5 €.

• *Kinderspielplätze* Im "Großen Wald" und am Sportplatz.

• *Kurkonzert* Im Musikpavillon des Kurgartens, siehe Veranstaltungskalender bei der Touristeninformation.

• *Kutschfahrten* **Fischer,** Schimmelreiterweg 10, ✆ 1270. Auch geführte Wanderritte für geübte Reiter.

• *Landwirtschaftlicher Lehrpfad* **Grüner Pfad,** Stockaweg 3, ✆ 1053. Ein 3 km langer Rundwanderweg (kinderwagengerecht).

• *Minigolf* Beim Sportbad.

• *Reiten* **Reitsportanlage in den Starzlachauen,** Mair, Bichelweg 11, ✆ 222; **Schall,** Haag bei Oy-Mittelberg, ✆ 08366/821.

• *Schwimmbad* **Starzlachauenbad,** Alpenstraße 20 ½. Solarbeheizt, 52 m lange Wasserrutsche, Kinderbecken, Kiosk. Tägl. 8–19 Uhr. 2,60 €/Erw., 1 €/Ki.

• *Sennerei* Gegenüber der Touristeninformation. Mo–Fr 8.30–12 und 16–18.30 Uhr, Sa 8–12 Uhr, Mi geschlossen.

• *Tennishalle/Squash* Beim Starzlachauenbad, tägl. geöffnet, ✆ 1027 und 1028. Hier befinden sich auch drei Freiplätze, ✆ 642.

Zierbrunnen-Schnitzerei **Gerber,** Langgasse 19, ✆ 496. Auch Krippenställe werden angeboten.

Übernachten/Essen und Trinken/Abends

• *Hotels* **Alpenhotel Pfeffermühle,** Pfeffermühle 3, ✆ 7990, 📠 79951. Ein Hotel im Grünen. Hallenbad, Kinderspielplätze, hundefreundlich. Empfehlenswerte Küche. Ab zwei Personen Fleischfondue. Als süßer Abschluss haben uns die Windbeutel-Variationen ganz lecker gemundet. DZ ab 36 €.

Hotel-Alpengasthof Hirsch, Marktstraße 21, ✆ 70200, 📠 702030. Zentrale Lage, Tennisplätze, Grillfeste. DZ ab 33 €.

• *Privatzimmer/Ferienwohnungen* Einige Beispiele aus einem größeren Angebot:

Führer, Raimund, Marktstr. 50, ✆ 342. DZ mit Kühlschrank ab 24 €.

Ottmar, Jörg, St.-Ulrich-Str. 4, ✆ 313. DZ mit Kochgelegenheit in einem Bauernhaus ab 26 €.

Blenk, Gerlinde, Langgasse 5, ✆ 340. Ferienwohnung, DLG-prämiert, ab 30 €.

• *Camping* **Grüntensee Camping International,** Südufer, ✆ 375, 📠 1221. Gemütliches Restaurant, Café, Kinderspielplatz. Autostellplatz und 2 Pers. 15 €, ein Wohnmobilstellplatz und 2 Pers. 16 €.

Campingplatz Waldesruh, Nähe Staatsstraße 2007, ✆ 1004, 📠 706369. Großer Spielplatz. Autostellplatz und 2 Pers. 10,50 €, ein Wohnmobilstellplatz und 2 Pers. 12 €.

• *Essen und Trinken* **Restaurant-Pizzeria Bibione,** Fam. Jörg, Marktstr. 46, ✆ 706560, 📠 706565. Hauseigene Veranstaltungen, uriges Bierstüble zur musikalischen Einkehr (auch Übernachtungsmöglichkeiten: DZ ab 40 €).

Berggasthof Buronhütte (1250 m), Zufahrt Hinterreute, ✆ 290, 📠 1234. Heimische Schmankerln (auch Übernachtungsmöglichkeiten: DZ ab 30 €).

Restaurant Pferdeturm, Starzlach, Auen 2, ✆ 705785, 📠 705786. Sa ab 18.30 Uhr Live-Pianomusik. Hier erhalten Sie Ihr "Sternzeichenmenü". Di–Fr 12–14 und 18–23 Uhr, Sa/So 12–23 Uhr.

Schützenhaus Wertach, neben der Sportanlage, ✆ 584. Hier können Sie Ihre "Fleischeslust" mit einer täglich frischen, knusprigen Schweinshaxe stillen. Sonnenterrasse. Café. Do Ruhetag.

Cafe Knoll, Marktstraße 28. Tägl. frische Plunderstücke.

• *Abends* **Diskothek Palette,** Industriestraße 13, bis 19 Uhr ✆ 275, ab 19 Uhr ✆ 550.

Sehenswertes

Pfarrkirche St. Ulrich und Afra: Nachdem die erste mittelalterliche Kirche an der Stelle des heutigen Gasthofs Engel mehrmals ausgebrannt war, wurde die heutige Kirche wahrscheinlich von Kaspar Feichtmayr ab 1683 erbaut und 1696 eingeweiht. Gleich daneben steht ein Kleinod, die **Josefskapelle.** Aus Sicherheitsgründen wird die wertvolle Kreuzigungsgruppe der Kapelle heute im Mütterheim St. Maria untergebracht.

Heimatmuseum: Interessante ortsgeschichtliche und volkskundliche Sammlungen sowie Gemälde und Plastiken Allgäuer Künstler aus der Zeit um 1800 sind im Feuerwehrhaus (Grüntenstraße 27) zu besichtigen.

Öffnungszeiten Mi 14–17 Uhr. Eintritt 1 €.

Wie der Weißlacker entstand

Jeder Bauer in Wertach stellte einst seinen Käse her. Auch die Wertacher Brüder Kramer wollten eigentlich einen ganz gewöhnlichen Limburger käsen. Hatten sie am Abend zuvor zu tief ins Bierglas geschaut und waren nicht ausgeschlafen? Jedenfalls hatten sie die Käserohmasse versalzen und das Wasser ungenügend ausgepresst: Der "Käs ischt v'rgrote". Weil aber ein echter Allgäuer so schnell nichts wegwirft, stellten sie den missglückten Limburger zunächst ans Fenster hinter den Vorhang, wo es kalt reinzog, später in den Käskeller. Hier entwickelte sich der "Neue" und entfaltete ein gewaltiges Aroma und sein unverwechselbares "G'schmäckle": So wurde der Weißlacker durch Zufall im Jahre 1874 "erfunden".

Zwischen Nesselwang und Wertach: Oy-Mittelberg

Nördlich von Wertach liegt der Kneipp- und Luftkurort Oy-Mittelberg, eingebettet in die liebliche Landschaft des Oberallgäuer Voralpenlandes. Hier kann man sich überwiegend privat einmieten und – im Bedarfsfall – eine Hochzeit der Superlative feiern: Oy-Mittelberg verfügt nämlich über das höchstgelegene Standesamt Deutschlands!

• *Postleitzahl* 87466

• *Vorwahl* 08366

• *Touristeninformation* Wertacher Straße 11, ✆ 207, ✆ 1427, www.oy-mittelberg.de. Mo–Fr 9–13 und 14–18 Uhr, in der Hauptsaison auch Sa 9–13 Uhr.

• *Baden* Zwei kleine Weiher möchten wir besonders empfehlen: den **Schwarzenberger Weiher** mit der herrlichen Aussicht auf die Zugspitze und den etwas versteckten **Sticher Weiher.**

• *Wandern* Die **Steinmeile,** ein naturkundlicher, geologischer und geschichtlicher Lehrpfad, öffnet Ihnen die Augen für den steten Wandel der Natur. Anschauliche Bild- und Texttafeln sowie zahlreiche auf dem Rücken der Gletscher bis hierher transportierten Findlinge (große Fels- und Gesteinsbrocken) helfen Ihnen, den Blick bis zurück in die Eiszeit zu richten.

Der Osten Karte S. 133

Der Westen

Ein Mosaik aus Wiesen, Wäldern und moorigen Weihern fügt sich im westlichen Allgäu zusammen. Der südliche Teil ist im Gegensatz zum sanft hügeligen Norden schon Gebirge: Wie eine unüberwindbare Wand erhebt sich der lange Grat der Berge hinter Oberstaufen und Immenstadt. Wandermöglichkeiten gibt es im Westen unzählige; dennoch sollte man eine Entdeckungsreise durch ehemalige Reichsstädtchen nicht verpassen.

Insbesondere Wangen und Isny können selbst eingefleischte Geschichtsmuffel aus der Reserve locken, so viele Eigentümlichkeiten gibt es dort zu Gebäuden und ortsansässigen Patriziergeschlechtern zu berichten. Wer es gänzlich ruhig und abgeschieden bevorzugt, sollte sich in den Weilern der Gemeinde Missen-Wilhams umsehen. Auffällige Spuren der Eiszeit sind im Wurzacher Ried zu bewundern, einem großflächigen Moor aus einem Patchwork verschiedener Moortypen inmitten typisch Allgäuer Wiesenlandschaft. In Leutkirch ist der Tourismus bisher noch wenig ausgeprägt, anders als in den viel kleineren ehemaligen Residenzorten Kißlegg und Wolfegg, bei denen es den Anschein hat, als wollten sie sich mit ihren Kulturprogrammen gegenseitig überbieten.

Bad Wurzach

14.100 Einwohner • 700 Meter ü. NN

Bad Wurzach liegt beschaulich am Rande der eiszeitlichen Urlandschaft des Wurzacher Rieds. Die "Kleine Residenz am Ried" ist nicht nur ein staatlich anerkanntes Moorbad, sondern rühmt sich auch des jüngst entdeckten Thermalwassers, das mit 36 °C an die Oberfläche sprudelt.

"Kur – Kultur – Natur", das ist die Bad Wurzacher Trilogie. Der Ort hat das Flair eines einstigen Residenzstädtchens mit dem Charme einer ländlichen Kleinstadt: berühmte Bauten, anspruchsvolle Konzertreihen und bäuerliches Brauchtum. Eindrucksvoll zeigt sich auch die Natur. Gleich hinter dem Stadtkern beginnt das Naturschutzgebiet Wurzacher Ried mit seinen seltenen Tieren und Pflanzen, eine faszinierende Urlandschaft, die Erholungsgebiet und Naturerlebnis zugleich ist.

Geschichte: 1273 wird das "Oppidum Wurzun" erstmals urkundlich erwähnt. Zu Beginn des 14. Jh. war der Ort bereits im Besitz der Herren von Waldburg. Der "Bauernjörg", Truchsess III., und seine Mutter Helena gründeten 1514 das Franziskanerinnenkloster. Im 18. Jh. wurde es mit einem Rokoko-Interieur ausgestattet und besitzt die wohl "schönste Hauskapelle der Welt". Das Schloss mitten im Ort, das die Grafen des Hauses Waldburg errichten ließen, ist sehr großzügig angelegt und wirkt in dem kleinen Ort überdimensioniert. Da das Schloss bewohnt ist, kann nur das großartige Barock-Treppenhaus besichtigt werden (12–14 Uhr geschlossen). Im Schloss befindet sich heute ein Kurhotel.

Touristeninformation//Freizeitangebot

- *Postleitzahl* 88410
- *Vorwahl* 07564
- *Touristeninformation* **Kurverwaltung,** Mühltorstraße 1, ✆ 302150, 📠 302154, www.bad-wurzach.de. Mo 8.30–12 und 14–17 Uhr, Di–Fr 9–12 und 14–17 Uhr, Sa/So 10–12 Uhr. Die ausgesprochen freundlichen Damen werden auch Ihnen weiterhelfen. Besorgen Sie sich hier das Merkblatt "Wissenswertes über Bad Wurzach/Allgäu", dann sind Sie über alles in Stichpunkten bestens informiert: Freizeit- und Pauschalangebote, Sehenswürdigkeiten und Exkursionen, traditionelle Veranstaltungen und Feste, Fahrten und Führungen.

Vesten

Tour 8:
Vestallgäuer Käsestraße

Das Wurzacher Ried

Übernachten/Essen und Trinken

• *Gasthöfe* **Gasthof Adler,** Schloßstr. 8, ✆ 93030. DZ 68 €. Ein Gasthof ohne Rustikal-Folklore, alles erstrahlt in glänzendem Weiß. Hier werden nur beste Produkte mit Öko-Label aus der Gegend verarbeitet. Gehobene Mittelklasse.

Gasthaus Ochsen, Herrenstraße 3, ✆ 2826. DZ ab 40 €. Die Gaststube ist gut besucht, die Kochkünste des netten Besitzerehepaars werden gelobt. Ihr Motto, das auch die Hauswand ziert: "Man soll dem Ochsen beim Dreschen das Maul nicht verbinden!"

• *Ferien auf dem Bauernhof* **Ferienhof Rösch,** Ortsteil Haidgau, Dorfstraße 24, ✆ 3262, ✆ 935282. Vier Ferienwohnungen ab 25 €.

• *Essen und Trinken* **Gasthaus Adler,** Dietmanns (5 km von Wurzach), Ochsenhausener Straße 44, ✆ 91232. Mit Kleinkunstbühne. Di/Mi Ruhetag.

Gasthof Bertele, Am Viehmarkt 2 (neben der Kurverwaltung), ✆ 3896. Preiswerte Küche, auch Vegetarisches. Winziger, netter Biergarten. Fr ab 13 Uhr geschlossen.

Bauernjörg, Schulstraße 6 (rechts der Pfarrkirche). Reichhaltige Speisekarte. Bachsaiblinge und Lachsforellen aus Wurzacher Gewässern. Uns haben die sauren Kutteln mit Bratkartoffeln in dem rustikalen Wirtsraum ganz ausgezeichnet geschmeckt. Eine Menge Vegetarisches, alles zu ansprechenden Preisen. Im ersten Stock ist eine Weinstube untergebracht. Mi Ruhetag.

Café Hager, Schulstraße (gegenüber der Kirche), mit einem "Nepomuk" am Haus. Der Freisitz neben der Wurzacher Ach mit schnatternden Enten bietet Ihnen bei köstlichem Kuchen und Kaffee eine Verschnaufpause. Mo Ruhetag.

Erwähnenswert sind auch die Pilsbar **Dudelsack** in der Marktstraße 26 (geöffnet 18–24 Uhr) und das Bistro **Papillon** in der Marktstraße 33 (Blick auf die Kirche). Neben dem Papillon finden Sie eine italienische **Eisdiele.**

Sehenswertes

Katholische Pfarrkirche St. Verena: Eine im Stil des Frühklassizismus erbaute Kirche (1775–1777) mit einem eindrucksvollen Deckenfresko im Langhaus und verschiedenen älteren Kunstwerken.

Wallfahrtskirche Gottesberg: Nur wenige Gehminuten vom Zentrum entfernt. Als Schöpfung des Hochbarock ist der Kirchenbau ein Frühwerk von Johann Georg Fischer.

Leprosenhaus/Sepp-Mahler-Museum: Das Leprosenhaus, dessen Gründung auf das 13. Jh. zurückgeht, ist eines der wenigen heute noch erhaltenen Seuchenspitale. 1901 wurde in der Wohnstube des Leprosenhauses der Künstler Sepp Mahler geboren, dessen Werk in der Nazizeit als "entartet" galt. Ein kleines Museum widmet sich seinen Gemälden, in denen das Leprosenhaus immer wieder als Leitmotiv und Sinnbild menschlichen Schicksals vorkommt.

Öffnungszeiten April–Oktober Fr, So und feiertags 14–17 Uhr. Führung jeden ersten Fr im Monat. Eintritt 2,50 €.

Alpakahof: Gerda und Anton Leichtele halten neben Alpakas auch Araberpferde, Wasserbüffel, Yaks und Strauße. Der Alpakahof beherbergt darüber hinaus die Räumlichkeiten einer Naturschutzorganisation.

Adresse/Öffnungszeiten Haid 3 (5 km von Wurzach), ☏ 3490, 📠 5213. Ganzjährig täglich 9–19 Uhr. Eintritt 5 €/Erw., 3 €/Ki.

Wurzacher Ried: Das Ried gilt als eines der größten noch intakten Hochmoore Mitteleuropas. Im 1985 gegründeten Naturschutzzentrum wird der große erdgeschichtliche Bogen von der Eiszeit bis heute gespannt. Es informiert darüber hinaus auch über die Bedrohungen, denen der Lebensraum Moor ausgesetzt ist, und über Pflegemaßnahmen.

Information/Ausstellung **Naturschutzzentrum Bad Wurzach,** Rosengarten 1, ☏ 93120. Ausstellung Mo–Sa 13.30–17, So 10–17 Uhr. Das Naturschutzzentrum gibt eine Rad- und Wanderkarte heraus.

Leutkirch

23.000 Einwohner • 655 Meter ü. NN

Die ehemals freie Reichsstadt, heute "Große Kreisstadt", ist touristisch nicht überlaufen. Gerade deswegen lohnt ein Bummel durch die liebevoll sanierte historische Altstadt mit ihren winkligen Gässchen, in denen es noch vergleichsweise beschaulich zugeht. Und wer etwas für kuriose Gebrauchsgegenstände aus früheren Zeiten übrig hat, für den ist das "Museum im Bock" genau richtig (siehe unten).

Geschichte: Auf dem Platz der heutigen Martinskirche wurde im 8. Jh. zwischen den Dörfern Niederhofen, Mittelhofen und Uphofen eine Kirche gebaut, die für alle Bewohner gleichermaßen günstig erreichbar sein sollte. Diese "Leutekirche" gab der werdenden Stadt ihren Namen. 1293 erhielt der Ort das Stadtrecht. 1802 verlor er den Status einer freien Reichsstadt. Bis zu Beginn des 19. Jh. bildeten die Weber das führende Gewerbe der Stadt. Noch heute sind in der Schneegasse eine Reihe typischer Weberhäuser zu sehen. In ihrem Untergeschoss befand sich die "Dunk", die Weberwerkstatt. 1613–1615 wurde die Dreifaltigkeitskirche gebaut, die erste als Predigtsaal errichtete evangelische Kirche Oberschwabens.

Touristeninformation/Freizeitangebot

- *Postleitzahl* 88299
- *Vorwahl* 07561
- *Touristeninformation* **Gästeamt,** Am Gänsbühl 6 (neben dem Rathaus), ☏ 87154, 📠 87186, www.leutkirch.de. Mo–Fr 9–12 und 14–17, im Sommer zusätzlich Sa 9.30–11.30 Uhr. Ebenfalls im Sommer geführte Wanderungen, Kutschfahrten und geführte Radtouren ("Dienstagsradler").
- *Führungen* Stadtführungen im Rahmen des Ferienprogramms und auf Anfrage beim Gästeamt.
- *Angeln* Angelkarten im Gästeamt.
- *Ausstellungen* **Galerie im Kornhaus,** ständige Ausstellung von Werken regionaler Künstler. Mo 10–18, Do 14–19, Mi und Fr 14–18 Uhr.

Der Westen
Karte S. 201

- *Fahrradverleih* Beim Gästeamt, ab 3 €/Tag.
- *Feste/Veranstaltungen* Historisches Kinderfest (großer Umzug am 2. Dienstag im Juli); Leutkircher Jazz-Sommer (Juli–August Mi um 20 Uhr im Museum im Bock, Erw. 8 €, Schüler 6 €); Standkonzerte (Mai–September Fr 20 Uhr).
- *Minigolf* **Gasthof Bayrischer Hof,** Kemptener Straße 53.
- *Reiten* **Hof Merk,** im Ortsteil Haid, ✆ 2706. Kein "normaler" Reiterhof, nur für gute Reiter (Turnierpferde).
- *Segeln/Surfen* Auf dem Ellratshofer Weiher, Verleih beim Marineclub am See, Infos im Gästeamt.
- *Tennis* Unter anderem Freiluftplätze des Tennisclubs, Kemptener Str., ✆ 3833.

Übernachten/Essen und Trinken

- *Hotels* **Hotel Linde,** Lindenstraße 1 (am Altstadtrand), ✆ 2415, ℻ 70230. Helle, freundliche Zimmer mit TV. DZ 68 €. Restaurant nur für Hotelgäste geöffnet (Sa/So Ruhetag).

Hotel Post, Obere Vorstadtstraße 1, ✆ 4201, ℻ 72341. DZ 55 €. Schwäbisches in leckerer Zubereitung. Wild in der Saison ab 10 €.

- *Gasthöfe* **Gasthof Bayrischer Hof,** Kemptener Straße 53, ✆ 3742, ℻ 70165. Gasthof mit hübscher Terrasse. DZ 56 €. Sehr abwechslungsreiche gutbürgerliche Küche: von Maultaschen über Fischgerichte bis zu Vegetarischem. Kartoffeltaschen mit Frischkäse sind die Spezialität. Sonntagabend und Mo geschlossen.

Brauerei-Gasthof Mohren, Wangener Straße 1, ✆ 98570, ℻ 985727. Ältester Gasthof in Leutkirch mit gemütlichem Ambiente und hervorragender Küche. Freundliche Zimmer. Originalausschank der Leutkircher Härle-Biere. DZ 62 €. Di Ruhetag.

- *Ferienwohnungen/Ferien a. d. Bauernhof* Aus dem Angebot drei Beispiele (weiteres im Gästeamt):

Geschwister Bareth, Willerazhofen 12 (ca. 5 km westlich, nahe dem Ellrazhofer Weiher), ✆ 3488. Ferienwohnung ab 27 €.

Ziegler, Manfred, Emerlander Mühle 19 (12 km südöstlich), ✆ 07566/2113, ℻ 07566/1895. Komfortwohnung ab 31 €.

Heinz, Karl, Wuchzenhofen, Untere Kirchstr. 18, ✆ 3235. Ferien auf dem Bauernhof in Waldnähe mit vielen Tieren und Grillplatz. Ab 31 €.

- *Camping* **Campingplatz Moorfreibad,** Herlazhofen, ✆ 5513. Geöffnet vom 1.4. bis 31.10. Zwei Pers. und Stellplatz 13 €. Hundeverbot! Vier-Sterne-Platz.

Campingplatz Moorbad, Herlazhofen-Viehweid, ✆ 3345. Preise telefonisch erfragen.

Campingplatz Ellerazhofen, am Ellerazhofer Weiher, ✆ 07563/7018. Nur begrenzte Zahl von Stellplätzen. Preise telefonisch erfragen.

- *Essen und Trinken* **Primavera,** bei der evangelischen Kirche in der Altstadt, ✆ 6474. Einer von mehreren Italienern im Ort, von denen mal dieser, mal jener gerade "in" ist. Leckere Pizzen schon ab 3,50 €. 13 davon vegetarisch zubereitet auf Vollkornteig.

Gasthof Strauß, Isnyer Straße, ✆ 4253. Gutes Preis-Leistungs-Verhältnis. So Ruhetag.

Gasthof Lamm, Lammgasse. Bistro mit gutbürgerlichem Interieur, ✆ 4276. Mo–Fr 16.30–24 und Sa 19–24. So Ruhetag.

Café am Marktplatz, beliebtes Café für Jung und Alt. 8–18 Uhr, So Ruhetag.

Drops, Bachstraße. Trend-Café und Bar, kleine Gerichte um die 5 €. Mo–Sa 9–24, So 14–24 Uhr. Einziges flotteres Café am Ort.

Eschach-Café, modern eingerichtete Konditorei in der Unteren Grabenstraße schräg gegenüber der evangelischen Kirche (außerhalb der Altstadt). 10–18 Uhr, Mi Ruhetag.

Sehenswertes

Museum im Bock: Neben dem Gästeamt ist ein umfangreiches Heimatmuseum untergebracht. Warum das Haus "Bock" heißt, weiß übrigens niemand so genau. Ein Teil des Gebäudes gehört zur Stadtmauer. Im Erdgeschoss befinden sich u. a. Schaukästen zur Eiszeit (auch Knochenfunde!), Vitrinen mit Alemannenwaffen und Zangen zum Kugelgießen. Im Obergeschoss kann man sich anhand einiger Exponate über Handwerk und Landwirtschaft in der Region informieren. Bemerkenswert ist die Sammlung sog. "Feierabendziegel" (die letzten Ziegel, die beim Häuser-

Leutkirch von oben

bau verwendet wurden). Auf einigen sind Kommentare eingeritzt, manchmal fast ein ganzer "Psalm". Sehenswert ist auch die "Hungervitrine", die an die Zeit der schlechten Ernten zu Beginn des 19. Jh. erinnert. Im Raum neben der Trachtenausstellung befindet sich ein alter Bauernesstisch. Wer darunter blickt, weiß, wie die Redewendung "seinen Löffel abgeben" zustande gekommen ist ... In der Bauernstube beachte man den "exotischen" Kaffeeröster, ein Hostien-Waffeleisen und eine clever ausgedachte Handkurbelwaschmaschine. Lohnenswert ist auch die Ausstellung "Seilerei" in der ehemaligen Folterkammer, in der sich jeder Besucher seinen eigenen Strick drehen darf!

Öffnungszeiten Mi 15–18 und So 10–12 und 14–17 Uhr. Eintritt 1 €.

Rathaus: Es wurde 1740 anstelle des alten, baufälligen Rathauses von 1407 erbaut. Der barocke Ratssaal ist der schönste Raum: gefelderte Türen mit Messingbeschlägen, schöne Wandtäfelung und ein zart bemalter, kunstvoller Kachelofen. Die schwere, reich stuckierte Decke von Johann Schütz, einem Schüler von Dominikus Zimmermann, zeigt symbolische Gestalten, die sich auf die Tätigkeiten des Rates beziehen. In den vier Ecken sehen Sie Frauenfiguren als Beispiele aktiven christlichen Handelns, in den Mitten der Seiten vier allegorische Frauengestalten (Hoffnung, Glaube, Liebe, Geduld). Neben dem Rathaus steht das um 1500 erbaute **Kornhaus** mit seinem Fachwerkerker.

Martinskirche: 1514 wurde die ehemalige "Leutekirche" erneuert und vergrößert. Die dreischiffige, ursprünglich viereckige Hallenkirche erhielt 1613–1615 einen Chor. Wertvollstes Stück der Innenausstattung ist eine spätgotische Schnitzfigur (um 1490). Sie zeigt Anna Selbdritt und ist wahrscheinlich ein Werk von Hans Multscher aus der Ulmer Schule, der in Reichenhofen bei Leutkirch geboren wurde. Der Turm erhielt 1814 eine zwiebelförmige Kuppel. Die heute evangelische Gedächtniskirche ist nur bei besonderen Gottesdiensten zugänglich.

Der Westen
Karte S. 201

Wandern, Radeln, Baden

Im Gästeamt ist eine Rad- und Wanderkarte mit vielen ausgeschilderten Ausflugsmöglichkeiten erhältlich. Lohnend sind die Wanderung Nr. 10 über Heggelbach und die Wanderung Nr. 13 zum Ellerazhofer Weiher. Die beliebteste Radtour ist die R 4 zur Glashütte. Baden kann man im westlich gelegenen Ellerazhofer Weiher, im Moorfreibad (Hinterweiher) in Herlazhofen (südlich des Ortes), im Stadtweiher (Richtung Kempten) mit Kinderbecken und Beachvolleyballfeld, Wiese und Kiosk oder im Willerazhofen-Bad.

Umgebung von Leutkirch

Glasmuseum Schmidsfelden: Wer etwas über die Glasmacherei im Allgäu erfahren möchte, sollte das nahe Schmidsfelden (etwa 12 km in südöstlicher Richtung) aufsuchen. Hier sind die Gebäude eines alten Glasmacherdorfes mit Herrenhaus, Kapelle, Magazin, Arbeitshäusern und Glashütte erhalten geblieben, was selbst in klassischen Glasgebieten äußerst selten vorkommt. Im Museum ist Schmidsfelder Glas zu bewundern: einfache Produkte wie Scheiben, Trinkgläser, Krüge, Lampenzylinder, aber auch kunstvoll geblasene Stücke wie Schnapshunde, Karaffen und Pokale.

Öffnungszeiten Sa 13–17, So 10–17 Uhr (1.4.–31.10.), So 14–17 Uhr (1.11.–31.3.). Eintritt 1 €.

Kißlegg

8.700 Einwohner • 700 Meter ü. NN

Ein schmucker und malerisch gelegener Marktflecken, der von zwei Moorseen hübsch eingerahmt wird. Das überschaubare Zentrum bildet ein Ensemble geschmackvoll renovierter Häuser. Zwei Schlösser und eine Barockkirche machen Kißlegg zu einem Kleinod von besonderem Reiz.

Geschichte: Im Jahre 824 wurde Kißlegg erstmals als "Ratpotiscella" erwähnt: die Ortschaft, die um die Zelle des Mönchs Ratpot entstand (Cella Ratpoti). Eine Siedlung wurde im 9. Jh. von einem Mann namens Kisolodt, Kisilhar oder Kisalfrid gegründet. Seine Nachkommen erbauten die Burg "Kisilegge". So gab das Geschlecht dem Ort den Namen.

Touristeninformation/Freizeitangebot

- *Postleitzahl* 88353
- *Vorwahl* 07563
- *Touristeninformation* **Gäste- und Kulturamt Neues Schloss,** ☎ 936142, 📠 936199, www.kisslegg.de. Mo–Fr 9–12 und 14–17 Uhr, Sa/So Auskunft an der Museumskasse. Monatlich erscheint ein Veranstaltungskalender mit einem umfangreichen Angebot. Zahlreiche Pauschalangebote werden vermittelt: Tauch- und Kajakkurse, Kutschfahrten, Angeln, Segelfliegen, ÖkoRegio Tour (Radeln und Wandern in und um Kißlegg), zwei Kunstwochen u. v. m.

Übernachten/Essen und Trinken

- *Ferien auf dem Bauernhof* **Pferdehof Sontheim,** Oberriedgarten, ☎ 2283. Isländerhof. Tischtennis. DZ ab 20 €.
- *Ferienwohnungen* **Haus Feierle,** ehemaliger Bauernhof in Liebenried 4 (2,5 km vom Ort entfernt), ☎/📠 2887. Bergsicht, 800 m zum See, Streichelzoo, Grillstelle und Liegewiese. Ab 28 €.

  Haus Sontheim, Argensee 1, ☎ 676. Zwei Ferienwohnungen in ruhiger Lage am See mit Bergsicht. Am See gibt's ein Floß und ein Ruderboot. Außerdem: Grillmöglichkeit, Ponyreiten. Ab 33 €.
- *Essen und Trinken* **Gasthof Löwen,** Herrenstraße 15, ☎ 8226, 📠 3842. Spezialität: Schwäbische Schlemmerplatte für zwei

Pfarrkirche St. Gallus und Ulrich in Kißlegg

Personen und verschiedene andere schwäbische Köstlichkeiten zu vernünftigen Preisen. Tische an der nicht belebten Straße. Di–So 9.30–14 und 17–23.30 Uhr, Mo Ruhetag (auch Übernachtungsmöglichkeiten: DZ ab 49 €).

Pizzeria Pinocchio, Herrenstraße, gegenüber vom Gasthof Löwen im ehemaligen Gasthof Hirsch-Post. Eine Tafernwirtschaft, die bereits im Dreißigjährigen Krieg erwähnt wurde. Reichhaltiges Italien-Angebot. Schmackhaft ist die Pizza Rucola.

Burgermoosstüble, in Oberriedgarten, nur wenige Kilometer entfernt und somit ideal für einen Abendradelausflug. "Oifach g'müatlich eikehre" im neu renovierten, familiären Gasthof. Sehr preiswert! Fr 18.30–24 und So ab 10 Uhr. Einfache Übernachtung für Reiter und Reiterinnen ist möglich. ✆ 908636.

Sehenswertes

Pfarrkirche St. Gallus und Ulrich: 1734–1738 wurde die ehemals gotische Kirche durch den Baumeister Johann Georg Fischer aus Füssen barock umgebaut. Ab 1736 begann Johannes Schütz aus Wessobrunn mit den Stuckaturen. Beachtenswert sind v. a. die Kanzel, das eindrucksvolle, 351 qm große Deckengemälde im Schiff und der berühmte Augsburger Silberschatz, bestehend aus 21 Figuren (1741–1755).

Führung und Besichtigung des Silberschatzes Mi 15 Uhr sowie auf Anfrage beim Gäste- und Kulturamt.

Museum Expressiver Realismus/Neues Schloss: Im Neuen Schloss Kißlegg befindet sich seit 1993 die sehenswerte Ausstellung mit Bildern der "Verschollenen Generation", also derjenigen Künstler, die um die Wende zum 20. Jh. geboren wurden, den Ersten Weltkrieg erlebten, in den 20er Jahren künstlerisch aktiv waren und zur Nazi-Zeit als Produzenten "entarteter Kunst" diffamiert und verfolgt wurden. Ausgestellt werden u. a. Werke von Kleinschmidt, Querner, Pankok, Rosenhauer und Robert Liebknecht (der Sohn von Karl Liebknecht).

Öffnungszeiten Di–So 11–17 Uhr, Führungen Di 15.30 Uhr. Eintritt 2,50 €.

Der Westen
Karte S. 201

Heimatstube: Zu bewundern sind Raritäten aus alten Zeiten wie etwa ein Barockaltar, ein Himmelbett von 1750 oder ein schmucker Bauernhochzeitsschrank. Des Weiteren wird die Leinenweberei in allen ihren Arbeitsgängen dargestellt. Auch eine kleine Käsereiausstellung und eine Wagnerei wurden eingerichtet.

Öffnungszeiten März–Oktober Sa/So 14–16 Uhr. Eintritt 1 €. Das Heimatmuseum befindet sich ebenfalls im Neuen Schloss.

Wandern, Radeln und Baden

Das Kulturamt bietet eine Zusammenstellung von Wander- und Radwanderwegen an. Empfehlenswert ist die Fünf-Weiher-Tour (Nr. 22, ca. 6 km Länge mit dem Startpunkt Immenried), ebenso die Wanderung im Burgmoos (Nr. 5). Eine Einkehrmöglichkeit besteht in Oberriedgarten im Burgermoosstüble. Verschiedene Biotope sind im Arrisrieder Moos zu erkunden: ein Torfstichgelände, ein Hochmoorbereich, Flachmoorwiesen, Waldbestand. Die Wege wurden im Jahr 2000 neu ausgeschildert (wegen Nässe und Kreuzottern Gummistiefel mitnehmen!).

Baden kann man im **Strandbad Obersee** mit Wiese, Kinderbecken, Kiosk, Ruder- und Tretbootverleih. Das Bad ist renoviert worden, dabei sind u. a. Wohnmobilstellplätze geschaffen worden. Der **Wuhrmühlenweiher** und der **Argensee** liegen im Südosten von Kißlegg, der **Holzmühlenweiher** mit kleiner Wiese im Norden des Örtchens.

Wolfegg

3.300 Einwohner • 650 Meter ü. NN

Wolfegg, ein kleiner, charmanter Ort, umgeben von idyllischen Weihern und Mooren, bietet Spektakuläres. Künstler von Weltrang musizieren in eleganter und doch familiärer Atmosphäre, Kunstfreunde können sich an dem großartigen barocken Prunkstück, der Stiftskirche, nicht satt sehen, 200 prachtvolle Oldtimer zeugen im Automobilmuseum von glanzvollen Zeiten, und bäuerlich-bodenständig geht's auch heute noch im Bauernhaus-Museum zu.

Ein Zweikampf und seine Folgen

Der erst siebzehnjährige Johannes befand sich 1487 im Gefolge des Herzogs Sigismund von Tirol auf einem Kriegszug gegen die Republik Venedig. Bei Rovereto (südlich von Trient) lagen sich die beiden Heere gegenüber. Da der guten Ausgangsstellungen wegen keiner angreifen wollte, einigte man sich auf einen Zweikampf. Der junge Johannes meldete sich für den Waffengang gegen Antonio Maria di Sanseverino, den Sohn des venezianischen Condottiere. Er gelobte, im Falle eines Sieges in Wolfegg ein Klösterlein zu stiften. "Wölcher unter den zwayen schrayen würd 'Catharina', der soll den Kampf und das Gelt verloren haben!" Der Kampf beginnt zu Pferde. Graf Johannes fällt jedoch vom Pferd, der Kampf setzt sich am Boden fort. Es gelingt Johannes, den Venezianer mit dem Dolch in den Oberschenkel zu stechen. Erschrocken schreit dieser "Catharina" und gibt sich geschlagen. Details dieses Kampfes sind im Deckengemälde der Pfarrkirche dargestellt.

Geschichte: 861 wurde am südlichen Rand von Wolfegg die "Alte Pfarr" gebaut, die erste Erwähnung der Pfarrei Wolfegg datiert aus dem Jahr 1236. Der Ort hieß damals "Wolfarns" oder "Wolfrans". Das Stift Wolfegg geht auf ein Gelübde zurück,

Abendstimmung in Wolfegg

das Johannes Truchsess, Freiherr von Waldburg, Graf von Sonnenberg, angesichts eines Zweikampfs abgelegt hatte (siehe Kasten). 1490 wurde also das erste Schloss mit dem Stift gebaut. Nach einem Brand 1490 entstand das Renaissanceschloss Wolfegg, das im Dreißigjährigen Krieg zerstört und danach wieder aufgebaut wurde, diesmal im barocken Stil. Die Anlage (auch die Orangerie und der Hofgarten) ist nur während Veranstaltungen und Ausstellungen zugänglich.

- *Postleitzahl* 88364
- *Vorwahl* 07527
- *Touristeninformation* **Wolfegg Information,** Rötenbacher Straße 13, ✆ 960151, 📠 9601708, www.wolfegg.de. Mo–Fr 9.30–12.30 und 14–17 Uhr. Sehr nettes Ambiente mit Holzdecke und Sofaecke.
- *Feste/Veranstaltungen* Rötenbacher Dorfkirbe (im August); Museumsfest (im September); Internationale Festspiele Baden-Württemberg (im September); Bauerntheater Rötenbach (im Dez./Jan.); Literatursommer (im Juni/Juli); Kinderprogramm im Aug./Sept.; Internationale Wolfegger Konzerte (im Juni/Juli), außerdem Winterkonzerte; Wolfegger Serenade (im Juli); Wolfegger Wintermusik (im Dezember und Januar).
- *Kutschfahrten* **Reit- und Fahrverein,** ✆ 5372.
- *Tennis* Zwei Freiluftplätze, Infos beim Tennisclub, ✆ 95250.
- *Workshops* **Wolfegger Aquarellkurse,** Näheres in der Touristeninformation.
- *Übernachten/Essen und Trinken* **Gasthof zur Post,** Rötenbacher Str. 5, ✆ 96140, 📠 961466. DZ ab 56 €. Eigene Schlachtung. Vor allem Wild- und Fischgerichte, Schwäbische Spezialitäten. Mittlere Preisklasse. Hübscher, ruhiger Biergarten unter Kastanien. Di ab 14 Uhr Ruhetag.

Knab, Georg, Fischergasse 17, ✆ 6050. Ferienwohnung ab 30 €.

Museumsgaststätte Fischerhaus, ✆ 5150. Im Komplex des Bauernhausmuseums. Fischspezialitäten, Brotzeiten. Es speist sich hier (direkt neben den Fischweihern) sehr angenehm. Mo Ruhetag.

- *Wohnmobile* Wohnmobilisten sind in Wolfegg gern gesehene Gäste. Die Gemeinde bietet sieben Stellplätze mit und ohne Ver- und Entsorgung. Ein Faltblatt mit dem Lageplan und sonstige Auskünfte erhalten Sie bei der Touristeninformation.

Der Westen
Karte S. 201

Sehenswertes

Pfarrkirche St. Katharina und Franz von Assisi: Der Füssener Baumeister Johann Georg Fischer plante und erbaute 1733–1736 die Wolfegger Kirche, sein spätes Hauptwerk. Johannes Schütz, ein Wessobrunner Stuckateur, stattete das Gotteshaus herrlich verspielt aus. Die Fresken, zumindest das gewaltige Deckengemälde im Schiff, werden Franz Joseph Spiegler zugeschrieben.

Rittersaal des Wolfegger Schlosses: Mit seinen monumentalen Holzskulpturen und dem mächtigen Deckenspiegel zählt er zu den originellsten Raumschöpfungen der Barockzeit im deutschsprachigen Bereich. Leider sind die Räume im Schloss nur während der Konzerte zu besichtigen.

Alte Pfarr Wolfegg: Die wiederholten Umbauten bis zur Nutzung als Stall sind in den wesentlichen Stilelementen der Baugeschichte (Romanik, Gotik, Barock und "Stallzeit") ablesbar. Erkundigen Sie sich bei der Touristeninformation, wann Sie das Gebäude besichtigen können.

Automobilmuseum: Über 200 Autos, Motorräder und Traktoren sind hier versammelt. Verantwortlich für all das ist der Autotester Fritz Busch, der in einem Nebengebäude des Schlosses seinen Oldtimer-Traum verwirklicht hat. Exponate, auf die man besonders stolz ist, sind der Cadillac von Hans Albers, eine Rikscha aus Hongkong, ein Mercedes SSK und eine Corvette. Die Philosophie des Museums ist es aber nicht, Luxusschlitten zu sammeln. Ganz im Gegenteil: Man will die Alltagsgeschichte des Automobils darstellen. So kann man sich eine ganze Reihe von Modellen aus den 60er und 70er Jahren anschauen, in denen viele der älteren Besucher einst selbst gesessen haben, z. B. einen Ford 17 M. Ebenfalls ausgestellt ist einer der ersten Wohnwagen.

Öffnungszeiten 15.3.–15.11 täglich 9–18 Uhr, im Winter nur So 10–17 Uhr. Eintritt 6 €.

Bauernhausmuseum: Der kleine Komplex liegt auf halber Höhe zwischen Wolfegg und Wassers. Nur ein knappes Dutzend Gebäude sind hier versammelt, etwa ein Fischerhaus von 1902, eine alte Viehwaage von 1890 oder der Fuchs-Hof aus Häusing von 1734. Anfang September lohnt sich ein Besuch besonders, denn dann findet das Museumsfest statt.

Öffnungszeiten April–Oktober täglich außer Mo 10–18 Uhr. Eintritt 3,50 €/Erw., 1 €/Ki., Familienkarte 7,50 €.

Wandern, Radeln und Baden

Die Gemeinde Wolfegg hat mehrere kleine Rundwege markiert. So führt z. B. der Weg mit dem Fischsymbol vom Parkplatz am Bannholz an sechs Weihern entlang. Im Verkehrsamt ist eine ausführliche Wanderkarte mit 27 Wanderwegen erhältlich. Pläne zu den markierten Radwegen erhalten Sie bei der Wolfegg-Info. Baden kann man im **Premer Weiher** und im **Stockweiher.**

Isny

14.400 Einwohner • 709 Meter ü. NN

Die weithin sichtbaren Türme weisen den Weg in die Stadt, die in eine abwechslungsreiche Landschaft mit der markanten Bergkette der Allgäuer Alpen als Kulisse eingebettet ist. Isny ist eine Stadt der Spaziergänge: am besten entlang der mittelalterlichen Stadtmauern inklusive Besteigung der Türme. Dem Besucher bieten sich schöne Blicke auf winklige Innenhöfe, rotbunte Ziegeldächer, Wiesen und Wälder.

Der Melkerbrunnen in Isny

Geschichte: Der Ortsname bereitet Kopfzerbrechen, denn insgesamt dreizehn Namensvarianten sind belegt. 1042 wird der Ort beispielsweise als "Villa Ysinensis" erwähnt, als der damalige Grundherr Graf Wolfrad von Altershausen eine Kirche errichten ließ. Im 14. Jh. wurde Isny freie Reichsstadt. Der Ort erlebte eine wirtschaftliche Blütezeit, die sich vor allem auf die Leinwandherstellung und den Handel im Dienst der Ravensburger Handelsgesellschaft gründete. Der Reformation schloss man sich bereits früh an. 1555 wurde schließlich auch die katholische Nikolaikirche protestantisch. Nur eine klostertreue Minderheit blieb. Zur Glaubensabkehr wollte man sie mit allerlei Methoden zwingen – so durften Katholiken nur untergeordnete Dienste für die Patrizier leisten, mussten außerhalb der Stadtmauer nächtigen (bzw. höchstens in Gartenlauben nahe der Stadtmauer) und besaßen keinerlei Bürgerrechte. Ende des 16. Jh. fand die wirtschaftlich erfolgreiche Zeit ein Ende. War man 1507 noch stolz auf die Verleihung des Münzrechts, verfiel die Währung bis ins 18. Jh. so sehr, dass die Münzprägung 1705 eingestellt wurde. Seit 1806 gehört Isny zu Württemberg.

Heute ist der Ort überregional von Bedeutung als Standort einer Fachhochschule und eines Berufskollegs zur Ausbildung in den Bereichen Chemie, Physik, Pharmazie und Medizin. Die Rehabilitations- und Kurkliniken mit ihren medizinischen und therapeutischen Einrichtungen haben einen hervorragenden Ruf.

Touristeninformation/Freizeitangebot

- *Postleitzahl* 88316
- *Vorwahl* 07562
- *Touristeninformation* **Kurverwaltung,** Unterer Grabenweg 18 (im modernen Kurhaus am Park), ✆ 984110, ✆ 984172, www.isny.de. Mo–Fr 9–12 und 14–17 sowie Sa 10–12 Uhr.
- *Stadtführungen* Sie finden samstags um 9.45 Uhr statt, von Juli bis Sept. zusätzlich 14-tägig Di um 19 Uhr. Treffpunkt am Kurhauseingang. Gebühr 2,50 €.
- *Baden* **Reha-Klinik Überruh,** Schwimmbad, Dampfbad, Sauna, ✆ 75273. Mo–Fr 17–

22, Sa/So 10–22 Uhr. Schwimm- und Dampfbad 4 €/Erw., 2 €/Ki. Weitere Bademöglichkeiten siehe S. 216.

• *Einkauf (Campingartikel)* **Freizeitmarkt Fritz Berger,** den bekannten Campingausrüster finden Sie in der Weissenbachstraße 2, ✆ 97220.

• *Fahrradverleih* **Fahrrad Durach,** ✆ 2456; **Fahrrad Ohmayer,** ✆ 2820.

• *Feste/Veranstaltungen* "Isny macht Musik", April–Oktober, 12 Live-Bands spielen in 12 verschiedenen Kneipen; Allgäuer Sommer (Straßenfest am letzten Samstag im August); Opernfestival (Mitte Juli für eine Woche); Isnyer Kinder- und Heimatfest (zweites Juliwochenende, am Sonntagnachmittag Umzug).

• *Kinderferienprogramm* "Isny macht Sommer in the City", Juli bis September.

• *Kino* In der Lindauer Straße wurde vor kurzem das **Neue Ring Theater** eröffnet, i. d. R. ist eine Kartenvorbestellung nicht nötig.

• *Konzerte* Mittwochs **Sommerabendkonzerte** mit Kapellen aus Isny und Umgebung.

• *Historische Postwagenfahrt* Von Isny über Bad Wurzach nach Ochsenhausen, von Mai–Oktober (vier Tage, drei Übernachtungen). Buchen können Sie in der Kurverwaltung. 590 €/Person.

• *Naturprodukte/Schaukäserei* **Käsküche Isny,** Maierhöfenerstraße 78 (am südlichen Ortsrand), ✆ 912700 ℻ 912701. Milchprodukte aus ökologischer Landwirtschaft. Die Schauküche demonstriert die Käseherstellung von der Milchannahme bis zum reifen Käselaib (Fr 10.30 Uhr). Führungen Mo–Fr 9–12.30 und 15–18.30 Uhr, Sa 9–12.30, So 15–18 Uhr.

• *Radferien* Von Mai bis Oktober kann man an geführten Radwanderungen mit sechs Übernachtungen teilnehmen. Buchen können Sie in der Kurverwaltung. 222 €/Person.

• *Tennis* Tennisclub Isny, ✆ 8396; Tennishalle in der Leutkirchner Straße, ✆ 1244.

• *Wandern* Verschiedene Karten sind in der Kurverwaltung erhältlich. Ausführliche Tourenbeschreibungen, z. B. zur Kugel oder durch das Ried, erhalten Sie kostenlos bei der Kurverwaltung.

Übernachten/Essen und Trinken

• *Hotels* **Berghotel Jägerhof,** etwa 7 km Richtung Christazhofen-Beuren, an einem Südhang am Waldrand gelegen, ✆ 770, ℻ 77202. Luxuriöser Hotelkomplex in großer Abgeschiedenheit, große Südterrasse mit herrlichem Blick, bestens geeignet für einen gepflegten Nachmittagskaffee. DZ 164 €.

Hotel Bären (6), Obertorstraße 9, ✆ 2420, ℻ 2415. Neu renoviert, gut und preiswert ist die pfiffige Küche, vom Marktplatz etwa 100 m. Kaiserschmarren auf Anmeldung. DZ 62 €.

Hotel Hohe Linde (7), Lindauer Straße 75 (am Ortsende Richtung Wangen), ✆ 97597, ℻ 975969. Mit Schwimmbad und Whirlpool, Garten mit Liegewiese und Frühstücksterrasse. DZ ab 82 €.

Hotel Gasthof zur Grenze, Schanz 2, 88167 Maierhöfen, ✆ 975510, ℻ 9755127. Idyllische Waldrandlage, sonnige Terrasse. Das Restaurant hat Mo Ruhetag. So 15–18 Tanztee. DZ ab 70 €.

• *Gasthöfe* **Zum Schwarzen Grat,** 88316 Bolsternang, ✆ 8470, ℻ 4377. Gemütliches Gasthaus mitten im Dorf, familiär, einige behindertengerechte Zimmer. DZ ab 80 €.

Gasthof Sontheim, Reute 7, 88167 Maierhöfen, ✆ 08383/202, ℻ 08383/7594. Zwischen Maierhöfen und Grünenbach rechts nach Reute abbiegen (ca. 7 km außerhalb). Sehr nett gelegen. DZ ab 50 €. Spezialität: Damwild aus eigener Zucht. Leckere vegetarische Gerichte, Biergarten, Kinderspielplatz.

• *Jugendherberge* Dekan-Marquardt-Straße 18 (am Ortsausgang Richtung Kempten, 20 Gehminuten vom Zentrum), ✆ 25550, ℻ 55547. 28 Schlafräume. Preise telefonisch erfragen.

• *Camping* **Campingplatz Waldbad,** Lohbauer Straße 61, ✆ 2389. Ganzjährig geöffnet. 20 Gehminuten vom Stadtzentrum entfernt. Zwei Personen mit Stellplatz 12,50 €.

Camping am Badsee, Allmisried 1, Ortsteil Beuren, ✆ 07567/1026, ℻ 07567/1092. An einem kleinen Moorsee gelegen (Streichelzoo und Kinderspielplatz, Bademöglichkeit, Bootsverleih). Zwei Personen und Stellplatz 12,50 €.

• *Ferienwohnungen/Urlaub a. d. Bauernhof* Eine Vielzahl von Angeboten. Zwei Beispiele:

Maier, Paul, Sommersbach 7 (8 km nordwestlich), ✆ 8294, ℻ 3986. Zum Badesee 3 km, Ferienwohnung 35 €.

Johannishof, Maierhöfen, Untersteig 2 (4 km südlich), ✆ 08383/97020 oder 380, ℻ 08383/97022. Beim Naturschutzgebiet Eistobel, Ferien auf dem Bauernhof, DLG-prämiert. Ab 35 €.

• *Essen und Trinken* **Zum Bayerischen Wirt,** ✆ 2055, ℻ 2056. Am Rand Isnys im Ortsteil Schweinebach. Regionale

Essen und Trinken

1. Piccolo Giovanni
2. Krone/Altdeutsche Weinstuben
3. Irish Pub
4. Café Soravia
5. Dolce Vita

Übernachten

6. Hotel Bären
7. Hotel Hohe Linde

Spezialitäten, Diät- und Schonkost, auch vegetarische Küche (auch Übernachtungsmöglichkeiten: DZ ab 50 €).

Piccolo Giovanni (1), Bahnhofstraße 30, ✆ 8533. Winzige Stube mit ein paar Tischen. Besonders lecker ist der Chefsalat mit Pizzabrot.

Dolce Vita (5), Espantorstraße (direkt neben dem Espantor), ✆ 56703. Größeres Lokal mit verführerischem Pizzaangebot.

Krone/Altdeutsche Weinstuben (2), Bahnhofstraße 13 (in der Altstadt), ✆ 2442. Gutbürgerliche Küche, auch vorzügliche vegetarische Gerichte. Tägl. 11.30–14 und ab 18 Uhr. Do Ruhetag.

Café Soravia (4), Wassertorstraße. Etwas moderner eingerichtetes italienisches Eiscafé, wechselnde Bilderausstellungen.

Irish Pub (3), Wassertorstraße. *Der* Jugendtreff Isnys, oft Livemusik. Imbisstipp: "Belegte Seelen". Geöffnet ab 15 Uhr. Früher war hier ein traditionelles Gasthaus, und so sagen die Isnyer auch heute noch, sie gehen zum "Löwen".

Stadtrundgang

Ausgangspunkt ist das Kurhaus an der nördlichen Stadtmauer. Neben der Touristeninformation ist ein kleines Gebäude zu sehen, ein restauriertes und mit Wandmalereien verziertes **Gartenhäuschen,** das an die erwähnten Glaubenskämpfe der Reformationszeit erinnert, als Katholiken außerhalb der Stadtmauern leben mussten. Auf der anderen Seite des Kurhauses erhebt sich die Stadtmauer, die mit "Achbrocken" (Steinen aus dem Dorfbach) errichtet wurde und deren älteste

Blick zum Espantor

Reste aus dem 17. Jh. stammen. Dahinter sind drei Türme zu sehen: rechts der der **Klosterkirche** (das Kloster wurde 1096 von Benediktinern gegründet), daneben der der **Stadtkirche,** die mit der Reformation evangelisch wurde. Damals behinderten sich die Kirchen während der Gottesdienste durch das Läuten der Turmglocken gegenseitig (im Stadtarchiv lagern zahlreiche Briefe zu Problemen der "Läuteordnung"). Als dritter Turm wäre der **Wachturm am Wassertor** zu erwähnen, welches sich im wasserreichen Gebiet des Orts befindet und daher seinen Namen hat.

Zunächst führt der Rundgang einige Schritte an der Stadtmauer entlang, vorbei am **Käsbrückle,** das über die Ach führt. In einer alten Käserei hinter der Brücke befindet sich heute übrigens ein ganzjähriger Weihnachtsmarkt. Von dort aus wurde früher der ausgereifte Käse über die erwähnte Brücke in die Vorstadt gerollt. 80 Kilo wiegt so ein Laib Bergkäse! Auf dem Rundweg passiert man einen zweiten Turm der Stadtmauer, den **Speicherturm,** welcher als Gefängnis und Pulverspeicher diente. Wiederum rechts davon wird die Stadtmauer vom **Espantor** durchbrochen (Espan = Allmende, d. h. die Gemeinschaftswiesen vor dem Stadttor, die als Gänseweide, Festwiese und Waffenübungsplatz genutzt wurden). Im Mittelalter sollte der Wächter des Tores vor Feuer warnen, Feinde sichten, Zoll nehmen und darauf achten – so ist im Archiv zu lesen –, dass "küne arme Lüt" in den Ort kommen.

Man passiert nun das Tor und stößt an der Ecke Espantorstraße/Wassertorstraße auf das **Rathaus,** einen Komplex aus drei ehemaligen Patrizierhäusern. Bemerkenswert ist der obere Erkersaal, welcher bei einer Stadtführung besichtigt werden kann. Hier zeigt sich der einstige Reichtum des Stadtbürgertums: Im historischen Sitzungssaal befindet sich ein kunstvoll bemalter Kachelofen mit Bildern aus der biblischen Jakobsgeschichte und zahlreichen schwäbischen Sinnsprüchen, z. B.: "Das Reisen erfordert Fleiß im Brauchen kluger Sinne, sonst wird der Gwin zerünen."

Geht man auf dem Rundweg nun die Wassertorstraße hinab, so stößt man auf den Wasserturm sowie die **Nikolaikirche** und die Kirche Sankt Georg (siehe unten). Von der dreischiffigen Pfeilerbasilika aus dem Jahre 1288 stammen noch die Umfassungsmauern des Langhauses, die Regenbogenfenster des nördlichen Lichtgadens, die Arkaden im Inneren und der Turm bis zur Glockenstube. Der spätgotische

Chor mit seinem Steinrippengewölbe wurde im 15. Jh. angefügt. 1472 wurde auch die Sakristei mit dem über ihr befindlichen Bibliotheksraum mit einem Kreuzrippengewölbe versehen. Die Kirche ist immer offen.

Im Mittelalter war die Kirche von einem Friedhof umgeben. Mitten in diesem ehemaligen Gottesacker steht die **Ölbergkapelle** aus dem Jahre 1480, die einst als Beinhaus diente. Sie überstand die Feuersbrunst von 1631 unversehrt.

Das andere Gotteshaus, **Sankt Georg,** gehört zum ehemaligen Benediktinerkloster, das 1096 gegründet wurde. Nach dem Dreißigjährigen Krieg wurde die im Jahre 1631 durch den großen Stadtbrand zerstörte dreischiffige Hallenkirche neu erbaut. Die Ausgestaltung des Innenraums fand erst im 18. Jh. seine Vollendung. Der Raum begeistert durch seine harmonische und heiter wirkende Barockausstattung, v. a. durch die herrlichen Stuckaturen. Die Fresken des Mittelschiffs zeigen u. a. Davids Tanz vor der Bundeslade (über der Empore).

Hinter den Kirchen geht es auf das **Schloss** zu, in welchem Sommer-Mal-Akademien veranstaltet werden. Von hier ist es nicht mehr weit zurück zum Kurhaus.

Notizen aus der Rechtsgeschichte

Von 1396 ist eine Niederschrift des mittelalterlichen Isnyer Rechts erhalten geblieben. Isny orientierte sich dabei am Lindauer Stadtrecht. Die Türme waren hier wie in anderen Städten die Gefängnisse, und man hat den Eindruck, dass sie nur selten leer waren: Wer etwa den Nachbarn nicht grüßte, wurde unter Arrest gestellt. Geköpft wurde derjenige, der, ohne in Notwehr zu handeln, jemanden tödlich verletzte. Falls ein Gewaltopfer nicht starb, wurde dem Täter nur die Hand abgehackt, es sei denn, er zahlte 10 Pfund Strafe. Bei Diebstahl von geringen Werten wurden dem Täter die Wangen durchgebrannt, oder es wurde ihm ein Ohr abgeschnitten.

Feuer war der große Feind der Städte. Wer unvorsichtig war oder ein ausgebrochenes Feuer nicht lauthals meldete, wurde bestraft. Bei der Verfolgung eines Verbrechers musste jeder mithelfen, sonst war eine Strafe von drei Pfund fällig – die kleine Stadt hatte zu wenige Knechte und griff deshalb zu diesem Mittel. Das Strafmaß war nicht an jedem Tag gleich: Am Wochenmarkttag und am Jahrmarkt wurde jede Tat dreimal so streng bestraft wie sonst!

Museen

Galerie am Espantor: Wechselnde Ausstellungen von bekannten und weniger bekannten Künstlern. Reizvoller Blick über die Stadt.

Öffnungszeiten Ganzjährig Di, Sa und So 14–17 Uhr. Eintritt 1,50 €/Erw., 0,50 €/Ki.

Museum am Mühlturm: Westlich des Espantores befindet sich der Mühlturm, ein Wehrturm mit Kegeldach, erbaut im 16. Jh. In den Ausstellungsräumen wird die Stadtgeschichte von den Römern bis zum Leinwandhandel dargestellt. Daneben wird – das ist die Besonderheit des Museums – die alte Münzwerkstatt gezeigt, in der Besucher auf Wunsch selbst eine Erinnerungsmünze prägen können. Seit dem 16. Mai 1507, als König Maximilian der Stadt das Münzrecht für Silbermünzen verlieh, wurde in Isny geprägt.

Öffnungszeiten Ganzjährig Di, Do, Sa und So 14–17 Uhr. Eintritt 1,50 €/Erw., 0,50 €/Ki.

Der Westen
Karte S. 201

Heimatmuseum im Wasserturm: Grafitti aus 500 Jahren Gefängnisgeschichte bedecken die Wände. Ausgestellt sind die Geschichte der Feuerwehr, eine Schuhmacherwerkstatt und die Türmerwohnung mit der Einrichtung aus dem 19. Jh. Als Zugabe gibt's einen herrlichen Blick auf Isny und Umgebung.
Öffnungszeiten Mai–Oktober Mo 19, Mi 14, So 10 Uhr. Nur mit Führung. Eintritt 1,50 €/Erw., 0,50 €/Ki.

Praedikantenbibliothek: Diese wertvolle Bibliothek befindet sich in der Nikolaikirche über der Sakristei. Sie beherbergt 70 Handschriften (u. a. von Luther, Melanchthon und Zwingli) und 171 Wiegendrucke ("Inkunabeln", d. h. Druckwerke aus der Zeit vor 1500). Die Schriften sind meist theologischen, medizinischen oder juristischen Inhalts. Auch hebräische Drucke gehören zum Bestand der Bibliothek.
Öffnungszeiten Im Sommer Mi 10.30 Uhr. Zugang nur im Rahmen einer vom Pfarrer selbst durchgeführten Führung. Kostenlos, um eine Spende wird gebeten.

Kunst im Schloss: Eine Sammlung von rund 60 Marmor- und Bronzerepliken hellenistischer Kultur (u. a. Hermes des Praxiteles, Aphrodite von Melos, Laokoon-Gruppe). Gleichzeitig Präsentation der Werke des Malers und Illustrators Friedrich Hechelmann sowie wechselnde Ausstellungen.
Öffnungszeiten Schloss 1, ✆ 4199. Tägl. 11–17 Uhr, Mo geschlossen. Eintritt 5 €/Erw.

Wandern und Baden

Kugel (1.068 m): Die Kugel ist ein kleiner Berg (mit Sendemast), der mit dem Mountainbike oder zu Fuß gut in Angriff genommen werden kann, entweder von Hengelesweiler, Simmerberg oder Riedholz/Iberg aus.

Durch das Rotmoos: Nach dem Abschmelzen des riesigen Rheingletschers bildete sich hier ein sehr flacher See, der im Laufe der Jahrhunderte zunehmend verlandete. Ein Wegenetz erschließt das bereits im Mittelalter bewirtschaftete Niedermoor, welches für die Tier- und Pflanzenwelt als Rückzugsraum gilt. Vorsicht beim Wandern: Im Gestrüpp leben Kreuzottern; ein Wanderer berichtete, bei einem Spaziergang zwölf Exemplare gesehen zu haben! Eine Wanderung durch das Moor dauert etwa eineinhalb Stunden, Ausgangspunkt ist der Rotmoosweg, welcher nördlich der Ach (nahe dem Kurhaus) abzweigt. Nach einigen Metern ist ein Parkplatz erreicht. Von hier führt der Weg durch eine Birkenallee ins Moor. Ein Segelflugplatz wird erreicht, den man rechts liegen lässt. Weiter geht es in weitem Bogen durch Wald und Wiesen und an einem Wasserlauf entlang zurück zum Ort. Unterwegs geben anschauliche Infotafeln über Moore, Vögel, Pflanzen und Bewirtschaftung Auskunft.

Zum Eistobel: Etwa 8 km südlich der Stadt stößt man zwischen Maierhöfen und Grünenbach auf ein enges romantisches Tal mit Felsklausen, Wasserfällen und Nagelfluhblöcken: der sog. Eistobel. Diese schluchtartige Verwerfung in der tertiären Molasseschicht entstand bei einem Erdbeben. In Richtung Grünenbach befindet sich rechts nach einer großen Brücke über das Eistobeltal ein Wanderparkplatz; von kann man winters wie sommers seine Wanderung starten, Eiszapfen wird man freilich i. d. R. nur bis Februar finden. Rechts am Strom geht man aufwärts. Der Weg ist mit Geländern und Seilen bestens gesichert und mit guten Schuhen für jedermann zu meistern. Wenn der Weg vereist ist, müssen allerdings Stöcke und eventuell Eiskrampen verwendet werden! Schließlich kommt man (nach insgesamt etwa 3 km) am oberen Ende des Tobels zum oberen Steg und kann nun über den Weiler Riedholz zurückwandern. Eine andere Möglichkeit wäre es, sich am oberen

Sommerfreuden am Badesee

Steg rechts zu halten und über einen wiesengesäumten Weg zum Wanderparkplatz zurückzugehen. Vorteil dieser Variante: Man spart sich das Stück an der Bundesstraße.

Schwarzer Grat (1.118 m): Östlich von Isny liegt rund um den Schwarzen Grat ein für Wanderungen hervorragend geeignetes Gebiet. Vom Gipfel des bewaldeten Bergrückens sind die Alpen und der Bodensee zu sehen. Gute Ausgangspunkte sind der Wanderparkplatz in Großholzleute (von hier drei bis vier Stunden hin und zurück), Bolsternang, von wo aus der Aufstieg am kürzesten ist, und Wengen. Im Sommer kann man eine Mautstraße bis zum Wenger Egg (1.056 m) befahren. Am Gipfel wird bei gutem Wetter ein Kiosk betrieben, auf dem Wenger Egg befindet sich eine bewirtschaftete Alp. Eine andere Aufstiegsmöglichkeit bietet sich im Kreuztal östlich des Gipfels (Zufahrt von Isny: zuerst nach Norden Richtung Leutkirch, in Friesenhofen rechts abbiegen Richtung Kempten, dann in Schmidsfelden rechts ins Eschachtal einbiegen). Ausgangspunkt ist das Gasthaus Batschen südöstlich des Ortes Eisenbach. Der Aufstieg von dieser Seite gestaltet sich etwas steiler. Man stößt auch auf dieser Route auf das Wenger Egg. Nach der Wanderung bietet sich im Sommer ein Ausflug zum Eschacher Weiher an (kein Eintritt, mooriges Gewässer, Liegewiese), welcher sehr schön gelegen und ein beliebtes Ausflugsziel für Kemptener ist. Eine Einkehrmöglichkeit bietet sich in Eschach. Wer noch mehr im Eschachtal wandern will, dem sei empfohlen, die Wege auf den Anger (1.124 m) und zur Schwedenschanze östlich des Eschachtales auszuprobieren.

Bademöglichkeiten: Am leicht moorigen **Badesee in Beuren** (nördlich von Isny) wurde ein Strandbad eingerichtet (Eintritt, Kiosk). Wer nicht den ganzen Tag am See liegen will, kann östlich des Sees ab Unterspießwengen eine einstündige Runde zu oder zwischen den Urseen unternehmen, in denen das Baden aus Naturschutzgründen verboten ist. Weitere Badeseen: das **Waldbad** beim Campingplatz und der

Der Westen
Karte S. 201

Eschacher Weiher. Insider-Tipp: der **Baggersee bei Kleinhaslach** (Richtung Großholzleute fahren und links abbiegen Richtung Kleinhaslach, dann rechter Hand neben dem Fußballplatz dem Trampelweg folgen; nicht beschildert).

Zwischen Isny und Wangen: Argenbühl

Sechs kleine Dörfer in rund 650 m Höhe mit insgesamt 5.600 Einwohnern bilden zusammen die Gemeinde Argenbühl. **Eglofs** gewann 1998 Silber im Bundeswettbewerb "Unser Dorf soll schöner werden". In **Ratzenried** kann man ein Heimatmuseum besuchen (bäuerliche Kunst, Alltagsgegenstände, Fundstücke aus dem Mittelalter).

- *Touristeninformation* **Gästeamt Eisenharz,** Kirchstraße 9, 88260 Argenbühl, ✆ 07566/940210, 📠 07566/940293. Mo–Mi 8–12 und 14–16.30, Do 8–12 und 14–18, Fr 8–13 Uhr.
- *Baden* Moorbad Argenbühl-Burg, Buchweiher Siggen, Enkenhofer Badesee, Platzweiher Ratzenried-Sechshöf.
- *Gasthöfe/Camping* **Gasthof "Zur Rose",** Eglofs, Dorfplatz 1, ✆ 07566/336, 📠 07566/1678. Das traditionsreiche Haus bietet echte familienfreundliche Gastlichkeit. Wählen Sie aus dem reichen Speiseplan: Vegetarisches, Bodenseefelchen in Mandelbutter, geröstete Leberspätzle mit Ei oder eine herzhafte Brotzeit. Bei Kaffee und Kuchen auf der Sonnenterrasse ist die Bergkulisse gratis. EZ ab 29 €, DZ ab 45 €.

Badwirtschaft Malleichen, in diesem alten, mit Schindeln verkleideten Gasthaus – im herrlichen Argental und weit weg vom "Schuss" – werden Sie sich im Biergarten bei einem Salatteller oder einer Brotzeit und Meckatzer Bier sehr wohl fühlen. Natürlich bietet die Küche noch mehr. An schönen Wochenenden dürfen Sie sich auf knusprige Hähnchen freuen. Ein Gartenlokal, wie man es sich erträumt. Anfahrt: Von Isny nach Westen auf der B 12 Richtung Wangen, nach 4 km links in Richtung Lindenberg abbiegen, nach weiteren 4 km in Zwirkenberg noch vor der Argenbrücke nach rechts. Gleich gelangen Sie auf einer sehr schmalen Straße nach Malleichen. Übrigens: Erfahrene Biergartenbesucher machen zuerst einen Spaziergang durch den angrenzenden Osterwald, denn: "Bier macht Durst erst schön."

Nach einem weiteren Kilometer erreichen Sie den **Ferienhof Maurus,** In der Höll 1, 88167 Röthenbach, ✆ 08383/617, 📠 08383/1497. Der kleine Campingplatz direkt am Bauernhof, von Wiesen und Wäldern umgeben, ist ein Geheimtipp. Hier finden Sie Tiere wie aus dem Bilderbuch: Kühe, Kälbchen, Pony, Esel, Ziegen, Schafe, Schweine, Kaninchen, Katzen und ein Lama, das sich streicheln lässt und nicht spuckt. Platzgebühr (Wohnwagen oder Zelt) und zwei Personen 15 €, zwei Ferienwohnungen zu je 40 €.

Missen-Wilhams

1.300 Einwohner • 850 Meter ü. NN

Missen ist eine idyllisch gelegene kleine Gemeinde abseits der großen Fremdenverkehrsorte. Der Ort wirbt mit Carl Hirnbein, dem Begründer der Allgäuer Milchwirtschaft.

Das in sanfte, hügelige Landschaft eingebettete Gemeindegebiet beschränkt sich nicht nur auf die beiden Hauptortsteile Missen und Wilhams, sondern umfasst einige weitere, allesamt etwas höher gelegene, stark landwirtschaftlich geprägte Weiler wie Aigis, Wiederhofen, Berg und Börlas. Am besten kann man die typische Allgäulandschaft – ausgedehnte Wiesen- und Weideflächen, durchsetzt mit Waldstücken – zu Fuß auf den gut ausgeschilderten Wanderwegen genießen. Urlaub auf dem Bauernhof wird hier sehr zahlreich und in der Regel noch sehr authentisch angeboten: Hier stehen noch Kühe im Stall, hier wird gemolken, gemistet und geerntet – wobei nach Belieben auch mitgeholfen werden kann. Ein idealer Erholungsort also vor allem für Familien mit Kindern. Trotz der erholsamen Abgeschiedenheit liegt Missen aber so zentral, dass sich eine breite Palette an Tagesausflügen im gesamten Allgäuer Raum anbietet.

Der Alpkönig

"Kühe und Käse gehören zum Allgäu wie Pizza zu Italien. Das war beileibe nicht immer so, denn erst vor 170 Jahren hat Carl Hirnbein nach Zeiten bitterster Not die Milchwirtschaft im Allgäu eingeführt." So wird die Rolle Hirnbeins für das Allgäu umrissen.
Hirnbein wurde 1807 in Wilhams geboren. Auf seinen Fahrten für das elterliche Handelsgeschäft kamen ihm Berichte von blühenden Käsereien in Belgien und Holland zu Gehör. Vor allem die Weichkäserei interessierte ihn, da diese Herstellungsmethode im Vergleich zur Rundkäserei billiger und einfacher ist und man zudem unabhängiger von der Milchmenge ist. Hirnbein reiste 1829 in die genannten Länder und eignete sich dort Wissen zur Käseherstellung an. Und so stellte er 1830 nach vielen Versuchen in Wilhams erstmals Limburger Käse her. In der Folgezeit erwies sich Hirnbein als großer Geschäftsmann und treibende Kraft bei der Umstellung auf die Milch- und Käsewirtschaft. Im Umsicht und Weitblick überzeugte er die Bauern, organisierte die geregelte Milchanlieferung und baute geeignete Käsekeller. Auch persönlich war er sehr erfolgreich, sein Besitz wuchs und wuchs, und 1844 besaß er 100 eigene Sennereien und an die 1.000 Hektar Grund. Selbst der Allgäuer Fremdenverkehr geht in gewisser Weise auf ihn zurück, denn das erste Hotel auf dem Grünten erbaute Hirnbein.
Im **Hirnbein Museum** in Missen sind in zwei kleinen Räumen dicht gedrängt einige seiner persönlichen Hinterlassenschaften sowie Werkzeug zur Flachsherstellung und Alphüttengeräte ausgestellt (Freitag 15–17 Uhr, Eintritt frei, Spende erbeten).

Touristeninformation/Freizeitangebot/Einkaufen

- *Postleitzahl* 87547 (Missen und übrige Ortsteile), 87480 (Weitnau)
- *Vorwahl* 08320 (Missen und übrige Ortsteile), 08375 (Weitnau)
- *Touristeninformation* **Haus des Gastes,** Missen-Wilhams, Hauptstraße 45, ✆ 456, 📠 268. Mo–Fr 8–12, Do 14–16, Fr 15–17, Sa 10–12 Uhr.
- *Fest* Der Viehscheid im September ist ein traditionelles Dankesfest und wird wie ehedem nur dann begangen, wenn während des Alpsommers kein Vieh verunglückt ist.
- *Grillplätze* Oberhalb der Kapelle bei Waltrams, an der Bergruine Alt-Trauchburg, in Seltmanns und in Rechtis.
- *Minigolf* Im Freizeitzentrum beim Haus des Gastes.
- *Organisierte Ausflüge* Im Sommer werden regelmäßig von "Sepp und Sepp" geführte Wanderungen für die gesamte Familie angeboten. Siehe dazu die ausführlichen Anschläge an einer der Informationstafeln (im Feriendorf, im Zentrum von Missen beim Ob're Wirt, am Haus des Gastes etc.).
- *Reiten* In Aigis gibt es ein Reiterzentrum, das zum **Ferienhof Ochsenkopf** (✆ 220) gehört. Einige Bauern haben zudem Pferde oder Ponys im Stall stehen und bieten speziell für Kinder Ponyspaziergänge an (siehe Aushänge der Touristeninformation).
- *Schwimmen* Solarbeheiztes **Freibad** mit zwei Becken, einem Kleinkindbassin und einer 52-Meter-Rutsche. Schön gelegen, große Liegewiese mit viel Schatten, die im Hochsommer allerdings immer noch zu klein ist. Behindertengerecht ausgestattet. Bei gutem Wetter 9–19.30 Uhr geöffnet. **Großer Alpsee**, ca. 7 km entfernt.
- *Tennis* Tennisplätze neben dem Haus des Gastes, Hauptstraße 45, Missen-Wilhams.

Der Westen
Karte S. 201

Übernachten/Essen und Trinken/Abends

• *Gasthöfe* **Brauereigasthof Schäffler,** Hauptstraße 15, Missen, ✆ 92015, 📠 92023. Zentralste Möglichkeit für eine Übernachtung in Missen. Wer hier verweilt, kann sicher sein, dass er gut verköstigt wird (siehe Essen und Trinken). DZ ab 32 €, Kinderermäßigung!

Gasthof-Pension Sonne, Fam. Gudermann, Wilhams 8, ✆ 226, 📠 1214. DZ ab 46 €, Kinderermäßigung bis 12 J.

• *Ferienwohnungen in Missen* Eine große Anzahl (94) an sympathischen Neubau-Ferienwohnungen mit viel Holz findet sich im **Feriendorf Missen** auf der Sonnenhalde (alle Wohnungen am sonnigen Südhang gelegen). Ruhige Atmosphäre, keine Wohnblocks, sondern ausschließlich kleinere Häuschen mit Garten. Zur Anlage gehören Spielplatz und Kiosk (auch Minibustransfer). Ab 222 €/Woche (je nach Größe und Ausstattung). ✆ 7090, 📠 709100.

Biolandhof Reisch, Am Freibad 5, ✆ 358, 📠 925375. Ferien auf einem kinderfreundlichen Biobauernhof in einer der neuen Ferienwohnungen (separates Gebäude). Kneipp-Gesundheitshof mit hauseigenem Kneipp-Becken, eigener Sauna und Whirlpool. Direkt am Freibad am Ortsrand. Viele Attraktionen für Kinder! Schmankerl für kleine Gruppen von 8 bis 15 Personen: Schlafen im Heubett, mit eigener Küche und Aufenthaltsraum gleich daneben. Ab 36 €/Tag.

Oberstixner-Hof, Oberstixner 1, ✆ 272. Frei stehender Biolandhof (Straße Richtung Immenstadt) mit einer Ferienwohnung für 2–6 Personen und einem Ferienhäuschen für 2–4 Personen. Pool, Spielplatz, Liegewiese und Blockhütte zum Grillen. Häuschen oder Ferienwohnung für 26 €/Tag.

Ferienhof Schwarzenbühl, An der Argen 1, ✆ 415. Drei sehr geschmackvoll und mit viel Liebe eingerichtete Ferienwohnungen in verschiedenen Größen (32–125 qm, bis zu 8 Personen). Sauna, Solarium, Spielplatz für Kids und ein kleiner Planschpool im großen Garten laden zum Relaxen ein. Ruhige Einzelhoflage im Tal, der Ortskern ist aber zu Fuß erreichbar. Ab 36 €/Tag.

• *Ferienwohnungen in Börlas* **Berghäusl,** Kapellenweg 1, ✆/📠 1380. Ansprechendes neues Gebäude mit Ferienapartments in verschiedenen Größen. Mit viel Holz freundlich gestaltet. Die Wohnungen haben entweder Terrasse oder Balkon, außerdem Garten. Sehr ruhige Lage am Ortsrand. Ab 26 €/Tag.

Bauernhof Zörlaut, Falkatweg 1, ✆/📠 1247. Zwei Ferienwohnungen für 2–6 Personen. Voll ausgestattet. Außerdem: Billardzimmer, Liegewiese, Grillhütte. Ab 31 €/Tag.

• *Ferienwohnung in Wilhams* **Lerpscher-Hof,** Missen-Wilhams 3, ✆ 448, 📠 925246. Die freundliche Ferienwohnung auf einem (bewirtschafteten) Hof im typisch Allgäuer Stil (in Holzbauweise und holzgeschindelt) ist speziell für junge Familien geeignet, da die Kinder am landwirtschaftlichen Alltag teilnehmen dürfen. Klein- und Großvieh zum Streicheln und ein kleiner Spielplatz sind vorhanden. Wohnung ab 29 € pro Tag.

• *Ferienwohnung in Unterwilhams* **Bauernhof Vogt,** Unterwilhams 7, ✆ 237. Bewirtschafteter Einzelhof mit Klein- und Großvieh. Bietet sympathische, geräumige Ferienwohnung für 2–8 Personen. Ab 28 €/Tag.

• *Ferienwohnungen in Wiederhofen* **Ferienhof Blehle,** Zur Thaler Höhe 3, ✆ 446, 📠 925097. Ein großer Hof in wunderschöner Lage auf der Thaler Höhe und inmitten sanfter Hügel mit viel Klein- und Großvieh. Separates Ferienhaus mit zwei gemütlichen und geräumigen Wohnungen. Einmaliger Ausgangspunkt für Wanderungen und Spaziergänge. Fünf Minuten zum Skilift und zur Langlaufloipe. Ab 35 €/Tag.

• *Ferienwohnungen in Geratsried* **Ferienbauernhof Hauber,** Geratsried 2, ✆/📠 204. Abseits gelegener Bauernhof mit zwei Ferienwohnungen für 2–5 Personen. Familiäre Atmosphäre. Ab 28 €/Tag.

• *Camping* **Campingplatz Weber,** Zur Thaler Höhe 12, ✆ 481. Klein, freundlich, sauber und ausgesprochen ruhig. Nicht unbedingt auf Zelte eingestellt, es lässt sich aber normalerweise eine Lösung finden. Dann zahlt man etwa 10 € für zwei Personen.

• *Essen und Trinken* **Brauereigasthof Schäffler,** Missen, Hauptstraße 15, ✆ 92015. Erlebnisgastronomie: Hier sollte man auf jeden Fall mal vorbeischauen, eine "Fuhre Mischt" und ein "Zwickl" bestellen, um das Mahl am Schluss mit selbst gebranntem Bierlikör ausklingen zu lassen. Im Gastraum lässt sich währenddessen die kleinste mobile Brauerei der Welt begutachten. Außerdem kann man die witzigen Klosprüche gedruckt mit nach Hause nehmen. Keine Angst: Die Kinder werden in der Zwischenzeit gut beschäftigt. Das Preis-Leistungs-Verhältnis stimmt auf jeden Fall. Mi Ruhetag (nicht im Juli/August).

Berggasthof Thalerhöhe, Zur Thaler Höhe 9, Missen-Wiederhofen 84, ✆ 584, 📠 1227. Nach Wiederhofen, dann ausgeschildert. Hier endet die Teerstraße. Sehr ruhig gelegen, mit Sonnenterrasse. Reichhaltiges Angebot an Allgäuer Speisen, aber nicht nur: Es werden zudem vegetarische Gerichte und Salatteller zum Sattessen angeboten. Kinder sind hier herzlich willkommen. Mo Ruhetag.

Bewirtschaftete Alpen, Wandern

Von Mai bis September laden einige bewirtschaftete Alpen auf dem Gemeindegebiet zu einem Besuch ein: Pfarralpe (Montag Ruhetag), Jugetalpe (kein Ruhetag), Siedelalpe (Mittwoch Ruhetag), Hirnbeinalpe (Dienstag Ruhetag,), Trähersalpe (kein Ruhetag), Alpe Wenger Egg (kein Ruhetag).

Die Gemeinde hat sich etwas einfallen lassen, um den Alpkönig zu Ehren kommen zu lassen: Im Fremdenverkehrsamt wird eine Wanderplakette ausgegeben: "Auf Alpkönigs Spuren". Kleinere Wandertouren führen vor allem auf den Hauchenberg und die Thaler bzw. Salmaser Höhe. Der Blick von dort auf die Nagelfluhkette mit Hochgrat ist äußerst eindrucksvoll. Die sehr einfachen Routen sind gut ausgeschildert; zusätzliche Tipps und Infos gibt das Fremdenverkehrsamt gerne. Wer aufs Geratewohl einen kleinen oder etwas längeren Spaziergang machen will, kann diesen meist direkt vor der Haustüre beginnen. Als ein schöner Ausgangspunkt für spontane Touren bietet sich auch der Parkplatz in Aigis an. Hier ist eine Wanderkarte der Umgebung aufgestellt (mit Zeitangaben). Der Carl-Hirnbein-Weg von Missen nach Weitnau ist besonders für kleinere Wanderer geeignet. Entlang der ausgeschilderten Route ist ein Kultur- und Naturlehrpfad angelegt. Es erwarten Sie 68 vielgestaltige Wegstationen in Form von Sinnespfaden, Ruhe- und Rastplätzen, Spielbereichen und Informationen.

Wanderung 26: Der Carl-Hirnbein-Weg

Die sehr leichte Wanderung mit geringem Höhenunterschied verläuft überwiegend auf befestigten Schotterwegen und ist vor allem für Kinder geeignet. Unterwegs gibt's viele hübsche Fleckchen zum Ruhen und Rasten.

Route: Von Missen über Wilhams nach Weitnau und auf demselben Weg zurück. Ausgangs- und Endpunkt ist der Parkplatz am Freibad in Missen.

Wanderzeit: 3 Stunden

Höhenunterschied: etwa 100 m zwischen Willhams und Weitnau

Besonderheit: Zu jeder Jahreszeit machbar. Im Hochsommer vor allem aufgrund der relativ langen Strecken durch schattigen Wald empfehlenswert.

Varianten: Kürzere Wanderung ab Parkplatz Wilhams. Verlängerung der Wanderung über Rieder und Waltrams bis Diepolz.

Einkehrmöglichkeiten: zahlreiche Möglichkeiten in Weitnau

Wegbeschreibung

Beginn der Wanderung ist der **Freibadparkplatz in Missen.** Zur Hauptstraße zurück, dort auf den Fahrrad- und Fußweg in Richtung Wilhams, nach wenigen Minuten rechts hinauf in den Klammweg einbiegen, der nach Wilhams zum **Parkplatz vor dem Gasthof Sonne** führt. (Selbstverständlich kann man die Wanderung auch erst in Wilhams beginnen; von hier aus ist sie übrigens auch mit Kinderwagen oder anderem rollbarem Untersatz zu befahren.)

Der Geburtsort von Carl Hirnbein wird nun nach rechts abbiegend auf der Hauptstraße durchquert, vorbei an der Ferienwohnanlage und den Skiliften. Kurz nach

Der Westen
Karte S. 201

Urlaubsidylle

Ortsende führt die Straße in den Wald. Dann links und immer den Hirnbein-Schildern folgend auf einem Schotterweg zunächst über Wiesen und Weiden, dann am Trettenbach entlang und durch ein Gatter. Hier geht es links in den Wald hinein, zunächst bergauf bis zu einem Tümpel mit Rastmöglichkeit.

Von hier aus nach links **Richtung Weitnau-Ortsmitte:** zunächst noch ein Stück bergauf, dann wieder bergab über einen Parkplatz und bis zum Waldrand. Hier nach rechts auf einen Fußweg, diesem bis zu einer Lichtung folgen, dann geht es am Bach entlang bergab und wieder in den Wald hinein. Der Weg endet in **Weitnau an den Carl-Hirnbein-Stuben** (direkt oberhalb der Kirche). Auch weiter unten im Ort finden sich diverse Möglichkeiten zur Einkehr.

Wer mit Kinderwagen/Rollstuhl oder sonstiger Fahrhilfe unterwegs ist, geht am Waldrand nicht rechts auf den Fußweg, sondern geradeaus über den befahrbaren Weg hinunter ins Dorf. Am Kirchturm orientieren und immer oberhalb der Kirche bleiben, dann erreicht man auch auf diesem Weg die Carl-Hirnbein-Stuben. Zurück geht es auf demselben Weg wieder bis Missen bzw. Wilhams.

Der Weg kann natürlich auch in Weitnau begonnen werden. Den Rückweg können Sie mit einem Shuttle-Bus zurücklegen. Erkundigen Sie sich über die Fahrzeiten bei den Touristenbüros.

Weitnau

5.200 Einwohner • 797 Meter ü. NN

Ein Spaziergang durchs Weitnauer Tal, die Kulisse des Hauchenbergs bestaunen, einem Eisvogel begegnen, an kristallklaren Bächen träumen: Kann Urlaub in den Bergen schöner beginnen?

Neun Ortschaften gehören zur Gemeinde Weitnau, jede mit eigener Dorfkirche oder Kapelle, jede mit besonderem Reiz. Bodenständigkeit und alpenländische Lebensart prägen das Weitnauer Tal, behäbige Bauernhöfe und urige Wirtshäuser sind das Charakteristikum dieser Region. Viele Proteste gab's, als die Teil-Autobahn gebaut wurde. Heute wird sie als schnelle Verbindung zwischen Kempten und Lindau akzeptiert.

Der Säufer wurde vom Teufel geholt

In Weitnau lebte einst ein hartgesottener Trinker. Weil man ihm in Weitnau nichts mehr zum Trinken gab, ging er oft kilometerweit in andere Dörfer. Sein Bruder, ein guter und tüchtiger Mann, lief ihm dabei einmal nach und redete auf ihn ein, er möge doch an Weib und Kinder denken und das lästerliche Saufen aufgeben. Der andere aber antwortete: "Und wenn mi au d'r Teifel holt, i sauf so lang's mi freut!" Als er in derselben Nacht betrunken heimwärts schwankte, muss er wohl mit dem Teufel zusammengeraten sein. Am Weg fand man anderntags nur ein paar Fetzen seines zerrissenen Gewands. Ringsherum aber waren Spuren von seltsamen Stiefeln und Pferdehufen zu sehen. Von dem Bauern selbst aber war kein Fäserle mehr zu finden. Man soll den Teufel nicht an die Wand malen, sagt ein altes Sprichwort. Der Teufel hatte unseren Bauern wohl beim Wort genommen.

Geschichte: Schon 726 wird der Ort als "Witunavia", später "Witenove" (weite Aue) erwähnt. Lange Zeit gehörte Weitnau territorial zur Herrschaft von Hohenegg, die Einwohner blieben aber Untertanen der stiftkemptischen Fürstäbte. Kämpferisch und zunächst erfolgreich beteiligten sich die Bauern der Gegend am Bauernaufstand ("Trauchburger Haufen"). Im Dreißigjährigen Krieg verbreiteten die Schweden hier wie vielerorts im Allgäu Furcht und Schrecken. Doch die Weitnauer wussten zu überleben. Ihr blühender Viehhandel war in der Folgezeit weit über die Allgäuer Grenzen bedeutend. 1812 wurde in Weitnau von einem Schweizer Senn der erste Emmentaler hergestellt, 1840 führte Hirnbein die Weichkäserei ein und produzierte hier Limburger und Romandur erstmals in größerem Stil.

- *Postleitzahl* 87480
- *Vorwahl* 08375
- *Touristeninformation* **Verkehrsamt Weitnau,** Hoheneggstr. 25, ✆ 920241, 📠 920243. Mo–Fr 9–12 und 15–16.30, Sa 10–12 Uhr.
- *Angeln* Petri Heil fürs stille Genießen am Stixner Bach oder am Weitnauer Dorfweiher. Tageskarten im Verkehrsamt.
- *Baden* **Freibad Seltmanns,** Badweg 1, ✆ 634, 10–20 Uhr.
- *Fahrradverleih* Im Verkehrsamt, ab 2,50 €.
- *Feste/Veranstaltungen* Heimat- und Trachtenabende, Konzerte, historisches Burgfest, Märkte, Hexentreiben u. v. m. Infos beim Verkehrsamt.
- *Gästekindergarten* Im Weitnauer Bürgerhaus Mo–Fr 8–12 und 14–16.30 Uhr. Während der Schulferien geschlossen.
- *Grillplätze* Verträumt in Waltrams, historisch bei der Burgruine Alt-Trauchburg.
- *Klettern* **Kletterhalle Seltmanns,** Infos unter ✆ 0831/5209557, während der Öffnungszeiten unter ✆ 0831/8219. Mo–Do 17.30–22, Fr 16–21, Sa 13–21, So/Feiertag 11–18 Uhr. 1500 qm Kletterfläche, bis 13 m hoch. Basic-Kurs (3 mal 3 Std.) 100 €.
- *Landwirtschaftliche Bio-Höfe* **Biolandhof Kammerlander,** Engelhirsch 14, ✆ 1465; **Rupp**, Sibratshofen, Im Kreuztal 9, ✆ 667.
- *Lederhose nach Maß* **Lederbär Bosch,** Engelwarz 8, ✆ 608. Hier erhalten Sie endlich die maßgeschneiderte Lederne.
- *Wandern* 150 km gepflegte und beschilderte Wege durch Wälder, Wiesen und Hochmoore, z. B. der Carl-Hirnbein-Weg (siehe auch S. 221), auf Wunsch mit Führung. Sie finden in Weitnau viele Wegweiser, auf Holz gemalte Landkarten und Hinweissäulen. Weitere Infos beim Verkehrsamt.
- *Übernachten/Essen* **Gasthof Goldener Adler,** Hoheneggstr. 26, ✆ 921360, 📠 921361. Untergebracht ist der Gasthof im ehemaligen Amtshaus der Herren von Hohenegg, das im 16./17. Jh. an der Stelle ei-

Der Westen
Karte S. 201

nes ehemaligen Maierhofes aus dem 12. Jh. errichtet wurde. Schauen Sie sich das historische "Malefizstüble" an, und speisen Sie gut in historischem Gemäuer. DZ ab 60 €.

Gasthof/Pension Krone, Kirchstr. 33, ☏ 209, ℻ 975356. Rustikales Lokal mit schwäbisch-bayerischer Küche. DZ ab 44 €.

Gasthaus Engel, Engelwarz 9, ☏ 8885, ℻ 8347. DZ 50 €.

Gasthof Adler, Sibratshofen, Hauptstr. 8, ☏ 202. Viel Holz in den Räumen, Tennisplatz. DZ 40 €.

Hotel-Gasthof Engel, Wengen, Alpe-Egg-Weg 2, ☏ 317, ℻ 8512. Geräumige Terrasse, hauseigener Kinderspielplatz. ÜF im EZ 33 €, im DZ 57 €.

Bistro Relax, Hoheneggerstr. 38, ☏ 1480. Dart- und Billardspiele.

Sehenswertes

Pfarrkirche St. Pelagius: Der 54 m hohe, mit einem grünen Spitzhelm geschmückte Kirchturm lädt schon von weitem zu einem Besuch ein. Bis unter die Schallfenster ist er noch mittelalterlichen Ursprungs. Wer durch eines der Portale den Innenraum betritt, ist überrascht. Eine farbenfrohe, weiträumige Kirchenhalle tut sich auf. Nicht ohne Grund gehört dieser Kirchenbau des Historismus von 1860 zu den schönsten neugotischen Kirchen Schwabens. Die im Hauptaltarschrein erhaltenen spätgotischen Holzfiguren der Mondsichelmadonna, der Hll. Agnes und Pelagius sowie der Hll. Magdalena und Johannes d. T. stammen aus der Nachfolge von Hans Multscher (um 1471).

Burgruine Alt-Trauchburg: Die Burgruine liegt idyllisch auf einem heute bewaldeten Nagelfluhrücken des westlichen Sonneck auf 903 m Höhe und ist auf gut beschilderten Wander- und Forstwegen von Kleinweiler, Weitnau und Wengen zu erreichen. Ob eine 1041 erwähnte "Druchburg" der Trauchburg entspricht, ist fraglich. Sicher ist hingegen, dass sich 1150 eine Herrschaft nach der Trauchburg nannte. 1306 kauften die Truchsesse von Waldburg die Burg, und 1772 ging sie an die Linie Waldburg-Zeil, die die Burg noch heute besitzt. Ab 1750 wurde die Anlage abgerissen, um Material für den Bau des Schlosses Neu-Trauchburg bei Isny zu gewinnen. Das eindrucksvolle Macht- und Herrschaftssymbol wurde so zerstört. Die Sanierung der Ruine erfolgte erst in den 90er Jahren des 20. Jh. Eine Schautafel vor der Ruine zeigt einen sehr anschaulichen Rekonstruktionsversuch.

Auf der Trauchburg

- *Essen und Trinken* Eine Einkehr in der **Burggaststätte** zu einer Brotzeit mit den verschiedensten "Seelenspezialitäten" ist sehr empfehlenswert. Mi Ruhetag.
- *Burgwanderweg Alt-Trauchburg* Auf vier Burgwanderwegen geht es zur Ruine Alt-Trauchburg mit einer Wanderzeit von 1,5 bis 5 Std. Besorgen Sie sich den schön gestalteten und sehr informativen Führer kostenlos im Verkehrsamt. Speziell die Geschichte der Burg ist ausführlich und mit vielen Abbildungen dargestellt.

Zwischen Weitnau und Isny

Historischer Gasthof Adler in Großholzleute: Ein Haus mit langer Geschichte: Um 1400 errichtet, ab 1409 "Amtshaus", ab 1693 eine Kutschenhaltestelle, 1770 übernachteten hier die Kaiserin Maria-Theresia und 1770 ihre Tochter Marie-Antoinette, 1958 schließlich tagte hier die "Gruppe 47" mit namhaften Schriftstellern wie Ingeborg Bachmann, Günter Grass, Heinrich Böll, Carl Zuckmayer u. a. (Grass las übrigens seinerzeit zwei Kapitel aus seiner "Blechtrommel").
Machen Sie eine Rast in den holzgetäfelten Stuben in der Hauptstraße 27 und probieren Sie die köstliche Küche. Eine Wanderung durchs Argental oder ein etwa zweistündiger Rundweg über den östlichen Höhenrücken wird Ihren Appetit auf die Spitze treiben. Auch Übernachtungen sind möglich (Doppelzimmer ab 50 €).

Wangen

26.000 Einwohner • 570 Meter ü. NN

Türme, Erker, Giebel, Plätze, Gässchen mit Patrizier- und Handwerkerhäusern: eine mustergültig erhaltene Altstadt, die als Ensemble unter Denkmalschutz steht.

Wangen ist auch die Stadt der Brunnen. Drei Generationen kann man bestaunen: in der Oberstadt die Steinbrunnen, in der Unterstadt die gusseisernen und seit den 80er Jahren in der ganzen Stadt verteilt die humorvollen Figurenbrunnen.

Ein Großteil der Altstadt ist Fußgängerzone, und so lassen sich in aller Ruhe idyllische Winkel erkunden und bunte Fassaden studieren. Wer Wangen lieber ohne viele Schritte zu tun auf sich wirken lassen will, kann von den Stühlen des Cafés HinderOfen auf dem Marktplatz dem Treiben mit Blick auf Kirche, Rathaus und Pfaffenturm zusehen. Auch abends ist Wangen eine gute Adresse: Im Vergleich zu den umliegenden Städtchen ist das Angebot an Kneipen und Cafés erfreulich reichhaltig.

Geschichte

Wangen steht auf der grünen Wiese. So erklärt sich jedenfalls der Name Wangen aus dem Althochdeutschen. Im auffälligen Stadtwappen allerdings ist von einer Wiese nichts zu sehen, vielmehr drei Köpfe, ein halber Adler und eine blaue Lilie. Die schriftlich verbürgte Geschichte Wangens beginnt mit der ersten Erwähnung von 815. Wangen unterstand – typisch für die Region – dem Kloster St. Gallen. Um 1150 errichtete der Abt von St. Gallen hier an der Kreuzung der Straßen Augsburg–Mailand und Kempten–Ravensburg einen Markt. 1286 spricht König Rudolf von Habsburg Wangen das Überlinger Stadtrecht zu. Damit wurde Wangen eine freie Reichsstadt und erhielt 1402 den Blutbann, also das Recht, Todesurteile zu vollstrecken. Zu einer mittelalterlichen Stadt gehört natürlich auch das Zunftwesen: Durch eine um 1350 eingeführte Verfassung gewannen die Bäcker, Schmiede, Weber und Schuhmacher an Einfluss und hatten ein Wörtchen bei der Wahl des Bürgermeisters mitzusprechen.
Die Unterstadt wurde im frühen 15. Jh. in den umfriedeten Bereich eingeschlossen. Dem Bauernkrieg von 1525 stand Wangen ablehnend gegenüber, bedeutende Geschehnisse trugen sich nicht zu. 1539 ereignete sich ein verheerender Brand in der Oberstadt, die heutigen Häuser gehen auf die Zeit danach zurück. Mitte des 16. Jh. war die Zeit der Zünfte vorüber: Durch Bestimmungen Kaisers Karls V. wurde die direkte Beteiligung an der Macht unterbunden. Der Dreißigjährige Krieg beendete die wirtschaftliche Erfolgsgeschichte des Leinwandgewerbes; Plünderungen

Karte S. 201

und Kriegsschulden lasteten schwer auf der Stadt. 1802 wurde Wangen bayerisch, 1810 württembergisch. In den 1970ern erfolgten Eingemeindungen, und somit kann der Ort sich ab 1973 "Große Kreisstadt" nennen. Wangen lebt heute von Tourismus-, Gewerbe- und Industriearbeitsplätzen.

Touristeninformation/Freizeitangebot

- *Postleitzahl* 88239
- *Vorwahl* 07522
- *Touristeninformation* **Gästeamt,** Marktplatz 1, ✆ 74211, ℻ 74214 (telefonische Ansage freier Zimmer unter ✆ 19412), www.wangen.de. Im Sommer Mo–Fr 9–12.30 und 14–17.30 sowie Sa 10–12 Uhr, im Winter Mo–Fr 9–12 und 14–17 Uhr.
- *Führungen* **Stadtführungen** Do (ganzjährig), im Sommer zusätzlich Di (jeweils um 15.30 Uhr).

Gästewanderungen jeweils Do 15.30 Uhr, Treffpunkt am Gästeamt, geringer Unkostenbeitrag, Imbiss auf einem Bauernhof.

Brauereiführungen mit Kostproben Mitte Juli und August alle zwei Wochen. Anmeldung beim Gästeamt.

- *Fahrradverleih* Beim **Gästeamt** für 15 €/Woche oder 4 €/Tag; **Zweirad-Haus Kipper,** Am Waltersbühl 15, ✆ 97930.
- *Feste/Veranstaltungen* Kinder- und Heimatfest alljährlich Ende Juli in der Altstadt (mit Feuerwerk und Umzug); Klangfeuerwerk am letzten Freitag im Juli auf dem Festplatz (Parkplatz 17); Burgfest Mitte August in Neuravensburg (8 km von Wangen entfernt).
- *Grillen* In Wangen und Umgebung mehrere Grillplätze, Infos/Reservierung von Grillhütten im Gästeamt.
- *Kindertheater* **Kasperfamilie,** Lange Gasse 43, ✆ 914353. Täglich Vorstellungen für 3 €.
- *Kino* **Lichtspielhaus,** Lindauer Straße 7, ✆ 21090.
- *Klettern* **Kletterpfeiler des DAV** unter der Autobahnbrücke der A 96 im Argental. 900 Griffe sind installiert, alle Schwierigkeitsgrade. In der 9 km entfernten Nachbargemeinde Amtszell ist eine **Kletterhalle** errichtet worden. Mo Ruhetag, Infos unter ✆ 07520/5282. Im **Freibad Stefanshöhe** ist ein Turm besteigbar.
- *Konzerte* Sommerabendkonzerte an der Stadtmauer. Im Gästeamt sind Karten für die Bregenzer Festspiele erhältlich.
- *Kunsteisbahn* Mitte November bis Mitte März an der Stefanshöhe.
- *Minigolf* Nahe E-Center (an der Argen), bei Familien beliebter Treffpunkt.
- *Reiten* **Hof Burkart,** Neuravensburg-Untermoosweiler, ✆ 07528/7230 (für Mädchen ab 10 J.).

Hof Lanz, Neuravensburg-Degetsweiler, ✆ 07528/7227. Ponyreiten für Kinder und Jugendliche im August.

Reiterhof Ohneseit, Welbrechts 9, ✆ 07522/4309.

Mittwochs bei jeder Witterung Ponyreiten in der **Reitanlage Auwiesen** (am Fluss beim Südring).

- *Schwimmbad* Beheiztes **Freibad Stefanshöhe,** Mo–Fr 7–20.30, Sa/So 8.30–20.30 Uhr (✆ 1225). Angeschlossen sind ein Restaurant und ein Café.
- *Skaten* **Skate-Factory,** riesige Inlineskate-Halle in der Spinnereistraße (von der Lindauer Straße Richtung Niederwangen, an der Waldorfschule links abbiegen). Mi–Fr 15–21, Sa 12–21, So 10–20 Uhr. Eintritt 5 €.
- *Tennis* Tennisanlage in der Max-Fischer-Straße, ✆ 3666; Tennishalle Waltersbühl, Pfannerstraße 58, ✆ 21357.

Übernachten

- *Hotel* **Hotel Blaue Traube (2),** Zunfthausgasse 10, ✆ 6627, ℻ 6620. Bewirtschaftet in vierter Generation. Der Juniorchef kocht bisweilen selbst, probieren Sie die Apfelspätzle zum Dessert. DZ 75 €.
- *Gasthöfe* **Gasthof zum Hirsch,** Deuchelried, Kirchplatz 4, ✆ 21152, ℻ 21152. 2 km von Wangen entfernt, reichhaltige Vesperkarte. DZ 46 €.

Gasthof zur Sonne, Leupolz, Kißlegger Straße 25, ✆ 07506/1399, ℻ 07506/3018. Gut auch zum Essen (der Chef kocht selbst). Hübsche Gartenterrasse, Ponyreiten wird auf Anfrage vermittelt. DZ 65 €. Mo Ruhetag.

Gasthof Baumgarten (1), Schillerstraße 13, ✆ 6606, ℻ 6006. Nahe der Altstadt. DZ 50 €.

- *Ferienwohnungen* Insgesamt gibt es in Wangen und Umgebungen an die tausend Ferienwohnungen. Hier eine winzige Auswahl:

Hengge Maria, Deuchelried, Steibisberger Weg 39, ✆ 8395. An eine grüne Wiesen an-

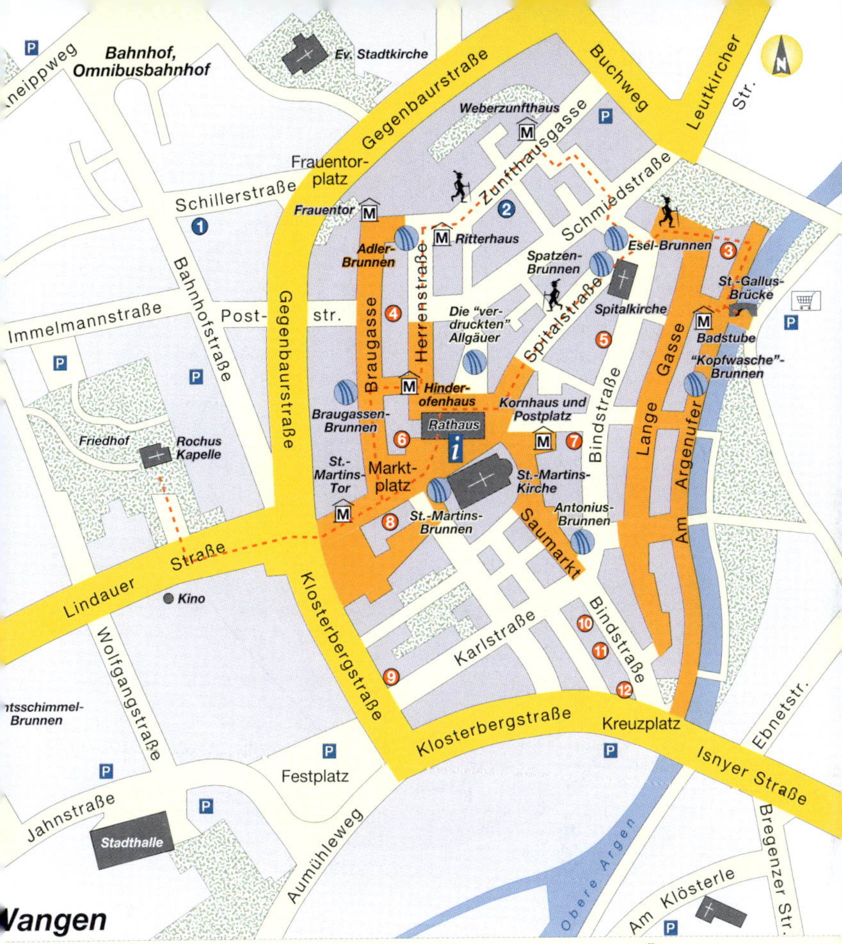

ssen und Trinken

- Museumscafé
- Hackerkeller
- Stadtgespräch
- 6 HinderOfenCafé
- 7 Zum Kornhaus
- 8 Fidelisbäck
- 9 Pizzeria Romantica
- 10 Weinstube Kempter
- 11 Lamm
- 12 Café-Restaurant am Kreuzplatz

Übernachten

- 1 Gasthof Baumgarten
- 2 Blaue Traube

grenzendes Haus, ein Apartment und eine große Ferienwohnung. Je 30 €/Tag.

Maria Diem, Berg 1, ✆ 3762. Eine Wohnung für 8 Personen. Am Standrand von Wangen Richtung Niederwangen. 60 € in der Hauptsaison.

Renate Birk, Wilhelm-Schussen-Weg 11, ✆ 28474 (Irmgard Dausch). Zwei behagliche 1-Zimmer-Apartments mit Dach-Loggia. 33 €.

• *Camping* 18 Wohnmobilstellplätze auf dem Parkplatz P 17 an der Argen, 5 €/Nacht, Stromanschluss. Ein Campingplatz wurde bisher in der Wangener Gemeinde nicht genehmigt. Evtl. kann man bei einem Bauern in Röhrenmoos auf der Wiese sein Zelt aufschlagen. Kaum Einrichtungen, aber gemütlich. Anfrage unter ✆ 21413.

Essen und Trinken/Abends

• *Essen und Trinken* **Lamm (11),** Bindstraße 60, ✆ 6675. Schwäbische Spezialitäten wie Nonnenfürzle, Gaisberger Marsch oder ein Schwaben-Mix. Leider keine Terrasse.

Der berühmte Fidelisbäck

Leonharts Stall-Besen, Humbrechts 1, ✆ 9155360, ca. 5 Km von Wangen entfernt in Humbrechts (in Wangen die Lindauer Straße stadtauswärts nehmen, in Niederwangen rechts abbiegen und der Beschilderung nach Humbrechts folgen). Die Öffnungszeiten sind leider nicht genau festgelegt, am besten telefonisch erfragen. Hervorragend schmeckt ein Teller Bratkartoffeln mit Wurstsalat (5 €), geboten werden aber auch Tellersülze, Kutteln oder Schinkenseelen. Prinzipiell werden hier Regionalprodukte verarbeitet, selbst eine Cola wird man hier nicht bekommen.

Neue Welt, Primisweiler, Tettnanger Straße 7, ✆ 07528/7062 (6 km südwestlich). Gehobene Küche, fast ein Gourmet-Restaurant. 4-Gänge-Menü 35 € , Hauptgerichte 15–18 €. Angebot von regional bis italienisch.

Hackerkeller (4), Herrenstraße 23/25 (Fußgängerzone), ✆ 22077. Gutbürgerliches Essen, serviert in einem urigen Keller. Di Ruhetag, Mi nur abends geöffnet.

Pizzeria Romantica (9), Karlstraße 20, ✆ 3383, Pizza ab 4 €, Fischkarte, Sitzplätze auch auf der anderen Straßenseite unter alten Kastanien.

Café-Restaurant am Kreuzplatz (12), Bindstraße 70, ✆ 29439. Pluspunkt ist die Terrasse unter drei Kastanien und einer Platane. Leckere Salate und andere Gerichte. Kein Ruhetag.

Fidelisbäck (8), Paradiesstraße 8. *Die* Traditionsgaststätte in Wangen (seit über 450 Jahren). Spezialitäten sind warmer Leberkäs und die "Heiße Seelen" mit Käse und Rauchfleisch. Mo–Fr 7.30–22, Sa bis 14 Uhr.

Zum Kornhaus (7), "beim Geiger", Bindstraße 29. Weinstube mit Einrichtung aus dem Jahr 1895.

Weinstube Kempter (10), Bindstraße 54. Gepflegte Jugendstileinrichtung, Gartenterrasse.

HinderOfen Café (6), sehr nettes Café direkt am Marktplatz, jüngeres Publikum. So ab 10.30 Uhr leckeres Frühstücksbuffet, aber auch Pasta und Texmex. Täglich bis 1 Uhr geöffnet.

Stadtgespräch (5), Spitalstraße 17, etwas dunkel.

Museumscafe (3), Lange Gasse 1. Mo Ruhetag.

• *Abends* **Savanna-Bar,** Karlstraße. *Die* In-Bar bei Teens und Twens. Ethno-Kunst an den Wänden. Weitere Anlaufpunkte in der Altstadt: **Tanzlokal Papillon** in der Ebnetstraße 1, **Paddy's Irish Pub** in der Spitalstraße 23, **Mohrkeller** in der Herrenstraße 16 (historischer Keller aus dem 14. Jh.).

Rundgang durch die Altstadt

Wenn es sich in einem Ort im Westallgäu lohnt, in der Altstadt nach historischen Details zu suchen, dann in Wangen. Die Hausfassaden wie die Brunnen erzählen viele mitunter humorige Geschichten. Die beste Parkmöglichkeit ist der Parkplatz am E-Center. Ausgangspunkt für die folgende Stadterkundung ist das Gästeamt im Rathaus. Dort ist gleich ein Charakteristikum der Stadt zu sehen: die Gasthaus- oder Handwerkerschilder über den Eingangstüren. Oberhalb des Gästeamtes befindet sich die Stauferstadt (etwa 800 Jahre alt), unterhalb die Stadterweiterung (etwa 600 Jahre alt).

Am Marktplatz

Durch das Tor des Pfaffenturms kommt man zum Marktplatz. Rechts unter den Bögen beachte man den Schuh am Boden, der darauf hinweist, dass man in Wangen schon mal "hangen" bleibe kann. Rechts des Platzes ist am Ende der Herrenstraße das **Ravensburger-** oder **Liebfrauentor** zu sehen, am Ende der Paradiesstraße das **Lindauer-** oder **St.-Martinstor.** Von hier sind mehrere schöne Wirtshausschilder zu bewundern, über dem Tschibo-Geschäft z. B. das des "Gasthauses zum Vatikan"; hier ging auch der Pfarrer ein und aus, und so hat der Wirt irgendwann sein Schild auf eine Tiara gesetzt. Weiter rechts finden Sie ein sehr schönes Schild mit einem Doppeladler. Die Schilder hatten übrigens nicht nur eine ästhetische Funktion: Wirte, die ein Schild aushängen durften, hatten auch das Recht, warmes Essen auszugeben und Übernachtungsmöglichkeiten anzubieten. Als Namen für Gasthöfe dienten oft die Symbole der vier Evangelisten (Matthäus-Engel, Markus-Löwe, Lukas-Stier, Johannes-Adler) – Symbole, die in den Köpfen der Leute präsent waren und somit "werbewirksam" sein konnten.

Sehenswert ist auch das **Rathaus,** insbesondere der Sitzungssaal und das heutige Heiratszimmer (nur im Rahmen einer Stadtführung zu besichtigen). Im Aufgang hängt eine Landkarte von Johann Andreas Rauch aus dem Jahr 1617.

Rechts am Marktplatz sieht man einen auffälligen Renaissancebau, das von einem Mailand-Händler erbaute **Hinderofenhaus.** Man sollte einen Blick in den Innenhof werfen (wenn die Türe geschlossen ist, durchs Café gehen).

Wahrzeichen Wangens: die Brunnen

Zwischen der Argen und der Stadtmauer (nahe dem E-Center) steht der "Badebrunnen". Eine seiner Figuren soll die Züge des ehemaligen Oberbürgermeisters tragen, dem übrigens die gelungene Stadtsanierung zu verdanken ist. Zwischen Rathaus und Hinderofenhaus kann man sich die "Sechs verdruckten Allgäuer" anschauen (alle 20 Minuten wird Wasser gespuckt). Dargestellt sind allgemeine Lebensweisheiten und Eigenschaften, die als typisch schwäbisch gelten. Vor dem Spital (nahe der Eselsmühle) wurde der "Brunnen mit Taube" angebracht – der Künstler ließ es sich nicht nehmen, auch Figuren Pferdeäpfel pickender Spatzen mit einzuarbeiten. Bekanntester Brunnen der Stadt ist der "Antoniusbrunnen", der im Volksmund nach dem Hl. Antonius auch "Saudone" genannt wird. Wer die Brunnen genau betrachtet, wird immer wieder feststellen, dass die Verzierungen jeweils einen Bezug zum Aufstellungsort haben.

In der Stadt gibt es aber nicht nur Skulpturenbrunnen, sondern auch alte gusseiserne Brunnen, die bis vor 110 Jahren noch regelmäßig genutzt wurden. Einige davon wurden im Laufe der Zeit abgetragen, später im Rahmen der Sanierungsmaßnahmen jedoch in die Stadt zurückgeholt.

Richtung Martinstor

Viele Altstadthäuser haben bemalte Fassaden; ein besonderes Schmuckstück ist diejenige des Cafés Walfisch linker Hand: Mitte des 19. Jh. wurde hier die biblische

Der Westen
Karte S. 201

Jona-Geschichte dargestellt. Wenn man genauer hinschaut, entdeckt man einige humorvolle Elemente: Der Künstler zeichnete den eigentlich bärtigen Jona nach der Läuterung im Walfisch rasiert, und als Hintergrund des Bildmotivs wählte er Lindau am Bodensee!

An den Wappen des Martinstores ist die Geschichte Wangens in Kurzform abzulesen: Bis 1281 gehörte der Ort zum Kloster St. Gallen, dann wurde er freie Reichsstadt unter König Rudolf, 1802 kam er zu Bayern und 1810 zu Württemberg. Durch das Tor führt der Stadtrundgang geradeaus zum **Alten Gottsacker.** Bestattet wurden hier Anfang des 16. Jh. Pesttote, später dann wurde das Areal ein "normaler" Friedhof. Den Mittelpunkt des Geländes bildet die **Rochuskapelle,** deren Holzdecke farbenfroh mit Motiven aus dem Lukas-Evangelium und der Apostelgeschichte bemalt ist (geöffnet im Sommer samstags 10–12 Uhr oder bei Führungen).

In der Herrenstraße

Der Spaziergang führt nun zurück in die Altstadt und Richtung Liebfrauentor. Da Wangen sich nicht der Reformation anschloss, sind noch heute an den Häusern viele katholische Symbole und Marienfiguren zu entdecken. In der **Herrenstraße 23** ist darüber hinaus ein interessantes Fassadengemälde zu besichtigen: Der Kaiser wollte die Auflösung des Schwäbischen Städtebundes, dem auch Wangen angehörte, weil er ihm zu mächtig wurde. Das Bild erinnert an die sich anschließende Auseinandersetzung. Ritter fielen in Wangen ein, unbedachterweise über die Schmiedgasse, deren Bewohner sich als stärker und schlagkräftiger erwiesen. Die Gesichtszüge der Gestalten könnten zumindest älteren Wangener Bürgern noch bekannt sein, denn als das Bild in den 20er Jahren geschaffen wurde, dienten dem Künstler die Stammgäste des benachbarten Gasthofs Mohren-Post als Modelle.

Auffällig ist das **Haus in der Herrenstraße 37.** Hier sind zwei typische Fachwerkstile verwirklicht: unten der Stil aus der Zeit um 1540 (in alemannischer Ständerbauweise errichtet), der oberer Teil Riegelfachwerk aus der Mitte des 17. Jh. Gegenüber befindet sich das Kanzleigebäude der Reichsritterschaft Allgäu-Bodensee. Das ist bemerkenswert, war Wangen doch eine reichsfreie Stadt!

Rechts führt der Weg in die Zunfthausgasse zum Weberzunfthaus – ein Hinweis auf die einst blühende Textilwirtschaft Wangens, denn bis zum Dreißigjährigen Krieg erwirtschaftete Wangen die Hälfte des gewerblichen Aufkommens mit Leinenweberei (daneben waren noch das Schmiedehandwerk und der Handel wichtig). Von hier aus kommt man zur Wangener Museumsmeile.

Museen

Wangen hat eine kleine Museumsmeile mit sehenswerten, qualitativ hochwertigen Ausstellungen, die nicht nur das übliche Sammelsurium eines Heimatmuseums bieten. Die Museen sind bis auf das Badmuseum miteinander verbunden:

Öffnungszeiten April–Oktober Di, Mi, Fr, So 14–17 Uhr, Mi zusätzlich 10–12 und Sa 10–17 Uhr. Eintritt 2 € für alle Museen.

Museum in der Mühle/Käsereimuseum: Im Erdgeschoss der ehemaligen Mühle ist die Geschichte der Stadt dargestellt. Bemerkenswert ist die Landkarte des Wangener Herrschaftsgebietes vom Ende des 17. Jh. Des Weiteren sind im ersten Stock Gegenstände der Landwirtschaft und des Müllerhandwerks ausgestellt. In der Mühle befinden sich zudem eine Sammlung mit religiösen Gegenständen (auch

Der Sau-Brunnen

Wallfahrtsartikel), ein Biedermeier-Wohnzimmer und eine Ausstellung über die Wangener Künstler Gegenbaur, Spiegler und Grimmer. Eine Abteilung ist der Käseherstellung gewidmet, interessant ist die Geschichte der Schmelzkäseherstellung. Im Obergeschoss des Museums ist eine Sammlung mechanischer Musikinstrumente untergebracht, die die Stadt von einem Privatsammler kaufte und dann sukzessive erweiterte. Die Exponate reichen vom klingenden Kinderkarussell bis zum Vorläufer der Schallplatte, einem Pappdeckel mit Löchern. Donnerstags und samstags finden Vorführungen statt. Eine weitere Abteilung des Museums ist die Waffensammlung, die Hellebarden, Büchsen und Rüstungen beherbergt.
Über den Musikinstrumenten ist neuerdings eine Ausstellung zum Thema Wasser aufgebaut, gezeigt wird z. B., wie die Stadt Wangen früher Wasser über "Holzdeicheln" von Deuchelried bezog.

Eichendorff-Museum und Gustav-Freytag-Museum: Es handelt sich hierbei mehr um Erläuterungen als um große Sammlungen zu den beiden Schriftstellern, die freilich beide mit Wangen nichts verband. Dass die Museen trotzdem hier ansässig sind, geht auf die Initiative schlesischer Heimatvertriebener zurück, die ihren Landsleuten in der neuen Heimat ein Denkmal setzen wollten.

Badstube: Wangen hatte innerhalb der Stadtmauern ein öffentliches Badehaus, das bis 1700 betrieben und später u. a. wegen steigender Holzkosten aufgegeben wurde. Schließlich wurde das Gebäude zu einer Wanderarbeiterstätte und einem Armenhaus umfunktioniert. Die Badstube stammt aus dem Jahr 1589, doch gibt es Hinweise, dass hier schon ab 1400 Badebetrieb herrschte. Das Angebot umfasste neben dem Baden auch Haar- und Bartschneiden sowie Aderlass ("Schröpfen") und Zähnebrechen. Beim Baden trug man früher übrigens Strohhüte! Auch im Bad konnten sich wohlhabendere Bürger mehr leisten als der gemeine Mann: In der Wanne zu baden kostete zwölfmal so viel, wie auf der Schwitzbank zu sitzen! Es gab

Der Westen
Karte S. 201

aber auch "Sozialtarife": Zimmerleute bekamen nach dem Richtfest eine Freikarte fürs Bad. Der Bader hatte übrigens früher auch die Schankerlaubnis. Trotzdem galt sein Geschäft nicht so viel wie das eines Wirts, er war gleichgestellt mit Henker und Abdecker – man glaubte, im Bad würden des Öfteren Sitte und Anstand mit Füßen getreten. In den kleinen Vitrinen sind "Schröpfköpfe" und "Brunzhäfele" zu bewundern.

Wandern, Radeln, Badeseen

Wer in der Gegend von Wangen wandern will, kommt um die Karte des Gästeamtes nicht herum (1:25.000, 3,50 €). Auf ihr sind die markierten (Rad-) Wanderwege eingezeichnet. Wanderparkplätze befinden sich beim Waldteil "Wanne" an der Isnyer Straße, beim Waldteil "Schlauchn" an der Humbrechtser Straße, beim Waldteil "Sandholz" bei der Einfahrt zum Stadtteil Ölmühle, Am Aumühlweg (Parkplatz P 2) und bei der Gallusbrücke (Parkplatz P 15); beim Waldteil "Krähenschachen" liegt der Parkplatz am Argenauweg. Besonders empfehlenswert sind die Wanderung Nr. 10 am Argenzusammenfluss und die Wanderung Nr. 9.

Baden kann man im **Blausee bei Primisweiler,** im **Elitzer See,** im **Karsee** und im **Großweiher bei Röhrenmoos** (Kiosk).

Lindenberg

11.500 Einwohner • 800 Meter ü. NN

Ein mittelalterliches Kleinod ist es nicht, das ehemalige Rosshändlernest, das erst 1914 eine Stadt wurde. Die landschaftliche Lage des Luftkurortes aber ist bezaubernd. Lindenberg ist eine "Landstadt". Eben noch in den geschäftigen Straßen mit Wirtsstuben, Cafés und belebten Plätzen, ein paar Schritte weiter umfängt Sie das bäuerliche Allgäu.

Geschichte: In einer Schenkungsurkunde von 857 wird Lindenberg erstmals als "Lintiperc" erwähnt. Die Ansiedlung war lange Zeit eines der "ärmsten Dörflein auf weiter Flur". Der Aufschwung kam um das Jahr 1600 mit den Pferdehändlern, die in Norddeutschland die Pferde kauften, sie in Lindenberg für die Alpenüberquerung sammelten und dann bis nach Neapel weiterverkauften. Dies funktionierte bis Mitte des 19. Jh., als die Eisenbahn dem Lindenberger Pferdehandel ein Ende setzte. Zu dieser Zeit war schon lange der Grundstein für ein weitere Geschäftstätigkeit gelegt: In Italien hatten die Pferdehändler die Strohhutherstellung kennen gelernt. Zu Beginn des vergangenen Jahrhunderts gab es in Lindenberg über 30 Strohhutbetriebe. Heute gibt es hier nur noch eine Hutfabrik.

Touristeninformation/Freizeitangebot

- *Postleitzahl* 88161
- *Vorwahl* 08381
- *Touristeninformation* **Tourist Information,** Stadtplatz 1 (im Rathaus), ☎ 80328, 📠 80388, www.lindenberg.de. Mo–Fr 9–12.30 und 14–17.30, im Sommer Sa 10–12 Uhr.
- *Stadtführungen* Mo 10.30 Uhr, Treffpunkt vor dem Löwensaal, Löwenstraße. Die Führung ist kostenlos.
- *Angeln* Am Waldsee, Berechtigungsscheine in der Tourist Information, Tageskarte 8,50 €.
- *Feste/Veranstaltungen* Monatlicher Veranstaltungskalender bei der Tourist Information. Zum festen Programm zählen u. a.: ein **Stadt- und Kinderfest**, das am 3. Juliwochenende in der Innenstadt veranstaltet wird. Unter dem Motto **"Wir kneippen uns fit"** kann man im Sommer jeden Di um 18.30 Uhr am Waldsee unter fachkundiger Anleitung etwas für seine Gesundheit tun.

"Ein Hauch von Paris" liegt über der Betriebsbesichtigung bei der Hutfabrik Mayser, die jeden Mi um 10.30 Uhr stattfindet.

Traumferien auf dem Bauernhof

Brauereibesichtigungen (Meckatzer Löwenbräu) werden jeden Mi um 9.30 Uhr veranstaltet, Eintritt einschließlich Kostprobe 5 €, Anmeldung bei der Tourist Information. **Besichtigung der Käserei Baldauf** in Gossholz jeden Di 17.30 Uhr, Gebühr (inkl. Käseprobe) 5 €, Anmeldung bei der Tourist Information. **Standkonzerte** am Stadtplatz jeden Fr 19.30 Uhr. **Internationales Käse- und Gourmetfest** am letzten Sa im August.

• *Inlineskating* Skater-Anlage in der Nähe des Hallenbads (Am Mühlbach 6) und auf dem Eisplatz am Waldsee.

• *Kunst* Die **Westallgäuer Kunstausstellung und Kulturnacht** findet in den ersten beiden Novemberwochen im Löwensaal in der Fußgängerzone statt.

• *Märkte* **Maimarkt,** zweite Maiwoche; **Simon-&-Juda-Markt,** 27./28. Oktober; unregelmäßig **Bauernmärkte.**

• *Schwimmbad/Baden* **Hallenbad,** geöffnet Mo–Fr 15–21 (Do geschlossen), Sa/So 10–18 Uhr. Mitte August bis Mitte September geschlossen. Eintritt 3 €.

Baden kann man auch im **Waldsee,** Deutschlands höchstgelegenem Moorbadsee!

• *Sommereisstockschießen* Am Waldsee.

• *Tennis* In der Austraße 1c, Außenanlage, ✆ 2288. 10–17 Uhr.

• *Wandern* In der Touristeninformation sind zahlreiche, auch geführte Wandervorschläge erhältlich. Wir empfehlen die Scheidegg-Lindenberg-Rundtour (s. S. 243). Außerdem finden im Frühjahr und Herbst die **Lindenberger Wanderwochen** statt. Infos bei der Tourist Information.

Übernachten/Essen und Trinken/Abends

• *Hotel* **Waldsee-Hotel,** Austraße 41, ✆ 92610, ✆ 926144. Edles Hotel mit vorzüglichem Restaurant. Terrasse. DZ ab 80 €.

• *Gasthöfe* **Landgut Lindenhof,** Bergstraße 3, ✆ 940397, ✆ 940398. Familiäre Atmosphäre, moderner Landhausstil, leckeres Frühstücksbuffet, Biergarten, vegetarische Gerichte. DZ ab 66 €.

Gebler-Fehr Hof, Am Wunderbrunnen 45, ✆ 2244, ✆ 940360. Kinderfreundliches Gästehaus in ruhiger Lage am Waldrand. DZ ab 31 €.

• *Ferienwohnungen* **Zum Stinesler,** Kellershub 9, ✆ 7396. Ferienwohnung im Obergeschoss eines Bauernhauses. Alpenblick, originale Bauernmöbel in der Wohnstube. Ab 46 €/Tag.

Familie Hähnle, Am Wäldle 12, ✆ 7665, 📠 942077. Ruhig am Waldrand gelegene, nach biologischen Gesichtspunkten erbaute Ferienwohnung. 10 Minuten vom Zentrum. 41 €/Tag.

Familie Schneider, Kellershub 11, ✆ 2576, 📠 2536. Ruhige Lage mit Bergblick, zu Fuß 20 Minuten zur Stadtmitte. Kleine Landwirtschaft mit eigener Schnapsbrennerei. Zwei Ferienwohnungen ab 80 €/Tag.

• *Essen und Trinken* **Gasthof zum Löwen,** Marktstraße 8 (in der Nähe der Tourist Information), ✆ 81849. Hübsche Terrasse in der Fußgängerzone. Gute Fischgerichte. Mo Ruhetag.

Pizzeria Toscana, Blumenstraße 4, ✆ 2357. Di Ruhetag.

China-Garten, im Einkaufszentrum in der Hauptstraße, ✆ 2897. Hat einen guten Ruf.

Gasthof-Restaurant-Café "Zum goldenen Hirschen", Hauptstraße 71. ✆ 9489890. Abwechslungsreiches, preisgünstiges Angebot. Schöne Terrasse. Mo Ruhetag.

Café Herberger, Hauptstraße 69. Mit angeschlossener Bäckerei. Freisitz.

Stadtcafé, Hauptstraße 58. Freisitze unter Arkaden. Das Innere ist bäuerlich eingerichtet. Mo–Fr 9–19, So 10–18 Uhr. Sa Ruhetag.

• *Abends* **Musikcafé Notausgang,** Hauptstraße 63, ✆ 6111. Gemütliche Kneipe, auch kleine Gerichte. Schöner Biergarten. Mo–Fr 16–24, am Wochenende 11–24 Uhr. Internet-Café.

Kik, Löwenstraße 1, ✆ 5122. Bar und Restaurant. Tische in der Fußgängerzone, nettes Ambiente, ab und an Livemusik. Mo–Do/So 17–1, Fr/Sa 17–2 Uhr.

Pilsbar Kreuzhofkeller, Kreuzhofstraße 1, ✆ 942025.

Sehenswertes

Neue Stadtpfarrkirche St. Peter und Paul: Mit seinen zwei stattlichen, zwiebelgekrönten Türmen und der breiten Chorkuppel ist das neubarocke Bauwerk das Wahrzeichen der Stadt. Es wird auch der "Dom des Allgäus" genannt.

Lindenberger Hutmuseum: Im Museum im Brennterwinkel 4 sind etwa 250 Hüte, v. a. Strohhüte, zu bewundern. Eine wahre Museumsrarität in Bayern.

Öffnungszeiten Mi 15–17.30, So 10–12 Uhr. Spezielle Führungstermine erfahren Sie bei der Tourist Information.

Scheidegg

4.300 Einwohner • 804 Meter ü. NN

Scheidegg ist ein bedeutender Kur- und Fremdenverkehrsort mit knapp einer halben Million Übernachtungen im Jahr. Der Ort liegt auf dem Bergrücken des Pfänders zwischen Bodensee und Hochgebirge im Dreiländereck Deutschland-Österreich-Schweiz. Diese Panorama-Höhenlage bietet einen großartigen Ausblick. Günstige klimatische Voraussetzungen wie Nebelarmut, überdurchschnittliche Sonnenscheindauer, Luftzirkulation und hervorragende Luftreinheitsverhältnisse sind die idealen Bedingungen für einen Höhenluftkurort. Scheidegg empfiehlt sich bestens für Wanderungen, Radtouren, Wellness-Kuren und Ausflüge in den Bodenseeraum.

Geschichte: 1255 findet sich die erste Erwähnung in St. Gallen als "Scaiteg". 1571 erwarben die Habsburger das Gebiet, das bis zum Pressburger Frieden (1805) bei Vorarlberg blieb. Danach erst wurde Scheidegg bayerisch.

Touristeninformation/Freizeitangebot

• *Postleitzahl* 88175

• *Vorwahl* 08381

• *Touristeninformation* **Kurverwaltung,** Rathausplatz 4, ✆ 89555, 📠 89550, www.scheidegg.de. Mo–Fr 8.30–12 und 14–17, Sa 10–12 Uhr. Über der Kurverwaltung wurde der **"Treffpunkt"** mit gemütlichen Aufenthaltsräumen, einem Spielzimmer und einer Küche für Kochkurse eingerichtet.

• *Fahrrad- und Inliner-Verleih* **Sport Brugger,** Rathausplatz 12, ✆ 5344.

• *Feste/Veranstaltungen* Marktfest (Ende Juli, alle Vereine stellen sich vor); Allmannsrieder Sommernachtsfest (veranstaltet vom

Das Scheidegger "Alpenfreibad"

Motorradclub Anfang Juli im gleichnamigen Ortsteil); Fuhrmannstreffen (Anfang September); Allgäuer Heimat- und Theaterabende (April bis Oktober).

Am zweiten So im Oktober findet der "Wendelinsritt" statt; zu diesem Anlass wird zum Westkinberg geritten und in der Kapelle der Segen gespendet.

• *Kinderprogramm* In den Ferien Betreuung mit abwechslungsreichem Angebot. Infos bei der Kurverwaltung.

• *Klettern* **Sportalm Scheidegg,** Kurstraße 14, ✆ 926420. Hochseilgarten und eine der modernsten und größten Indoor-Kletterwände Deutschlands.

• *Konzerte* **Scheidegger Sommerkonzerte,** Juni–September, vorwiegend Klassik.

• *Kurpauschalangebote* Ab 165 € pro Person und Woche (inkl. Übernachtung und Frühstück). Infos bei der Kurverwaltung.

• *Reiten* **Ponyhof Rief,** Denzenmühle 103 a (beim Freibad), ✆ 83680. Täglich ab 13 Uhr.

• *Tennis* **Sportalm,** Kurtraße 14, ✆ 926420, **Panorama Fachklinik**, Kurstraße 22, ✆ 8620 (je ein Hallenplatz). Vier Freiplätze verwaltet der **Tennisklub,** ✆ 7337.

• *Wanderungen/Radwanderungen* "Wandern im Winter" (Januar/Februar); "Bergfrühling in Scheidegg" (April/Mai); "Scheidegger Herbst-Wander-Woche" (September/Oktober); "Ökumenischer Kapellenweg" und "Kneipprundwanderweg Scheidegg" (ein ansprechendes Faltblatt mit einem Plan bei der Kurverwaltung).

Übernachten/Essen und Trinken/Abends

Viele Wirte haben sich zum Wirteverband zusammengeschlossen und bieten gemeinsame Aktionen an, z. B. einen Wirteteller (für 8 €). Während des Jahres stehen zudem Spezialitätenwochen und im Herbst Wildwochen auf dem Programm.

• *Hotels* **Hotel Birkenmoor,** Am Brunnenbühl 10, ✆ 92000, ✆ 920030. Familiär, Wellness-Angebote. DZ ab 110 €.

Hotel Allgäu, Am Brunnenbühl 11, ✆ 925620, ✆ 9256250. Trägt das Siegel "umweltbewusster Hotelbetrieb". Nichtraucherhaus. DZ ab 46 €.

• *Ferien auf dem Bauernhof* **Benedikt Herz,** Leintobel 56, ✆ 08387/3155. Pro Person knapp über 10 €. Einfach, für Familien geeignet. Richtung Scheffau, neben dem Ortsteil Lindenau (beim Weiler Leintobel).

Renate Berger, Bieslings 200 a, ✆ 84110, ✆ 84210. Ferienwohnung mit Spielplatz.

Der Westen
Karte S. 201

Zwischen Scheidegg und Reptilienzoo im Ortsteil Bieslings. Ab 35 €.

Haus Matthias, Oberstein 84 (im Ortsteil Oberstein), ☎ 7310. Die Besitzer haben immer ein wenig Zeit für die Gästekinder. Drei Ferienwohnungen ab 24 €.

Hölzlerhof, Hochberg 46, ☎ 2368, 📠 82196. Zwei Ferienwohnungen, Urlaub auf dem Bauernhof, kinderfreundlich, Tiere, Spielplatz, Grill, Hofladen mit Bioprodukten. Der Besitzer ist Vorsitzender des örtlichen Bauernverbandes. Ab 31 €/Tag.

• *Essen und Trinken* **Restaurant zur Post,** Kirchplatz 5, ☎ 2209. In der Fußgängerzone sitzen Sie angenehm unter Kastanien. Uns haben die Germknödel mit Mohn und Butter sehr gut geschmeckt. 10–23 Uhr. Mo Ruhetag.

Fünfländerblick, Am Blasenbalg 10, ☎ 1609. 10–23 Uhr. Mo Ruhetag (Oktober–April auch Di).

Gasthaus Zum Hirschen, ☎ 2119. 10–24 Uhr. Mi Ruhetag.

Restaurant Rohrachblick, gegenüber dem Reptilienzoo, ☎ 6602. Schöner Biergarten, Grillspezialitäten. 9–23 Uhr, Fr nur bis 18 Uhr.

• *Abends* **Pilsbar Melodie,** Zollstr. 16. So, Mo, Di 19–1, Do, Fr, Sa 19–2 Uhr.

Sehenswertes

Pfarrkirche St. Gallus: Wegen der Spätrokoko-Stuckaturen in dem frühklassizistischen Saalbau (1797/98) lohnt sich ein Blick in das Innere.

Heimathaus und Handwerkermuseum: In den 60er Jahren begannen Heimatfreunde, altes Handwerkszeug und Schriften zu sammeln, die auf dem Schulspeicher gelagert wurden. Zu sehen ist u. a. eine Schlosserei, eine Küferei (Fässerherstellung), eine Käserei und eine Korbmacherei. Bei Gästen beliebt ist die Schulstube aus den 30er Jahren.

Öffnungszeiten Schlosserweg 3 (beim Rathaus), jeden 1. und 3. Sonntag im Monat von 10 bis 12 Uhr, außerdem Führungen Mi 10 Uhr. Eintritt 1,50 €/Erw. und 0,50 €/Ki.

Reptilienzoo: Direkt an der B 308 liegt der 1974 eröffnete Reptilienzoo von Adolf Lücke. Wer Glück hat, kann zusehen, wie Schlangen Mäuse vertilgen. Zu bestaunen sind Wasserschildkröten, Vogelspinnen, eine grüne Mamba, eine vier Meter lange Anakonda und eine Königsboa. Wem das alles zu gruselig ist: Es gibt auch einen kleinen Streichelzoo.

Öffnungszeiten April–Oktober täglich 9–18, im Winter So–Do 10–17 Uhr. Eintritt 3,70 €/Erw., 2,30 €/Ki.

Baden

Der beliebteste Badeweiher in Scheidegg ist das "Alpenfreibad", ein in den 30er Jahren ausbetonierter See mit natürlichem Quellwasser. Die Anlage ist modern renoviert, verfügt über zwei Kinderbecken, Liegewiese und Kiosk. Der Vorteil gegenüber dem Lindenberger Waldsee: Hier hat man den Alpenblick.

Wegbeschreibung Richtung Scheffau, 1 km nach dem Ortausgang links abbiegen. Täglich 9–19 Uhr. Eintritt 2,50 €/Erw., 1 €/Ki.

Wanderung 27: Von Scheidegg nach Lindenberg

Abwechslungsreich ist eine Wanderung nach Lindenberg und zurück (Badesachen mitnehmen). Ausgangspunkt ist der Gasthof Fünfländerblick.

Man läuft die Hochgratstraße hinab und biegt in die Hochbergstraße ein, dann der Beschilderung des Fußwegs nach Lindenberg folgen (Abzweigung nach links am Weg "Brunnenbühl"). Am Ende der Bebauung biegt man nach rechts Richtung Buffingsried und Böserscheidegg ab. Von beiden Orten hat man einen herrlichen Blick auf die Berge. Die Runde führt weiter nach Ried und Lindenberg. Von der Stadtmitte Lindenbergs geht man zum Waldsee und umrundet diesen auf der

Wanderung 27: Scheidegg

rechten Seite (vielleicht nach einer Badepause). Etwas schlecht ausgeschildert ist der Abzweig nach Allmannsried vor dem See-Ende. Dort angekommen, führt der Weg bergab zur Bundesstraße, wo der Reptilienzoo liegt (gegenüber ein Gasthof). Von hier geht es bergan über den Ortsteil Bieslings zurück nach Scheidegg.

Radtour 8: "Westallgäuer Käsestraße"

(s. Karte S. 201)

Per Fahrrad (oder mit dem Auto) dem Emmentaler auf der Spur! Wer der alten Frage, wie die Löcher in den Käse kommen, nachgehen will, den führt der Weg, der je nach Abkürzungen und Varianten zwischen 40 und 60 km lang ist, zu verschiedenen Käsereien. Auch liegen einige urige Gasthöfe längs des Weges. Den Führer "Westallgäuer Käsestraße" erhalten Sie bei den örtlichen Verkehrsämtern.

Wenn man in Lindenberg startet, folgt man dem Wanderweg oder der Straße nach **Scheidegg,** quält sich die Windungen der Straße im Ort hinauf zum Aussichtscafé und fährt von dort hinunter nach **Böserscheidegg.** Gegenüber der Bäckerei liegt die erste Käserei (geöffnet Mo–Fr 7–12 und 17–19 Uhr). Weiter fährt man auf einer engen Straße hinunter ins Tal (streckenweise 11 % Gefälle). Flach geht es nun nach **Weiler,** wo einige Gasthöfe zu finden sind.

Noch aber sind nicht viele Kilometer zurückgelegt, sodass noch Kräfte da sein dürften, um die 13 % bergan nach **Simmerberg** strampeln zu können. Hier lohnt sich die Einkehr in der "Braustätt und Taferne", eine neben der Kirche gelegenen Brauerei mit äußerst gemütlichem Biergarten (kein Ruhetag). Ringsum stehen alte Bauernhäuser.

Nach einigen Aufwärtskurven im Ort folgt man rechter Hand dem kleinen Schild nach **Langenried.** Oben hat man eine herrliche Aussicht über Hügel und Weiler. Rasttipp: die "Langenrieder Einkehr", eine Klause mit herrlicher Sonnenterrasse und Spielplatz in einem gepflegten Garten (14–18 Uhr, Montag und Dienstag geschlossen). Nun ist den Zeichen der Westallgäuer Käsestraße nach **Oberreuthe** zu folgen; der Ort kann aber ruhig links liegen gelassen werden. Ein Stück muss nun auf der Bundesstraße Richtung Oberstaufen zurückgelegt werden, rechts zweigt dann eine kleine Straße nach **Hopfen** ab (gegenüber einem Abzweig nach Oberreuthe, sehr unscheinbar).

Zunächst begegnet man dem Kräutergarten und der Teestube des Vereins "Artimisia", die zwar eine gute Aussicht, aber auch eine Prise Esoterik ("Kräutermagie") bietet. Im Ort selbst befindet sich eine Käserei (Mo, Di, Do, Fr 7–12 und 15–19 Uhr, Mi und Sa 7–12 und 17.30–19 Uhr, So 8–9 und 17.30–19 Uhr). Weiter geht es nach **Stiefenhofen** (Beschilderung nach Isenbretshofen). Die Käsestraße macht hier einen Abstecher Richtung Rutzhofen, auf den man aber verzichten kann, indem man geradeaus weiterfährt und nach einigen Prozent Gefälle in Stiefenhofen ankommt. Hier befindet sich der Landgasthof "Rössle" (Biergarten, Mittwoch Ruhetag).

Nach Herbatshofen folgt man entweder der Bundesstraße oder – schöner – dem Weg über **Oberthalhofen** und weiter (über den Bach und dann links) neben der Bahnlinie in den Ort hinein. Von hier führt einen die Beschilderung nach Grünenbach, nach weiteren 3 km ist **Gestratz** erreicht. Beliebt zur Einkehr ist hier der "Bachwirt", dessen Biergarten sehr hübsch gelegen ist (Blick aufs blumenbehangene Rathaus neben dem Dorfbach). Über **Röthenbach** und den Bahnhof Röthenbach geht es weiter nach Lindenberg, wo sich der Kreis der kleinen Tour schließt.

Oberstaufen

7.200 Einwohner • 791 Meter ü. NN

Oberstaufen ist das einzige anerkannte Schroth-Heilbad der Welt und ein heilklimatischer Kurort. Die wunderschöne Landschaft zeigt sich je nach Jahreszeit lieblich oder rau und zwingt den Wanderfreund geradezu, seine Stiefel zu schnüren.

Im Zentrum stehen einige alte Bauernhäuser, die an die landwirtschaftliche Tradition der Stadt erinnern; gleichzeitig kann man auf kleineren und größeren Plätzen vor den traditionellen Kurhotels in einem Café oder Restaurant mondän frühstücken oder zu Abend essen.

Die traditionsreichsten Häuser finden sich vor allem um den Kirchplatz. Die Wirtschaft "Zum Löwen" z. B. wurde erstmals im Jahr 1748 erwähnt. Im heutigen "Bayerischen Hof" befand sich einstmals der Käsekeller des Händlers Aurel Stadler, der zu Beginn des 19. Jh. hier die Emmentaler Käserei im Allgäu mitinitiierte. 1949, als die Oberstaufener Schrothkur durch Herman Brosig begründet wurde, war an die Stelle des Käsekellers allerdings bereits ein Hotel getreten.

Im gesamten Ortsbereich, vor allem aber im Kurpark, sind Bronzeskulpturen des heimischen Bildhauers Fidelis Bentele (1905–1987) und seines Nachfolgers Georg Bentele-Ücker aufgestellt.

Geschichte: Die heutige Marktgemeinde Oberstaufen umfasst im Wesentlichen das Gebiet der einstigen Reichsherrschaft Staufen. 1453 wurde das Dorf Staufen durch Kaiser Friedrich III. zum Markt erhoben. Kurz darauf wurden die Staufener für leibeigen erklärt. Gegen die Knechtungen und Ausbeutungen erhoben sich die Bauern im Bauernkrieg 1525. 1991 erhielt Oberstaufen das Prädikat "Schroth-Heilbad".

Touristeninformation/Freizeitangebot

- *Postleitzahl* 87534
- *Vorwahl* 08386
- *Touristeninformation* **Kurverwaltung Oberstaufen,** Haus des Gastes, Hugo-von-Königsegg-Straße 8, ✆ 93000, Fax 930020, www.oberstaufen.de. Mo–Fr 8.30–17.30, Sa 10–12 Uhr. Sie werden hier sehr freundlich und zuvorkommend bedient.

Außenstelle in Steibis, Im Dorf 22, ✆ 8103, 📠 8679. Mo–Fr 9–12 und 14–17, Sa 10–12 Uhr, Mittwochnachmittag geschlossen.

Außenstelle in Thalkirchdorf, Im Weidach 1, ✆ 08325/9760, 📠 08325/9761. Mo–Fr 8.30–12, 13.30–17.30, Sa 9–12 Uhr, Mittwochnachmittag geschlossen.

• *Bergbahnen* **Hochgratbahn,** Seilbahn, etwas außerhalb von Steibis, ✆ 8222. Fährt täglich von 8.30 bis 17, im Sommer bis 18 Uhr. Sonnenuntergangsservice während der Sommerferien. Berg- u. Talfahrt 13 €/Erw.

Hündlebahn, Sessellift, an der B 308 nach Immenstadt, ✆ 2720, www.huendle.de. Berg- und Talfahrt 7 €/Erw. Hier können Sie auch auf der 850 m langen Sommerrodelbahn ins Tal flitzen. Einzelfahrt 2,70 €/Erw., 2 €/Ki.

Imberg-Sesselbahn, am südlichen Ortsrand von Steibis, ✆ 8112. Fährt von ca. Anfang Mai bis Ende Oktober täglich von 9 bis 17 Uhr. Berg- u. Talfahrt 6,50 €/Erw. Führt direkt in das Wandergebiet der Nagelfluhkette.

• *Fahrradverleih* **Oli's Bike-Shop,** Rainwaldstraße 1, ✆/📠 961064; **Sport-Haubner,** Steibis, Am Gemsholz 2, Mountainbike-Verleih, ✆ 8526.

• *Golf* 18-Loch-Golfplatz beim **Golfclub Oberstaufen-Steibis,** In der Au 5, ✆ 8529, 📠 8657.

Eine ganz neue Anlage bietet der **Golf-Club Oberstaufen** in Buflings 1, wenige Kilometer nördlich vom Ort, gleich hinter dem Kur- und Sporthotel Engel, ✆ 961288, 📠 962988. Eine Kombination von Driving Range und Golfschule auf einem öffentlichen 9-Loch-Platz lädt ein. Motto: "Golf für jedermann".

• *Inlineskating* Ludwig-Maier-Weg (Nähe Tennishalle Gran Ballaria).

• *Kinderbetreuung* **Marina von Hesler,** ✆ 2215. Betreut alle Altersstufen.

Kindergarten am Kurpark, ✆ 2317. Nachmittagsbetreuung, nur für kindergartengewöhnte Kinder (3–6 Jahre).

Familienzentrum im Kurhaus, ✆ 961064.

• *Kindersommer* Jedes Jahr bietet die Kurverwaltung in den Monaten Juli–September ein vielseitiges Programm für die kleinen Gäste. Neben den zahlreichen Freizeiteinrichtungen der Region garantieren die täglich angebotenen, betreuten Veranstaltungen den Kindern ein abwechslungsreiches Programm, z. B.: Nestbau der einheimischen Vögel, "Wir backen", Erlebniswanderungen, Minigolfturniere, "Clown Dido lacht" u. v. m. Erkundigen Sie sich bei der Kurverwaltung.

• *Konzerte* Kurkonzert täglich 15 Uhr, Eintritt frei. Im Sommer weitere feste Konzerttermine.

• *Leihbücherei* **Bücherei im Haus des Gastes,** ✆ 930026; **Kurverwaltung Steibis,** ✆ 8103; **Kurverwaltung Thalkirchdorf,** ✆ 08325/9760. Die Büchereien sind über Mittag geschlossen, daher vorher die genauen Öffnungszeiten erfragen.

• *Minigolf* Turnierplatz am Kurpark (ab Mitte Mai bis Anfang Oktober), ✆ 960418. 10.30–20 Uhr (Flutlichtanlage).

• *Outdoor* Abenteuer- und Erlebnis-Touren, veranstaltet vom **Aktiv-Zentrum Jürgen Koch,** An der Sonnenhalde 17, ✆ 1857, 📠 2090. Geboten werden u. a.: Outdoor-Trail, Rafting auf der Bregenzerach, Canyoning, Mountainbike-, Trekking- und Höhlentouren, Bogenschießen, Adventure Pacours, Paragliding. ✆ 1857, 📠 2090.

Lifelike.profi.team GmbH, An der Sonnenhalde 14, ✆ 666.

• *Paragliding/Gleitschirmfliegen* **OASE Gleitschirmflugschule Peter Geg,** Auwald 1, 87538 Obermaiselstein, ✆ 08326/38036, 📠 08326/38037.

• *Reiten* **Reitsportanlage Wägele,** Oberreute, ✆ 08387/2357.

• *Schwimmbäder* **Erlebnisbad Aquaria,** Alpenstraße 5, ✆ 93130. 100-Meter-Wasserrutsche, Warmwasserbecken (33 °C), Sauna, Whirlpool, Bistro und SB-Restaurant. In wenigen Minuten von der Fußgängerzone zu erreichen (zwischen B 308 und Krankenhaus gelegen). Täglich 9.30–22 Uhr. Eintritt 6 €/Erw., 2,50 €/Ki. (eine Stunde), Tagesfamilienkarte 43 €.

Kleines, einfaches **Freibad in Thalkirchdorf,** Im Weidach 3, ✆ 08325/678. Zwei Becken, eine Wasserrutsche und eine Liegewiese mit viel Schatten. Direkt am Ortseingang. Geöffnet von Mitte Mai bis Mitte September von 9 bis 19 Uhr. Eintritt 3 €.

Steibisbad, Am Anger 24. Hallenbad und Sauna, im Sommer Liegewiese mit Sonnenstühlen. Täglich 10–21 Uhr. Eintritt 3 €/Erw., Tagesfamilienkarte 8 €.

• *Sommerbus* Der Sommerlinienbus (Mai–Oktober) Oberstaufen–Steibis–Hochgratbahn kann mit gültiger Gästekarte kostenlos benutzt werden.

• *Tennis/Squash* **Tennis Steibis,** In der Au, ✆ 8401; **Tennisclub Thalkirchdorf,** Sportplatz, ✆ 08325/1037.

Open-Air-Tennishalle Gran Ballaria, Ludwig-Maier-Weg 8, ✆ 2020, 📠 673. Tennis kann drinnen und draußen oder unter einem Cabriodach gespielt werden. Zwei Squashcourts mit Hubdach. Sa 13 Uhr: Tennis-Gästeturnier.

- *Wandern* Es steht ein 250 km langes Wegenetz zur Verfügung. 160 Alpen kann man in und um Oberstaufen besuchen. Wandervorschläge (auch geführte Touren) und Wanderkarten gibt es in der Kurverwaltung. Dort erhält man auch Wanderabzeichen für 50 bis 1.000 km.

Übernachten

Aufgrund der Schrothkurtradition finden sich vor allem im Ort viele Kurhotels mit umfangreichem Service und teilweise Spitzenstandard. Ähnlich ist es mit den unzähligen Pensionen, Gasthöfen, Ferienwohnungen (auch auf dem Bauernhof) und Privatzimmern. Darunter sind viele ausgesprochen familienfreundliche Unterkünfte. Lassen Sie sich das aktuelle Gästezimmerverzeichnis des Kuramtes zukommen oder forschen Sie im Internet. Hier eine kleine Auswahl an Ferienwohnungen:

Ferienhof Waltner, Höfen 10 (Steibis), ✆ 379. Bauernhof im Weißachtal mit zwei Ferienwohnungen für 2–3 Personen. Spiel- und Liegewiese, Tischtennis sowie Grillmöglichkeit sind vorhanden. Ausgangspunkt für Wanderungen. Ab 29 € pro Tag.

Ferienhof Höss, Höfen 11 (Steibis), ✆ 2207, 📠 961494. Geräumige Ferienwohnungen für 2–6 Personen auf einem bewirtschafteten Bauernhof. Für Kinder: Haustiere, ein Pferd, Spielplatz, Tischtennisraum und Grillmöglichkeit. Ab 34 € pro Tag.

Ferienhof Fink, Hagspiel 15, ✆/📠 2760. Neue Ferienwohnungen für 2–4 Personen. Der im Dreiländereck gelegene Bauernhof lädt zur Erholung in Stille und Ruhe ein und bietet zahlreiche Wandermöglichkeiten vor der Haustür. Ab 25 € pro Tag.

Ferienhof Hehle, Höfen 1, ✆/📠 1434. Bauernhof mit großzügigen Ferienwohnungen für 2–7 Personen. Für Familien mit Kleinkindern ausgestattet. Abseits und in angenehmer Ruhe zwischen Oberstaufen und Steibis gelegen. Ab 33 € pro Tag.

Ferienhof Hölzler, Salmas 3, ✆ 08325/307. Zimmer (teilweise) mit Balkon, Aufenthaltsraum, Spiel- und Liegewiese, Grillplatz. In sonniger, ruhiger Lage und mit schöner Aussicht (oberhalb von Salmas). DZ ab 26 € pro Tag.

Essen und Trinken

Gasthof "Zur Krone", Kirchplatz, ✆ 4502. Altstaufner Traditionsgasthof mit gutbürgerlicher Küche, zentral gegenüber der Kirche. Mi Ruhetag.

Hotel Löwen, Kirchplatz 3, ✆ 4940. Restaurant und gemütliche Bauernstube mit eigener Karte. Konditorei und Café-Betrieb. Frühstück von bayerisch bis amerikanisch. Di Ruhetag.

Altstaufner Einkehr, Bahnhofsstraße 4, ✆ 7193. Bekanntes Restaurant mit ursprünglich eingerichteter Gaststube und gutbürgerlicher Küche. Romantisches Biergartenambiente hinter dem denkmalgeschützten Gebäude. Faire Preise. Mo Ruhetag.

Thalkirchdorfer Dorfhaus, ✆ 08325/9580. Café, Gaststätte und Biergarten in nettem Ambiente zwischen alten Bauernhäusern. Eigene Käseprodukte aus der benachbarten Dorfkäserei. Besonderheiten: leckere frische Waffeln, Raclette und Allgäuer Käsefondue ab zwei Personen. Mi Ruhetag.

Käserei im Weiler Hopfen

Der Westen
Karte S. 201

Landgasthof "Zum Ochsen", Thalkirchdorf, ✆ 08325/242. Alter Traditionsgasthof in ländlicher Umgebung mit gemütlichen Stuben und sonnigem Biergarten. Gutbürgerliche Küche. Mo Ruhetag.

Books – das Bücher-Café, ganz zentral in der Hugo-von-Königsegg-Straße, ✆ 2469. Geboten wird nicht nur echt italienischer Kaffee, sondern auch eine große Auswahl an Teesorten und leckeren Snacks. Außerdem gibt's einen ganzen Stoß an Zeitungen und Zeitschriften und die wichtigsten Bestseller sowie topaktuelle Neuerscheinungen zum Schmökern. Jüngeres Publikum und faire Preise. So Ruhetag.

Café Sonne, Lindauerstraße 2, ✆ 357. Sommerliche Café-Atmosphäre auf dem kleinen, ruhigen Platz mit Brunnen. Gemütliche Gaststube. Frühstück und Brotzeit von 9 bis 19, Sa bis 13 Uhr. So geschlossen.

Café Lässler, Kirchplatz 16, ✆ 2986. Eigene Konditorei, riesige Auswahl nicht nur an Frühstück. Boulevardterrasse, direkt hinter der Kirche neben dem Marktbrunnen.

Venezia Eiscafe, Hugo-von-Königsegg-Straße 16, ✆ 7262. Für den kleinen Eishunger zwischendurch genau das Richtige.

Apost'l, das Tanzlokal unter der Post ist noch ganz neu. Liebevoll gestaltete Innenausstattung. Kleine Allgäuer Schmankerln.

Wie neugeboren durch die Schrothkur

Der Naturarzt Johann Schroth (1798–1856) begründete im Jahre 1829 im ehemaligen österreichischen Schlesien die Schrothkur, ein klassisches Naturheilverfahren. Als Erster verband er Wasseranwendungen mit einer speziellen Diät, mit aktiver Körperbewegung, mit Ruhe und Entspannung. Dr. Hermann Brosig brachte die Schrothkur 1949 nach Oberstaufen. Hunderttausende fanden seither Linderung und Heilung ihrer Leiden.

Die Schrothkur beruht auf drei Grundprinzipien: den täglichen Schwitzpackungen, der Schrothschen Diät und dem rhythmischem Wechsel von Trink- und Trockentagen.

1. Die **Ganzkörper-Wickel** werden am frühen Morgen verabreicht. Das dadurch entstandene "künstliche Fieber" mobilisiert die Abwehrkräfte, entspannt die Muskulatur und fördert den Entschlackungsprozess.

2. Die **Schrothsche Diät** besteht aus einer unterkalorischen, eiweißarmen, fett- und salzlosen Kost. Die Verdauungsorgane und der Magen-Darm-Trakt werden somit entlastet.

3. Beim Wechsel von **Trink- und Trockentagen** wird dem Körper an den vier Trinktagen pro Woche etwa ein Liter Flüssigkeit zugeführt (Mineralwasser, Tee, Säfte, naturreine Weißweine). An den drei Trockentagen gibt es nur ein Glas gepressten Orangensaft. Diese "Gewebsdrainage" wirkt entschlackend auf den Organismus.

Die Schrothkur empfiehlt sich v. a. bei Bluthochdruck, Fettstoffwechselstörungen, Hauterkrankungen, Allergien, Rheuma, Arthrosen, Migräne und dient ganz nebenbei auch der Gewichtsreduktion.

Sehenswertes

Pfarrkirche St. Peter und Paul: Das Gotteshaus in seiner heutigen neugotischen Gestalt wurde zwischen 1859 und 1863 errichtet, wobei die Grundfesten des Turms bereits aus dem 13 Jh. stammen. 1977–1982 wurde die Kirche umfassend renoviert. Bemerkenswert ist die wahrhaft monumentale Kreuzigungsgruppe am Hochaltar. Diese wird Heinrich Iselin zugeschrieben und soll aus dem 15. Jh. stammen.

Färberhaus: Das Haus zeugt von der ehemaligen Bedeutung des städtischen Textilgewerbes. Zu erreichen ist es vom Kirchplatz aus in fünf Minuten, indem man zunächst in die Hochgratstraße und dann rechts in den Färberweg einbiegt. Auf dem Anwesen sind urkundlich seit 1540 Färber als Handwerker und Betreiber ansässig gewesen. 1785 brannte das Haus mit sechs weiteren Häusern ab, wurde aber wieder aufgebaut. Mitte des 19. Jh. verlor das Färberhandwerk aufgrund der Industrialisierung des Textilgewerbes und der Umstellung von Flachsanbau auf Viehwirtschaft im Allgäu seine Bedeutung. Von außen sind am Dachgebälk die hölzernen Sprossen zu sehen, an denen die gefärbten Tücher zum Trocknen aufgehängt wurden.

Museum beim Strumpfar: Das Heimatmuseum ist ein ehemaliges landwirtschaftliches Anwesen aus dem 18. Jh., in dem auch die Strumpfwirkerei betrieben wurde. Nach einer ausführlichen Renovierung des Gebäudes wird hier heute die ortsgeschichtliche Sammlung des Heimatdienstes Oberstaufen präsentiert. Der Keller ist dem Alkoholischen gewidmet, hier finden sich eine Enzianbrennerei und eine Mosterei. Im Erdgeschoss sind die Wohnräume eingerichtet: eine kleine Küche, eine Bauernstube mit Lehmofen und der Gaden (Schlafzimmer). Außerdem findet man hier den ehemaligen Laden mit Strumpfwirkstuhl. Im ersten Stock breitet sich ein buntes Allerlei aus: der Sakralraum mit Altar aus dem ehemaligen Schloss, ein Biedermeierzimmer, Zeugnisse alten heimischen Handwerks wie der Strohhutnäherei und eine Spielzeug- und Puppenausstellung. Das Dachgeschoss ist dem Seiler-, Sattler- und Schuhmacherhandwerk gewidmet.

Öffnungszeiten Mi und Fr 15–17 Uhr und jeden So 10–12 Uhr.

Umgebung von Oberstaufen

Bauernhofmuseum Knechtenhofen: In diesem kleinen Museum, untergebracht in einem mit viel Liebe eingerichteten Bauernhaus aus dem 17. Jh. (3 km östlich von Oberstaufen), kann man einiges über einheimisches Leben, Gebräuche und Handwerk lernen. Im Erdgeschoss sind Küche, Stube und Schlafzimmer eingerichtet. Im Schopf und im Stall stehen allerlei nützliche Gerätschaften und Werkzeuge. Im Keller finden wir eine komplett eingerichtete Käseküche, und im Obergeschoss steht ein Webstuhl für die im Allgäu typische Bändelweberei. Auch Geräte zur Flachsverarbeitung und eine Schuster- und Sattlerwerkstatt können bewundert werden.

Öffnungszeiten Mi 14–17 und So 10–12 Uhr. Eintritt frei.

St. Stephan in Genhofen: Über die Lindauer Straße Richtung Buflings oder über die Argenstraße Richtung Sinswang gelangen Sie in das kleine Dorf Genhofen, dessen gotische Kirche St. Stephan als Kleinod bezeichnet werden kann. Sie ist zu Beginn des 14. Jh. entstanden. Einzigartig ist der von Adam Schlanz im Jahre 1523 vollendete Hauptaltar mit den schön gearbeiteten Figuren der Gottesmutter sowie der Hll. Ulrich, Wendelin, Elegius und Sylvester. Auch der linke Seitenaltar ist beachtenswert. Hochinteressant ist die ornamentale Freskenmalerei, die mit urgermanischen Sonnenkreuzen, Drudenfüßen und Jagdszenen vorchristliche Kultzeichen und Symbole aufgreift. Die berühmte eiserne Sakristeitüre mit Hufeisen als Votivgaben trägt die Jahreszahl 1566 (Schlüssel zur Kapelle in der Schmiede-Werkstätte Lingg erhältlich).

St. Bartholomäus in Zell: Gleich hinter Buflings biegen Sie nach rechts zum Dörfchen Zell ab. Wie in Genhofen sieht auch dieses Kirchlein von außen nicht so aus, als ob etwas Besonderes an ihm wäre. Die erste urkundliche Erwähnung findet diese Gegend in einem Schriftstück des Klosters St. Gallen von 817. Der Kirchenbau

Der Westen Karte S. 201

stammt aus der Gotik. Das Innere birgt drei Altäre, die als Meisterwerke der Gotik anzusehen sind. Der Hauptaltar trägt in lateinischer Sprache die Inschrift: "Diese Tafel wurde 1442 von Johann Strigel vollendet." Der Künstler entstammt der bekannten Memminger Künstlerfamilie. Der linke Seitenaltar (um 1500) ist in Aufbau und Bekrönung typisch für die Gotik. Der rechte Seitenaltar (1515 von Ivo Strigel) ist der Hl. Katharina gewidmet. Neben ihr stehen der Hl. Antonius mit dem Schweinchen (im Allgäu wird er der "Sautoni" bzw. "Saudone" genannt) und der Hl. Leonhard mit der Kette.

Wanderung 28: Hochgrat und andere Gipfel

Vom Hochgrat, dem höchsten Gipfel des westlichen Allgäus, hat man eine herrliche Aussicht über den gesamten Allgäuer Raum. Geboten werden außerdem ein spannender Abstieg über den Klettersteig in der Brunnenau und bezaubernde Blicke auf die Wasserfälle weiter unten. Im ersten Abschnitt und um die Hochgratbahn gibt es zahlreiche Einkehrmöglichkeiten.

Route: Talstation der Hochgratbahn in Steibis (856 m, per Linienbus erreichbar) – Untere Lauch Alpe. Nun 2 Möglichkeiten, um zur Bergstation zu gelangen: **Variante A):** Obere Stieg Alpe – Falkenhütte – Rohnehöhe – Hohenfluhalpkopf – Seelekopf – Bergstation. **Variante B):** Obere Lauch-Alpe – Bergstation – Hochgrat – (Rindalphorn) – Brunnenau – Mittlere Sigmatsgrund Alpe – Talstation. Für weniger Geübte: vom Hochgrat zurück zur Bergstation und mit der Seilbahn wieder ins Tal.

Wanderzeit: ohne Sessellift mit Variante A) 5 Stunden, mit Variante B) 4 Stunden

Höhenunterschied: 780 m. Höchster Punkt: Hochgrat (1.834 m).

Besonderheiten: Mittelschwere Wanderung mit großer Höhendifferenz. Zur Hälfte Schotterpisten, aber auch unbefestigte Fußwege und ausgestellte Pfade. Teilweise sehr geröllig, daher ist festes Schuhwerk ein Muss. Bei sehr nasser Witterung muss eventuell auf den Abstieg über die Brunnenau verzichtet werden, dann sollte man beim Aufstieg unbedingt die längere und schönere Variante A zur Bergstation wählen. Jahreszeit-Empfehlung: Mai–Oktober.

Einkehrmöglichkeiten: Untere und Obere Lauch-Alpe, Bergstation, Sigmatsgrund Alpe

Wegbeschreibung

Von der Hochgratbahn 50 m auf der Straße Richtung Steibis, dann links auf einer kleinen geteerten Straße in den Wald. Immer der Teerstraße über Wiesen folgen bzw. die dafür abgegrenzten Fußwege als Abkürzungen nehmen, um die weiten Schleifen zu vermeiden. Der Aufstieg beginnt mit einer nur sanften Steigung, allerdings sollte man sich in Anbetracht des zu überwindenden Höhenunterschieds von Anfang an die Kräfte gut einteilen (auf keinen Fall von Bergjoggern frustrieren lassen, die mit doppelter Geschwindigkeit an einem vorbeizischen). Nach ca. 20 Minuten lockt bei der **Unteren Lauch-Alpe** bereits die erste Einkehrmöglichkeit (Mai–September).

Wer die weitere, ruhigere und auf jeden Fall abwechslungsreichere **Route A** zur Bergstation gehen will (ca. 3 Stunden), kann bereits an der ersten Abzweigung (kurz unterhalb der Unteren Lauch-Alpe) nach rechts die Teerstraße verlassen und auf einem Fußweg zur Oberen Stieg-Alpe aufsteigen. Eine zweite Abzweigung zur Alpe ergibt sich an der nächsten Kreuzung nach ca. 40 Minuten (am Ende der Teerstraße).

Von der Oberen Stieg-Alpe (1.178 m, kein Ruhetag) geht es dann hauptsächlich über Wiesen, aber auch durch kurze Waldstücke auf einem schönen Weg bis zur **Falkenhütte** (1.439 m, Montag Ruhetag).

Weihnachtsfresko in der Kirche St. Bartholomäus in Zell

Nach links steil hinauf auf den Grat und zur **Rohenhöhe,** weiter auf dem Grat via **Hohenfluhalpkopf** und **Seelekopf** in einem beständigen Bergauf, Bergab bis zum **Hochgrat** (ca. 2 Stunden ab Falken-Hütte).

Wer die weniger spannende, aber direktere **Route B** von der Unteren Lauchalpe zur Bergstation gehen möchte, bleibt (den Massen folgend) immer auf dem Hauptweg. Landschaftlich ist diese Route allerdings weniger abwechslungsreich. Nach ca. 1,5 Stunden erreicht man so die **Obere Lauch-Alpe** (1.419 m, ganzjährig geöffnet, kein Ruhetag). Der Ausblick von der Terrasse dieser Alpe bietet bereits einen Vorgeschmack auf die umfassende Weitsicht, die man vom Gipfel aus haben wird.

Zur Bergstation gelangt man in einer weiteren halben Stunde (reine Wanderzeit bisher: 2 Stunden). Ein kurzer Blick auf die Massen auf der Sonnenterrasse genügt, um zu erkennen, dass 90 % der Besucher sich für Version C entschieden haben müssen (von der Talstation per Gondel in 20 Minuten zur Bergstation), um den schönen Ausblick und ein teures Essen in dem wenig gemütlichen SB-Restaurant zu genießen. Diese Örtlichkeit sollte man deshalb möglichst rasch hinter sich lassen, um (im Gegensatz zu den anderen 90 %) die Westalpen-Gipfelstürmung per pedes zu vollenden (ca. 20 Minuten). Auf dem ausgestellten Pfad ist es stellenweise recht geröllig, von daher sollte man schon festes Schuhwerk tragen. Auch hier oben am Hochgrat ist man sicherlich nie alleine, aber die unglaubliche Weitsicht entschädigt dann doch für einiges.

Weiter **Richtung Brunnenauscharte** und Rindalphorn wird es wieder bedeutend ruhiger, und wer noch die Energie für eine weitere, etwas einsamere Gipfelstürmung verspürt, geht noch auf den nächsten, etwas grüneren Gipfel hinauf (ab Brunnenauscharte ca. 20 Minuten). Über die Brunnenauscharte und die Brunnenau geht es dann für geübte, trittsichere und schwindelfreie Wanderer in ca. 1,5 Stunden zurück zur Talstation.

Der erste Abschnitt ist sehr steil und daher mit Stahlseilen ausgestattet. Er ist aber bei trockener Witterung und etwas

Bergerfahrung trotzdem kein Problem. Nur bei Regen oder falls es an den vorherigen Tagen sehr nass gewesen sein sollte, kann der Abstieg leicht zur Rutschpartie werden. Unterhalb des Wasserfalls, der nach ca. 45 Minuten in Sichtweite kommt, geht es dann bereits bedeutend sanfter über Wiesen und durch kurze Waldstücke hinab ins **Weißachtal.** Nach gut einer Stunde ist die Teerstraße erreicht, die einen in 20 Minuten zurück zur Hochgratbahn bringt. Vorher sollte man natürlich auf den gelungenen Abstieg hin noch in der "Mittleren Sigmatsgrund Alpe" einkehren, wo man von Mai bis September eine einfache, aber billige Brotzeit bekommen kann.

Wanderung 29: Auf den Hohen Häderich

Mittelschwere Wanderung, teilweise auf Teerstraßen und Schotterpisten. Im oberen Abschnitt können die Fußpfade sehr schlammig und rutschig sein (festes Schuhwerk nötig). Im Bereich des Grates ist mit einigen schwierigeren Stellen über ausgestellte Pfade zu rechnen.

Route: mit dem Sessellift bis zur Imbergstation in Steibis – Hochbühlalpe – Schneeloch Alpe (nicht bewirtschaftet) – Falkenhütte – Auf dem Falken – (Hoher Häderich – Kleiner Häderich) Hörmoos Alpe – mit dem Bus zurück zur Talstation der Imbergbahn

Wanderzeit: 3,5 Stunden, mit Häderich 4,5 Stunden

Höhenunterschied: Falkengipfel 1.561 m, Hoher Häderich 1.565 m

Besonderheiten: Jahreszeit-Empfehlung: ca. Mai–Oktober, im Winter nur mit Schneeschuhen

Wegbeschreibung

Die "besinnliche" Fahrt von der Tal- zur Bergstation der Imbergbahn dauert ca. 20 Minuten. Dabei kann man Ruhe und einen schönen Ausblick genießen und Golfern beim Einlochen zusehen. Gleich rechts neben der Bergstation befindet sich das Imberghaus mit Einkehrmöglichkeit. Von dort aus geht es hinunter auf die Teerstraße, an der Bushaltestelle links abbiegen und über die leicht ansteigende Straße durch den Wald, dann über Wiesen und Weiden an der Hochbühlhütte vorbei.

Jetzt geht es wieder abwärts ins kleine Lanzenbachtal. Den Bach überqueren und an der Gabelung mit Bedarfsbushaltestelle den linken Weg wählen. (Wer Teerstraßen scheut, kommt bis hierher auch mit dem Sommerbus: entweder direkt aus Steibis – dann fällt die Imbergbahnfahrt weg – oder ab Bushaltestelle Imberghaus.) Schon nach wenigen Minuten wird die Teerstraße zum **Schotterweg,** es geht jetzt hauptsächlich durch Fichtenwald. Stellenweise lichtet sich der Wald, der Weg wird zur Piste, nach ca. 20 Minuten (ab Kreuzung) geht in einem Waldstück scharf nach rechts der beschilderte Fußweg zur Falkenhütte ab.

Über mehr oder weniger ausgeprägte Wurzelstufen geht es jetzt zunehmend steiler bergauf. Auf der Höhe führt ein mit Holzstämmen mehr oder weniger befestigter Weg aus dem Wald heraus ins sog. **Schneeloch.** Wie der Name bereits vermuten lässt, kann dieser Abschnitt sehr feucht und der Weg stellenweise schlammig und rutschig sein. Über sumpfige Wiesen weiter zur Schneeloch Alpe (nicht bewirtschaftet), ca. 40 Minuten ab Kreuzung.

Weiter geht es durch das Gatter links neben dem Gebäude und linker Hand den Fußweg am Zaun entlang bis zum nächsten Ausgang. Nun quer über die Wiese rechts den Hügel hinauf. Kurz unterhalb der Falkenhütte führt der Weg in einen Baumbestand und wird etwas steiler. Dann sollte nach ca. einer Stunde und 15 Minuten (ab Kreuzung Bushaltestelle) die **Falkenhütte** erreicht sein (Berggasthof mit großer Sonnenterrasse, Hundebar und Hüttenpreisen, Montag Ruhetag).

Von hier bestehen mehrere Möglichkeiten, auf den Falkengipfel zu gelangen. Für den Aufstieg wählen wir die etwas längere Variante, die ein ganzes Stück auf dem großteils baumbestandenen Grat entlangführt: dazu von der Falkenhütte aus den linken Wiesenpfad Richtung Hochgrat nehmen, dann auf der Höhe des Grates zum Falkengipfel nach rechts abschwenken. Es geht zunächst abwärts, dann wieder aufwärts bis zu einem Gatter, dort weiter nach oben bis zu einer kleinen Bank, von der aus man einen bezaubernden Blick auf den Lecknersee im Tal auf der anderen Seite des Grates hat. Den Gratweg weiter, und nach ca. 45 Minuten ab Falkenhütte kann man vom **Gipfel** aus die Aussicht auf beide Täler und weiter ins Land genießen.

Zurück zur Falkenhütte geht es ein kurzes Stück auf demselben Weg, dann nach ca. 5 Minuten links durch ein Gatter und ein kurzes Stück über Nagelfluhbrocken steil abwärts. Über einen Wiesenweg parallel unterhalb des Grates ist in 15 Minuten die **Falkenhütte** erreicht. Von oben kommend, geht es nun links an der Hütte vorbei und auf befahrbarem Schotterweg innerhalb von 35 Minuten zur bewirtschafteten **Hörmoos Alpe** (Dienstag Ruhetag), von wo aus stündlicher Bustransfer nach Steibis erfolgt.

Am Hohen Ifen

Variante

Mit einem zusätzlichen Zeitaufwand von ca. 1,5 Stunden bis zur Hörmoos Alpe kann der Gratweg vom Falkengipfel bis zum Hohen Häderich fortgesetzt werden. Ein wenig Kletterei ist auf dieser Route notwendig, was sie vor allem für ältere Kinder interessant macht. Es sollten jedoch Trittsicherheit, Schwindelfreiheit und alpine Erfahrung (vor allem bei den erwachsenen Begleitpersonen) gegeben sein. Von "Häderich dem Großen" führt der Gratweg weiter zu dessen kleinerem Bruder und von hier aus in ca. 40 Minuten hinab zur Hörmoos Alpe.

Weiler-Simmerberg-Ellhofen

6.600 Einwohner • 632–750 Meter ü. NN

"Manchmal hat die Landschaft einen großen Atem. Dann spielt das Wetter mit den Bergen und die Wolken machen einen dramatischen Himmel. Das Heu auf den Wiesen riecht nach Sommer und lässigen Tagen ..." Mit solch poetischen Zeilen wirbt die Dreifachgemeinde.

Im Dreiländereck liegen zwischen Deutschland, Österreich und der Schweiz die drei Gemeinden Weiler, Simmerberg und Ellhofen. Sie bieten zahlreiche Möglichkeiten, den Urlaub zu gestalten: ganz ruhiger Familienurlaub auf einem Bauernhof,

Der Westen
Karte S. 201

ein Erlebnisaufenthalt mit Sport, Kultur und Ausflügen oder eine Schroth- bzw. Kneippkur. Schon 1986 wurde der Markt für "besonders familienfreundliche Ferienangebote" ausgezeichnet.

Einer der größten Eiszeit-Findlinge Europas (ca. 2.000 Kubikmeter), ein sog. "erratischer Block", liegt im Norden von Weiler im Ellhofer Moor. Er stammt aus dem Dreischwestern-Massiv in Lichtenstein.

Und noch eine wichtige Information für die Käsfreunde: In Weiler am Kirchplatz in der ehemaligen "Kellhofhube" des St. Gallener Klosters stellte 1821 Josef Aurel Stadler einen der ersten Allgäuer Emmentaler her.

Geschichte: 894 wird Weiler erstmals in einer Urkunde im Stiftsarchiv von St. Gallen erwähnt. Von 1571 bis 1806 war Weiler habsburgisch, danach bayerisch. Durch Simmerberg führte während der vergangenen Jahrhunderte die bedeutendste Verkehrs- und Handelsstraße des Allgäus, die "Salzstraße". 1783 wird Simmerberg als "Hauptstapelplatz" für Salz erwähnt. In Ellhofen hatte das Rittergeschlecht derer von Ellnhoven auf der Burg (der Bergfried ist noch heute zu sehen) seinen Sitz.

Touristeninformation/Freizeitangebot

- *Postleitzahl* 88171
- *Vorwahl* 08387
- *Touristeninformation* **Kur- und Gästeamt,** Weiler-Simmerberg-Ellhofen, Hauptstr. 14, Weiler, ✆ 39150, Fax 39153, www.weiler-simmerberg.de. Mo–Fr 9–12.30 und 14–17.30, Sa 9–11.30 Uhr. Vor dem Gästeamt finden Sie eine "Elektronische Gäste-Information", die bis in die Nacht geöffnet hat.
- *Baden* **Freibad Weiler,** Kristinus Str. (Ortsausgang). Mo–So 9–20 Uhr. 2 €/Erw., 1 €/Ki.
- *Brauereien* **Bräustatt und Taferne,** Erlebnisbrauerei in Simmerberg, Ellhofer Straße 2, ✆ 3806. Führungen nach Voranmeldung. Gaststätte täglich ab 11, So ab 10 Uhr geöffnet.

Postbrauerei Weiler, Juni–September jeden Di um 9.45 Uhr ein Ausflug in die Welt des Bieres, ein Besuch des Heimatmuseums ist eingeschlossen. Anmeldung beim Gästeamt. Preis 4,50 €/Erw., 2 €/Jugendl., Ki. frei.

- *Feste* Historisches Kinderfest (alle zwei Jahre in Ellhofen); Markt- oder Pfarrfest (Ende Juli am Kirchplatz von Weiler); Trachtenabende und Theateraufführungen. Erkundigen Sie sich nach den aktuellen Terminen beim Gästeamt.
- *Käserei* **Käsereigenossenschaft Bremenried**, Bregenzer Straße 96, ✆ 2658. Hier kann man erleben, wie frische Rohmilch zu Käse verarbeitet wird. Führungen von Juni bis September jeden Di 17 Uhr. Es kann aber auch sonst die tägliche Produktion beobachtet werden; zwischen 10–11 Uhr ist es am interessantesten.
- *Kinderprogramm* Die Gemeinden Weiler, Scheidegg, Stiefenhofen, Oberreute und Lindenberg bieten gemeinsam **"Ferienhits für kleine Leute"** an. Ein Riesenangebot für die Zeit von Juni bis September. Holen Sie sich das Programm. Weiler hat für Kinder noch einige Extras im Ärmel. Fragen Sie beim Gästeamt.
- *Kräutergarten* **Artemisia**, Allgäuer Kräutergarten, Hopfen 29 (vor Stiefenhofen), ✆ 08386/960510. Ab Mai Mi 18 und Do 15 Uhr.
- *Kutschfahrten* **Erich Keck,** Schreckenmanklitz 10, Nähe Campingplatz, ✆ 7266. Eine Dreistundenfahrt mit gemütlicher Einkehr kostet 10 €/Erw. und 5 €/Ki. Telefonische Vereinbarung erbeten!
- *Minigolf* Am Sportplatz Weiler, 14.30–20 Uhr.
- *Skater-Anlage* Am Sportplatz Simmerber-Ellhofen.
- *Tennis/Squash* Lindenberger Straße 21, ✆ 2723, vier Plätze; Tennishalle, Lindenberger Straße 35, ✆ 1235, vier Plätze, außerdem noch Freiplätze, Squash-Box, Schlagkanal.
- *Wanderungen/Radtouren* Das Gästeamt bietet Ihnen Wander- und Radwander-Karten mit den eingezeichneten Routen an. Probieren Sie das gemeindeübergreifende Netz.

"Der Hausbach", eine naturkundliche Wanderung am Dorfbach entlang (ein hübsch gestaltetes Faltblatt beim Gästeamt).

Der schlanke Kirchturm von St. Blasius in Weiler

Übernachten/Essen und Trinken/Abends

Hotel Tannenhof, Lindenberger Straße 33 in Weiler, ☎ 1235, 📠 1626. In dem Sport-, Kur und Tennishotel ist alles geboten. DZ ab 118 €.

Brauerei-Gasthof Hotel Post, Fridolin-Holzer-Straße 4 in Weiler, ☎ 1077, 📠 8002. Das Traditionshaus der Postbrauerei ist neu renoviert. Das Restaurant wurde jüngst von der Zeitschrift "Essen & Trinken" als hervorragend beurteilt. DZ ab 70 €.

Gasthof/Pension Krone, Alte Salzstraße 50 in Simmerberg, ☎ 1046. Im Allgäuer Stil erbaut, Familienbetrieb. Gutbürgerliche und Allgäuer Küche. DZ ab 46 €.

Burghof, Martin und Monika Lau, Burg 1 in Ellhofen, ☎ 08384/237, 📠 08384/821217. Der DLG-geprüfte, kinderfreundliche Bauernhof liegt abseits des Dorfes. Kleintiere und Haflinger. Ferienwohnung ab 33 €.

Ferienhof Bader, Neideggstraße 22 in Ellhofen, ☎ 08384/233, 📠 08384/821410. Der gepflegte, moderne Bauernhof liegt am Ortsrand. Ferienwohnung ab 25 €.

Campingplatz Alpenblick, Schreckenmanklitz 18, ☎ 3447, 📠 942195. Der gut eingerichtete Platz liegt an einem Südhang mit herrlichem Panorama. Ideal für Familien, auch wegen der Ausflugsmöglichkeiten. Hundeverbot! Stellplatz und zwei Pers. ca. 17 €.

Gasthof Engel, Kirchplatz 5 in Weiler, ☎ 2745. Das gemütliche Lokal ist mit altertümlichen Gebrauchsgegenständen ausgestattet. Schattiger Biergarten. Recht preiswert! Mi–So 10–24, Di ab 17 Uhr. Mo Ruhetag.

Bräustatt und Taferne, Ellhofer Straße 2 in Simmerberg, ☎ 3806, 📠 1776. In einem großen, schattigen Garten neben der Brauerei essen Sie preiswerte rustikale Tagesmenüs. Hier können Sie auch einkehren, wenn Sie die "Käsestraße" erleben (siehe auch S. 237). Tägl. ab 11, So ab 10 Uhr.

Gasthof Pension Adler, Neideggstraße 1 in Ellhofen, ☎ 08384/372, 📠 08384/821791. Mitten im Ort mit einem hübschen Freisitz mit sehr preiswerten Gerichten. Mi Ruhetag.

Bäckerei Café Riesser, Alte Salzstraße 35 in Simmerberg. Kleines, gemütliches Café, auch mit Tischen zur Straße.

Café Mangold, Weinstube, Fridolin-Holzer-Straße 19 in Weiler.

Relax, Lindenberger Str. 17 in Weiler, ☎ 3471. Gut besuchtes Bistro mit Billard.

Der Westen
Karte S. 201

Taubenbrunnen in Weiler

Sehenswertes

Pfarrkirche St. Blasius: Der einsturzgefährdete Vorgängerbau musste abgebrochen werden. 1795/97 entstand an seiner Stelle der frühklassizistische Kirchenbau. Das beachtenswerte Deckengemälde des Langhauses von Andreas Brugger zeigt die Bergpredigt.

Westallgäuer Heimatmuseum: Der Lebensbereich von der Küche, den Wohn- und Schlafstuben bis zum komplett eingerichteten Kaufladen aus dem 18. Jh. wird anschaulich dargestellt. Ein Muss, nicht nur bei Regen!

Adresse/Öffnungszeiten Hauptstraße 2, ✆ 650. April–Oktober Di und Do 14.30–17, Mi und Sa 10–12 und 14.30–17, So 10–12 Uhr. Eintritt 1,50 €/Erw., 0,50 €/Ki.

Kornhausmuseum Weiler: Als Kornspeicher wurde dieses Museum vor 200 Jahren erbaut, um in Notzeiten die Bevölkerung mit Brotgetreide zu versorgen. Heute befindet sich im Erdgeschoss eine Sammlung von Arbeitsgeräten der Bauern und Handwerker. Im Obergeschoss werden während des Sommers kunst- und volkskundliche Ausstellungen gezeigt.

Adresse/Öffnungszeiten Hauptstraße 13, ✆ 1654. April–Oktober Di und Do 14.30–17, Mi und Sa 10–12 und 14.30–17, So 10–12 Uhr. Eintritt 1 €/Erw.

Grandiose Blicke vom Mindelheimer Klettersteig

Kuh-Kunst bei Seeg

Sach- und Personenregister

M/N

O/R

S/T

U-Z

Geographisches Register

A

B

C/D

E

F

G

H

I

K

Was haben Sie entdeckt?

Haben Sie eine gemütliche Gaststätte gefunden, ein freundliches Hotel mit Atmosphäre, einen schönen Wander- oder Radweg?

Wenn Sie Ergänzungen, Verbesserungen oder neue Tipps zum Buch haben, lassen Sie es uns bitte wissen.

Katrin Lindner & Jens Willhardt
Stichwort "Allgäu"
Michael Müller Verlag GmbH
Gerberei 19
91054 Erlangen
E-Mail: Jens.Willhardt@michael-mueller-verlag.de

Klöster, Kirchen und Kapellen

Verlagsprogramm

Unsere Reisehandbücher im Überblick

Deutschland
- Allgäu
- Altmühltal
- Berlin & Umgebung
- Bodensee
- Franken
- Fränkische Schweiz
- Mainfranken
- *MM-City* Berlin
- Nürnberg, Fürth, Erlangen
- Oberbayerische Seen
- Ostseeküste – Holsteinische Schweiz
- Schwäbische Alb

Niederlande
- *MM-City* Amsterdam
- Niederlande
- Nordholland – Küste, Ijsselmeer, Amsterdam

Nord(west)europa
- England
- Südengland
- *MM-City* London
- Schottland
- Irland
- Island
- Norwegen
- Südnorwegen
- Südschweden

Osteuropa
- Baltische Länder
- Polen
- *MM-City* Prag
- Westböhmen & Bäderdreieck
- Ungarn

Balkan
- Mittel- und Süddalmatien
- Kroatische Inseln & Küste
- Nordkroatien – Kvarner Bucht
- Slowenien & Istrien

Griechenland
- Amorgos & Kleine Ostkykladen
- Athen & Attika
- Chalkidiki
- Griechenland
- Griechische Inseln
- Karpathos
- Korfu & Ionische Inseln
- Kos
- Kreta
- Kreta – der Osten
- Kreta – der Westen
- Kreta Infokarte
- Kykladen
- Lesbos
- Naxos
- Nord- u. Mittelgriechenland
- Paros/Antiparos
- Peloponnes
- Rhodos
- Samos
- Samos, Chios, Lesbos, Ikaria
- Santorini
- Skiathos, Skopelos, Alonnisos, Skyros – Nördl. Sporaden
- Thassos, Samothraki
- Zakynthos

Türkei
- *MM-City* Istanbul
- Türkei – Mittelmeerküste
- Türkei – Südküste
- Türkei – Westküste
- Türkische Riviera – Kappadokien

Frankreich
- Bretagne
- Côte d'Azur
- Elsass
- Haute-Provence
- Korsika
- Languedoc-Roussillon
- *MM-City* Paris
- Provence & Côte d'Azur
- Provence Infokarte
- Südfrankreich
- Südwestfrankreich

Italien
- Apulien
- Chianti – Florenz, Siena
- Dolomiten – Südtirol Ost
- Elba
- Gardasee
- Golf von Neapel
- Italien
- Italienische Riviera & Cinque Terre
- Kalabrien & Basilikata
- Liparische Inseln
- Marken
- Oberitalien
- Oberitalienische Seen
- *MM-City* Rom
- Rom/Latium
- Sardinien
- Sizilien
- Südtoscana
- Toscana
- Toscana Infokarte
- Umbrien
- *MM-City* Venedig
- Venetien & Friaul

Nordafrika u. Vorderer Orient
- Sinai & Rotes Meer
- Tunesien

Spanien
- Andalusien
- Costa Brava
- Costa de la Luz
- Ibiza
- Katalonien
- Madrid & Umgebung
- Mallorca
- Mallorca Infokarte
- Nordspanien
- Spanien

Kanarische Inseln
- Gomera
- Gran Canaria
- *MM-Touring* Gran Canaria
- Lanzarote
- La Palma
- *MM-Touring* La Palma
- Teneriffa
- *MM-Touring* Teneriffa

Portugal
- Algarve
- Azoren
- Madeira
- *MM-City* Lissabon
- Lissabon & Umgebung
- Portugal

Lateinamerika
- Dominikanische Republik
- Ecuador

Österreich
- *MM-City* Wien

Schweiz
- Tessin

Malta
- Malta, Gozo, Comino

Zypern
- Zypern

Aktuelle Informationen zu allen Reiseführern finden Sie im Internet unter www.michael-mueller-verlag.de

Gerne schicken wir Ihnen auch das aktuelle Verlagsprogramm zu.

Michael Müller Verlag GmbH, Gerberei 19, 91054 Erlangen, Tel. 0 91 31 / 81 28 08-0; Fax 0 91 31 / 20 75 41; E-Mail: mmv@michael-mueller-verlag.de